15. Feb. 1983

D1921701

HOMER

GESCHICHTE
DER
GRIECHISCHEN LITERATUR

VON

WALTHER KRANZ

Fünfte unveränderte Auflage

Mit 9 Abbildungen

VERLAG SCHIBLI-DOPPLER
BIRSFELDEN–BASEL

Lizenzausgabe
der Verlage Carl Ed. Schünemann KG, Bremen
und Dieterich, Leipzig
Alle Rechte vorbehalten
Gesamtherstellung Druck- und Buchbinderei-Werkstätten
May & Co Nachf., Darmstadt
Printed in Germany
ISBN 3-85883-023-2

INHALT

VORWORT
ZUR DRITTEN AUFLAGE

Diese kurze Griechische Literaturgeschichte wendet sich nicht an die Fachleute, sondern an die Freunde der Antike schlechthin, denen sie von dem Reichtum, der Schönheit und der Tiefe des hellenischen Schrifttums eine Vorstellung geben möchte. Mit dieser Zielsetzung war zugleich eine andere Gewichtsverteilung als die sonst übliche gegeben, insofern, als die frühgriechische und die klassische Epoche trotz ihres viel geringeren zeitlichen Umfangs bei weitem das Übergewicht über die späteren Perioden erhalten mußten. Auch war die Darstellung in ganz einfachen Linien zu geben, wobei die Gefahr einer Verzerrung oder Vergröberung nach Möglichkeit vermieden werden mußte. Schon hier aber seien die großeren Werke der Wissenschaft in deutscher Sprache – nur solche können von uns hier berücksichtigt werden – genannt, die unter ganz anderem Gesichtspunkt, doch unter sich wiederum sehr verschieden, die Literatur der Griechen darstellen: U. von Wilamowitz-Moellendorffs Behandlung in der Kultur der Gegenwart I 8³ (1912), E. Bethes Griechische Dichtung, im Handbuch der Literaturwissenschaft herausgegeben von O. Walzel (1924), J. Geffckens Griechische Literaturgeschichte (1926 ff.) und die Geschichte der Griechischen Literatur von W. Schmid (in I. Müllers Handbuch d. Altertumswissenschaft VII, 5 Bände, 1929–1948, und doch nur bis zum Ende des 5. Jahrhunderts gehend). A. Leskys Griechische Literaturgeschichte ist zur Zeit (1957/8) im Erscheinen begriffen. Eine Geistes- und Literaturgeschichte, gefaßt unter dem Begriff Paideia, ist W. Jaegers so betiteltes Werk in drei Bänden (I^3; II^2 und III^2 1954/5). Eine »Geschichte der Griechischen Literatur von Homer bis Pindar« will darstellen das Buch H. Fränkels »Dichtung und Philosophie des frühen Griechentums« (1951). Finden sich in manchen dieser Werke ausführliche Angaben über die neuere wissenschaftliche Literatur, so waren uns selbst nur ganz sparsame Verweise, im allgemeinen nicht auf Fachliteratur, gestattet. In größeren Zusammenhang stellt die griechische Literatur das Buch des Verfassers Die Kultur der Griechen, Sammlung Dieterich Band 113, wieder abgedruckt im Buche Griechentum (1952), worauf als Ergänzung zur vorliegenden Darstellung hier verwiesen sei.

Aber diese Geschichte des hellenischen Schrifttums möchte zugleich der Literaturgeschichte unseres eigenen Volkes, vor allem der ihrer klassischen Epoche, dienen. Daher nimmt sie oft Gelegenheit, durch Zitat und Hinweis an die engen Beziehungen zwischen ihr und dem Hellenentum zu erinnern. Nur wer die Antike liebt, wie sie die Großen unserer klassischen Zeit liebten, kann ja deren eigene Werke recht verstehen, und andrerseits: so viele neue Erkenntnisse und Gesichtspunkte uns seitdem methodische Arbeit und eigenes geschichtliches Erleben für das Verständnis der Antike gebracht haben, so viel weiter unser Horizont durch zahllose Entdeckungen geworden ist, ihre Einsichten behalten trotzdem für uns hohen Wert. Genie erkannte damals Genie, und so bleiben sie auch heute noch Vermittler echten Verständnisses. Aus einer anderen Weltanschauung heraus sucht unsere Epoche ihr Gemäßes im Schatz der alten Fabel- und Gedankenwelt, und auch an ihr dürfen wir nicht vorübergehen.

Kenntnis der griechischen Sprache konnten wir nicht voraussetzen. Da aber das Ganze ohne Beispiele leblos gewesen wäre, so mußten Übersetzungen gegeben werden, bei weniger bekannten Schriftstellern mehr noch als bei den leichter zugänglichen wie etwa bei Homer. Ihrer notwendigen Unvollkommenheiten sind wir uns selbst nur allzusehr bewußt, und dies wäre das höchste Ziel unseres Büchleins: dazu anzuregen, Griechisch zu lernen oder wieder zu lernen und durch die mangelhafte Übersetzung durchzustoßen zum Ganzen und zum Original. Wenn in den von anderen stammenden Übertragungen Änderungen notwendig waren, so ist das, falls nicht genauere Angaben gemacht werden, durch den Ausdruck bezeichnet worden, die Übersetzung werde *nach* dem Betreffenden gegeben. Übertragungen ohne Autornamen stammen vom Verfasser dieses Buches.

Was die Form der antiken Namen betrifft, so ist bekanntlich in deren Wiedergabe strenge Folgerichtigkeit nicht möglich. Im allgemeinen ist die griechische Form gewählt worden, nur bei geradezu fest gewordenen deutschen Formen diese deutsche: Athenai statt Athen, Thebai statt Theben kann man nicht sagen.

Das Buch, vor fast zwanzig Jahren geschrieben, erscheint hier in erneuerter Gestalt, wie sie inzwischen gewonnene wissenschaftliche Erkenntnis forderte.

VORWORT ZUR VIERTEN AUFLAGE

Die vierte Auflage des Buches unterscheidet sich von der 1958 erschienenen, neubearbeiteten und vermehrten dritten nur dadurch, daß auf S. 561 ein Nachtrag zu der S. 379 (Anmerkungen) erwähnten Menandrischen Komödie Dyskolos gegeben werden konnte.

Bonn, im April 1960

Walther Kranz

EINLEITUNG

Das Griechische klang, wie ein Stern
in der Nacht erscheint. Goethe

Wem das Glück zuteil wird, im deutschen Herbst nach Süden über die Alpen, dann mit dem Schiff weiter südwärts und in den Osten zu fahren, dem ist es, wenn er den Isthmus von Korinth durchquert hat, als beträte er eine andere Welt: ein Licht umfängt sein Schiff, wie er es in dieser Reinheit noch niemals gesehen hat; alle Linien der Berge, der Inseln, die während der Fahrt vor seinen Augen auftauchen und verschwinden, sich vor- und zurückschieben, sind von kristallener Klarheit; der Himmel und sein dunklerer Spiegel, das Wasser, sind blau wie Veilchen und wie Türkise; ein warmer Lufthauch füllt das Herz mit rätselhaftem Frohsinn, und Verse des Euripides auf sein Vaterland treten ins Gedächtnis. »Stets geht ihr daher In leuchtendstem Glanz In zärtlicher Luft«. – Die Ufer von Salamis tauchen aus dem Meere, durch heilige Gewässer geht die Fahrt; der Akropolis Marmortempel schimmern zart in der Ferne. Und wenn die Tagesherrlichkeit in kurzer violetter Dämmerung ihr Ende gefunden, so ist »ambrosische Nacht«: am schwarzblauen Samt des Himmels scheinen Kugeln aus Gold über uns zu hängen – so durchsichtig ist die Luft – und Selenes Silberwagen strahlt hier wie niemals im Norden.

Das Licht, so haben es viele deutsche Hellasfahrer empfunden, ist der stärkste Eindruck in diesem Lande. Hellas ist das Reich der Form. Und die Berge, die es nach allen Seiten durchziehen, ja weithin geradezu ausfüllen, oft zu gewaltiger Höhe ansteigend, zu Alpenhöhe, nur daß die Sonne den Schnee auf ihren Gipfeln nicht so lange duldet, sie zeigen diese Formen heute noch stärker und härter als im Altertum; denn jetzt fehlt ja weithin der Wald, zerstört durch die Unachtsamkeit und den Unfleiß vieler Jahrhunderte. Nur in wenigen Gegenden, wie z. B. im Bergland von Lokris und Thessalien, gewinnen wir noch eine Vorstellung von der Üppigkeit des alten Waldes, so wie die homerische Poesie ihn kennt. In den Ebenen freilich, wenn auch das Wasser lange nicht mehr so reichlich strömt wie im Altertum, geht man nicht selten noch wie einst im heiligen Ölwald, unter mächtigen Eichen und Platanen, an Lorbeer- und Feigenbäumen vorüber und – wie im Peneiostal – unter einer Fülle anderer, lebendiggrüner Bäume und Büsche. Weite Strecken der Täler bedecken Weinreben, im Winter beinahe bis zum Erdboden heruntergeschnitten, aber Getreide gedeiht weit weniger noch als im Altertum, dafür sehen wir früher unbekannte Anpflanzungen, vor allem von Apfelsinen- und Zitronenbäumen, von Agaven mit ihren steil emporschießenden Blütenstengeln und Tabakstauden. Doch manche Ebene dörrt der Sommer bei dem Fehlen von Wald und Wasser jetzt völlig aus wie die von Athen – vergeblich sucht das Auge heute nach seinen von Pindar und Euripides gepriesenen Veilchen- und Rosenbeeten – und ätzender weißer Staub überzieht während nicht weniger Monate das Land.

Wie muß sich seit dem Altertum das Gesicht dieser Landschaft in der Vegetation, im Einzelcharakter verändert haben! Aber das Element – das Gebirge, in dem hier und da der Marmor blendend weiß oder auch bunt zutage tritt, die tiefeingeschnittenen Täler, die in ihrer Abgeschlossenheit die kraftvolle Verselbständigung des Geistes, aber auch seine Zersplitterung zwar nicht bewirkt, aber doch befördert haben, das Meer, das das ganze Land durchflutet, sich ihm in tausend Buchten einschmiegend – das Element ist dasselbe geblieben. Und auch das dem Element am nächsten Verwandte. Noch heute stößt der Vogel des Zeus vom Taygetos in das Tal des Eurotas herab, dicht neben dem Wanderer, noch kreisen die Geier hoch über den Phaidriadenfelsen Delphis am Ausgang des Parnaß, noch kreuzen die großen Schildkröten unseren Weg in den peloponnesischen Bergen, von denen ein Ahn seine Schale Hermes zur Fertigung der ersten Lyra dargeboten hat; dort ringelt sich auch die heilige Schlange des Asklepios um den Baum – die freilich dem heutigen Griechen sehr unheilig dünkt und die er mit Steinwürfen tötet – und der bärtige Ziegenbock streckt wie einst Pan sein Gehörn hinter dem Felsen hervor.

In dieses Land, das durch seine warme Schönheit und Fruchtbarkeit so lockend war, sind Männer germanischen und romanischen Stammes mehr als einmal gezogen. Wie eine ausgestorbene Stadt sehen wir am Ostabhang des Taygetos noch jetzt die Ruinen der Mauern, Burgen, Kirchen, Klöster, Häuser liegen, die sich die fränkischen Ritter einst, im 13. Jahrhundert, gebaut haben, Mistra, Fausts Fürstensitz. Und wenn der Frankenturm auf der Akropolis Athens mit Recht abgetragen worden ist, weil hier nur klassische Kunst eine Stätte haben sollte, so ist die Erinnerung an ihn und die fränkische Herrschaft doch keineswegs erloschen.

Durch dieses Land sind viele Jahrhunderte früher, nach dem Tode des Großen Theodosius, die Westgoten gezogen, vom Norden bis in die Peloponnes hinein, wahrlich nicht zum Segen der antiken Denkmäler.

Das waren, weltgeschichtlich gesehen, Episoden. Aber von unaussprechlicher Wirkung für die Geschichte des menschlichen Geistes sind die Wanderungen geworden, die arische Völkerstämme nördlicher Gegenden, wie es scheint, spätestens vom Anfang des zweiten Jahrtausends v. Chr. an, in wiederholten Schüben und Abständen ausgeführt haben und die sie zu bleibenden Herren Griechenlands gemacht haben. Schwere Probleme geben diese Züge, welche die griechische Sage in der einfachen Form der einen »Dorischen Wanderung« festgehalten hat, der Wissenschaft auf, vor allem der Archäologie und der Sprachwissenschaft: die eigentliche Heimat jener Volksstämme zu bestimmen, die Zeiten ihrer Züge, ihre Kultur und Sprache vor der Einwanderung und das Verhältnis zu der bodenständigen Bevölkerung, welche die Griechen selbst im Mutterland Pelasger nannten und deren Vergangenheit die Bodenfunde mindestens bis hoch in das dritte Jahrtausend hinauf verfolgen lassen. Von besonderer Wichtigkeit sind die Fragen nach der Hausform, die diese »Urgriechen« aus der Heimat mitgebracht haben, nach ihrer Keramik und Metallbearbeitung – von Haus aus kannten sie außer den Edelmetallen nur Kupfer – sowie die Scheidung zwischen ureigenem und im Lande übernommenem Sprachgut, das zugleich in weitem Umfang Kulturgut bezeichnet; hier ist das Ergebnis neuer Forschung, daß »zwischen den Griechen und der ganz anders gearteten Mittelmeerwelt eine außerordentlich tiefgreifende und nachhaltige sprachliche und kulturelle Auseinandersetzung stattgefunden haben muß« (H. Krahe). Die vergleichende Sprachwissenschaft lehrt uns, daß der Sprache der vorgriechischen Bevölkerung nicht nur Bezeichnungen für bisher den Indogermanen unbekannte Pflanzen und Metalle entlehnt wurden, ferner unendlich viele geographische Namen, z. B. gerade so wichtige wie Athen und Theben, Korinth und Megara, Olymp und Parnaß, sondern auch zahlreiche Namen von Sagengestalten, wie z. B. Theseus und Odysseus und Achilleus (der Name, nicht etwa deshalb auch die Gestalt!), ja auch solche später mächtiger Götter: Artemis, Athene und Aphrodite führen ebenso nichtindogermanische Namen wie Apollon, Hermes und Hephaistos. Doch wieder gehört es zu den überaus schwierigen, vielleicht unlösbaren Problemen festzustellen, wie weit diese Worte doch eben nur andere Namen für eigenwüchsige religiöse Vorstellungen sind. Den Namen des Himmelsgottes zumal, Zeus Pater, haben die Hellenen sich von den ältesten Zeiten her bewahrt und niemals verloren. Und was den eigentlichen Kern ihrer Sprache angeht, so urteilt der berufenste Kenner: »Die Treue, womit sie das Alte wahrten, läßt darauf schließen, daß sie keine ihr echtes Volkstum umstürzenden Geschicke durchgemacht und sich fremde Volkselemente entweder wenig beigemischt oder eher mit glücklicher Energie gänzlich assimiliert hatten. Diese Selbstbehauptung kennzeichnet die Griechen auch in ihren geschichtlichen Sitzen« (J. Wackernagel).

Am eindrücklichsten sprechen heute noch in Griechenland aus den letzten dieser Wanderungszeiten, vor dem Einbruch der Dorer, die mächtigen Herrenburgen zu uns, deren kyklopische Ruinen wir in Tiryns und, das Löwinnentor durchschreitend, in Mykene bestaunen dürfen, die ehrfurchtgebietenden, edel gewölbten Kuppelgräber in der Argolis und in Boiotien und – der goldblitzende Schliemannsaal im athenischen Nationalmuseum, der die herrlichsten Schätze dieser Heroenzeit geborgen hält.

Aber eine Literaturgeschichte hat über jene mykenische Epoche – um sie so zu nennen – eigentlich zu schweigen; denn ein 'Schrifttum' von Bedeutung haben jene Urgriechen nicht besessen oder zum mindesten: es ist uns nicht bekannt. Wohl haben Funde überaus zahlreicher Tontäfelchen mit eingeritzten, erst vor kurzem gedeuteten Schriftzeichen, uns einen ungeahnten Blick in den wirtschaftlichen und politischen Aufbau jener frühen staatlichen Gebilde in der Peloponnes und auf dem Kreta späterer Zeit, das heißt hier der zweiten Hälfte des 2. Jahrtausends v. Chr. geschenkt.[1] Aber wir finden auf ihnen nur oft

[1] Hierüber siehe den Bericht von R. Hampe, Die homerische Welt im Lichte der neuesten Ausgrabungen, Sonderdruck aus der Zeitschrift Gymnasium LXIII (1956); daraus (von

listen- oder verzeichnisartig geordnete Angaben von Orten, Göttern und Göttinnen, Männern und Frauen, Tieren und Sachen, in einer hochaltertümlichen griechischen Sprache und Schrift, die aus einer noch älteren kretischen Schrift – Ausdruck einer ungriechischen, noch ungedeuteten Sprache – »mit einer gewissen Gewaltsamkeit auf die griechische Sprache angewendet worden ist«. Außer Mykene und Tiryns ist nun noch Pylos an der Westküste der Peloponnes als besonders mächtiger alter Herrensitz ans Licht getreten, und Herrscher auf der Peloponnes müssen auch Nachfolger der alten minoischen, d. h. nach dem Minos der Sage von uns benannten, Könige auf Kreta geworden sein, und das minoische Form- und Kulturgut, damit auch die Schrift, müssen sie von Kreta übernommen haben. Heute noch trägt uns das Schiff von Athen nach Kreta so hinüber wie in der Sage einst den Königssohn Theseus zu Minos. Wer nach den festländischen trotzigen Burgen mykenischer Zeit, zu denen nun aber auch der im Grundriß wiedergewonnene Palast von Pylos gekommen ist, im kretischen Knossos die Grundrisse eines höchst kompliziert angelegten Palastes betrachtet, der sich weit und frei zum Meere hin öffnet, einst ausgestattet mit zahlreichen Sälen, Terrassen, Treppen, ausgeziert in einem raffinierten Stile, der wird sich des Unterschiedes echt griechischen und sehr ungriechi-

S. 30) das folgende Zitat. Das Kapitel 'Hohes Altertum' im genannten Buche des Verf. Die Kultur der Griechen stellt dieses Zeitalter ausführlich dar; freilich war damals die kretisch-griechische Schrift noch nicht entziffert. – Neuerdings wieder aufgekommene Zweifel an der Richtigkeit dieser Entzifferung sind wir noch nicht fähig zu beurteilen.

schen Wesens wohl bewußt werden; und dennoch muß nach der jetzt gewonnenen Erkenntnis späterhin eine Art Verschmelzung zwischen diesen beiden Kulturen stattgefunden haben. Aber freilich – die Forschung ist hier noch ganz im Fluß, und niemand kann ahnen, welche Überraschungen der Boden noch in sich birgt.

Erst um die Wende des 1. Jahrtausends v. Chr. haben Griechen die phönizische Konsonantenschrift in geistreicher Weise umgebildet zu einer reinen Lautschrift, mit Wiedergabe der Vokale, welche dann die Mutter aller europäischen Schriftarten geworden ist.[1] Unsere ältesten Zeugnisse dafür entstammen dem 8. Jahrhundert v. Chr. So bringt eine geometrisch verzierte Kanne vielleicht schon aus der ersten Hälfte dieses Jahrhunderts eine griechisch geschriebene Hexameterinschrift[2] und der sogenannte Nestorbecher von Ischia[3] aus der zweiten Jahrhunderthälfte nach einer Prosazeile zwei Hexameter. Bezeichnenderweise sind die Verse beidemal schon durchaus epischen Stiles.

Doch mündliche Überlieferung von Göttern und Heroen, damit zugleich von altertümlicheren Lebensformen, muß in niemals unterbrochenem Strome von der mykenischen Zeit her durch die Jahrhunderte geflossen sein, ähnlich wie es auch in der altindischen und der altchinesischen Geschichte ge-

[1] Zur Bedeutung dieser echt griechischen Schrift vgl. die Arbeiten von R. Harder, Das neue Weltbild der Antike I (1941) 91 ff. und Die Antike XIX (1943) 86 ff. — [2] Letzte Erläuterung durch P. Friedländer, Epigrammata (Univ. of Calif. Press 1948) Nr. 53; die zweite Zeile scheint ein Kurzvers zu sein. — [3] Vgl. Hampe a. O. S. 36 f.

schehen ist. Reifer gewordener Geist zwar verklärte und vertiefte allmählich den Stoff. Dennoch ist das Ergebnis: noch viel getreuer und reicher als die Eddalieder und das mittelhochdeutsche Epos unsere eigene Vorzeit wiedergeben, spricht von hellenischer Frühzeit Homer.

I. DIE ARCHAISCHE ZEIT

A. HOMERISCHES ZEITALTER

Aus den Werken der Griechen spricht der Dämon der Menschheit rein und verständlich zu uns.
Herder

Wie Volker im Nibelungenepos und Horant im Gudrungedicht singt auch im hellenischen Epos der Held selbst alte Lieder. So tröstet sich der grollende Achill dadurch, daß er die Einsamkeit seiner Stunden füllt mit dem Gesang von »Ruhmestaten der Männer« (IX, 189)[1]. »Werke der Männer und Götter« (1, 338) heißt auch das Thema, das der berufsmäßige Sänger in der Odyssee, vergleichbar dem nordischen Skalden, vorträgt, beim Mahle in des Königs Halle oder ein andermal im Freien in der festlich versammelten Gemeinde (8, 266), und aus seinem Munde ist das neueste Lied besonders erwünscht (1, 352). Die Rechte schlägt zur Begleitung des Gesangs die Kithara, ein großes Saiteninstrument. Der blinde Sänger Demodokos bei den Phaiaken und der des homerischen Apollonhymnus lassen erkennen,

1 Römische Zahlen bezeichnen die Ilias-, arabische *vor* dem Komma die Odysseebücher.

daß einst der des Augenlichts Beraubte in dieser epischen Kunst ähnliche Bedeutung hatte wie in der noch heute lebendigen serbisch-kroatischen Epik, die uns überhaupt mancherlei Vergleichbares lehrt.[1] Wollen wir uns aber von den ursprünglichen Heldenliedern die rechte Vorstellung machen, so dürfen wir nicht von der Form der uns erhaltenen Epen ausgehen. Weit entfernt sind wir heute von den Theorien des großen Philologen Karl Lachmann (1793–1851), der da meinte, aus der Ilias die achtzehn, aus dem Nibelungenlied die zwanzig ursprünglichen »Lieder« mit Sicherheit herausschälen zu können. Vielmehr haben wir inzwischen erkannt, daß zwischen Lied und Epos nicht nur ein Größen-, sondern auch ein Wesensunterschied liegt. Jene echten Lieder müssen wir uns balladenmäßig denken, mehr kurz andeutend als breit ausführend, ein Ganzes auch dann, wenn der Sänger sich bewußt gewesen sein sollte, aus einem noch größeren Ganzen nur ein Stück vorzutragen. Das Epos dagegen verhält sich zum Liede »wie der weit verästelte Baum zur jungen Pflanze«, es ist nicht durch bloße Addition von Liedern entstanden, sondern durch organisches Wachstum. Das Lied ist wirklich gesungen worden, gewiß in einem kürzeren Verse als in dem für Rezitation geformten und durchgebildeten Hexameter, vielleicht in jenem Dreiheber, der in altrömischen und altgermanischen Versen seine Brüder

[1] Zu diesem und den folgenden Gedanken vgl. E. Drerup, Homer² (1915); C. M. Bowra, Heroic Poetry (1952); A. Heusler, Nibelungensage und Nibelungenlied (1920) und Lied und Epos (1905 u. 1956); W. Schadewaldt, Von Homers Welt und Werk² (1951) S. 377.

hat. Der Aoide (Sänger) aber wurde abgelöst durch den Rhapsoden. Dieser trug, wie wir wissen, statt der Kithara den Stab, die Rhabdos, in der Hand – wobei wir aber den Rhapsoden nicht als den fassen, der »zum Stabe singt«, sondern als den, der epische Verse oder Versgruppen »singend (d.h. später nur 'rezitierend') aneinanderreiht«, rháptei, vom Verbum rháptein »zusammennähen«. So wurde im Laufe der Zeiten der Gesang zum gesangsmäßigen Sprechen, der gesungene Kurzvers zum kunstvoll rezitierten langen Hexameter, das sprunghaft vorgehende Lied zu breiterer, ausführlich schildernder epischer Darstellung und dann auch zum kleinen Epos: der Phaiakenkönig möchte dem Odysseus, der wie ein Rhapsode seine langen Irrfahrten vorträgt (11,368), die ganze Nacht bis zum Morgen zuhören und mahnt ihn, ja nicht seinen Bericht abzubrechen – lehrreich dafür, wie das Verlangen der Hörer mitbestimmend war für die Ausweitung solcher Schilderungen.

Diese Entwicklung aber war lange vor der literarischen Ausgestaltung der uns ganz erhaltenen oder im Umriß bekannten Großepen abgeschlossen, denn hier tritt uns ein ganz fest gewordener epischer Stil entgegen, ein meisterlich-handwerksmäßiges Können und Müssen, hier ist das einst Flüssige in geprägter Typik gestaltet. Der Rhythmus, geheimnisvoll eingeboren der Natur wie der Seele und dem Körper des Menschen, ist Herr über ein großes Menschenwerk geworden. Der Vers ist nach Takten und Taktgruppen gesetzmäßig gegliedert und wirkt wie ein Kunstwerk im kleinen; er ist überaus abwechslungsreich, bald leicht dahineilend, bald wuchtig schwer, ebenso fähig, Bewegung auszudrücken wie Ruhe, Toben der Schlacht wie leises Rauschen der Meereswogen, Freude wie Leid. Ein bestimmter Vorrat von Beiwörtern – einst Kinder des lebendigen Augenblicks – gehört zum ornamentalen Schatz des Rhapsoden, der zugleich Überkommenes vorträgt und Neues schafft. Die Sprache ist eine kunstvolle, ja künstliche, wie sie niemals gesprochen wurde. Formelhaft gewordene Verse, die anzuhören man nie müde wird, stehen namentlich für die Übergänge zur Verfügung. Auch die drei wesentlichen Stücke dieser epischen Darstellungsweise, Erzählung, direkte Rede, Gleichnis, zeigen oft typische Form. Gewiß hat man so Generationen lang dieses Dichter- und Rhapsodenhandwerk als Lehrer und Schüler ausgeübt, bis die epischen Gedichte die uns bekannte Form erhalten haben. Vom Vortrag eines solchen Rhapsoden, freilich erst aus spätklassischer Zeit, entwirft uns Platon ein anschauliches Bild. Der Vortragskünstler Ion sagt es bei ihm (p. 535) selbst: so leidenschaftlich wie er rezitiert, so tief erregt werden seine Hörer. Er bricht in Tränen aus, wenn er etwas Mitleidweckendes vorträgt, das Herz klopft, die Haare sträuben sich ihm, wenn er etwas Furchtbares kündet. Und auch die, die vor ihm sitzen, »weinen und haben das Entsetzen im Blick und gehen staunend mit dem Vorgetragenen mit«. Und das bei altbekannten Begebenheiten, denn damals war ja Homer, den Ion vorträgt, Allgemeingut, und man konnte lange Reihen seiner Verse auswendig aufsagen! –

Wer aber die Anfänge des hellenischen Mythos überdenkt, den das Epos in der ihm eigenen Form wiedergibt, der schaut, wie Ulrich von Wilamowitz einmal gesagt hat, »in das unergründlich tiefe Auge der Sage«. Einst war gewiß Helena eine Göttin des Lichts – ihre Brüder, die Zwillinge Kastor und Pollux, wurden ja noch lange als Lichtgottheiten verehrt, wie sie heute noch am Himmel glänzen – und ein Nachtgott, später Paris genannt, entführte sie in die Ferne; einst war gewiß Odysseus ein Gott, der sein Volk verließ und am bestimmten Tage, sehnlichst erwartet, wiederkehrend seine Feinde zerschmetterte: noch die Odyssee hat eine letzte Ahnung davon, wenn sie den lange Umgetriebenen am heiligen Tag des Apollon, am Neumond im Winter, also wohl dem nach der Wintersonnenwende, die feindlichen Freier mit seinen Pfeilschüssen überwältigen läßt. Auch in anderen homerischen Gestalten, die nun Menschen sind, wie den geheimnisvollen Phaiaken hat man mit einer gewissen Wahrscheinlichkeit die alte Gottheit noch gefunden. Aber diese Urmythen sind im allgemeinen längst, längst versunken. Nun treten Helden auf, eigene Vorfahren, freilich von Göttern stammend, mit ihnen verbündet oder verfeindet. Helden- und Göttersage sind nun ein einiges Ganzes. Mancherlei sehr alte Epen, deren Namen uns zum Teil überliefert sind, haben solche Sagen erzählt, von Geschlechtern, Städten, einzelnen Helden, wie den Argonauten, Herakles, Theseus. Zwei Burgstädte aber sind es vor allem, um die diese Sagen sich rankten und diese Gedichte kreisten: die eine nach mannigfachsten Schicksalen heute noch lebendig, freilich nur einen sehr kleinen Teil des Stadtgebiets ihrer Blütezeit umfassend, *Theben* in Boiotien, in fruchtbarem Lande, an wichtiger

Handelsstraße gelegen; die andere auf einem Hügel, in dem die Ausgräber nicht weniger als neun verschiedene Städte oder doch Bewohnungsschichten aus einer Zeit von über vier Jahrtausenden gefunden haben, der aber seit der byzantinischen Herrschaft verfallen ist: *Ilios*, später Ilion, oder – aber auch schon gelegentlich in der Odyssee – Troiē, dann Troia genannt (während in der alten Zeit dies vielmehr der Landschaftsname ist), an den Dardanellen gelegen, etwas abseits, aber doch die lebenswichtige Durchfahrt beherrschend; noch heute ist es ein strategisch wichtiger Punkt. Die denkwürdigen Geschicke dieser beiden Stätten erzählten große Epen. Fast alle sind sie verlorengegangen, da sie im Gegensatz zu Ilias und Odyssee nicht Gegenstand des antiken Schulunterrichts geworden sind. Ihren Inhalt kann die Wissenschaft nur aus winzigen Bruchstücken, aus der Nachwirkung in anderen Dichtungen, namentlich der attischen Tragödie, und aus späten Inhaltsangaben ungefähr erschließen. Die antike Philologie hat sie in einen »Kreis«, den sogenannten *Epischen Kyklos* eingeordnet, der eine zeitliche Abfolge der Geschichten darstellen sollte.

Zu ihnen gehörte von den thebanischen Epen die '*Oidipodie*' mit der Geschichte des Vatermörders und Mutterfreiers, die '*Thebais*', die den Zug der Sieben gegen Theben unter Führung des vertriebenen Oidipussohnes Polyneikes schilderte, und die '*Epigonen*': sie, die nächste Generation, haben die Stadt endlich bezwungen. In diesen Epen und mehr wohl noch in den ihnen zugrunde liegenden Liedern herrschte eine grausige Wildheit: allein die Oidipussage und der Sturm der Sieben auf die Mauer mit dem Zweikampf der feindlichen Brüder als Abschluß beweisen es; der Dichter oder die Dichter standen dabei sicher mehr auf der Seite der Belagerten, endlich Unterliegenden. – Zu den troischen Epen wurden unter anderen gerechnet: die '*Kyprien*' (später in 11 Bücher geteilt), deren Name uns nicht recht verständlich ist: entweder die Entstehung des Epos wurde nach der Insel Zypern verlegt oder, weniger wahrscheinlich, diese hatte eine besondere inhaltliche Bedeutung. Sie enthielten die Vorgeschichte des Krieges und die der ersten Jahre. Es folgte die *Ilias*; dann die '*Aithiopis*' in 5 Büchern, die den Kampf zwischen Achill und Penthesilea sowie den zwischen ihm und dem schönen Sohne der 'Morgenröte', dem Aithiopenfürsten Memnon – dies die eigentliche '*Aithiopis*', und vielleicht einst sogar eine Art Vorbild der *Ilias* – erzählten und daran anschließend Achills Tod durch Apollon und Paris schilderten. Der »letzte Homeride«, Goethe, hat statt dessen seine Achilleis gedichtet, die unmittelbar an den Iliasvers XXIV, 787 anknüpft. Weiter ordnete man in den Epischen Kyklos ein die '*Kleine Ilias*' und die '*Iliupersis*' (Ilios-Zerstörung), zusammen die Ereignisse vom Streit des Aias und Odysseus um die Waffen Achills bis zur Einnahme der Stadt durch die listige Einfuhrung des Hölzernen Pferdes erzählend. Hieran wurden die '*Nostoi*' geschlossen, die Gedichte von der Heimkehr der Helden: davon singt schon Phemios in der Odyssee (1, 326). Auch diese selbst gehört eigentlich zu den Nostoi, aber sie ist ein großes Sonderwerk geworden. Endlich die '*Telegonie*': in ihr begegnete der zur Versöhnung Poseidons noch einmal ausgezogene Odysseus seinem und der Kirke ihm bis dahin unbekannten Sohne Telegonos, und sie kämpften zusammen wie Hildebrand und Hadubrand. Aber hier erschlug der Sohn den Vater.

Über den dichterischen Wert der verlorengegangenen troischen und nichttroischen Epen – die in ihrer letzten Form zum großen Teil jünger als Ilias und Odyssee gewesen sein werden – können wir so gut wie nichts aussagen. Etwas von ihrer Eigenart, das was sie boten und was ihnen fehlte, beleuchtet das Wort des Aristoteles (Dichtkunst c. 23), die 'Kyprien' hätten vielen, die Kleine Ilias allein mehr als acht Tragödien den Stoff gegeben, Ilias und Odyssee dagegen nur ein bis zwei Tragödien: so zusammengeballt, aber seelisch reich und voll waren diese an sich schon, so stofflich reich, aber wenig in die Tiefe gehend jene. Einige große Motive und Szenen können wir aber noch ahnen. So begannen die 'Kyprien':

Einst war die Zeit, da von Menschen zehntausend Geschlechter beschwerten,
Hierhin und dorthin getrieben, der breiten Erde Gebrüste.
Zeus, der es sah, erbarmte sich ihrer; in klugen Gedanken
Sann er zu lindern die Last der allernährenden Erde.
So entfacht' er des Ilischen Kriegs gewaltigen Hader.
Heben wollt' er durch Tod ihre Last: und im troischen Lande
Sanken die Helden dahin; »so ward Zeus' Wille vollendet«.[1]

Szenen, die der bildenden Kunst viele Jahrhunderte lang den Stoff gaben, zum Teil bis in die Gegenwart hinein, waren z. B. das Urteil des Paris auf den Höhen des Idagebirges; die erste Begegnung zwi-

[1] Der Kypriendichter zitiert den Schluß des 5. Iliasverses, aber dort ist der Wille des Zeus, der hinter den Leiden der Achaier steht, ein geheimnisvoller Trost.

schen Paris und Helena im Palast des Menelaos – antikes Wandgemälde wie Relief spiegeln die verhängnisvolle Stunde wirkungsvoll wider[1] –; Iphigeniens Opferung. Die Geschichte von Ilions Zerstörung hat unsere größten Dichter mächtig bewegt: Schiller hat das zweite Buch der Äneis, das sie den Römern wiedererzählt, übersetzt und den Stoff in bedeutenden Balladen gestaltet, Goethe hat sie im Faust wiedergemalt, dort, wo er den alten Nereus, den Vater aller Meermädchen, wahrlich einer Iliupersis würdig so sprechen läßt:

Wie hab' ich Paris väterlich gewarnt,
Eh' sein Gelüst ein fremdes Weib umgarnt!
Am griechischen Ufer stand er kühnlich da,
Ihm kündet' ich, was ich im Geiste sah:
Die Lüfte qualmend, überströmend Rot,
Gebälke glühend, unten Mord und Tod:
Troias Gerichtstag, rhythmisch festgebannt,
Jahrtausenden so schrecklich als gekannt.
Des Alten Wort, dem Frechen schien's ein Spiel,
Er folgte seiner Lust, und Ilios fiel –
Ein Riesenleichnam, starr nach langer Qual,
Des Pindus Adlern gar willkommnes Mahl.

Wir verweilen mit unserer Betrachtung nun bei den einzig erhaltenen Epen *Ilias* und *Odyssee*.
Ein Laie, der sich in der neueren wissenschaftlichen Literatur[2] über das Alter dieser beiden Epen unter-

1 Vgl. unten Abschnitt III B Einleitung mit Abbildung. –
2 Die beste Einführung in die Probleme der homerischen Dichtung gab dem Nichtfachmann bis vor kurzem das vielumspannende Werk Homer[3] (1924) von Finsler-Tièche; dazu das Homerheft der Antike XV (1938) 1 ff. Aus der neuesten Zeit führen wir zur Ergänzung unserer Ausfüh-

richten will, findet die widersprechendsten Angaben, wie er sie übrigens genauso in der antiken Überlieferung antreffen würde. Der große Archäologe W. Dörpfeld, der Ausgräber von Olympia, Ilion, Pylos, einst Schliemanns Mitarbeiter, versichert ihm, Homer, der Dichter der beiden Epen, habe in der mykenischen Zeit selbst, etwa um 1200 v. Chr., gelebt; Wilamowitz setzt Homer – für ihn nur der Dichter der Ilias – gegen 700 an, den der Odyssee um Generationen später, und so ist an seinem Ausspruch etwas Wahres, Dörpfeld und er stünden sich hier gegenüber wie ein Anhänger des Ptolemäischen und einer des Kopernikanischen Weltsystems. Die Homerforschung der neueren Zeit nimmt überwiegend als Entstehungszeit der Ilias die späteren Jahrzehnte des 8. Jahrhunderts an. Freilich ein Schüler von Wilamowitz, E. Bethe, dachte sich unsere Ilias sogar »nicht vor 600« endgültig geformt. Die Gründe, die ein jeder für seine Theorie anführt, sind teils den Epen entnommen, teils entstammen sie allgemeinerer Betrachtung. Der Dichter selbst schweigt ja über sich: »Homer vergaß sich selbst«, sagt Goethes Tasso; er erfüllt, was Schiller vom Künstler

rungen an: W. Schadewaldt, Von Homers Welt und Werk[2] (1951); H. Schrade, Götter und Menschen Homers (1952), freilich einseitig orientiert, und Br. Snell, Die Auffassung des Menschen bei Homer im Buche Die Entdeckung des Geistes[3] (1955) 17 ff. Das »homerische Weltbild« stellt dem der Lyrik gegenüber das Buch M. Treus, Von Homer zur Lyrik (1955). – Unter den vielen Übersetzungen von Ilias und Odyssee verweisen wir auf Th. v. Scheffers, denen auch die daraus zitierten Verse entnommen sind, zuweilen mit leichter Abweichung.

verlangt: sein Werk »schweigend zu werfen in die unendliche Zeit«. Nur ganz selten ein persönliches Urteil, etwa über den Abstand seiner Zeit von der der Heroen. Das antike Büchlein über das Leben Homers, das wir besitzen, ist zwar kulturhistorisch wichtig, formal reizvoll, gibt aber über die Person nichts Verbürgtes.
Solche homerischen Probleme können wir hier naturgemäß nicht ausführlicher erörtern, es muß vielmehr genügen, den eigenen Standpunkt kurz zu begründen. Da gehört es zum Wichtigsten, was jedem Hörer und Leser sich aufdrängt: nicht Gegenwärtiges will uns das Epos schildern, sondern etwas weit Zurückliegendes. Es ist die ferne, golddurchwirkte, märchenhafte Zeit, »da Gott noch auf Erden ging«, in mannigfaltigsten Gestalten, so daß man nie wissen kann, ob der Unbekannte, mit dem man spricht, nicht ein Gott ist in irdischer Hülle:

wer könnte wider den Willen
Einer Gottheit wohl ihr Kommen und Gehen bemerken?
(10, 573)

Es ist die Zeit, da die Menschen noch Göttersöhne und -enkel sind, denn Achill ist ja Sohn der Meergöttin Thetis, Sarpedon der des Zeus, Aineias der Aphroditens, und so sind viele andere Göttern entsprossen (XVI, 448), *alle* Helden aber sind »göttergleich«, »göttlich«, d. h. etwas Übermenschliches eignet ihnen, ja der Mensch kann wohl auch nach seinem Tode selbst Gottheit werden wie Ino (5, 334). Noch ruht auf allem Irdischen göttlicher Hauch und Glanz, täglich geschehen Wunder vor den menschlichen Augen durch die Hand der Götter, die Männer sind viel gewaltiger »als heute die Sterblichen sind«, die Opfer, die sie darbringen, von mächtigerer Größe als heute, so wie sie selbst prächtiger, reicher, herrlicher leben, sich auch herrlichere Geschenke geben. Ja, dieses Heroisieren geht bis in die Äußerlichkeiten des täglichen Lebens hinein: niemals essen diese Helden den vom Meere zu allen Zeiten so reichlich gespendeten Fisch, immer nur am Spieße gebratenes Fleisch; niemals schreiben sie (außer König Proitos VI, 168 in einer sich auch sonst vom anderen abhebenden Szene). Es ist eben die Zeit der Sage, von der der Epiker, der letzte in langer Dichterreihe, kündet. In seinen Tagen erscheinen die Götter nicht mehr leibhaftig; nur die Bitte an die Gottheit, die Muse, um ihr unsichtbares Wirken, ihren geistigen Beistand bei dem schweren Werk der Dichtung, ist ihm vergönnt. Die Erzählung archaisiert bewußt und mit erstaunlicher Folgerichtigkeit, vor allem in der Ilias. Im Gleichnis allein schafft sich der Dichter die Möglichkeit, unmittelbar von seiner eigenen Welt zu reden.

Wann aber setzen wir seine eigene Zeit, wo die Heimat an? Herodot (II, 53) glaubte, die für ihn gleichzeitigen Dichter Homer und Hesiod hätten 400 Jahre vor ihm gelebt, also im 9. Jahrhundert; wir sind aus sprachlichen und kulturellen Gründen gezwungen, etwa noch ein Jahrhundert herabzugehen, nicht tiefer, denn wenn man als wichtigsten Grund für eine Ansetzung der Ilias ins 6. Jahrhundert angeführt hat, sie kenne ja in Ilios Tempel und Kultstatue (VI, 297), so hat man nicht beachtet, daß uns die deutschen Ausgrabungen auf Samos spätestens für das 7. Jahrhundert solche Kunstwerke erwiesen haben, daß aber vor allem der den Ioniern unmittelbar benachbarte, ihnen vor Augen liegende Orient dergleichen Statuen seit Jahrhunderten schon geschaffen hatte. Wir glauben also, daß jenes schon mehrfach erwähnte spätere 8. Jahrhundert uns die Ilias geschenkt hat, daß aber die Odyssee in den Zeiten der großen ionischen Kolonisationszüge ins östliche und westliche Meer, im früheren 7. Jahrhundert, als Ganzes entstanden ist.

Dabei ist anzuerkennen, daß die Erinnerung an die mykenisch-kretische Epoche in diesen Epen noch sehr lebendig ist. 'Achaier' nennen sie jene Griechen des späteren 2. Jahrtausends. Der Kampf um die Dardanellenfestung[1] stellt ja zweifellos historische Vorgänge dar, wer auch immer die Angreifer und die Verteidiger gewesen sein mögen; es ist der erste große Zusammenprall Europas und Asiens an dieser welthistorisch so bedeutsamen Stelle, zugleich des Hellenen- und des Barbarentums, und auch davon lebt im Homer noch eine leise Erinnerung, so z. B. in den ungriechischen Namen Priamos und Paris – der auch den griechischen Namen Alexander trägt –, in der orientalisch anmutenden Form des Familienlebens des troischen Königs, in dem lärmenden Anrücken der Troer, während die Hellenen schweigend in den Kampf ziehen (III, 2ff.).[2] Im allgemeinen freilich gleichen diese Troer den Hellenen nach Name und Art. Kann es etwas Hellenischeres geben als Hektor und Andromache? – Auch die Kultur jener

1 Einem Dichter unserer Zeit, J. Giraudoux, blieb es vorbehalten, das Thema 'La guerre de Troie n'aura pas lieu' in geistreich spielender Weise dramatisch zu behandeln (1935).
2 Vgl. Lessing, Laokoon c. 1.

Vorzeit hat ihren Niederschlag in den Gedichten gefunden. Von dem Goldreichtum, den sie bewundern, zeugen die von uns aufgefundenen Stücke, eben die aus Mykene und Ilios; zum Becher des Nestor (XI, 632) hat sich ja sogar ein goldenes Gegenstück gefunden, das nun im Athener Nationalmuseum ruht; mykenische Waffen haben Ebenbilder im Epos, und man glaubt mit Sicherheit nachweisen zu können, daß nicht nur die Burgen in der Argolis, in Pylos, in Boiotien, am Hellespont, sondern auch noch die Palastanlagen Kretas in der homerischen Erzählung fortleben, denn mehr als ein Grund spricht dafür, daß dic Wunderbauten, die Odysseus auf der Phaiakeninsel Scheria bestaunt, ebenso wie das Labyrinth der Theseussage Erinnerungen sind an die kretische Bauherrlichkeit. Wenn man früher der Ansicht war, die Stetigkeit einer Überlieferung hänge vor allem von ihrer schriftlichen Festlegung ab, so haben wir inzwischen erkannt: unliterarische Zeiten können von Mund zu Mund nicht weniger feste, Jahrhunderte dauernde Überlieferung geben.

Als Heimat dieser Epen bezeichnen wir vor allem aus sprachlichen Gründen die ionische Küste Kleinasiens. Mutterländische Bevölkerung hatte sich, von anderen griechischen Stämmen verdrängt oder freiwillig sich ausbreitend, der östlichen Inseln und des dahinterliegenden Festlandsaumes bemächtigt, und in diesem Neuland hatte sich ein geistiges und wirtschaftliches Leben von ganz besonderer Kraft und Spannung entzündet. Dort, nach der antiken Überlieferung im nördlichen Ionien, wird auch der Dichter Homeros selbst, der einen individuellen Namen ionischer Form trägt, gelebt haben. Doch seine Vaterstadt ist nicht mehr zu bestimmen. Mit einem hellenistischen Epigramm[1] lassen wir Homer selbst also sprechen:

Forsche nicht, wer von Geschlecht und Geblüte Homer war; es rühmen
Stolz sich meiner Geburt alle die Städte ringsum!
Würdig allein ist der Geist, nicht der Ort; die Heimat des Dichters
Ist ja der Ilias Werk, ist von Odysseus der Sang.

Daß die homerische Sprache durch die spätere herrschende Stellung Athens und die Verwendung der Epen zu Vortrag und Unterricht in Attika hier und da einen attischen Klang angenommen hat, ist nicht zu leugnen. Die Tätigkeit der schon von Peisistratos, dem Tyrannen Athens, einberufenen Gelehrten wird sich auf eine Reinigung des Textes von Überwucherungen beschränkt haben. Aber beide Werke, Ilias *und* Odyssee, haben die größten Geister des hellenischen Altertums jahrhundertelang im Gegensatz zu anderen Epen des Kyklos für die des *einen* Homer gehalten, es war die schlechthin gültige Meinung, die anzuzweifeln niemand Grund fand, bis in alexandrinischer Zeit einige Gelehrte, welche die »Trennenden« genannt wurden, beide Epen verschiedenen Verfassern zuschrieben; bezeichnenderweise nennt es Seneca (V. d. Kürze d. Lebens c. 13) geradezu eine Krankheit der Griechen, danach zu fragen, ob die Ilias viel früher als die Odyssee oder ob beide von demselben geschrieben seien. Seneca folgen wir nicht; aber wissen zu wollen, welches der

[1] Aus dem 2. Jahrh. v. Chr. (Berliner Klassikertexte V 1, 78); der dritte Vers dem Gedanken nach z. T. ergänzt.

beiden Epen als das persönliche Homers anzusehen sei – man bezeichnet heute nach Wilamowitz oft die Ilias als das Werk Homers, von dem der Dichtername dann auf die Odyssee übertragen sei –, das übersteigt die Grenzen, die unserem Forschen gesetzt sind. Doch sind wir aus sprachlichen, stilistischen, kulturellen Erwägungen gezwungen, die Odyssee[1] ungefähr zwei Generationen später als die Ilias – man lebte damals schnell! – anzusetzen: sie verdankt der Ilias viel; ihre Sprache zeigt jüngere Formen, leichteren Fluß; sie hat viel weniger Gleichnisse (in der Ilias zählt man 182 ausgeführte Gleichnisse, in der freilich um ein Viertel kürzeren Odyssee 39), auch finden sich in der Odyssee andere, mehr der Technik entnommene Gleichnisse; die Höhenlage des mächtig-heroischen Stils ist hier gesenkt in die Sphäre eines kleineren Lebens, die Menschenwelt vereinfacht zu engerem Kreis, während der geographische Horizont, namentlich nach Westen, sehr erweitert ist; die Menschen zeigen oft eine besondere Art der Höflichkeit, der Freundlichkeit, des fein gebildeten Wesens; andere bezeichnende Unterschiede werden wir später berühren. Dem Stoffunterschied – dort heroische Kämpfe, hier kühne Seeabenteuer und häusliche Szenen – wird ein solcher des Hörerkreises entsprochen haben. – Gewisse Verse sind übrigens sicherlich in beide Epen erst bedeutend später eingefügt, technisch ausgedrückt »interpoliert« worden. Überhaupt müssen wir uns ihren Text in der alten Zeit, wie antike Zitate und Papyrusfunde lehren,

[1] Zur allgemeinen Charakteristik der beiden Epen vgl. F. Jacoby, Die geistige Physiognomie der Odyssee, Antike IX (1933) 159ff.

nicht so fest denken wie den unserer Handschriften, der die streng kritische, überaus notwendige Schleuse der alexandrinischen Philologie passiert hat.
Ilias und Odyssee sind wirkliche, in sich geschlossene Bücher, zum Lesen, auswendig Lernen, Vorlesen, auswendig Vortragen; so erschienen sie Solon und Sappho, Pindar und Aischylos. *Vor* diesen Büchern müssen wir uns nicht vervielfältigte, nur im Besitz des Rhapsoden befindliche Epen, vor *diesen* wiederum geradezu nicht aufgeschriebene, nur im Gedankengang feste, in der Einzelgestaltung noch flüssige »Epen« denken. Unsere Ilias umfaßt etwas weniger als 16000, unsere Odyssee etwas mehr als 12000 Verse; die in unseren Handschriften und Drucken herrschende Einteilung in je 24 Bücher, den Buchstaben des Alphabets entsprechend, stammt erst aus alexandrinischer Zeit; Reste älterer, anderer Einteilung sind bekannt. Die Handlung der Ilias spielt sich in 49 Tagen ab, wovon 4 große Schlachttage sind, die der Odyssee in 40 Tagen; so scharf hat der Dichter beidemal die Handlung zusammengefaßt. Homer, sagt Aristoteles, ist bewundernswert (im Gegensatz zu den Verfassern anderer alter Epen), weil er »einen Teil vom Ganzen abgesondert, aber viele Einzelhandlungen verwendet hat« (Dichtk. c. 23). Beide Werke sind eine Einheit und eine Vielheit, beide nach einheitlichem Plan aus mancherlei Werkstücken gestaltet, wenn auch in ihrer Komposition unter sich recht verschieden. Sie enthalten in sich selbst Ungleichheiten und Widersprüche, sowohl inhaltlich wie namentlich in der Charakterzeichnung der Helden, oder anders ausgedrückt: ihre Teile führen ein gewisses Eigenleben. Zuweilen ist

die inhaltliche Selbständigkeit so groß, daß sie sich jedem Lesenden aufdrängt, so in der Ilias z. B. in der an geographischen und historischen Kenntnissen überreichen Aufzählung der griechischen Fürsten nebst ihren Schiffen sowie der troischen (II) – gewiß anzusehen als eine sachlich bedeutende, hexametrische Neugestaltung jener S. 7 erwähnten Kataloge schon der mykenischen Zeit –, in der Dolonie (X) und in den Leichenspielen für Patroklos (XXIII); in der Odyssee z. B. im Lied von Ares und Aphrodite (8) und in der zweiten Unterweltszene (24); doch sind auch sie alle durch Scharniere in der Gesamthandlung befestigt. Jene Unstimmigkeiten wollte Horaz (Ars poet. 359f.) aus der Länge der Gedichte verstehen: kein schlechter Gedanke; Epen und Romane anderer Zeiten geben reichlich Parallelen. Seit dem Ausgang des 18. Jahrhunderts, seit den Forschungen der deutschen Philologen Ch. G. Heyne und F. A. Wolf, denen der Franzose d'Aubignac nur ein unwissenschaftlicher Vorläufer war, ist der Gedanke wirksam, die Ilias sei als eine Summe von Einzelgedichten verschiedener Verfasser anzusehen. Von der Wirkung jener Hypothese entwirft uns Goethe in den Tag- und Jahresheften 1821 folgendes anschauliche Bild: »Die gebildete Menschheit war im Tiefsten aufgeregt, und wenn sie schon die Gründe des höchst bedeutenden Gegners nicht zu entkräften vermochte, so konnte sie doch den alten Sinn und Trieb, sich hier nur *eine* Quelle zu denken, woher soviel Köstliches entsprungen, nicht ganz bei sich auslöschen.« Das 19. Jahrhundert hat den philologischen Kampf zwischen »Liederjägern« und »Einheitshirten« gebracht, dann

Aufspaltungen der beiden Epen, die die ältesten und, wie man oft ohne weiteres annahm, »besten« Schichten herauszuheben suchten. Bis in unsere Zeit hinein[1] hat sich der Gegensatz zwischen (mehr) rational-analytisch und (mehr) nachfühlend-synthetisch arbeitenden Forschern fortgesetzt, wobei wir uns nicht verhehlen dürfen, daß die gesamte Geistesart des Gelehrten selbst seine Sehweise mitzubestimmen pflegt. Im einzelnen hat diese Forschung reiche Frucht gebracht, sie hat das Textverständnis sehr vertieft; im ganzen ist ein Ergebnis nicht erzielt worden und kann auch schwerlich je erzielt werden. Oft herrscht hier auch die nicht zutreffende Voraussetzung: die rationalen und ästhetischen Ansprüche und Ansichten des 19. und 20. Jahrhunderts nach Chr. seien ohne weiteres gleich denen des 8. Jahrhunderts vor Chr. Langsam bricht sich die Erkenntnis Bahn, daß jene archaische Zeit sehr eigenen künstlerischen Gesetzen folgte, die allererst durch vergleichende Beobachtung festzustellen sind. Und was im besonderen jene Widersprüche angeht, so sagen wir: damals herrschte der Geist einer hierin unbekümmerteren Zeit; es wird wenig gerechnet vom Dichter und wenig nachgerechnet vom Hörer; das Verlangen, der Augenblick solle von möglichster Wirkungskraft sein, rechtfertigt vieles. Sogar die klassische griechische Tragödie gibt, wie wir sehen werden, dafür Vergleichbares.

Die jene Dichtungen beherrschenden *Motive* in ihrer Bedeutung für den Aufbau des Gesamtwerks uns zu vergegenwärtigen, ist unsere nächste Aufgabe.

[1] Vgl. A. Lesky, Die Homerforschung der Gegenwart (1952).

In der *Ilias* sind es zwei große Motive, die das Ganze formen und vereinen. Das erste ist das, welches das Prooimion als Thema nennt: der Groll Achills gegen Agamemnon wegen der Beleidigung seiner Ehre; das zweite, dieses ablösende ist das Freundschaftsmotiv: Achills Rachekampf für den gefallenen Freund Patroklos, nicht ganz unähnlich dem Eingreifen Dietrichs von Bern in die Nibelungenschlacht nach dem Tode seines Freundes Rüdiger. Das erste Motiv herrscht in den Büchern I-XV, unter denen Buch IX ein besonderes Schwergewicht eignet: Achill bleibt nach Aufkündigung der Heeresfolge wirklich den Kämpfen fern, und die in der höchsten Not ihm zugesandten Männer, seine alten Waffengefährten, die ihn mit Geschenken und klugen Worten versöhnen wollen, auch seinen alten Lehrer Phoinix, der, jenen seltsam zugefügt, ihn durch ein heroisches Vorbild, Meleager, mahnen will, weist er schroff zurück: die Ehre ist ihm nicht käuflich, das Mahnbild der Vorzeit wirkt nicht. Das zweite Motiv herrscht von XVIII bis zum Schluß: nun ist Patroklos gefallen, und nach der förmlichen Versöhnung zwischen Oberkönig und mächtigstem, ihm in Wahrheit überlegenem Fürsten, beginnt erst die größte Schlacht, Achills Heldenlied, das von Einzelkämpfen ausgehend über das Ringen mit den Elementgöttern hinaufführt zum eigentlichen Gipfel, dem Zweikampf der beiden Größten, Achill und Hektor; dann ebbt die Handlung mählich ab. Die beiden Motive sind inhaltlich verbunden durch die Entsendung des Patroklos in den Kampf an Stelle Achills und in seiner Rüstung, um die jener, »der Tor«, selber bittet. So hat Aristoteles recht, wenn er (Dichtk. c. 20) die

Iliashandlung bezeichnet als »eine durch ein inneres Band zusammengehaltene Einheit«. Aber das Verlangen nach recht großer Ausweitung des Epos führte dazu, daß diese Motive durch vielerlei Nebenmotive für Zeiten zurückgedrängt werden. So läßt der Iliasdichter, anstatt des Zeus Willen, Agamemnon für die Demütigung Achills durch Niederlage zu strafen, gleich zu erfüllen, vielmehr die Achaier erst lange Zeit hindurch, in den Büchern IV–VII, siegen und gewinnt dadurch die Möglichkeit zu Kampfschilderungen verschiedenster Art; bald gibt er diesem, bald jenem Held sein Preislied, und die Woge des Kampfes braust hierhin und dorthin. Auch läßt er die Voraussetzung, daß wir schon im neunten Jahre des Krieges sind, auf das im zehnten dann nach Götterbeschluß die Einnahme der Stadt folgen soll, im Anfang so weit zurücktreten, daß wir vielmehr durch die Aufzählung der kämpfenden Truppen, die Vorstellung der Hauptthelden des achaiischen Heeres in der »Mauerschau«, den Zweikampf der beiden eigentlichen Gegner Menelaos und Paris den Eindruck haben, noch am Kriegsanfang zu stehen. Auch dies schuf die Möglichkeit, weiter auszuholen, gab aber dem Werk zugleich größere Selbständigkeit. So wirkt es nicht als Fortsetzung anderer Epen, sondern als Eines, Neues, Ganzes.

Noch mancherlei andere solche Motivverdrängungen und Stofferweiterungen in der Ilias ließen sich nennen, die gewiß nicht selten unter Verwendung schon geformten epischen Materials vorgenommen wurden. Sicher richtig scheint uns z. B. die Beobachtung, daß das letzte Zwiegespräch von Hektor und Andromache (VI) einst in anderem Zusammenhang, unmittelbar vor Hektors Auszug in den Tod, gestanden hat: Schiller läßt in seinem Jugendgedicht 'Hektors Abschied' den »Wilden« bereits »an den Mauern toben« aus Rache für Patroklos. In unserer Ilias dagegen ist es in eine frühere Kampfphase eingeschmolzen worden, die weit vor dem Eingreifen des Patroklos liegt. – Hektors Tod, die Buße für seine Tat an Patroklos, hat, so sagt der Iliasdichter wiederholt, auch den Tod Achills selbst zur notwendigen Folge, die Mutter sogar mahnt ihn (XVIII, 96):

Ist doch des Todes Los dir gleich nach Hektor beschieden,

und die Urne für die Gebeine des Patroklos soll auch die Achills fassen. Aber der Iliasdichter hat trotz dieser Ankündigung seinem Epos einen ganz anderen, tiefen Abschluß geben wollen. Den Gedanken an die Schlacht, in der Achill fallen soll, gibt er auf und endet, nachdem er die vom Glanz des Lebens strahlenden Spiele zu Patroklos' Ehren eingefügt hat, mit dem versöhnenden, in höherer Gerechtigkeit endenden Gesang von der Auslösung Hektors durch den Vater. – Wer das Ganze hintereinander liest, dem wird auch zu starkem Bewußtsein kommen, wie das Bestreben wirkt, abzuwechseln mit Massen- und Einzelszenen, mit Kampfschilderungen (von denen für unser Gefühl immer noch zu breite Mengen gegeben werden) und solchen der Beratung, Überlegung, stiller Aussprache. Niemandem bleibt aber auch wohl verborgen, daß die Motivverknüpfungen nicht immer eng, die einzelnen Teile keineswegs von gleichem dichterischen Werte sind, daß vielmehr neben Allererlesenstem auch mehr Konventionelles steht.

Wobei wir freilich nicht Wilhelm von Humboldts[1] Wort vergessen wollen: daß ihm »in jeder ernsthaftesten und heitersten, glücklichsten und wehmütigsten Katastrophe des Lebens, ja im Momente des Todes einige Verse des Homer, und... wenn sie aus dem Schiffscatalogus wären, ... mehr das Gefühl des Überschwankens der Menschheit in die Gottheit... geben würden als irgend etwas von einem anderen Volk«.

Die Handlung der *Odyssee* hat Aristoteles a. O. c. 24 im Gegensatz zu der »einfachen« Iliashandlung eine »verflochtene« genannt, und er hat auch damit recht. Denn wenn dort die eine Teilhandlung die andere ablöst, so herrscht in der Odyssee eine eigentümliche Verschlingung der drei großen Motive: der Irrfahrten des Odysseus, der Geschichte seiner Heimkehr und der Schicksale seines Sohnes, und die Zusammenfügung dieser Handlungseinheiten ist nicht ohne Widersprüchlichkeit gelungen. Im 1. Buch, diesmal wieder in einem zehnten Jahr, nämlich nach der Einnahme von Ilios, beschließt Zeus in einer Götterversammlung die endliche Heimkehr des schiffbrüchigen Odysseus. Allein der Dichter will erst die Telemachie erzählen, das harte Zusammenleben des Königssohnes mit den prassenden Freiern seiner Mutter und seine Reise nach Pylos zu Nestor und nach Sparta zu Menelaos, um Nachrichten vom Vater aus der Welt einzuholen; zugleich soll diese Fahrt ihn vom häuslichen Druck befreien und zur Selbständigkeit erziehen. Daher wird mit einer wunderlichen Motivzerteilung jener Götterrat zu Beginn

[1] In dem Briefe an den Altertumsforscher F. G. Welcker vom 18. März 1823.

des 5. Buches noch einmal erzählt, auf den jetzt erst die Entsendung des Odysseus von der im fernen Westen liegenden Insel Ogygia, dem Bereich der Göttin Kalypso, erfolgt. Ein Sturm wirft ihn an das Phaiakenland. Dies ist der Abschluß seiner Irrfahrten, denn von hier aus ist ihm die Heimkehr sicher. Inmitten dieses gastfreundlichsten Volkes dann die großartige Szene der Erkennung des Ilioszerstörers beim Kitharodenvortrage eben jenes letzten Kampfes, in unserer Odyssee freilich durch die Wiederholung der Szene (vgl. 8, 521 mit 8, 83) in ihrer Wirkung etwas beeinträchtigt. Den großen Kreis der Irrfahrten selbst gibt der Dichter in der alten Form der Icherzählung durch den Helden; sie unterscheiden sich auch dadurch von allen übrigen Büchern, daß die Göttin Athene, sonst die begleitende Helferin von Vater und Sohn, hier völlig fehlt. In den Irrfahrten, dem Echo ionischer Abenteurer- und Schiffergeschichten, in die reale Kenntnisse, aber vor allem Märchen, solche von einäugigen Menschenfressern, Meerungeheuern, verführerisch singenden Seedämonen, Zauberinnen mit Zaubertrank und -stab, verwoben sind, hat man wiederum zwei kleinere Kreise unterscheiden können, einen, der wohl ursprünglich im Mittelländischen, einen andern, der im Schwarzen Meer spielte: in jenem wirkt der Groll des Poseidon wegen der Blendung seines Sohnes Polyphem und die Meerfrau Kalypso, die Odysseus jahrelang festhält, in diesem der Groll des Helios wegen der Tötung seiner Rinder und die Göttin Kirke, die ihn auch längere Zeit beherbergt. Aber dies alles hat der Odysseedichter in eins zusammengebunden, wobei er selbst 12, 70 auf das alte Argonautenepos oder

-lied als ein Vorbild verweist, hat es um eine Fahrt ins Schattenreich im äußersten Osten, jenseits von Sonnenaufgang, vermehrt und das Ganze für jetzt unlöslich mit dem Heimkehrmotiv verknüpft. In breiter Ausführlichkeit schildern die Bücher 13–24 stufenweise die Eroberung der Heimat durch den Vertriebenen, dem im rechten Augenblick nun auch der Sohn, von seiner Fahrt zurückgekehrt, als Helfer zur Seite tritt. Aber erst muß der Vater auf die tiefste Stufe der Erniedrigung hinabsteigen: er muß als alter Bettler um den Platz an der eigenen Tür mit dem Berufsbettler kämpfen zur Augenweide der Freier. Die mehrfachen Szenen der Wiedererkennung – durch den Sohn, die treuen Hirten, die alte Amme – haben mancherlei Widersprüche zur Folge, insofern als die Verwandlung des Odysseus in den Bettler nicht immer als wirksam vorausgesetzt wird; der dreimalige Wurf eines frechen Freiers nach ihm erweitert wieder die Handlung, lähmt aber durch die Wiederholung die Wirkungskraft; die Entscheidung durch Bogenprobe und Meisterschuß wird durch immer neue Szenen hinausgezögert. Endlich aber ist es soweit. Und der Freiermord selbst wirkt trotzdem in voller Größe. Doch die wichtigste Wiedererkennung steht noch aus, die durch die Gattin Penelopeia, die Wiedervereinigung jahrelang getrennter Gatten, ein Motiv mancher abenteuerreicher Zeiten, wie auch der unsrigen. Nur mühsam schlägt sich – wie begreiflich! – die Brücke zwischen den Entfremdeten, ein äußeres Erkennungszeichen bildet den beinahe natürlichen Abschluß. Hier (23, 296) haben antike Erklärer mit Recht gesagt, sei das »Ziel der Odyssee« eigentlich erreicht, womit sie aber nicht etwa ihr Ende bezeichnen wollten. Denn auch sie lasen ja das Nachspiel, die Erkennung des Helden durch den Vater draußen auf dem Lande und vor allem die eine, für die Menschen alter Zeit notwendige Folge: die Auseinandersetzung der zur Rache verpflichteten Angehörigen der Freier mit der Partei des Königs. Doch durch das Eingreifen der Götter wird Friede gestiftet, und so endet die Odyssee wie die Ilias mit dem Gedanken der Versöhnung.

Die homerische Poesie ist das älteste literarische Zeugnis des europäischen Geistes, aber sie trägt zugleich wie ihre Götter das Merkmal ewiger Jugend an sich. Dazu gehört vor allem, daß sie uns eine noch ganz gotterfüllte Welt erleben läßt und nicht eine »entzauberte« wie die unsere. Es gibt schlechterdings keine menschliche Gesellschaft, die bei all ihrem Tun so viele Gebete zum Himmel schickt, so viele Opfer darbringt, so überzeugt ist von der ständigen Möglichkeit unmittelbaren Eingreifens einer Göttermacht in das menschliche Leben und Wirken wie die Heroenwelt Homers. Mit wenigen Riesenschritten oder im Zauberwagen kommen diese Götter von ihrer Bergeshöhe ins irdische Tal oder tauchen auf aus der Meerestiefe und helfen oder hemmen beim Tun des Menschen, ja sie bestimmen sogar seine Gedanken. Zuweilen erscheinen sie in älterer Vorstellungsform als Vogel, zu allermeist aber als Mensch – »doch furchtbar glühen die Augen«. Nur zwei sind es, die in der Ferne bleiben: der eine auf dem Thron des Himmelsberges, Zeus, dem die Majestät in den homerischen Epen das Hinabsteigen in die niedere Sphäre verbietet; der andere auf dem Throne der Unterwelt, der nur einmal in höchster Bedrängnis den Angstruf ausstößt (XX, 61), er müsse den Moder seiner bleichen Welt göttlichem und menschlichem Auge preisgeben. Vogelflug, Traum, Opferzeichen und andere Winke der Götter werden mit Sorgfalt beobachtet; nur einmal bäumt sich die Vaterlandsliebe mächtig gegen warnenden Seherspruch auf (XII, 243):

> *Ein* Mahnzeichen das beste: im Kampf zu schirmen die Heimat!

Unheimlich die Ate, der Geist der Verblendung, Verführung, der unmittelbar »über den Häuptern der Menschen« dahinstreicht. Und wenn der Mensch gegen die Warnung oder den Rat eines Gottes handelt, trotzig wie Patroklos oder verbrecherisch wie Aigisth, so endet er im Verderben. Dieses Götterwirken kann nur ein Mißverständnis auffassen als so etwas wie eine »Maschinerie«, die der Dichter, vor allem der der Odyssee, für seine Handlung nötig habe; vielmehr wird man nur dann diese Urpoesie recht verstehen und recht werten, wenn man vermag, sich in die Seele jener Epoche zu vertiefen, die das ewige Rätsel menschlichen und göttlichen Wirkens gleichsam durch ein handgreifliches, herzhaftes Miteinander erklärt. Es ist ein Symbol und noch mehr als dieses, wenn Patroklos durch das Zusammenwirken Apollons und Hektors, wenn Hektor selbst durch Athene und Achill fallen muß und wenn Achill endlich, wie der sterbende und darum Wahres verkündende Hektor prophezeit, im Skaiischen Tor durch Apollon und Paris zugleich sein Ende finden soll. In der Odyssee gar ist Pallas Athene, die jungfräuliche Walküre, auf weite Strecken hin geradezu die Kameradin des Helden oder seines Sohnes oder beider: unvergeßlich die Szene, wie sie sich mit Odysseus zusammen unter den Ölbaum auf Ithaka setzt, um zu beraten, wie nun der große Racheplan ausgeführt werden kann. Moderne Zweifler an der »Göttlichkeit« solcher Athene mag ein Dichter wie C. F. Meyer belehren über dieses wunderbare Herüber- und Hinüberfließen des Göttlichen und Menschlichen: im Sternenschein der Nacht läßt er Athene zu Telemach sprechen (nach dem Vorbild 2, 417ff. und 3, 54ff.):

»Zusammen rufen wir die Götter an!«

Die Hände, wie der Staubgeborne fleht,
Erhob sie ausgebreitet in die Nacht –
Und sie erhörte selber das Gebet,
Von ihr für den Verlass'nen dargebracht.

Die natürliche Frage nach dem letztlich entscheidenden, höchsten Willen wird, wie leicht verständlich, vom Dichter nicht einheitlich beantwortet. Im Iliasprooimion stellt er, wie schon gesagt, alle die schweren Leiden und Verluste der Achaier unter den Willen des Zeus. Der »Vater der Götter und Menschen« sitzt ja auch immer im Regiment; er ist es zuletzt, der jedem der Völker Sieg oder Niederlage gibt, er, zu dem Achill, vor dem Auszug des Freundes, das tiefste Gebet aus Ilias und Odyssee emporsendet, den Blick zum Himmel gerichtet, so daß das Auge des Zeus ihm begegnet (XVI, 232), er, von dem Achill auch ahndungsvoll sagt »Zeus, wer auch immer er ist« (XXIII, 43). Zwar ist er keineswegs immer von der gleichen Erhabenheit, aber es hat sich doch der Menschheit unvergeßlich eingeprägt, daß schon die leise Bewegung seines Hauptes den gewaltigen Berg erzittern läßt (I, 528):

Sprachs, und es beugte gesenkt die dunklen Brauen Kronion,
Und das heilige Haar des Herrschers flutete nieder
Von dem unsterblichen Haupt, und die Höhn des Olympos erbebten.

Und in der Odyssee ist Zeus auch bei allem Einzelgeschehen der wirkliche Lenker. Aber zuweilen wird auch dem Gedanken an eine hinter dieser Göttermacht stehende Schicksalsgewalt, Moira oder ähnlich genannt oder objektiv als Waage gesehen, Ausdruck gegeben. Doch ist das nicht als eine Art System zu werten, sondern es sind nur verschiedene Fassungen der einen Grundüberzeugung, wie stark alles Menschliche von überirdischer Gewalt abhängt.

Allein, wenn wir so die Frömmigkeit des homerischen Menschen als ganz besonders lebendig empfinden, wie ist es dann möglich, daß diese Götter auf das Mittel des Truges, auf die Verlockung des Menschen zum Bösen, auf Streit und Hader untereinander nicht verzichten, ja auch verwundet werden können und dann Blut, freilich göttliches Blut, vergießen? Hier wird dem Heutigen die schwere Aufgabe, mit einer Zeit zu denken, der Menschengestalt und Menschenwesen an sich schon sehr hoher Wert ist und der die Götter eben nur noch viel mächtigere Menschen sind. Dieser Zeit – im Unterschied von anderer, sehr bald kommender – ist es keine Herabsetzung des Gottes, daß ihm keine höhere Sittlichkeit eignet als dem Menschen, oder in der Sprache Wilhelm von Humboldts[1]: diese »Götter sind die Kinder der Unendlich-

1 Gesammelte Schriften III 152 in der großen Abhandlung Latium und Hellas.

keit und hinweg über den traurigen Ernst des Erkennens des Guten und Bösen, aus welchem der Begriff der Schuld entspringt«. Gerechtigkeit herrscht dennoch in der Welt des Epos: der Leichnam Hektors erhält die Ehre, deren der Held würdig ist, und die schamlosen Freier wie die ungetreuen Diener büßen mit dem Tode. Und wenn die Götter unter sich hadern oder sich in irdischen Kampf verstricken, so spülen sie doch immer wieder leicht dieses Element des Trüben von sich ab, sie betrachten von ihren güldenen Stühlen aus die Menschenwelt als tief unter ihnen liegendes Schauspiel und sind in ihrer Ätherherrlichkeit makellos wie zuvor, »unsterblich, ohne Alter, alle Tage«.

Ist aber so Menschen- und Götterwelt zu einem lebendigen Teppich unauflöslich zusammengewirkt, so muß nun dieses menschliche Element ganz unseren Blick fesseln. Die Willenskraft des homerischen Helden wird ja nicht im mindesten durch seine Gebundenheit an die Überirdischen gemindert. Es ist, als ob in seinem Wesen zwei Schichten übereinanderliegen. Krieger durch und durch ist der Held der Ilias[1], sein Schmuck ist die Schönheit seiner Waffen, seiner Pferde, von stärkstem Ehrgefühl ist er beseelt, voll von mühsam bezwungener Leidenschaft, die sich steigern kann zu einer vom Dichter selbst nicht gebilligten Roheit, wie im Verhalten Achills zu dem toten Hektor und beim Totenopfer für Patroklos; doch kann sie sich auch dämpfen zu einem tiefen Gefühl der Müdigkeit, wie sie Achill gleich

[1] Das Typische im althellenischen und altgermanischen »Heldenleben« schildert vorzüglich V. Vedels gleichnamiges Büchlein (1910).

danach überkommt, als über dem niedergebrannten Scheiterhaufen Morgenstern und »Eos im Safrangewande« ihr Licht wieder glänzen lassen, und sie kann sich mildern zu Erkenntnis von menschlicher Schwäche und Erbarmenswürdigkeit, wie sie aufbricht im Zwiegespräch zwischen Glaukos und Diomedes über die Vergänglichkeit der Geschlechter (VI, 145) oder im Nachtgespräch zwischen dem König von Ilios und dem Mörder seines Sohnes. Besitz ist für diese Helden wichtig, aber die Ehre, im Sinne der Hochschätzung durch die anderen, ist ungleich wichtiger, und die Habgier gilt als Makel. Es wird kräftig gegessen, aber so genau die altertümliche Bereitung des Mahles geschildert wird, so schnell und formelhaft wird dieses selbst abgetan. Niemals hat das Materielle das Übergewicht. Homers Welt ist eine ideale. Als Bildungsideal des Helden wird die umfassende Forderung aufgestellt, er solle »von Worten ein Sprecher sein und ein Vollbringer von Taten« (IX, 443). In bewundernswerter Abtönung wird dies vom Dichter an den zahlreichen Heldengestalten der beiden Epen verwirklicht; im besonderen staunen wir, wie verschieden und wie Verschiedenes er seine Helden »sprechen« läßt trotz des gleichbleibenden epischen Stils. Doch auch als Ganzes haben diese Epen verschiedenartiges Ethos. In der Schlacht erwirbt der Held der Ilias, freilich in mannigfachster Schattierung des Charakters, seinen Ruhm – durch Ausharren, listiges Bezwingen der Gefahr, erfindungsreiche, nie versiegende Erzählungskunst der der Odyssee; ein Unterschied, in dem zweifellos jener Generationswechsel sich kundtut. Aber gefahrvoll, unberechenbar ist das Leben immer und überall. Wer an dem einen Tag als Königssohn oder Königstochter gepriesen wurde, kann am nächsten durch den feindlichen Sieger zum Sklaven werden. Die Verklärung gleichsam findet dieses Heroendasein in der erhabenen Tragik, die das Leben durchzieht: Hektor, der weiß, daß Ilios untergehen wird, er selbst wie sein Stamm, Achill, der weiß, daß er unmittelbar nach Hektor selbst fallen wird, mit ihm geheimnisvoll schicksalhaft verbunden, beide aber durch dieses Bewußtsein nicht etwa gelähmt, sondern nur zu um so größerer Tat gespornt, das ist der höchste Gedanke, zu dem sich das Menschentum Homers emporhebt, vielleicht Menschentum überhaupt sich erheben kann. Hier ist auch einer der wesentlichen Unterschiede zwischen Achill und seinem nordischen Bruder Siegfried, der ahnungslos das Ende findet. Aber auch Homer läßt seine Helden, wenn sie fallen, schmerzlos rasch dahingehen, und die Qualen des Verwundeten bleiben ihnen stets erspart. – Tragik anderer, stillerer Art erleben wir etwa im Schicksal der Briseis oder in jener Abschiedsszene zwischen Odysseus und Kalypso (5,203), die auf Geheiß des Zeus den von ihr Geretteten, ihr in der Meereseinsamkeit Verbundenen preisgeben muß:

»Gottentstammter Laertessohn, viellist'ger Odysseus,
Bist du wirklich gewillt, zum lieben Lande der Väter
Jetzt gleich heimwärts zu ziehn? – Dir wünsche ich dennoch das Beste.
Aber könntest du selbst im Herzen wissen, wie viele
Leiden dir zugemessen, bevor dir die Heimat beschieden,
Möchtest du wohl verweilen und mit mir walten des Hauses
Und ein Unsterblicher werden, trotz deiner Sehnsucht, die Gattin

Wiederzuschaun, zu der es alle Tage dich hinzieht.
Darf ich mich doch rühmen, daß ich nicht schlechter als jene,
Nicht an Gestalt noch an Wuchs. Es ziemt nicht sterblichen Weibern
Sich an schöner Gestalt mit göttlichen Frauen zu messen.«

Auch die Frau hat in diesen Epen, ganz anders als in den Zeiten des Dichters und in den späteren, eine dem Helden durchaus ebenbürtige Stellung. Welche Welten eigenartiger Größe umschließen Namen wie: Helena, deren dämonische Schönheit selbst einen zehnjährigen Krieg begreiflich macht, sogar nach dem Urteil der weisesten Troer, und die sich bewußt ist, für ewig im Liede fortzuleben (VI, 358); Andromache, die wir niemals im Haus, sondern nur in und auf dem Skaiischen Burgtor sehen dürfen, möglichst nahe dem kämpfenden, gefallenen, als Toten heimkehrenden Hektor; Hekabe, die leidgeprüfteste der Königinnen! In welch verschiedenen seelischen Beziehungen stehen zu Odysseus die jungfräulich-stolze und zarte Nausikaa, die leidenschaftliche Kalypso, die treue Penelopeia, deren Frauentum in der Odyssee freilich nicht immer als von gleicher Würdigkeit geschildert wird! An Ehrwürdigkeit überragt alle Frauengestalten die Phaiakenkönigin Arete: wie eine Göttin begrüßt man sie, wenn sie durch die Stadt geht; durch ihre klugen Gedanken versöhnt sie sogar die streitenden Männer (7, 66 ff.). Daß der Dichter aber gar die Träume der Jungfrau Nausikaa und ihre geheimsten Wünsche kennt, so geheim, daß sie sie gar nicht auszusprechen wagt (6, 25 ff.), erscheint uns wie ein Wunder. Goethesche Kunst wollte das jugendliche Mädchen zur tragischen Heldin umgestalten.

Es ist eine im Grunde durchaus adlige, aristokratische Welt, in der wir hier leben.[1] Die Aufzählung der Vorfahren ist etwas Übliches; der Wahlspruch des Glaukos (VI, 208)

> Immer der Beste zu sein und hoch der Erste von allen
> Und nie Schande zu machen dem Hause der Väter

gilt in gewissem Sinne für alle. Die Einzelgestalt, der Einzelkampf findet des Dichters und unsere Liebe und Bewunderung; freilich gibt die Ilias auch kurze Schilderungen von Massenkämpfen, von festgefügten Phalanxreihen, von Heeresversammlungen, die alle mit einer bemerkenswerten künstlerischen Vereinfachung geschildert werden. Der Demagoge Thersites wird von dem adligen Herrn mit dem Stock gezüchtigt und der Wankelmut der Masse in Buch II treffend gekennzeichnet. Aber die Odyssee hat bereits wirkliche Beratungen und Beschlüsse eines debattegewöhnten Demos. Auch hat hier der Dichter sicherlich von zeitgenössischen Kämpfen eines anmaßenden Adels allerlei in das Werk einströmen lassen, ohne daß dieses darum an seiner mythischen Bildkraft eingebüßt hätte. Sein zweiter Teil enthüllt nicht minder die Welt der Kleineren, der Hirten, der Bettler, der Mägde in geprägten Einzelgestalten. Zu ihnen zählen wir auch jene armselige, sogar namenlose Sklavin, die bei der schweren Nachtarbeit des

[1] Zu den politischen Verhältnissen der archaischen Zeit vgl. A. Heuss, Die archaische Zeit Griechenlands als geschichtliche Epoche, Antike u. Abendland II (1946) 26 ff. und V. Ehrenberg, Der Staat der Griechen I (1957).

Getreidemahlens in ihrer Verlassenheit das Gebet zum donnernden Zeus spricht, der Herr des Hauses möchte doch endlich heimkehren (20, 105).
Die innere Kraft des homerischen Lebens beruht auf jener Überzeugung, daß dem Menschen nichts anderes zuteil wird als diese eine kurze Lebensspanne, die er nun ganz mit seiner Kraft des Schaffens und Leidens füllt. Kein Walhall winkt hier dem Helden. Es gehört zum Ergreifendsten, wenn wir in der Odyssee allen jenen großen achaiischen Heldengestalten als tatenlosen Gespenstern in der Unterwelt wieder begegnen, darunter auch jenem Achill, der statt Schattenkönig drunten lieber Höriger im Reiche des Lichts zu sein begehrt. Hier oben lebt man wie unter einer azurenen unzerschlagbaren Glocke, keine Brücke schlägt die Sehnsucht in ein Jenseits, und dieser Welt gehört nun die ganze bewundernde Liebe des Dichters und seiner Menschen. Ihr Leben ist natürlich. Sie erheben sich vom Lager zugleich mit der Morgenröte – nicht erst mit der Sonne! – und bald nach Sonnenuntergang »erhalten sie das Geschenk des Schlafes«. Damals ist das Leben noch ungeteilt, auch die Höchststehenden verrichten Dienste der Hand: der König von Ilios lenkt selbst den Wagen und der von Ithaka hat sich als Zimmermann sein Bett gebaut, die Königin arbeitet am Webstuhl, der Königssohn hütet die Herde, und die Königstochter ist zugleich Wäscherin. Rückhaltlos gibt man dem Gefühl Ausdruck, man rühmt sich ohne Scheu, Tränen vor Freunden sind keine Schande, und wie ein Kind flüchtet Achill in den Schoß der göttlichen Mutter. Das Liebesleben wird in freier Natürlichkeit wiedergegeben, aber richtig hat man beobachtet,

welche Feinheit und Zurückhaltung im Sprachgebrauch Homers auf diesem wie auf anderem Gebiete herrscht. Kamerad ist dem Krieger der Mensch, aber auch das Pferd, und auch dieses kann sprechen und weinen, wenn der Gott es gestattet. Der Hund Argos erkennt als einziger seinen Herrn sofort wieder, auf ihn hat er gleichsam mit seinem Tode gewartet. Selbst der Kyklopische Riese steht zu dem Leitbock seiner Herde im Freundesverhältnis und wünscht, jener könne seine Ansprache erwidern. Zahllos sind die Tiere, deren Leben wir im Gleichnis kennenlernen; die Sachlichkeit und Schärfe der Beobachtung bewundert der Naturforscher. Die Atmosphäre, das Wetter bedeutet in der *Erzählung* der Ilias fast nichts: ein Nebel auf dem Schlachtfeld gibt eigentlich nur Anlaß zu dem Aiasgebet: Schaff klare Luft, damit wir wenigstens im Lichte untergehen! (XVII, 645); in der Odyssee nicht viel, außer etwa in der Schilderung des großen Sturmes (5, 291) und der langen kalten Winternacht auf Ithaka, als Odysseus heimkehrt. Aber das *Gleichnis* zaubert uns die Natur vor in tausend Bildern, zum Schmuck der Erzählung, zur Verdeutlichung eines Vorgangs, zur Veranschaulichung eines Sinneseindrucks, doch nicht am wenigsten zum Ausdruck der Stimmung menschlichen Herzens: die Wachtfeuer der siegreichen Troer blinken wie die Sterne einer klaren, den Hirten frohstimmenden Nacht, und die Seele der geschlagenen Achaier gleicht dem wogenden Meere unter dem Druck der Nordweststürme. Dem homerischen Menschen liegt freilich ein romantisch-sentimentales Verhältnis zur Natur, vergleichbar dem unsrigen, völlig fern, er »sucht nicht Natur«, sondern er »ist Natur«.[1] Dennoch bilden für diese Dichtung die großen ihn umgebenden natürlichen Einheiten Himmel, Gebirge und das Meer im Spiele seiner Farben, im Wechsel seiner Bewegung, stets den Hintergrund für das Geschehen. – Das Gleichnis aber umgreift auch den ganzen Kreis des menschlichen Lebens, der außerhalb des heroischen Daseins liegt. Wie viele Handwerker, wie viele Hirten und Jäger sehen wir an der Arbeit; ja das Leben des Kindes zeigt sich hier im ewig gültigen Bild: das kleine Mädchen, das sich am Kleid der eiligen Mutter festhält und weinend zu ihr aufsieht, damit sie es auf den Arm nimmt (XVI, 7), der kleine Junge, der am Meeresstrand Sandburgen baut und selbst wieder zerstört (XV, 362).

Für Heraklit war Homer »weiser als alle Griechen«, Aristoteles sah in ihm den ersten Philosophen[2], und Schiller stimmt ihnen auf seine Weise zu:

> Lang eh' die Weisen ihren Ausspruch wagen,
> Löst eine Ilias des Schicksals Rätselfragen
> Der jugendlichen Vorwelt auf.

Homer kennt eben die Natur wie das menschliche Herz in ganzer Weite und Tiefe.

Ist diese seine Welt wirklich »heiter«? »Zehntausend Schmerzen« bringt der Groll des einen Achill dem achaiischen Heere. Welche Bitterkeit enthält ein einziges Wort, wie das, welches Achill dem jungen, waffenlos um Erbarmen flehenden Priamossohn zuruft (XXI, 106): Nein, Freund, stirb auch du! Was

[1] Vgl. Schiller, Über naive u. sentimentalische Dichtung. – [2] Vgl. Verf., Die griechische Philosophie[3], Sammlung Dieterich, Band 88 (1955) 8ff.

jammerst du so? »Auch Patroklos ist gestorben, und war mehr als du!« Die Abrechnung, die Priamos und Achill gemeinsam über den Wert des Lebens halten, ergibt wahrlich keinen großen Gewinn, er ist gewissermaßen enthalten in jenem Apollonwort (XXIV, 49):

Denn ein ausharrend Herz verlieh dem Menschen das Schicksal.

Die sprichwörtliche antike Redensart »eine Ilias an Leiden« ist nur allzu verständlich. Und welche Entbehrungen schildert die Odyssee! Selbst nach der endlichen Vereinigung der Gatten ist dem Manne eine neue Fahrt ins Unbekannte vorausgesagt, und von ihr wird er nicht zurückkehren. Wie ist es zu erklären, daß wir trotz alledem dennoch das Gefühl eines sonnenerfüllten, beglänzten Daseins empfangen? Homer sagt ja auch selbst für »leben«: »das glänzende Licht der Sonne schauen« und für »sterben«: »das Licht der Sonne verlassen«. Hier herrscht eben eine andere, tiefere Heiterkeit, eine Liebe zur Welt, die ihre Schmerzensabgründe mit umfaßt, eine Weltfrömmigkeit, der alles heilig ist, alles Glück und alles Elend, jede Einzelheit, die dieses jugendliche Auge schauen darf und die das Wort nachgestaltend wiedergeben möchte. Hier herrscht auch die edle Gerechtigkeit, die den Dichter mitfühlen läßt mit dem Sieger und zugleich mit dem Besiegten und die unser eigenes Herz zwischen Achill und Hektor nur mit Schmerzen wählen läßt. Dieser menschliche Reichtum Homers hat ihn ebenso wie der Lobpreis heldischer Gesinnung, der das Ganze durchweht, zum »Erzieher von Hellas« gemacht, wie

Platon sagt.[1] Und darüber hinaus ist er einer der Erzieher Europas geworden.
Und dieser Homer, der Vater der Poesie – war er blind? So hat man schon im Altertum gesagt, indem man die Blindheit der Rhapsoden auf diesen Dichter übertrug. In Wahrheit hatte der Schöpfer von Ilias und Odyssee wie das feinste Ohr – der Wohllaut seiner Verse beweist es – so auch die hellsten Augen. Aber jene Sage meinte zugleich etwas anderes: den nach innen gerichteten Blick des Sehers. Ihn haben die hellenistischen Künstler in einer Idealbüste wiederzugeben sich bemüht, von der das unserem Buche vorangeschickte Bild zeugt. Die Verse Friedrich Leopolds zu Stolberg wirken wie eine Wiedergabe des bildlichen Eindrucks:

> Der blinde Sänger stand am Meer,
> Die Wogen rauschten um ihn her,
> Und Riesentaten goldner Zeit
> Umrauschten ihn im Feierkleid.

Sie sah, so deutet dieser Dichter, des Erblindeten Blick lebendiger als das Auge der Sehenden.

Noch ein völlig anders geartetes Werk hat Aristoteles wie bedeutende Männer vor ihm für ein echt Homerisches gehalten: den '*Margites*', in dem er den Ursprung der Komödie findet wie in Ilias und Odyssee den der Tragödie (Dichtk. c. 4). Wir freilich können von dem Werk nur eine blasse Vorstellung gewinnen. Der Name deutet auf einen tolldreisten

[1] Homer als Erzieher stellt W. Jaeger Paideia I[3] 63 ff. eindrücklich dar.

Draufgänger, sein Wesen wird durch den Vers bezeichnet:

Viele Werke verstand er, doch schlecht verstand er sie alle.

Die Meereswellen wollte er zählen und kannte doch nur die Zahlen von eins bis fünf! Heiraten wollte er auch, wenn er nur wüßte, wie man das eigentlich anfängt!
Schon in der Form muß das Werk reich an Überraschungen gewesen sein, da die epischen Hexameter wechselten mit iambischen Trimetern, d. h. zu drei Paaren zusammengefaßte Iamben; hier die älteste Bezeugung dieses Versmaßes. Viele Abenteuer muß dieser tölpelhaftere Eulenspiegel bestanden haben, wenn ein ganzes episches Gedicht ihm gewidmet war. Welch großer Verlust für uns, künstlerisch und kulturhistorisch! – Auch andere komische Epen hat es gegeben. Die Ilias selbst deutet ein solches an, das den Kampf zwischen Kranichen und gnomartigen Fäustlingen (unseren Däumlingen) schildert (III, 3f.). Der aus späterem Altertum stammende 'Froschmäusekrieg' geht sicher auf alte *Tierepen* zurück.

Homerische Hymnen heißt eine Sammlung von Götterhymnen in Hexametern aus verschiedener Zeit; darunter sind auch recht altertümliche, ohne daß die Wissenschaft zu einer genaueren zeitlichen Ansetzung der einzelnen Stücke bisher fähig wäre. Einige große solcher Hymnen – die man im Altertum auch Prooimien nannte, weil sie die Einleitung zu anderem rhapsodischen Vortrag bildeten – stehen zu Beginn der Sammlung, solche auf Apollon, Hermes,

Aphrodite, zu denen man in der Neuzeit aus anderer Überlieferung den ehrwürdig-ergreifenden Demeterhymnus[1] gestellt hat: der Raub ihrer Tochter Persephoneia durch den Fürsten der Unterwelt, Demeters Stiftung der Eleusinischen Mysterien, die endlich erreichte und dennoch nur zeitweilige Wiedervereinigung der verzweifelten Mutter mit der Tochter sind die Grundthemen. Eine größere Anzahl kürzerer folgt, darunter einer auf die Geburt der strahlenäugigen Athene, so wie der Ostgiebel des Parthenon sie leibhaftig dargestellt hat, ein anderer auf Pan, den ziegenfüßigen, doppeltgehörnten Felsenkletterer, den Tänzer und Schalmeienspieler. Der Preis der Gottheit wird in den großen Stücken durch eine ausführlich erzählte Geschichte aus ihrem Leben bereichert. Ist der Ton im Hermeshymnus ganz auf das Lustige gestellt – denn der neugeborene Hermes erfindet nicht nur sofort die Schildkrötenlyra, sondern stiehlt auch in derselben Nacht noch dem älteren Bruder Apollon seine Rinder, er, unter anderem der künftige Gott der Diebe –: der Hymnus auf Aphrodite glüht von heiliger Schönheit, singt er doch von der Liebe der Göttin zu dem troischen Hirten und Fürstensohn Anchises, dem sie selbst in der Einsamkeit des Idagebirges naht. Eines irdischen Mädchens Gestalt hat sie angenommen, damit er nicht vor ihr erschrecke; dann aber erscheint sie ihm in ihrer ganzen göttlichen Schönheit:

1 Zu seiner Ausdeutung vgl. K. Deichgräber, Eleusinische Frömmigkeit und homerische Vorstellungswelt im Homerischen Demeterhymnus (Abh. d. Mainzer Akademie 1950, 6, 503 ff.).

»Dardanossohn, empor! Was liegst du im ruhigen
Schlummer?
Künde mir, ob noch in gleicher Gestalt ich jetzt dir
erscheine,
So wie das erstemal du mich mit Augen erblicktest.«
Also sprach sie. Und er aus dem Schlafe rasch ihr
gehorchte.
Doch als er sah Aphrodites Hals und die Augen, die
schönen,
Griff ihn ein Beben. Er wich ihrem Blick und schaute zur
Seite.
Und es verhüllte sein schönes Gesicht ihm wieder der
Mantel.[1]
Flehend sprach er also zu ihr die befiederten Worte:
»Gleich, wie ich, Göttin, mit Augen dich sah beim ersten
Begegnen,
Wußt' ich: du bist ein Gott! Doch hast du trüglich ge-
leugnet.
Aber ich flehe dich an bei Zeus im Schmucke der Ägis:
Laß mich nicht unter den andern als kraftlos lebenden
Menschen
Wohnen, sondern erbarme dich mein! Nicht blüht noch
von Leben,
Wer als Mann das Lager geteilt mit unsterblicher Göttin.«

Der Apollonhymnus schildert in seiner jetzigen Form zuerst, lebendig Anteil nehmend, die Geburtsgeschichte des Gottes, die Leiden Letos, bis sie auf der Felseninsel Delos den göttlichen Sohn gebar (von Goethe 1795 teilweise übersetzt); der zweite Teil, einstmals wohl selbständig, jetzt durch ein Scharnier (V, 177f.) mit dem ersten verbunden und im Anfang

[1] Wir gedenken der Verse Platens:

Wer die Schönheit angeschaut mit Augen,
Ist dem Tode schon anheimgegeben....

parallel zu jenem gebaut, seine größte Tat, die Gründung und Einrichtung des Delphischen Orakels. Am Schlusse des ersten, kürzeren Teils spricht der Dichter über sich selbst, er gibt ihm, antik gesprochen, sein »Siegel«: wenn die Mädchen von Delos, die am heiteren ionischen Apollonfest Leto und ihre Kinder, aber auch »der Vorzeit Männer und Frauen« preisen, nach dem besten Sänger gefragt werden, so sollen sie antworten:

»Blind ist der Mann, auf dem felsigen Chios ist seine Wohnung.«

Leicht verständlich, daß man schon früh in diesem Rhapsoden Homer selbst zu finden glaubte. Aber der Hymnus ist vermutlich wie alle anderen nachhomerisch.

'Wettkampf Homers und Hesiods'[1] nennt eine Handschrift der Laurentianischen Bibliothek in Florenz aus dem 14. Jahrhundert, zu der in neuer Zeit ein Papyrusstückchen aus dem 3. Jahrhundert v. Chr. gekommen ist, eine Art Volksbuch, in dem die »göttlichsten Dichter« in drei, bald ernsten, bald scherzhaften poetischen Gängen miteinander um den Preis ringen. Der König von Chalkis auf Euboia, wo der Kampf stattfindet, gibt ihn gegen die Volksstimme Hesiod; den Ausschlag gibt »das Schönste aus ihren Dichtungen«, das jeder aufzusagen weiß, von Homer sind es zwei großartige Stücke aus der »Schlacht an den Schiffen«, von Hesiod die Lehre vom Beginn der Saat. Die hier zugrunde liegende Vorstellung von der Gleichzeitigkeit der beiden ist im Altertum

[1] Übersetzungsproben gibt Wilamowitz, Reden und Vorträge I[4] (1925) 95.

weiter verbreitet; aber man setzte auch Hesiod bald vor, bald nach Homer an. Wir sind überzeugt, daß er sich an der homerischen Poesie gebildet, daß er als Rhapsode nicht nur, wie er selbst sagt, Hymnen vorgetragen hat (Werke u. Tage 657), sondern auch homerisches Epos. So viel verdankt seine eigene Sprache, sein Vers, seine Göttervorstellung dem Homer. Ja, in seine Schilderung der Zeitalter vom goldenen über das silberne und eherne zum eisernen schiebt er zwischen ehernes und eisernes das Zeitalter der »Heroen«, der »Halbgötter« ein, die vor Theben und im Lande Troia gefallen sind: er, der mutterländische Dichter, huldigt dem ionischen.

Gerecht aber wird man *Hesiod* nur, wenn man ihn zugleich als den Durchbrecher der epischen Tradition in formaler und inhaltlicher Weise sieht: er ist der erste europäische Mensch, der mit seinem Namen, seiner Person, seiner persönlichen Geschichte, seiner sachlichen Forderung hervortritt, zugleich aber auch der erste, der die Welt, das ist für ihn die Götterwelt, zu begreifen sucht als ein sinnvolles Ganzes, das nicht schlechthin als seiend gegeben ist, sondern sich im Gestaltenwechsel entwickelt hat.

Zwei Gedichte von ihm haben sich ganz erhalten: die '*Theogonie*', d. h. Götterentstehung, die sich gibt als ein Werk aus seiner Frühzeit, und die '*Werke und Tage*', die dem reifen Alter entstammen müssen. Von anderen hexametrischen Gedichten mit sagengeschichtlichem Inhalt besitzen wir nur Bruchstücke; der 'Schild' des Herakles, künstlerische Neuformung der homerischen Schildbeschreibung, wird aus der Schule Hesiods stammen. Denn wie es an der kleinasiatischen Küste und auf den Inseln davor

Homeriden gab, so im Mutterlande eine Schar von Hesiodnachfolgern. Diesem selbst wurde im Altertum auch ein bedeutendes astronomisches Lehrgedicht zugewiesen.

Die '*Theogonie*' enthält zu Anfang die Berufungsgeschichte des Dichters. Zu dem Hirten Hesiod, der an den Hängen des Helikon in Boiotien seine Schafe weidete, kamen nachts in Nebel gehüllt die Musen vom Berge, wo sie »um die veilchenblaue Quelle mit zarten Füßen tanzen und um den Altar des hochmächtigen Kronossohnes«, und sie haben ihn angewiesen, vom Lorbeerbaum einen Stab zu brechen, den er nun als Rhapsode tragen solle. Dann bringt das Gedicht den ihm von den Göttinnen für immer befohlenen Preis der Musen (V. 36–103), in dem auch die neun heiligen Namen genannt werden. Und zu den Musen gehört der Sänger[1]:

Denn von der Musen Geschlecht und von dem Schützen Apollon
Stammen die Sänger auf Erden, die saitenspielenden Männer,
Könige aber von Zeus. Doch wen die Musen betreuen,
Der ist gesegnet, und süß entströmt seinen Lippen die Stimme.
Denn wenn einem erst jüngst ein Gram die Seele verwundet
Und er siecht voll Kummer dahin, dann aber vernimmt er,

[1] Die Übersetzungen aus Th. v. Scheffers Hesiod, hie und da leicht umgebildet; nur die Darstellung des eisernen Zeitalters in eigenem Übertragungsversuch. — Vgl. das Hesiodkapitel in O. Kerns Die Religion d. Griech. I (1926), Wilamowitz a. O. I 112 ff. 311; Br. Snell, Die Welt der Götter bei Hesiod, im Buche Die Entdeckung des Geistes[3] (1955) 65 ff. Wie Homer galt einst auch Hesiod als philosophischer Dichter, dazu s. oben S. 47 Anm. [2].

Wie ein Diener der Musen, ein Sänger, früherer Geschlechter
Rühmliche Taten besingt und die seligen Götter im Himmel,
Da vergißt er sogleich sein Leid und achtet nicht länger
Seiner Sorgen; es heilten ihn rasch der Göttinnen Gaben.

Es folgt der Übergang zum Thema (V. 104–115) – die Entstehung jener göttlichen Welt – und zwar so geformt, daß Hesiods eigene, nun beginnende Lehre gleichsam ein Nachklang dessen ist, was die Musen selbst singen, sowie im Homer eigentlich die Muse vom »Groll des Achilleus« zu singen aufgefordert wird und es überhaupt althellenischer Glaube ist, daß im menschlichen Singen und Dichten unmittelbar die Gottheit spricht.

Uralter Mythos wird hier Vers, Kunde, die sich dem ionischen Dichter längst verflüchtigt hatte. Zu allererst entstand das Chaos, die »gähnende Kluft«, dann die Erde und der Eros, der Gott der Schöpferkraft. Sie sind gleichsam die drei Urmächte, eine geschlechtslos, eine weiblich, eine männlich. Mit dem Auftauchen des Eros beginnt die Zeugung, bald aus sich selbst, bald aus der Liebesverbindung zweier Wesen. So entstehen aus dem Chaos allein Dunkel und Nacht, aus geschlechtlicher Verbindung dieser beiden Geschwister Äther und Tag; aus der Erde allein Himmel, Berge und Meer, aus ihrer Vereinigung mit ihrem Sohn, dem Himmel (Uranos), unter manchen anderen Okeanos, Hyperion (des Helios Vater), Iapetos, Rhea, Themis und Mnemosyne (die Gestalten des Gesetzes und der Erinnerung), als jüngster Kronos. Dieser beraubt auf Anstiften der Erde den Himmel der Zeugungskraft; die Fortpflanzung geschieht dann weiter durch Urzeugung – wie die Nacht aus sich Geschick und Verhängnis und

Tod, Schlaf und Träume gebiert, auch andere Tag- und Nachtgestalt – und durch Verbindung der nun schon zahlreichen Göttergeschöpfe. Daß jener Mythos vom Kampf einer jüngeren Göttergeneration gegen eine ältere orientalischen – hethitischen, doch auch phönizischen – Ursprungs ist, hat neue wissenschaftliche Forschung erwiesen; griechischer Geist gab ihm besondere Formen. Unter den neuen Gestalten sind ebenso Meereswesen wie Flußgötter und Landgeister, aber auch ungeheure Riesen mit hundert Armen und fünfzig Köpfen und Scheusäler wie die Gorgonen und »Greisinnen« (Graien). Jedem Wesen kommt eine Art Timé, eine besondere Aufgabe im Gesamtgefüge, zu. Eine ganz eigene Macht wird der Hekate (V. 411 ff.) für immer zugewiesen: an allem, was da ist, hat sie einen »Anteil« und wird daher auch von allen immer verehrt, wohl, wie man richtig gedeutet hat, eine besondere boiotische Kultgewohnheit.

Doch ein Göttergeschlecht löst weiter das andere ab: die Kinder des Geschwisterpaares Kronos und Rhea, die olympischen Götter, empören sich wiederum gegen *ihren* Vater, wieder mit Hilfe der Mutter, und Kronos wird gestürzt. Aber gegen den Iapetossohn Prometheus muß der neue Götterkönig Zeus sich erst behaupten (V. 501–616), gegen die Titanen, Söhne und Töchter von Himmel und Erde, einen schweren, vom Dichter prachtvoll geschilderten Kampf kämpfen (V. 617–735), bis sie in den Tartaros verstoßen werden können. An Unterweltsszenen schließt sich noch ein Ringen mit dem Erdsohn, dem Ungeheuer Typhoeus – eine vielleicht erst später eingelegte Episode (V. 820–880) –, dann endlich breitet sich die Herrschaft der Olympier und ihrer Abkömmlinge aus. – Das Werk nennt etwa 300 Götternamen, dazu etwa 100 an Heroen-, Orts-, Berg-, Flußnamen; sie alle ordnet es in sinnvollen Zusammenhang, nicht selten freilich in der Form einfacher Aufzählung und Aneinanderreihung. So ist die Welt wirklich als eine große Göttereinheit »begriffen«. Und so wie hier die Stammbäume der göttlichen Mächte gegeben werden, so gaben andere Epen Hesiods die der Heroen.

Jenes Element des Persönlichen, von dem wir sprachen, bricht noch viel stärker heraus in dem zweiten ganz erhaltenen Hesiodischen Gedicht, den '*Werken und Tagen*', wie es in unseren Handschriften heißt. Denn es ist gerichtet an seinen Bruder Perses, dem die Richter in einem Prozeß mit ihm selbst bei der Teilung des väterlichen Erbes unrechte Vorteile zuerkannt haben, sowie an eben diese Richter. Hier erfahren wir auch, daß der Vater der beiden Brüder, ein Adliger, einst aus dem aiolischen Kyme an der kleinasiatischen Küste ausgewandert ist, um der Armut zu entgehen, und sich in Boiotien angesiedelt hat, »in dem erbärmlichen Dorfe Askra, übel im Winter, beschwerlich im Sommer und niemals erfreulich« (V. 633 ff.), während Hesiod selbst schon hier geboren, »noch niemals über das weite Meer gefahren ist« (650). Ja, sein eigenes früheres Werk zitiert er hier selbst, indem er die Auffassung der Theogonie (V. 226) von der Eris, der Göttin des Haders, berichtigt: noch eine zweite gebe es, eine gute, die den Menschen zu wetteifernder Tat sporne (V. 11 ff.) – die erste ausdrücklich bezeugte literarische Beziehung zweier Werke aufeinander.

Wieder bildet ein Musenanruf den Eingang: Zeus,

den allmächtigen Gott, sollen sie preisen. Aber ein kurzes, inhaltschweres Gebet des Dichters selbst schließt unmittelbar an: »Durch *Recht* mache gerade die Richtersprüche!« Das Wort steht wie ein Stern über dem Ganzen: dieses ist eine Mahnung an Perses und die Richter zum Recht, zur rechtlich-redlichen Arbeit, aber durch ihre Personen hindurch an jeden, an uns. In die nun folgenden einzelnen Mahnreden, für die der Prozeß nur der Anlaß, das Motiv ist, werden zwei Geschichten eingelegt, die erste vom Feuerraub des Prometheus und der Erschaffung des Weibes, Pandora, die zweite von der Folge der Weltalter – auch dies ein Nachklang orientalischer Lehre –, beide sollen zeigen, wie Übel und Mühsal und Krankheit in die Welt gekommen sind, die sich nur immer tiefer einfressen werden in das Menschengeschlecht. Hören wir Hesiod selbst über seine Zeit und die spätere Zukunft (V. 176):

Heute ja ist ein eisern Geschlecht, und niemals am Tage
Ruhen sie aus von Mühe und Wehsal so wenig wie nächtens
In ihren Leiden. Es werden die Götter mühselige Sorgen
Geben, doch wird zu dem Übel noch Gutes gemischt sein. –
Zeus aber wird auch dieses Geschlecht der irdischen Menschen
Tilgen dereinst, wenn schon die Geborenen grau an den Schläfen[1].
Nicht wird der Vater noch eins mit dem Kind sein noch auch die Kinder,

[1] In Hesiods Sinne: ein erschreckendes Wunder, wenn die früheste Jugend schon weise wie das Alter sein will, ein Zeichen ihres ungesunden, unnatürlichen Wesens. Dann kommt das Ende. Was im folgenden geschildert wird, ist das Vorspiel dazu.

Nicht wird der Gast dem Gastfreund, der Bruder dem Bruder, Gefährte
Nicht dem Gefährten lieb dann noch sein, so wie es doch einst war.
Bald verweigern sie dann den greisen Eltern die Ehren,
Werden sie tadeln mit schlimmen, scheltenden Worten, die Argen,
Weil sie den Mahnblick der Götter nicht kennen, und solche Gesellen
Werden den greisen Eltern den Lohn der Erziehung versagen.
Nicht wird dem Eidgetreuen noch Dank sein, nicht dem Gerechten,
Nicht dem Wackeren; mehr noch den Täter des Bösen, den Frevler
Werden sie ehren. Die Faust hat das Recht. Und die Ehrfurcht verschwindet.
Schädigen wird der gemeine den edleren Mann und mit Worten
Krumm von Gesinnung ihn täuschen; den Meineid schwört er noch drüber...
Dann ist die Zeit, da hinauf zum Olymp von gebreiteter Erde,
Eingehüllt in helle Gewänder den Körper, den schönen,
Zu der Unsterblichen Schar hinziehen, die Menschen verlassend,
Ehrfurcht und Ahndung; was bleiben wird den sterblichen Menschen,
Düstere Schmerzen sind's; kein Mittel wehret dem Unheil.

Aber diese finstre Grundstimmung schwindet im Verlauf des Werkes. Sie vergeht unter dem Willen, daß Recht werde, unter den Mahnungen, daß wahre Ehre mehr gelten soll als ererbte, Arbeit höheren Wertes sein soll als ungerechte Bereicherung (V. 287. 311):

Übles kannst du, wahrhaftig, dir haufenweise gewinnen,
Mühelos, glatt ist der Weg und nahe seine Behausung.
Aber vor das Verdienst den Schweiß die ewigen Götter
Setzten; lang und steil ja erhebt sich zu diesem der Fußpfad
Und zu Anfang auch rauh; doch wenn du zur Höhe gelangtest,
Leicht dann zieht er dahin, so schwer er anfangs gewesen.

Arbeit bringt keine Schande, die Faulheit aber bringt Schande.
Wenn du der Arbeit ergeben, bald wird dich der Faule beneiden
Um deine Fülle; der Fülle aber folgt Ehre und Ansehn.
Wie dir dein Dämon bestimmt, ist tüchtige Arbeit das Beßre.
Wende von Gütern, die anderen eigen, das irre Verlangen
Hin zur Arbeit und sorg ums Leben, so wie ich dich heiße!

An andere Mahnungen sittlicher Art für Perses und allgemeinere Sprüche schließen dann (V. 383) die eigentlichen 'Werke' an, nämlich kräftig-praktische Lehren über den Ackerbau, wobei der Kalender die Form mitbestimmt, dann (V. 618) solche über die Schiffahrt, eine Art Schifferkalender. Den Beschluß bilden wieder einzelne Gebote und Verbote, sicherlich von späteren Rhapsoden mit mancherlei eigener Zutat durchsetzt. Unverbunden setzt V. 765 ein letzter Teil ein, das kalendermäßige Verzeichnis der für das menschliche Leben günstigen und ungünstigen Tage im Monat. Noch sind wir unsicher, ob wir darin den echten Hesiod hören. Wie wahr der letzte Spruch:

Bald ist Mutter der Tag, Stiefmutter wieder ein andrer! –

Daß man im Perikleischen Athen Hesiod für älter als Homer hielt, ist nur zu verständlich. Denn dieser

Boioter wirkt in vielem altertümlicher als der kleinasiatisch-ionische Dichter, der doch sein Lehrer war. Oft wirkt seine Sprache herb, sind seine Übergänge hart, weit ab von ionischer Glätte. Oft ist es schwer für uns, seinen Gedankengängen, den Sprüngen vom Besonderen zum Allgemeinen und umgekehrt, zu folgen, und unsere Ansprüche an Gradlinigkeit der Gedankenentwicklung müssen wir sehr beschränken. Das Unvermögen, dieser archaischen Denk- und Sprechweise zu folgen, hat Mißverständnisse und Aussonderung vieler Verse hervorgerufen; freilich gehört auch reinliche Scheidung zwischen dem echt Hesiodischen Gut und späterer Texterweiterung, wie sie zweifellos stattgefunden hat, zu den schwierigsten, vielleicht hie und da unlöslichen Aufgaben der Philologie. Aber von der Frage des Alters der beiden Dichtungen, der homerischen und der Hesiodischen, abgesehen: hier hat sich tiefere Gegensätzlichkeit geformt. Mutterländisch, zum Teil gewiß echt boiotisch ist die Lehre von den vielen phantastischen, oft düsteren Göttergestalten, die in der Helle des homerischen Epos nicht gedeihen, ist die Minderung der Macht einiger olympischer Götter, vor allem der Pallas Athenes, deren Gestalt doch Ilias und nun gar Odyssee einen besonderen ätherischen Glanz verleiht. Bäuerlich ist das Herb-Realistische in der Schilderung des Lebens, der Arbeit. Erdgebunden erscheint uns der schwere Ernst, die strenge sittliche Forderung, die zu Herzen sprechende Mahnung, das Leben allein auf Arbeit zu stellen. In seiner Rechtssache vertritt Hesiod die der Menschheit: anders als im Tierreich, wo nach der Lehre der Fabel der Habicht die Nachtigall vergewaltigt (W. u. T. 202), soll es unter Menschen zugehen, hier soll Dike, das Recht, triumphieren über Hybris, die frevelhafte Überhebung; gibt es doch auch dreimal zehntausend unsterbliche Wächter des Zeus, die nebelumhüllt über die Erde dahinziehen, um das Recht zu hüten (V. 252). Ja, das Recht ist für Hesiod als philosophischen Denker fast wie eine göttliche Idee, für die zu streiten er sich berufen fühlt. Mit gutem Grunde hat man in ihm aber auch eine Prophetennatur gefühlt, und der so seltsam scheinende, aber schon üblich gewordene Vergleich mit dem etwa gleichzeitigen Amos von Thekoa hilft wirklich auch das Wesen dieses archaischen griechischen Rhapsoden und Dichters in seiner Eigenart verstehen.[1] Er war zugleich Lehrer und Prophet, er glaubte, das Vergangene und das Zukünftige wie das Gegenwärtige zu schauen.

Das hexametrisch-epische Gedicht war in jener Frühzeit die einzige Form, in welcher der Mensch sich aussprach, wenn er Erzählung oder Belehrung von dauerndem Bestand geben wollte. Wir können uns die Anzahl jener Gedichte von der Weltentstehung und von den Gestirnen, über die Götter und die Helden, über religiöse und ethische Themen gar nicht groß genug denken. Zu uns spricht davon oft nur noch der bloße Titel, dieser meist gar erst später gegeben, oder das eine oder andere kümmerliche Fragment. Aber was für ein eigenartig-inhaltsreiches Gedicht muß zum Beispiel das 'Titanenkampf' genannte Epos gewesen sein! Darin galt der Titanenvater Uranos, der Himmel, als »Sohn der Aither«, der strahlenden Lufthelle; und dieser »Aither« wurde

[1] Vgl. z. B. Ed. Meyer, Gesch. des Altertums III² (1937) 98. 354.

zugleich als Urvater und Urgrund des Alls gedacht, im Gegensatz zu den meisten Theogonien, die aus Nacht und Finsternis die Welt entstehen ließen. Der Sieg des jüngeren Göttergeschlechts über das ältere wurde hier durch ein großes Fest auf dem Olymp gefeiert:

Und in der Mitte tanzte der Vater der Menschen und Götter,

der Tanz also hier, wie der Davids bei der siegreichen Heimholung der Bundeslade und der Buddhas, als etwas Sakrales gefaßt. Aber auch Schilderungen der irdischen Welt enthielt das Gedicht wie diese:

Stumm im Meere die goldenschuppigen Fische sich tummeln,
Spielen schwimmend umher, hin durch das ambrosische Wasser.

Den weisen Kentauren Chiron feierte es als den, welcher die Sterblichen »zur Gerechtigkeit führte« durch Lehre über »Eide, heitere Opferfeste und die Sternbilder des Himmels«; denn schon damals glaubte man, die im All herrschende Gesetzmäßigkeit müsse ein Vorbild sein für die irdische »Gerechtigkeit«. – 'Chirons Lebensvermächtnis' hieß ein anderes Epos, in dem jener als Achills Erzieher sprach, und noch im Faust heißt er ja – fast im Tone des Scherzes –

Der große Mann, der edle Pädagog,
Der, sich zum Ruhm, ein Heldenvolk erzog,
Den schönen Kreis der edlen Argonauten
Und alle, die des Dichters Welt erbauten.

So wird der Mythos mit Recht geradezu als der Baumeister des alten Epos gedeutet.

B. REIFARCHAISCHE ZEIT

Die Griechen sind gewiß nie überschätzt worden.
Nietzsche

Der Begriff Archaisch, dem wir das erste Kapitel untergeordnet haben, mit dem für diesen Abschnitt verwendeten Unterbegriff Reifarchaisch, ist der Kunstgeschichte, im besonderen der griechischen, entnommen[1], wenn auch zweifellos Literatur und bildende Kunst durchaus nicht völlig übereinstimmenden Gesetzen gehorchen und vor allem die Wirkungszeiten dieser Gesetze auf den verschiedenen Gebieten nicht schlechthin die gleichen sind. Da ist bald jene, bald diese Art der Kunst die führende, bestimmende; die verschiedene Ausdrucksmöglichkeit durch Wort, musikalischen Klang, Farbe, Ton, Metall, Stein enthält auch in gewissem Sinne eine eigenzeitliche Entwicklungsmöglichkeit in sich. Und dennoch darf man jene Stilprinzipien auch als allgemein geltend annehmen.

Die literarische archaische Zeit umfaßt im großen

[1] Vgl. etwa A. v. Salis, Die Kunst der Griechen[2] (1922); Das Problem des Klassischen und die Antike, herausg. v. W. Jaeger (1931), darin im besondern P. Friedländer, Vorklassisch und Nachklassisch S. 39 ff.

und ganzen das 8.–6. Jahrhundert v. Chr., archaischer Stil ist aber erkennbar bis in das 5. Jahrhundert hinein. Die Zeit, welche wir hier die reifarchaische nennen, umgreift davon die Jahre etwa vom 6. Jahrhundert an. Wollen wir allgemein geltende Grundzüge des Archaischen im Schrifttum finden, so treten sie am klarsten im Hesiod zutage; die homerische Poesie, die man nicht ohne Grund auch stilistisch ein Wunder genannt hat, ist durch die Generationen von Rhapsoden schon so durchgearbeitet und durchgeformt, daß das archaische Gewand ihr nicht in so schweren Falten aufliegt, sondern gleichsam durchsichtiger geworden ist; sie ist – wenn man die Paradoxie gelten lassen will – archaisch und klassisch in einem. Zu den wesentlichen Zügen des Archaischen nun rechnen wir: Altertümlichkeit der zugrunde liegenden Lebensgewohnheit und Gesinnung; eine gewisse Buntheit und Mannigfaltigkeit von Stoff und Stilform; Schroffheit der Übergänge; Heftigkeit der Bewegung; Verschlungenheit und Umständlichkeit der Gedanken; eine noch nicht erzielte Meisterung der Gesamtform bei oft feinster Ausarbeitung der Einzelform. Noch ruht das Kunstwerk oft nicht frei und leicht in sich selbst, noch erscheint es gebunden wie von unsichtbaren Fesseln, aber auch von sichtbaren, nämlich solchen des Lebenszusammenhangs, in dem es steht. Je umfangreicher das Werk, um so deutlicher diese Charakterzüge. Welche besondere Ausgestaltung nun das Archaische in seinen späteren Zeiten als das von uns so bezeichnete Reifarchaische fand, muß die folgende Darstellung zeigen. Ein Grundzug ist, daß die menschliche Persönlichkeit einen Ausdruck ihres be-

sonderen Seins und Empfindens in künstlerischer literarischer Form sucht und fand.
Diese ist gegliedert in die Abschnitte Dichtung, Philosophie und Historie. Allerdings werden wir sehen, wie fließend hier diese Grenzen sind. Aber es gibt keine Einteilung, die vollkommen befriedigte, weil eben das Leben selbst, der Urgrund auch des Schrifttums, noch ein ungeteiltes Ganzes war.

1. DICHTUNG

Im homerischen Hermeshymnus (V. 452) bestaunt Apollon die von Hermes erfundene und dann ihm geschenkte Lyra, denn im Olymp gäbe es bis dahin nur Gesang zum Aulós. Es dachte sich also der Dichter dieses oboenartige, scharf und aufreizend klingende Blasinstrument noch älter als das Saiteninstrument. Die Ilias kennt bereits beide nebeneinander: sie werden XVIII, 495 zum Hochzeitsliede gespielt. Auch der Aulos ist von einer Gottheit erfunden, von Athene. Dann werden sie also beide als zum Urbestandteil des Griechentums gehörend empfunden. In der Tat scheint ein solches Blasinstrument wenigstens Boiotern und Argivern von Haus aus eigen gewesen zu sein. Meist wird es mit zwei Blasrohren gespielt, wie solche Instrumente noch heute z. B. in Dalmatien üblich sind.[1] Allein schon die Sage, Pallas habe den Aulos, als ihr Gesicht entstellend, fortgeworfen, der phrygische, schratartige Flußgott Marsyas habe ihn aber aufgehoben und dann das

1 Abbildung Altantis X (1938) 628. Hier wird die Doppelflöte angeblich in parallelen Sekunden geblasen, eine unseren Ohren fürchterlich klingende Musik!

kunstvolle Flötenspiel erfunden, zeigt, daß man vom Einfluß des Orients auf diesem Gebiet wußte; mancherlei andere Zeugnisse treten hinzu. Saiteninstrumente in einer der späteren ähnlichen Form zeigen schon kretische Denkmäler des 2. Jahrtausends. Es wird sogar richtig sein, daß auf keinem anderen Gebiet die Griechen so tief vom Ausland beeinflußt worden sind wie auf dem der Musik, in Instrumentenbau, Tonarten, Liedformen. Diese Anregung aus außerhellenischem Gebiet aber wurde nun von fruchtbarster, das ganze hellenische Leben – Kultus, Staat, Erziehung, Geselligkeit – durchdringender, die Menschen im tiefsten erschütternder Wirkung. Wie im besondern jene beiden Instrumente, zugleich mit dem Gesang, die das Musikleben bestimmenden Mächte wurden, das versinnbildlicht schon die berühmte Sage vom Wettkampf zwischen Apollon mit seiner Kithara und Marsyas mit seinem Aulos. Beide wurden im Laufe der Zeit weiter ausgestaltet, mehr und mehr vervollkommnet. Die wichtigsten Namen für die verschiedenen Saiteninstrumentformen sind Phorminx, Lyra, Kithara; von ihnen bezeichnet Lyra eine einfachere, Kithara eine schwerere und schwieriger zu handhabende Form, doch zuweilen wechseln die Namen auch miteinander. Eine ganze Fülle orientalischer Instrumente beider Art ist zugleich mit ihren fremdländischen Namen schon in dieser frühen Zeit noch dazu übernommen worden. Die Dichtkunst aber hat, je nachdem ein Saiten- oder ein Blasinstrument die Begleitung übernahm, sich sehr verschiedene Formen geschaffen.

Die von einem Aulosspieler begleiteten, wichtigsten

Rhythmen tragen den Namen Daktylos »Finger« (– ◡ ◡), Spondeios »Spendopfer-Rhythmus« (– –); den nicht mehr sicher zu deutenden, ursprünglich wohl »Spötter« besagenden Namen Iambos (◡ – ◡ –) und den Namen Trochaios »Läufer« (– ◡ – ◡); diese beiden letzten gehen immer wie der Mensch auf zwei »Füßen«. Die beiden ersten sind vor allem im Hexameter (Sechstakt) und Pentameter (Fünftakt) zu fester Form gestaltet. Der Hexameter hieß einst »heroischer Vers«; der alte Name des Pentameters ist Elegeion, »Vers der Totenklage«, des Elegos, der einen nicht griechischen Namen trägt, doch früh ist dieser Charakter verlorengegangen: die »Elegie«, die durch Wiederholung der aus Hexameter und Pentameter bestehenden Di-sticha, »Doppelverse«, entsteht, ist in den uns bekannten Zeiten ihrem Wesen nach Ansprache schlechthin, an eine Menge oder einen einzelnen gerichtet, wobei schon das Versmaß es mit sich bringt, daß sie sprachlich dem Epos aufs stärkste verpflichtet ist und bleibt. Auch die iambischen und trochäischen Rhythmen sind schon früh zu bestimmten Versformen zusammengefaßt worden, deren wichtigste sind der iambische Trimeter (Dreitakt), der uns schon im 'Margites' begegnete, und der trochäische Tetrameter (Viertakt). Sie sind wie jene Hexameter und Pentameter von den Ioniern strengen Gesetzen unterworfen, künstlerisch gegliedert und zu erlesener, jahrhundertelang gültiger Form gerundet worden. Diese Verse sind alle so klar und fest wie die wunderbaren Formen der althellenischen Vasen. Sie wurden Gefäße für die mannigfaltigsten Gedanken, für die verschiedensten Empfindungen.

Alle die genannten Rhythmen sind scharf taktmäßig gebildet, der Takt vom Spielenden und Vortragenden stimmt genau überein. Daher begleitet auch der Aulos den Ruderer wie den marschierenden Krieger. Die Wichtigkeit des Spielenden beim Vortrag dieser Art bezeichnet der alte Ausdruck dafür »unter dem Flötenspieler singen«. Wir haben Grund zu der Annahme, daß dieses Singen ein gesangähnliches Rezitieren war. Jenes Lied zu dem Saitenspiel, das der Sänger selbst ausübt, die Poesie, die nach dem Instrument im Altertum allein zur »Lyrik« im eigentlichen Sinne zählt, werden wir später nach der musikalischen und literarischen Form näher betrachten. Zunächst wenden wir uns der rezitierten Poesie zu.

Das unternehmende Abenteurerwesen des Ioniertums hatte seine sagenhafte Form in der Gestalt des Odysseus erhalten; seinen realen und zugleich persönlichsten Ausdruck findet es in zwei Dichtergestalten, die, durch mehr als ein Jahrhundert getrennt, dennoch eine gewisse Verwandtschaft zeigen, in *Archilochos* von der Insel Paros und *Hipponax* aus der schon damals bedeutenden Stadt Ephesos. Der erste, eines Adligen und einer Sklavin Sohn, wird zeitlich wohl bestimmt durch die Sonnenfinsternis vom 6. April 648 v. Chr., über die er einen andern in ursprünglichem Erstaunen sprechen läßt: nun ist alles glaubhaft, gibt es kein Wunder mehr, seit Vater Zeus mitten am Tage aus Sonnenschein Nacht gemacht hat, so daß »erschlaffend Furcht über die Menschen kam«. Kein Gedicht von ihm ist ganz erhalten, doch die kümmerlichen Bruchstücke lassen sehr verschiedene Versformen, mit gleicher Meisterschaft gebildet, und sehr wechselnde Inhalte erkennen. Wir hören Reden an das Ich und an verschiedene Freunde, Schmähgedichte und Tierfabeln, mit den noch uns wohlbekannten Tieren der Fabel Adler, Affe und Fuchs, von dem es einmal heißt: »Viel weiß der Fuchs, der Igel eins, und das ist groß«; dem Igel aber vergleicht er sich auch selbst, der, zusammengerollt, die Stachel gegen den Feind richtet. Seefahrt und Kriegsabenteuer, Trinkgelage und Liebesszene erleben wir durch ihn mit. Und jedes Wort ist von persönlichstem Leben erfüllt, aus spannungsreicher Seele entsprungen. Hier funkelt der Witz, fliegt des Hasses Pfeil, spricht rücksichtsloser Wirklichkeitssinn sich aus. Landsknecht und Dichter ist Archilochos zugleich; anderem Wesen und Beruf setzt er sein Dasein entgegen in dem Wort:

Ich aber bin des mördrischen Herrn, des Kriegsgottes Diener,
Doch der Musen Geschenk pfleg' ich, das liebliche, auch.

Auf den Speer lehnt er sich beim Trinken wie andere auf das Ruhekissen beim Symposion. Daß er seinen Schild im Kampfe verlor, dessen – rühmt er sich voll Übermut; voll Schamlosigkeit, sagten andere, spartanisch Denkende, und wirklich hat Sparta den Vortrag seiner Gedichte verboten. Auf den Wogen des Meeres, »in der Wellen Umarmung«, hören wir ihn als Wache des Schiffs den Trank herbeibefehlen. Aber wir sehen auch in sein wogendes Innere: ein Gedicht, dessen Anredemotiv in die Weltliteratur eingegangen ist, lautet:

Herz, mein Herz, in diesem Strudel auswegloser Kümmernis
Tauch empor! Zur Wehr! Den Feinden wirf entgegen deine Brust.

Stürmen an die Gegner, vorne, nah dem Gegner nimm den Stand
Unbeweglich! Bist du Sieger, brüste dich nicht vor der Welt,
Siegen sie, brich nicht zusammen, jammre nicht in deinem Haus!
Am Erfreulichen hab' Freude und am Schlimmen habe Leid
Nicht zu sehr! Erkenne, wie doch Ebb' und Flut die Menschen treibt![1]

»Vom Weine die Sinne zusammengeschmettert«, weiß er zum Aulos für Dionysos ein schönes Dithyramboslied anzustimmen. Das sind alles ganz neue Töne des dichterischen Ich, nicht minder, daß er von eigenem Liebeserlebnis rücksichtslos offen zu sprechen wagt. »Das Hochzeitsmahl hab' ich nicht gehalten«, muß er bekennen, Lykambes versagte ihm seine Tochter, gegen den er dann den Vers als furchtbare Waffe gebrauchte. Vielleicht von ihr weiß er zu sagen:

Sie trug vom Myrtenbaum ein Reis, vom Rosenstock
Die schöne Blüte, und das freute sie. Das Haar
Fiel über Schultern, Rücken ihr beschattend nieder.

Doch, wie es heißt, hat er auch sie, die er nicht erreichen konnte, in den Tod getrieben.
Jener *Hipponax*, von späteren Kennern nicht weniger bewundert als Archilochos, steht, nach den Fragmenten zu urteilen, sozial weit unter diesem und ist als Künstler wohl weniger formenreich als er gewesen. Das nach ihm benannte Versmaß ist der iambische Trimeter mit einem Umbruch im letzten Takt, Echo eines starken seelischen Widerspruchs.

[1] Die Textüberlieferung zu Beginn des zweiten Verses ist unsicher.

Arm ist der Dichter gewesen, jämmerlich bettelt er um einen Mantel, weil er friert; ohne Scheu bettelt er auch um Geld und muß bekennen:

Gott Reichtum — ach, er ist doch gar zu blind — suchte
Mich niemals auf im Haus und sagte: »Hippónax,
Ich will dir geben dreißig Minen hier Silbers,
Dazu noch vieles andre.« Denn sein Herz feig ist.

So hören wir seinen Iambos am Schluß »hinken«. Wie beeinflußbar des Hipponax Wesen, sein Hellenentum war, zeigt, daß er mit Lust barbarische Worte einfließen, ja eine Frau lydisch sprechen läßt, zugleich ein Zeichen der Gefährdung dieses grenzebildenden Ioniertums schlechthin.
Gefährdung in anderer Hinsicht zeigen uns die Elegien und Iamben des *Semonides* von der ionischen Insel Amorgos (um 650) nur zu deutlich, der, wie es scheint, sogar staatlicher Führer von Samos gewesen ist. Hier spricht sich ein gefährlicher Pessimismus aus, nicht jene schmerzliche Erkenntnis des Lebens, wie sie Homer durch heldische Gesinnung, Hesiod durch Arbeit zu überwinden lehrt, sondern eine andere Wertung, die nur den Genuß des Tages als Gegengewicht weiß. Hören wir eine Probe seiner Lehre[1]:

Mein Sohn, das Ziel von allem, was da ist, hält Zeus
Der Donnrer in der Hand und stellt es wie er will,
Sinn aber bei den Menschen fehlt; nein, in den Tag
Wie Vieh so leben wir und wissen nicht, wie Gott
Ein jeglich Ding zu Ende führen wird. Jedoch

1 Übersetzt im Anschluß an H. Diels, Der antike Pessimismus (1921) S. 8f.

Die Hoffnung nähret und die Zuversicht sie alle.
Wie mühn sie sich vergeblich! Da erwarten sie
Den Umschwung bald in Tages-, bald in Jahresfrist.
Ins neue Jahr, so denkt ein jeder, wird man wohl
Eintreten als der Fülle und des Segens Freund.
Indes faßt den das unerwünschte Alter an,
Eh' er zum Ziel gelangte. Andre raffen hin
Unselige Leiden. Andre, die der Krieg bezwang,
Sie schickt der Todesgott in schwarzer Erde Tiefe.
Im Meere finden manche sturmumrauscht ihr Grab
Und sinken in den Wogenschwall der Purpurflut,
Wenn sie aus Not des Lebens sich dem Schiff vertraut.
Und manche knüpfen sich die Schlinge um den Hals,
Unselig wählen selbst sie Nacht statt Sonnenlicht.
So ist nichts ohne Übel. Nein, zehntausendfach
Umschwebt ein Unglücksgeisterschwarm uns Sterbliche
Und unaussprechlich Leid. – Doch hörten sie auf mich,
So sehnten wir uns nicht nach Schlimmem, marterten
Nicht unser Herz mit Schmerz und Schlimmem ab...,

sondern, so ging der Gedanke weiter, ergäben uns dem Genuß der Stunde. – Spottverse auf die verschiedenen Frauentypen gestalten den Pandoragedanken Hesiods in grober und bitterer Weise aus; auch volkstümliche Neckreden solcher Art hat es gegeben. Hier gipfeln sie in dem Verse: »Als größtes Übel hat erschaffen Zeus die Fraun.«[1]

Eine Dreiheit von Dichtern läßt die Überlieferung uns als die edelsten Meister der Elegie erkennen, als Sprecher zum Volk, als Organ des Vaterlandes selbst in der Stunde der Not, Männer verschiedenen Stammes und verschiedener Geistesartung, aber im Ziel ihrer Dichtung eins und auch in ihrer epischen

[1] Zu Semonides vgl. das auch sonst empfehlenswerte Buch von L. Radermacher, Weinen und Lachen (1947).

Sprache recht verwandt: den Ionier *Kallinos* von Ephesos, den Dorer *Tyrtaios* und den Athener *Solon.* Bei allen dreien ist, wie sie selbst sagen, der »Demos«, die Volksgemeinschaft, oder, wie Tyrtaios und Solon sagen und einst gewiß auch Kallinos gesagt hat, die Polis, die Stadtgemeinschaft, das, was sie bindet und wofür der Dichter eine Verantwortung fühlt: höchste Stufe des Dichterberufs. *Kallinos*, älterer Zeitgenosse des Archilochos, entflammt die »Jungen« des Volkes zum Widerstand gegen die andringenden thrakischen Kimmerier, da schon »Krieg das ganze Land innehat«. Zu den »Jungen« Spartas spricht *Tyrtaios* mitten in den generationenlang andauernden Kämpfen um Messenien (im 7. Jahrhundert).[1] Neunzehn Jahre lang haben die Väter ihrer Väter um das fruchtbare Land gekämpft, im zwanzigsten es genommen, die Messenier wurden »wie die Esel durch schwere Lasten aufgerieben«, aber jetzt erheben sie sich von neuem, und da wird der Dichter zum Führer:[2]

Schreite denn jeder weit aus, bleibe stehn, in den Boden die Füße
Eingestemmt und die Zähn' fest auf die Lippen gedrückt,
Schenkel und Schienbein da drunten zumal und Brust und die Schultern
Hinter des breiten Schilds bauchiger Wölbung gedeckt!
Doch in der rechten Hand hoch schwing er die wuchtige Lanze;
Furcht erweckend vom Haupt flattre der Busch ihm herab!

[1] Vgl. W. Jaeger, Paideia I^3 125 ff., auf Grund seiner Spezialuntersuchungen. — [2] Die nächstfolgenden drei Übertragungen nach Geibel und Mekler; im Marschlied fehlt vielleicht ein Vers nach dem vierten.

Nichts anderes, was auch die Menschen so benennen mögen, ist Areté, d. h. Adel, Verdienst, für den Jüngling als Bewährung im Kampf fürs Vaterland, »wenn man's aushält, den bluttriefenden Mord zu schauen«. Der für die Heimat Gefallene findet mehr als einmal den schönsten Preis:

Ihm erheben sie alle den Scheidegruß, Junge und Alte,
Schwer drückt Sehnsucht und Leid alle die Bürger zugleich.
Auch sein Grab bleibt heilig dem Volk, und die Kinder und Enkel
Ehrt man und ehret sein Haus bis in das fernste Geschlecht.
Nimmer im Dunkel erlischt sein Ruhm und adliger Name,
Und der Begrabene lebt als ein Unsterblicher fort.

Auch als Mahner zur inneren Ruhe, zur Eintracht im Staate wirkt der Dichter ein auf das durch den Krieg sozial stark erregte Land; die altehrwürdige, vom Delphischen Orakel gewollte Staatsordnung, die alten »Spruchgesetze« werden von ihm als Vorbild wieder aufgerichtet. Eunomia, »Wohlgesetzlichkeit«, heißt diese Elegie. Vorbild wurde Tyrtaios auch für Athener späterer Zeit, auch für Platons »Krieger«.

In all diesem spricht der echt spartanische Geist, von dem das später fälschlich dem Tyrtaios zugeschriebene Soldatenmarschlied so singt:

Drauf los, Lakedaimons Mannheit,
Ihr Söhne der Bürger-Väter!
Deckt euch mit dem Schild in der Linken,
Kühn schwinge die Rechte den Wurfspeer,
Nur nicht ans Leben geklammert,
Das ist nicht Sitte zu Sparta!

Nicht minder in dem Chorlied, das nach Plutarch am spartanischen Festtag erscholl:

CHOR DER ALTEN:

Wir waren einstmals Jünglinge voll Kampfeskraft.

CHOR DER MÄNNER:

Wir aber sind es; wenn du willst, komm an, versuch's!

CHOR DER KNABEN:

Wir aber werden einstens noch viel stärker sein.

Kein größerer Gegensatz ist denkbar zu Hesiods Dichtung vom stufenweisen Herabsinken Generation auf Generation.

Wer Spartas Land in der Blüte des Frühlings geschaut hat, der weiß: als Wehr gegen die Kraft dieser Üppigkeit sind jene eisernen Gebote »Lykurgs« geschaffen worden. Sie haben seinem Staat den Halt für Jahrhunderte gegeben; die Messenier sind der Verführung des Südens erlegen.

Die ganze Fülle staatsmännischen[1] und religiösen Gedankens, edler Empfindung offenbart sich im Gedicht des weisen *Solon,* des großen Mittlers, der ja im Jahre 594 zur Verwaltung des athenischen Archontats berufen wurde. Im elegischen, iambischen und trochäischen Gedicht spricht er noch zu uns wie zu seinen Athenern. Auch er wendet sich mit dem Aufruf zum Kampf – für Salamis – »wie ein Herold« an die Mitbürger, wirkt durch das Dichterwort seiner Eunomia ein auf die sich in Todfeindschaft gegenüberstehenden Parteien, ja er enthüllt im Vers die Motive seiner politischen Tätigkeit und legt Re-

[1] Für die politischen Verhältnisse auch dieser Epoche vgl. die S. 45 Anm. genannten Arbeiten.

chenschaft ab über sein Tun. Selten ist wieder so wie hier das Gedicht Ausdruck der Gemeinschaft geworden. Doch spricht er auch zum einzelnen Freund und Gegner, und wohl auch, wie die Späteren sagen, »zu sich selbst«: so sehr wird als Regel empfunden, daß jene Gedichte »für andere« bestimmt sind. Hören wir die offenen, aus klarer Selbsterkenntnis geflossenen Worte, die er selbst rückblikkend über sein politisches Werk, die Aufhebung der Schuldenlast und die »Solonischen« Gesetze, gesprochen hat:[1]

Weswegen ich das Volk berufen habe,
Was wär' davon nicht treulich ausgeführt?
Dafür sei Zeuge vor dem Richterstuhl
Der Zeit der Himmelsgötter große Mutter,
Die dunkle Erde, deren Leib von vielen
Mit Schuld bedeckten Steinen[2] ich erlöste.
Die vordem Sklavin war, jetzt ist sie frei!
Und viele führt' ich nach Athen zurück,
Ins gottgeschenkte Vaterland, mit Recht,
Mit Unrecht auch als Sklaven einst verkauft.
Und mancher, von der Schuldenlast gequält,
War selber auch geflohn und hatte schon,
Von Land zu Land gejagt, die Muttersprache
Vergessen, andre trugen hier die Schande
Des Sklaven, zitternd vor dem Wink des Herrn:
Frei macht' ich sie! Mit Kraft hab' ich gewirkt,
Gewalt und *Recht* in eins zusammenschmiedend.
Also hab' ich erreicht, was ich versprach.
Gesetze schrieb ich dann für hoch und niedrig
Und jedem hab' ich grades Recht gefügt.

[1] Seine sehr flüssigen iambischen Trimeter sind hier ausnahmsweise in Blankverse umgesetzt worden. — [2] Die Steine, auf denen die Hypotheken verzeichnet waren.

Ein andrer, der den Zügel griff statt meiner,
Ein schlechtgesinnter, eigennützger Mann,
Er hätte nicht das Volk bezwungen; denn
Hätt' ich erfüllt, was jene von mir wünschten,
Was diese wieder jenen zugedacht,
Von vielen Männern wär' die Stadt verwaist.
Drum hab' ich mich gewehrt nach allen Seiten,
In dichter Meute ein gehetzter Wolf.

In dieser kraftvollen Sprache wird zugleich attische »Mitte« sichtbar, attisches »Maß«.

Geschichte und Anekdote erzählen von Solon, der die Welt bereist und bei Königen Einkehr hält. Solchen Wissensdrang offenbart auch sein Gedicht, und hier können wir Altathenertum und Ioniertum der Zeit im Vers vergleichend gegenüberstellen. *Mimnermos* aus Kolophon war der Sänger der Jugend und der Liebe: »Was aber wäre das Leben, was aber wäre erfreulich ohne die goldene Aphrodite?« hieß es in einer seiner Elegien; und in einer anderen (nach Herder):

Einen Tag nur dauert der Jugend Blüte: die Sonne
Steigt und sinket; mit ihr sinkt auch die Blüte dahin,
Und ist diese vorbei, die Zeit der genießenden Jahre,
Ach, da wünsche man sich lieber als Leben den Tod.

Ganz in diesem Sinne rief er auch aus: »Wenn doch sonder Krankheiten und drückende Sorgen den Sechzigjährigen das Todeslos träfe!« Da setzte Solon dagegen sein »Du aus der Gilde der Nachtigallensänger, ändere den Vers: den Achtzigjährigen treffe das Todeslos!«, und er rühmte von sich selbst:

Dies ist mein Altern: gar viel, immerdar lerne ich's zu.

Gewiß schon aus seiner Jugend stammt jene große Elegie, die, mit dem Gebet an die Musen beginnend, voll Frömmigkeit einen Weg sucht durch das irdische Treiben. Nur eingehender Betrachtung[1] öffnet sich ihr Verständnis; die Gedanken treten nicht widerspruchslos heraus, und der Gedankengang wirkt besonders archaisch dadurch, daß er auch Untergeordnetes nebenordnet. »Dieser Maler hat sich nicht anders zu helfen gewußt, als alle Figuren auf derselben Fläche erscheinen zu lassen, während er sie in verschiedener Tiefe im Raum stehend dachte.« –

Die Elegie als politisches, d. h. auf die Allgemeinheit zielendes Gedicht ist ein Kernstück auch in den beiden Elegienbüchern, die jetzt als Ganzes den Verfassernamen *Theognis*[2] tragen. Dieser wird der zweiten Hälfte des 6. Jahrhunderts angehören. Seine Dichtung ist vor allem Vortragspoesie zum Aulos im Männerkreis des Gelages. Es sind kürzere, durch inneres Band, auch wohl durch ein »Stichwort« verbundene Stücke, zuweilen Einzelsprüche in Form eines Distichons. Angeredet wird im Verlauf des Ganzen eine Zahl einzelner Freunde und Zechgenossen, vor allem aber der junge Freund des Dichters Kyrnos, des Polypaos Sohn, dem der größere Teil des Werkes gewidmet ist. »Mahnreden an Kyrnos« hat man das Werk des Theognis genannt so wie das Hesiods »Mahnreden an Perses«.

1 Sie versuchte zuerst Wilamowitz, Sappho und Simonides (1913) S. 257 ff., dem auch das folgende Zitat entnommen ist. Vgl. unter vielen anderen Ausdeutungen die Jaegers, Paideia I³ 197 ff. – 2 W. Jaeger Paideia I³ S. 249 ff. stellt unter den Gesichtspunkt 'Kampf und Verklärung des Adels' die Erziehungslehre des Theognis wie 'Pindars Adelsglaube'.

Drei Gebete (V. 1–18) bilden den Eingang, ein besonders feierliches an Phoibos, dessen Geburtsgeschichte dazu erzählt wird, das zweite an seine Schwester Artemis, das dritte aber lautet (nach Geibel):

Musen und Chariten ihr, Zeus' Töchter, als ihr zu Kadmos'
Hochzeitsfeier erschient, sangt ihr ein herrliches Wort:
»Was da schön ist, ist lieb, was nicht schön aber, ist unlieb«.
Also tönte der Spruch euch vom unsterblichen Mund.

Die nächste Elegie (V. 19) »siegelt« das Werk, d. h. sie gibt Namen und Heimat des Verfassers an: »Dies sind die Verse des *Theognis von Megara*; unter allen Menschen hat er einen Namen.« Das Siegel im homerischen Apollonhymnus nannte den Dichternamen noch nicht, sondern begnügte sich mit einer allgemeineren Angabe (s. S. 53); jetzt und von nun an tritt die Person des Verfassers als solche stärker hervor. Was er will, sagen die Verse 27/28: Lebensregeln, die er selbst in seiner Jugend von den »Guten«, d. h. den Adligen, erlernt hat, an Kyrnos und durch diesen an die Jugend der Stadt weitergeben. Solche enthalten nun die folgenden Stücke: Halte dich zu den »Guten«! »Denn von den Adligen wirst du Adliges lernen, wenn du dich aber unter die Geringen mischest, wirst du gar den Sinn, den du besitzest, verlieren.« Bürgerkrieg droht, Tyrannis hebt in der Stadt ihr Haupt, die »Geringen« sind schuld daran. Eine Umschichtung der Stände hat stattgefunden: der Pöbel ist jetzt der Adel, jene Leute, die vor noch nicht langer Zeit »um den Leib geschlungen ihre Ziegenfelle trugen, draußen außerhalb der Stadt sich wie die Hirsche nährten«. Vor der Verbindung mit einem von diesen wird Kyrnos gewarnt. Eine größere Anzahl kürzerer Sprüche über Freundschaft und Treue folgt; den Echten vom Unechten bei der Freundeswahl zu scheiden, so wird gelehrt, ist freilich schwierig. Gnomen, d. h. Sinnsprüche allgemeinerer Art, schließen an, die um die Begriffe Redlichkeit und Ungerechtigkeit, Reichtum und Armut kreisen (V. 149):

Geld gibt der Gott wohl auch einem Manne, der ganz nur Gemeinheit,
Aber des Adels Los, Kyrnos, nur wenigen fällt.

Ein zorniges Wort (V. 183ff.) gegen die Geldheiraten in seiner Vaterstadt, die den Adel verderben, wirkt verblüffend lebendig. Nach mancherlei Einschüben von Spruchgut, das nicht Eigentum des alten Theognis sein wird, sondern wohl aus späterer Symposiondichtung stammt, ein ganz persönliches Gedicht an Kyrnos (V. 237): seinem Namen hat der Dichter durch den Vers Schwingen verliehen, die ihn über Land und Meer tragen, aber der Jüngling achtet seiner Lehre nicht. Endlich nach vielen anderen Einzelsprüchen mit sittlicher Mahnung ein Schlußgedicht (V. 753) mit der Zusammenfassung: Immer sei eingedenk dieser Worte! Hier scheint das Werk einst sein Ende gefunden zu haben. Dann setzt ein völlig neuer Abschnitt, ehedem wohl ein anderes Buch, ein, wieder mit Gebeten am Eingang, das vielleicht einem jüngeren Dichter aus der Zeit der Perserkriege angehört; erbittet er doch die Hilfe des Phoibos gegen den Ansturm der Meder. Auch er redet Kyrnos an, aber dieser Name scheint inzwischen zu einem sprichwörtlich allgemeinen geworden zu sein. Eigentümlich ergreifend wirken die Klagen dieses Dichters aus einer Zeit der Verbannung: nach Sizilien, nach Euboia, nach »Sparta, der glanzvollen Stadt am Schilfrohr nährenden Eurotas«, ist er gekommen, alle haben ihn freundlich bewirtet, aber der Gedanke an die Heimat hat ihm die Freude daran vertrieben. Noch persönlicher wirken V. 1197 ff.[1]:

Horch, ich vernahm des Kraniches Schrei, du Sohn des Polypas,
Der als Bote erscheint, mahnend die Menschen zur Saat
Rechter Zeit. Das traf wie ein Schlag mein finsteres Herze,
Andre ja haben daheim nun meine blühende Flur.
Nicht zieht das Maultier für mich durch den Acker am Krummholz des Pfluges,
Auf der Verbannten Schiff kreuz' ich am fernen Gestad.

Das in den Handschriften abgeteilte zweite Theognisbuch enthält erotische Stücke; schon seine ersten beiden Worte »Arger Eros!« enthalten das Thema.

Epigramm, »Aufschrift«, auf Weihgabe oder Grabstein, nannte man auch solch ein einzelnes Distichon, wie wir sie im Theognis finden, aber manche andere Versformen außerdem: einen Hexameter allein oder mehrere hintereinander, ebenso iambischen oder trochäischen Vers.[2] Das war echt hellenisch, alles ein wenig zu adeln, auch die bescheidenste Gabe, das Große aber durch die Kunst zu verewigen. Mancherlei archaischen Schmuck oder auch nüchterne Realität geben diese kleinen Sprüche in der Frühzeit, bis

[1] Der Text des letzten Verses ist verderbt überliefert. — [2] Die schönste Sammlung archaischer Versinschriften geben P. Friedländer—H. B. Hoffleit in 'Epigrammata' griechisch und englisch (Univ. of Calif. Press 1948).

sie im 5. Jahrhundert ihre klassische Gestalt erhalten, ganz edel in der Form, ganz gehalten im Gefühl, das doch so leidenschaftlich im Herzen wogt. Dem Dichter Simonides hat man die historisch berühmtesten (vgl. S. 98) zugeschrieben, aber kaum mit Grund, so viele Epigramme er gefertigt hat.

Zur Rivalin des Aulos mit seinen leidenschaftlichen Tönen wenden wir uns nun, zur Lyra und den von ihr begleiteten Liedern. Freier ist da der Vortragende, weil er zugleich Herr seines Instruments und seines Gesanges ist. Der Gang im kurzen Einzeltakt ist dabei nicht üblich gewesen, der Vers selbst ist die Einheit, deren Silben mehr gezählt als gemessen werden; er ruht in der gleichmäßig wiederholten Strophe. Auch die Dichtung zur Oboe hatte kleine Strophenformen geschaffen: das Distichon ist eine; auch iambische Verse schlossen sich zu einer zweizeiligen Strophe zusammen durch »Epodenverse«, die man so nannte, weil sie hinter einem längeren abschließend »zugesungen« wurden. Kunstvollere vier- oder mehrversige Strophen bildete die Poesie zur Laute aus; noch heute bekannt und von Dichtern unseres Zeitalters wie Rudolf Alexander Schröder und Josef Weinheber wirkungsvoll nachgebildet sind die sogenannte alkaiische und sapphische Strophe: ihre klassische deutsche Form hat Hölderlin gebildet, der besonders in der alkaiischen Strophe mit ihrem dreimaligen Steigen und Fallen des Rhythmus einen Ausdruck seines eigenen Empfindungslebens zu spüren meinte; die Gleichmäßigkeit der sapphischen Strophe dünkt uns größere Ruhe auszuströmen.

Der erste Mensch, der als Kitharode auf Erden

weilte, war Orpheus, einer Muse Sohn. Auf der Argonautenfahrt hat er den Sirenengesang übertroffen, und im Walde kam, von seinem Spiel und seiner Stimme bezaubert, alles Getier, ja die Bäume und Felsen herbei. Seine »Musik« war also kosmischer Natur. Das Haupt des von Mänaden Zerrissenen trugen die Wellen zur Insel Lesbos, hier wird es bestattet; Lesbos ist die Heimat der »lyrischen« Poesie.[1] Von hier stammt *Terpander*, der als Begründer der großen griechischen Musik gilt. Er fährt nach Sparta hinüber und erringt dort am Karneenfest zwischen 676 und 673 v. Chr. den Sieg mit einer von der Kithara begleiteten, großgeformten, mehrgliedrigen Liedkomposition, die den strengen Namen Nomos, »Gesetz«, trug. Lesbos ist die Heimat des adligen *Alkaios* und *Sapphos*[2], »der Schönen«. Sie sprachen und dichteten aiolisch. Ihre Jahre waren vor und nach 600.

Alkaios hat die Dichterin im Liede selbst angesprochen; noch wir hören ihn sagen: »Du mit den veilchenfarbenen Flechten, reine, süßlächelnde Sappho.« Ja, man hat früh erfunden, sie habe seine Werbung zurückgewiesen, und ein Zwiegespräch zwischen Unbekannten aus ihren Gedichten irrtümlich auf die

1 »Griechische Lyriker«, diesen Begriff in einem sehr weiten Umfang genommen, hat griechisch und deutsch herausgegeben H. Rüdiger, Bibliothek der Alten Welt (1949). Das »Weltbild der Lyrik« stellt dem homerischen gegenüber M. Treu in seinem Buche Von Homer zur Lyrik (1955). —
2 Zum Verständnis dieser beiden vgl. aus neuester Zeit Snell a. O. S. 83 ff und W. Schadewaldt, Sappho (1950); auch die Übertragungen von M. Hausmann, Antike und Abendland II 164 ff.

beiden bezogen: »Will etwas sagen, aber mich hindert Scham.« – »Doch wenn du trügest nach Edlem Verlangen oder nach Schönem und nicht etwas zu sagen die Zunge anrührte, das schlecht, Scham würde dann nicht deine Augen befangen, sondern du sprächest von jenem Rechten.« Und ein vielbewundertes strengrotfiguriges Vasenbild in München läßt Alkaios im Singen und Kitharaspielen bescheiden den Kopf vor ihr senken, Sappho ein wenig abweisend zuhören. In der Bibliothek von Alexandreia standen von beiden viele Bücher, Gedichte, systematisch nach dem Inhalt oder nach Versformen geordnet. Von diesem Reichtum besitzen wir vollständig und ohne Fehl erhalten – *ein* Sapphogedicht. Zwar hat uns der ägyptische Sand grade im 20. Jahrhundert manche Papyri mit lesbischer Lyrik wiedergeschenkt, doch sind die Gedichte meist grausam verstümmelt. Nur ein leiser Klang tönt von Lesbos noch zu uns herüber.

Alkaios stellt sich dar als eine Archilochosnatur; doch war er ein Ritter, in schwere Parteikämpfe der Heimat verstrickt. Ein ganzes Buch seiner Gedichte hieß später »Bürgerkampf-Gedichte«. Geben nicht von der Schärfe seines Angriffs, der sich bis zum Schimpfwort steigert, jene Verse gegen den Tyrannen eine Vorstellung, die man frei so wiedergeben kann:

Jetzt her den Wein, jetzt heißt es wüst getrunken,
Denn Myrsilos ist heut ins Grab gesunken!

Weit spannt sich der Horizont des Dichters: wie er selbst in Ägypten war, so begrüßt er im Vers seinen Bruder bei der Heimkehr von ruhmreichem Dienst unter Nebukadnezar von Babylon. Horaz, der ihn bewundert und nachbildet, im Zechlied, doch auch im weichen Mädchenklagelied, erfindet eine große Szene: wie er noch in der Unterwelt den lauschenden, durstig an seinen Lippen hängenden Schatten vorsingt von der Seefahrt, der Verbannung, des Krieges harten Leiden. »Männer: der Stadt Turm, wenn sie Aresgeweihte«, sagt er, und er schildert die Halle strotzend von schimmernden Waffen: Helmen mit hellen Büschen, den »Schmuckstücken für die Häupter der Männer«, leuchtenden Beinschienen, buckligen Schilden, breiten Schwertern und anderem Gewaffen. »In alter Zeit war die Musenkunst Mahnung zur Mannhaftigkeit«, setzt der Berichterstatter hinzu, dem wir das Zitat verdanken. Auch alte Sage blitzt in seinem Gesang auf. Weinlieder gab es bei Alkaios in Menge; die Aufforderung zum Trinken hören selbst wir noch seltsam oft aus seinem Munde. So begann ein – auch von Horaz nachgeformtes – Lied[1]:

Zeus kommt im Regen, mächtig vom Himmel braust
Der Wintersturm, schon stockt der Gewässer Lauf
Im scharfen Frost, und kaum im Wetter
Hält der bewipfelte Forst sich aufrecht.

Beut Trotz dem Eiswind! Schür auf dem Herd empor
Die Lohe, misch süß mundenden Wein im Krug,
Misch reichlich, und zum Trunk gelagert
Lehne das Haupt in die weichen Kissen!

»Netze die Lungen mit Wein!« singt aber auch das Lied in schwer drückender Sommerglut. – Er war ein

1 Nach Preisendanz-Hein; der 3. und 4. Vers aus Horaz c. I 9 ergänzt.

Mann der Leidenschaft und wußte dennoch: »Die Leidenschaft altert zuletzt.« Aber ein wichtiger Zug darf auch hier nicht fehlen: viele Götterhymnen bildeten in der späteren Zusammenstellung das erste Buch seiner Lieder. Da erhielten Apollon und Hermes, Artemis und Athena ihren Preis, Eros aber feierte er als »aller Götter schaurigsten, den gebar die leichtfüßige Iris, dem goldgelockten Zephyros sich gattend«.

Reicher und klarer ist das Bild, das sich uns von *Sapphos* Wirken ergibt. Freier war in Lesbos wie an anderen Orten Griechenlands die Stellung der Frau als jemals in Athen; aber wesentlich ist zu wissen, daß sich auch Sapphos Wirken ganz im Frauenkreise entfaltete: in ihm nur findet ihr Gefühl seine Sprache.[1] Wie es scheint, schickten Eltern aus vornehmem Geschlecht die jungen Mädchen zu ihr, auf daß sie in ihrem »musendienenden Hause« Saitenspiel, Gesang, Reigentanz, edle Lebensführung erlernten. Schöne, religiöse Feste werden gefeiert bei Tag und bei Mondenschein. Freude am bunten Gewand und am Schmuck wurde gepflegt. Aber in diesem liebeerfüllten Kreise fehlte auch weder das Scherz- noch das Scheltwort der Meisterin. Mitten unter den Mädchen sehen wir auch Sapphos eigene Tochter Kleïs – kein Zweifel mehr, daß sie ihr eigen Kind war – »goldenen Blüten vergleichbar an Gestalt«. Sie blieben bis zur Hochzeit: das Chaire!, das schwere Lebewohl des Abschieds, hallt uns in den verschiedensten Formen aus den Liedern entgegen. Die Meisterin hat auch selbst viele Hochzeitslieder

[1] Hierzu vgl. R. Merkelbach, Sappho und ihr Kreis, Philologus 101 (1957) 1ff.

gedichtet. In einem vor nicht langer Zeit erst gefundenen Gedicht[1] erinnert sie eine traurig von ihr Gegangene: »Du vergissest, wie Leichtes und Schönes wir erlebten. Viele Kränze aus Veilchen und Rosen hast du dir ja um Flechten und Zöpfe an meiner Seite gelegt, viele Binden um den weichen Nacken geschlungen, aus Frühlingsblumen gemacht. Mit vieler Salbe, königlicher Spezerei hast du dich glänzend gesalbt. Auf weichem Polster... hast du die Sehnsucht nach Ruhe gestillt... kein Heiligtum... kein Fest war,... kein heiliger Hain (wohin wir nicht zusammen gingen).« Leidenschaftlich hat Sappho um die Zuneigung ihrer Mädchen gerungen; jenes uns einzig vollständig erhaltene Gedicht[2] ist ja ein heißes, sorgenvolles Gebet an Aphrodite, ein bestimmtes Mädchen »ihrer Freundschaft zuzuführen«. Eros kann sogar gelten als ein »süßbittres, rätselhaftes Tierwesen«. Und die Trauer der Liebenden kann sich zu Todesverlangen steigern: »Zu sterben hält mich eine Sehnsucht gefangen und zu schauen die lotosbestandenen, tauigen Ufer des düsteren Todesstromes«. Und doch glühte die Leidenschaft mit reiner Flamme.

In den Liedern glänzt es von Schmuck – »viel süßklingender als Harfe, goldner als Gold« sind bezeichnende Worte; wie Lyra und Gesang die Worte wan-

1 Vgl. Wilamowitz, Sappho und Simonides S. 49; am Schluß sind im Papyrus Lücken. — 2 Es wird, als allbekannt, hier nicht wiedergegeben; nur sei noch einmal vor dem schrecklichen, durch Grillparzer genährten Irrtum gewarnt, als handle es sich in ihm darum, einen Mann zu gewinnen. Die Liebe zu dem schönen irdischen Jüngling Phaon ist spätere Erfindung.

delnd steigerten, ahnen wir nicht. Doch das tiefe Mitempfinden mit der Seele des anderen und die Empfänglichkeit für die Schönheit der sie umgebenden Natur, beides die Blüten einer reinen Seele, sind der wahre Adel dieser Poesie. »Die einen sagen, ein Geschwader von Reitern, andere, eines von Kriegern zu Fuß, andere, eines von Schiffen sei auf der dunklen Erde das Schönste; ich aber: jenes Wesen, nach dem man liebend sich sehnet.« – So empfindet sie für den Bruder, der durch eigene Schuld ein schweres Geschick zu tragen hat[1]:

Kypris, Meerfraun, führt mir den teuren Bruder
Ungefährdet zum heimatlichen Strande
Und laßt alles Schöne, wonach sein Sinn steht,
Ihm sich erfüllen!

Was er einst verschuldet, er mög es sühnen,
Daß voll Freude die Freunde auf ihn blicken,
Neiderfüllt die Feinde – nein, keine Feindschaft
Werde uns fürder!

Ach und möcht er ein wenig auch der Schwester
Ehre geben! Möcht er von ihrem Kummer
Sie erlösen, die er mit seiner Schande
Niedergebeugt hat...

Kypris, hehre, wenn ich mit meinen Liedern
Je dein Herz erfreute, versenk die Trübsal
In den Abgrund ewiger Nacht und banne
Drohendes Unheil!

Wohl begreiflich, daß man das Lied einer verlassenen Frau unter ihren Namen gestellt hat, dessen Worte lauten:

[1] Nach Crusius mit einigen Änderungen; die zweite Hälfte ist nur ungefähr im Sinn zu treffen.

Untergegangen der Mond
Und die Plejaden. — Mitternacht. —
Vorüber zieht die Stunde.
Ich aber schlafe allein.

Schauen wir auch die Natur wie sie selbst! Von einer jetzt jenseits des Meeres, in Sardes, verheiratet wohnenden Schülerin dichtet sie[1]:

Wenn sie jetzt
Unter Lydiens Frauen erscheint,
Ist's als stiege der Vollmond
Rötlich am Abendhimmel empor.
Da erlischt
Aller Sterne Schimmer. Es fliegt
Über die wogende Salzflut,
Über den Anger im Blumenflor
Lichter Schein.
Lieblich ist gefallen der Tau,
Üppig stehen die Rosen,
Zarte Gräser und buschiger Klee...

Des Vollmonds Silber, die Sterne überstrahlend, besingt eine andere Strophe so:

Sterne bergen wieder ihr schimmernd Antlitz,
Rings im Kreis gestellt um Selenes Schöne,
Wenn sie voll gerundet am meisten leuchtet
Über die Erde.
Silbern (strahlt ihr Licht)...

Gestirne, Blumen, Früchte sind gleichsam Gefährten in diesem Kreis: die »Morgenröte mit dem rosigen Arm«; der Abendstern, der alle Tiere heimführt, doch das Mädchen dem Heim der Mutter entführt — am Hochzeitstage; der Hyazinthe »purpurne

1 Übersetzung von Wilamowitz, Reden und Vorträge[4] I 182.

Blüte«, die, vom Fuße des Hirten getroffen, nun den Kopf zu Boden senkt; der rote Apfel, hoch am höchsten Zweige, den die Pflücker vergaßen, nein nicht vergaßen, sondern nicht erreichen konnten... Wie wird nach glühendheißem Tage[1] die Abendstimmung eines heiligen Haines gefühlt, dessen Baumzweige tief in den Bach herabhängen, wohl von Früchten beschwert: »Wasser kühl rauscht durch die Zweige vom Apfelbaum, von Rosenbüschen der ganze Platz beschattet ist, und während erbeben die Blätter, Müdigkeit schwindet.« Lieder aber sind ihr »Rosen aus Pierien«, dem Musenlande; sie sind ihr Stolz. An ihnen hat jedoch ihre Gegnerin, jetzt an Schätzen reich, »keinen Anteil«, und darum: »gestorben, wirst du unscheinbar in des Hades Haus daherwandeln unter kraftlosen Toten, davongeflogen«.

Wahrlich, wir haben Grund, wenn wir das Trümmerfeld der Sapphischen Bruchstücke überschauen, zu »klagen über die verlorne Schöne«. Eine ganze Reihe anderer griechischer Dichterinnen hat das Altertum gekannt, und seit einiger Zeit können auch wir hübsch erzählende, schlichte Strophen *Korinnas* aus Tanagra in Boiotien lesen, aber selbst wir begreifen noch, warum Platon allein Sappho gehuldigt und sie gepriesen hat als die zehnte Muse. Eine genauere Zeitbestimmung können wir freilich für Korinna nicht geben.

'*Erinna* an Sappho': dieses ernste Gedicht Mörikes geht von der einen antiken Überlieferung aus, die schon als 19jährige verstorbene Dichterin sei Sapphos Schülerin gewesen; aber recht hat die andere

[1] Vgl. Schubart im Hermes LXXIII (1938) 300.

Überlieferung, die sie erst dem 4. Jahrhundert zuweist. Neue Papyrusfunde geben doch von ihrer Kunst noch keine Vorstellung. Hochgepriesen wird von den Späteren ihr kleines episches Gedicht 'Die Spindel'. Kündet eins der beiden erhaltenen winzigen Bruchstücke von der Ahnung ihres frühen Todes[1]? Es lautet:

Drum dringt auch in den Hades nur leeres Echo hinüber;
Schweigen im Totenreich — im Dunkel verliert sich die Stimme.

Auf den gleichen Ton hat Mörike sein Gedicht gestimmt.

Zur Laute sang wie Sappho *Anakreon* aus dem ionischen Teos (um 520), Krieger, Zecher, Liebhaber schöner Mädchen und Knaben, Kämpfer gegen Lumpen. Am Hofe des Tyrannen Polykrates von Samos und später am Peisistratidenhofe in Athen hat er gelebt; seit Perikleischer Zeit stand dort auf der Burg eine Statue[2], die ihn in göttlicher Nacktheit singend zeigte, die Kithara in der Hand, gewissermaßen die Idealform des zu Lebensgenuß aufrufenden, aber die Vornehmheit nicht verleugnenden Dichters. Noch können wir den kleinen Resten seiner Trink- und Liebeslieder entnehmen, daß sie in ihrer Kraft, auch durch gewisse Selbstironie weit abstachen von jenen z. T. süßlichen »anakreontischen« Liedern des späten Altertums, die deutschen Dichtern des früheren 18. Jahrhunderts schon eine Befreiung vom Zeitgeist dünkten. Goethes »An die Zi-

[1] Vgl. Wilamowitz, Hellenistische Dichtung I 109. — [2] Schöne Bildnisse von ihm abgebildet in der Antike II (1926) 120 f.

kade. Nach dem Anakreon« ist durch leise Umbildung des Griechischen zu einem anmutigen Goetheschen Gedicht geworden, sowie er den echten Vers Anakreons »Mit dem Purpurball wirft mich wieder der goldgelockte Eros« umwandelt in das großartige Bild »Wenn du, Suleika,... Deine Leidenschaft mir zuwirfst, Als wär's ein Ball, Daß ich ihn fange, Dir zurückwerfe Mein gewidmetes Ich...«. Franz Schubert hat gar aus dem nachanakreontischen Gedicht an die Leier

> Ich will von Atreus' Söhnen,
> Von Kadmos will ich singen!
> Doch meine Saiten tönen
> Nur Liebe im Erklingen...

ein höchst dramatisches Lied gemacht. Doch finden sich in der – noch wenig durchforschten – Sammlung der spätantiken Anakreontea auch wertvolle Stücke, z.B. anmutige Beschreibungen kleiner Kunstwerke wie eines Diskos mit einer übers Meer fahrenden Aphrodite. In Mörikes Gedichten findet man gelungene Übersetzungen der echten und der unechten Stücke.

Manches der Lieder Anakreons wie anderer Dichter wurde lange Zeit beim Symposion (Trinkgelage) gesungen, wenn der Myrtenzweig rechtsherum gereicht wurde und jeder seine Kunst zu zeigen hatte; Kitharaspiel zu lernen gehörte ja z.B. in Athen damals zum Schulunterricht, übrigens auch das Oboenspiel. Skolien hießen diese Lieder. Mancher erfand auch ein eigenes. In Athen war wohl keins berühmter als die auf die Tyrannenmörder, von denen eins lautete (nach Geibel):

Tragen will ich das Schwert in Myrte
Wie Harmodios und Aristogeiton,
Da von ihrer Hand fiel der Tyrann
Und sie dem Volk Athens Freiheit und Recht erkämpft.

Auch von althellenischen Volksliedern sind uns noch ein paar erhalten, niedlich oder geistreich spielende, unseren deutschen wenig ähnlich, die nicht so ausgeformt sind.

Kult, Spiel und Arbeit sind es, die in der Frühzeit der meisten Völker das Lied, vor allem das Gemeinschaftslied, hervorgezaubert haben; aber unter der Sonne von Hellas ist es üppiger gesprossen und reicher ausgebildet worden als irgendwo sonst auf der Erde. Hier ist *Chorlied* und Reigen – und Chorós bedeutet ursprünglich Reigenplatz – zu höchster Kunstform gereift. Sie waren seit sehr alten Zeiten lebendig, in mannigfachen Formen. Das Lied vor Altar und Tempel und die fröhlichen Weisen, welche die Hochzeit umspielten, die düsteren, die das Begräbnis begleiteten, hatten die größte Bedeutung im Volk. Es gab Chorlieder und Reigen von Männern und Knaben, Frauen und Mädchen. Heute sieht man in Griechenland öffentlich wohl nur noch Männer tanzen.

Von Delos hörten wir schon (S. 53), daß dort am Tage Apolls die Mädchen der Festgemeinde ihre Hymnen vortrugen. In Sparta war es einst nicht anders. Ja, Altsparta hallte wider von Musik, von Reigentänzen, die Pindar ebenso hoch wertete wie den Rat der Alten und den Speer der Jünglinge, und Spartas Tempel leuchteten in so buntem Farbschmuck wie die der ionischen Städte; ein hoher Geist der

Kunst lebte dort, der erst im Laufe der Zeit verdorrte. Aus der Ferne kam nicht nur der Kitharode Terpander (S. 85), auch der Musiker und Tänzer Thaletas von Gortyn auf Kreta und im späteren 7. Jahrhundert der Dichter *Alkman* »vom hohen Sardeis«, der lakonischer Bürger wurde. Eins seiner zahlreichen Jungfrauenlieder[1] ist auf Papyrus zu größerem Teil erhalten: die Mädchen, gekleidet in Purpur, mit lydischen Hauben und »ganz goldenen, bunten Schlangen« als Hals- und Armringen, erzählen reigenschreitend auf lakonisch ein Stück Sage, von einem allgemeinen Spruch abgeschlossen; dann aber singen sie auch von sich selbst, von der Schönheit der Chorführerin Agesichora und der noch schöneren Agido, manche andere nennen sie preisend, einen Gegenchor neckend. Archaisch vielfältig ist hier die Mischung der Themen. Alkman selbst tanzte auch mit. Im Alter muß er sich wünschen, das Männchen des Eisvogels zu sein, das, flugmüde, der Sage nach vom Weibchen auf die Flügel genommen wird:

Nicht mehr, ihr Mädchen, die ihr so erregend und süß
euer Lied singt,
Wollen die Füße mich tragen. O daß ich ein Eisvogel wäre,
Der überm Schaum der sich wälzenden See auf den
Schwingen der Weibchen
Furchtlosen Herzens sich wiegt, der geheiligte meerdunkle
Vogel!

Wie friedlich sieht er die nächtliche Natur: »Nun schlafen der Berge Gipfel und Schluchten, Hänge

1 Vgl. die Ausdeutungen Fr. Dornseiffs, Die Antike IX (1933) 121 und W. Schadewaldts, Sappho S. 60ff. Die folgenden Verse in M. Hausmanns Übertragung.

und Klüfte, alles kreuchend Getier, das da nähret die dunkle Erde, Wildtiere des Bergwalds, das Volk der Bienen und die Ungetüme in den Tiefen des purpurdunklen Meeres; nun schlafen auch der Vögel, der langbefiederten, Scharen.« Aber welchem Ende strebte das Gedicht zu? Wurde dieser Ruhe der Natur die Unrast eines Menschenherzens entgegengestellt?[1] In den sechs Büchern Gedichte, die man später von Alkman zählte, standen auch Götterhymnen, Paiane (Bittchoräle), Skolien und anderes.

Keine andere Dichtungsform ist im 6. und frühen 5. Jahrhundert so kunstvoll-künstlich ausgebildet worden wie das Chorlied, das der Dichter zugleich in Melodie und Reigen gestaltete und das er oft selbst einübte und mit seinem Spiel begleitete. Es ist ein Prunkstück, ein farbensattes Gebäude archaischer Zeit, für uns freilich oft nur im Umriß zu erraten. Erzählung eines Stückes der Sage, auch in neuartiger, das Altbekannte bewußt abändernder Form, bildete meist den Mittelpunkt. Dithyramben nannte man eine bestimmte Gruppe dieser Tanzlieder; die Balladen anderer Völker, eigentlich ja »Lieder zum Reigen«, hat man mit Recht verglichen. Manche ihrer Dichter bleiben für uns kaum mehr als Namen. Zu ihnen müssen wir die beiden aus Großgriechenland, dem damaligen griechischen Westen, zählen, der nun zum ersten Male hier erscheint, *Stesichoros* aus Himera (Termini Imerese) auf Sizilien (um die Mitte des 6. Jahrhunderts) und *Ibykos* aus Rhegion (Reggio) in Kalabrien (um 520); dessen Name bedeutete eine Kranichart und wurde wohl der Anlaß zur Geschichte seines Todes. Ihre Vaterstädte waren

[1] Vgl. A. Lesky, Gesch. d. griech. Literatur S. 144.

Kolonien von Chalkis auf Euboia. In schärferer Prägung erscheint uns *Simonides*[1] (556–468) von der ionischen Insel Keos, ein fahrender Dichter wie Ibykos, wie dieser an Fürstenhöfen verkehrend, als Epigrammatiker von uns schon S. 84 erwähnt. Wird sein Name genannt, so darf die Erinnerung an den Preis der Thermopylenkämpfer nicht fehlen, den er einen Chor, wir wissen nicht bei welcher Gelegenheit, so aussprechen ließ: »Ihrer, die da fielen in den Thermopylen, ist ruhmreich das Geschick, schön das Los, ein Altar das Grab, vor Klagen steht Erinnerung, Trauer ist ihr Lob. Solch Grab kann nicht Moder, nicht der allbezwingende Zeitgott vernichten von Männer-Helden. In ihre Grabstätte ist eingezogen der Ruhm von Hellas. Das bezeugt auch Leonidas, Spartas König, der seines Heldenmuts großen Schmuck und ewigen Ruhm hinterlassen.« – Doch nun sammeln wir unsere Aufmerksamkeit auf die beiden Chorliederdichter, von denen wir dank der Tyche ein Volles und Rundes besitzen, auf *Pindar* und auf *Bakchylides*, des Simonides Neffen.

Pindar: eine festliche, noch altertümlich herbe, schwer deutbare Welt steigt uns aus seinem Werk herauf. Knaben, Jünglinge, Männer im Wettkampf an den vier heiligen Stätten, im Olympia des Zeus, zu Füßen des Parnaß im Delphi Apollons, auf dem Isthmus Poseidons, im Zeushaine des argivischen Nemea; edle Pferde, von Fürsten selbst über das Meer zum Rennen herübergesandt; hellenische Künstler aller Art sind zur Stelle, in Delphi auch zu

[1] Vgl. Wilamowitz, Reden und Vorträge I[4] S. 150 ff., der auch von den wenigen erhaltenen Versen der 'Klage der Danae' eine Übertragung gibt.

musischem Agon; in Olympia und Delphi eine unübersehbare Männerschar aus ganz Hellas, auch aus seinen entferntesten Teilen, als Zuschauer vereint. Es ist die Zeit großer, strahlend bunter Tempelbauten; Priester walten ihres Amtes während der Festtage in Gebet und Opfer; Gottesfriede zwischen den so streitsüchtigen Völkern. Der Sieger im Agon hat den höchsten Friedensruhm errungen, er wird geehrt wie ein Sieger in der Schlacht, und in ihm haben zugleich gesiegt Vaterstadt, Geschlecht, Ahnen, denn Adelsstolz, Aristokratengesinnung lebt in der Seele jener vornehmen und reichen Familien, deren Söhne um Zweig und Kranz ringen; bronzene, ehedem hölzerne, Siegerstatuen verewigen in Menge den stolzen Triumph. Die Siegesfeier: ein Reigen in der Heimat, vom hellenischen Meister des Chorliedes – meist auf eine Bestellung hin – mit erlesenem Wort, Klang, Rhythmus, Tanzschritt ausgestattet; ist aber der Sieger ein König oder Tyrann, so lädt er die ganze Stadt zur Feier ein. Priesterlich-vornehm ist Pindarische Kunst, als Prophet apollinischer Hoheit und Strenge hat sich ihr Künder gefühlt; ionisches Wesen ist ihm ganz fremd. Ihm selbst ist das boiotische Theben die Heimat. Mitten in seine Lebenszeit (522 oder 518 bis etwa 445) fallen die Freiheitskriege, in denen Theben sich zeitweise den Persern anschloß; eine befruchtende Wirkung auf seine Kunst hat diese Erschütterung und Umwälzung aber nicht ausgeübt. Sie blieb, die sie war. Viele Werke hat er selbst in der Heimat aufgeführt, auch in Delphi und Aigina; viele hat er auf Bitten in die Ferne gesandt, also Text, Noten (die aus der Buchstabenschrift hervorgegangen waren), Reigenanweisungen. Für sein

Werk empfing er Honorar. Der Kreis seines Ruhmes erweiterte sich allmählich bis Sizilien, Kyrene in Nordafrika, Rhodos im Osten, Makedonien im Norden. 476 ist er zum ersten Male nach Olympia, dann auf Einladung des Königs Hieron von Syrakus nach Sizilien gezogen. Auch Agrigent mit seinem Tempelreichtum hat er geschaut. Mit Fürsten hat er wie mit seinesgleichen verkehrt.

Doch Dichter von Epinikien, »Siegesliedern«, war Pindar keineswegs vornehmlich. Nur wenn wir den ganzen Kranz seiner Dichtungen, all der Hymnen, Choräle, Dithyramben, Jungfrauenlieder, Tanzlieder, Klagesänge, aber auch Skolien, im Blick haben, sehen wir ihn als den, der er wesentlich war: Dichter kultischen Chores. Wir aber besitzen nur vier Bücher Siegeslieder, dazu stattliche Fragmente verschiedener Art, durch neue Funde sehr bereichert. Die vollständig erhaltenen Gedichte sind alle strophisch gegliedert. Jene kleinen Liedstrophen der aiolisch-ionischen Poesie freilich waren längst, wohl seit Stesichoros, zu großen, in strenger Handwerkskunst geformten, für uns schwer durchschaubaren Gebilden herangewachsen, oft sich durch Strophe, Gegenstrophe und Nachgesang zu Triaden zusammenfügend. Ob Pindar auch strophenlos freie Gesänge komponiert hat, ist unsicher, ja unwahrscheinlich; es dünkte uns wenig passend zu seiner formstrengen Weise. Die Begleitinstrumente waren die Kithara und der Aulos, doch auch beide im gleichen Chorlied verwendet; ob nur nacheinander oder auch zusammentönend, wissen wir nicht. Eine Melodie, zum ersten Pythischen Siegeslied, hat uns der große Jesuitengelehrte Athanasius Kircher (1601–1680) erhalten, wie er sagt, aus alter Handschrift stammend: sie klingt feierlich schön und fremd, aber noch schwankt das wissenschaftliche Urteil, ob sie als echt anzuerkennen ist.

Nur über die Siegeslieder ist uns begründetes Urteil gestattet[1]; doch treten gewisse Züge in den Bruchstücken in gleicher Weise zutage. Drei Elemente, verschieden ineinander gewirkt, sind typisch: Angabe des *Anlasses der Dichtung*, *mythische Erzählung* und *Gnomen*, d. h. *Spruchweisheit*. »Die Verbindung zwischen diesen drei Bestandteilen wird durch Überleitungen von teils naiv starrer Feierlichkeit, teils archaischer Zierlichkeit, teils von bewußt hergeholter Künstlichkeit hergestellt« (Dornseiff). »Kränze winden ist leicht«, sagt der Dichter selbst, aber seine »Muse schmiedet zusammen Gold, und hinein nimmt sie zugleich weißes Elfenbein und die Lilienblüte des Meertaus (die rosafarbene Koralle).« Dabei drängen sich Nebenvorstellungen nicht selten auf die Höhe von Hauptgedanken, statt untergeordnet zu bleiben, wie solch nebenreihende Ordnung für altertümliche Kunst schlechthin bezeichnend ist. Doch *will* Pindar auch schwerverständlich sein, nur den »Verständigen« deutlich.

Wie natürlich, wird der Gedichtanlaß oft im *Eingang* genannt. Dieser hat stets ein besonderes Schwergewicht, einen besonderen Glanz, oder wie Pindar

[1] Ersten Zugang zur Welt Pindars kann man gewinnen durch Wilamowitz, Reden und Vorträge I[4] 119 und Fr. Dornseiffs Übertragung, Inselbücherei Nr. 513 (Gesamtübertragung 1921). Achtungswert L. Woldes Versuch, Pindars sämtliche »Dichtungen und Fragmente« ehrfurchtsvoll zu verdeutschen und zu erläutern, Sammlung Dieterich Band 88 (1942).

lehrt: »Bei Beginn des Werks tut es not, eine Stirn zu setzen, die weithin leuchtet.« Einige solcher Eingänge wollen wir hier vergleichend nebeneinanderstellen, damit seine Kunst wenigstens in kleinstem Ausschnitt sich einheitlich und doch nicht gar zu arm spiegele.

Ein Prozessionslied auf Delos, auch Asteria, »Sterneninsel«, genannt, jenes Eiland, das einst Leto in der Stunde der Not Zuflucht gewährte und zum Lohn, so erzählte man, von Erdbeben für immer verschont blieb, begann:[1]

Gottgegründete, ich grüße dich!
Letos, der lockengeschmückten, Kindern
Blühst du als Lieblingsblume,
Meerestochter,
Nimmer bebendes Wunder des Erdengartens.
Delos nennen die Sterblichen dich;
Doch vom Olympos die Götter
Weithin schimmernden Stern in der Bläue der Erde...

Einstmals trieb sie im Strudel der Wogen,
In aller Stürme Wirbel,
Bis sie die Tochter des Koios[2], gescheucht von der Wehen
Drängender letzter Stunde, betrat.
Da entstrebten der Veste des Erdengrundes
Grad empor
Wachsend und mit den Knäufen das Felseiland stützend
Vier stahlfüßige Pfeiler.
Und genesend erblickte die Mutter
Ihrer himmlischen Zwillingskinder Götterpracht.

[1] In der freien Übertragung von Wilamowitz, Reden und Vorträge I[4] 127; daselbst die Übersetzungen anderer Gedichtteile. Pindars Hymnos auf Zeus deutet aus Br. Snell, Die Entdeckung des Geistes[3] S. 118 ff. — [2] Leto.

Eben jene Eingangsverse, zu denen wir vielleicht die Melodie besitzen, schildern ein Musikfest im himmlichen Saale also[1]:

Güldene Harfe, Apollons und der veilchenlockigen Musen gemeinsamheiliges Gut, auf dich höret ihr Tanzesschritt, Glanzfestes Anfang, und sie folgen singend der Weisung, wenn du chorweckenden Vorspiels Einsatz erklingend bewirkst. Und du erlöschest den blitzenden Donnerkeil ewigsprühenden Feuers. Einschlummert auf dem Zepter des Zeus der Adler, den hurtigen Fittich faltet er mählich, zur Rechten, zur Linken, der Vögel Fürst; und dunkelblickende Wolke du ihm über das gebogene Haupt als der Lider süßen Verschluß hüllend herabgießt; doch noch im Schlummer den geschmeidigen Rücken er hebet und senket, deinen Takten gehorsam. Ja, auch der rohgewaltige Ares, er lässet entgleiten die starrende spitzige Lanze, erweicht das Herz in Ruhe. Töne auch Götterseelen bezaubern, durch die Kunst des Letosohns und der tiefgegürteten Musen.

Das ist feierlichste apollinische Musik zur Kithara; die finstern Gewalten der Tiefe, wie Typhos der Hundertköpfige unter dem Ätna, können sie nicht ertragen. Doch Pindars Kunst – das ist der Grundgedanke – ist ein Widerhall der himmlischen. – Hören wir nun zum Vergleich den Eingang eines Dithyrambos dionysischer Musik, den einst die orgiastischen Töne des Aulos umrauschten:

1 Die beiden folgenden Prosaübersetzungen geben zugleich die Abteilung der großen Pindarausgabe O. Schroeders, erneuert von Br. Snell (1953), und für das zweite, erst seit 1919 bekannte Stück die dort in Fragment 70b befolgte Gliederung an. Die erste folgt der Deutung der antiken Scholien (Erklärungen der Grammatiker) und kommt daher zu einer anderen Auffassung als Wilamowitz, Reden und Vorträge I[4] 128; vgl. die Zeitschrift Sokrates VII (1919) 253.

... Weitgeöffnet steht heute heiligen Reigen ein neues Tor. Es wirbeln die Tänzer, sie wissen, was für ein Weihfest Dionysos' des Brausenden auch beim Zepter des Zeus die Himmlischen feiern in ihrem Palast. Des Anfangs Zeichen erteilt die hochheilige große Mutter der Götter: ein Paukenwirbel; drein rasseln die Becken und funkelt die Flamme an leuchtenden Fackeln; drein der Naiaden dumpftönendes Stöhnen, und Wahnsinn und Jauchzen sich regt im Getümmel geworfenen Nackens. Drein der allgewaltige Blitzstrahl, Feuer atmend, sich regt und bewegt und des Kriegsgottes Lanze, und der Pallas kraftvolle Aigis zischt von den Rachen unzähliger Schlangen. Geschwinde kommt Artemis, in der Einsamkeit schweifend; jetzt schirrte sie an in bakchischer Lust ein Löwengespann voll Wildheit zum Feste des Brausenden; wird der doch entzückt, wenn im Tanz sich bewegen auch der Wildtiere Scharen.

Der *Mythos*, dessen Erzählung, wie natürlich, oft mit Heimat und Geschlecht des zu Feiernden oder dem Ort des Festspiels in Verbindung steht, ist dem Dichter eine Welt leuchtender Vorbilder. Nie berichtet er von den Göttern etwas Schlechtes; sagt er doch selbst im ersten Olympischen Gedicht, das König Hieron gewidmet ist: »Es ist dem Manne geziemend von göttlichen Wesen nur Schönes zu sagen.« Danach hat er gehandelt, und so verschweigt er das Häßliche, oder er ändert es in Geziemendes um. Unmöglich, daß die Götter, von Tantalos geladen, menschliches Fleisch als Speise erhalten oder gar gekostet hätten: das ist nur Lüge hämischer Nachbarn! Und auf den Heroen liegt der gleiche Glanz des Vollkommenen; manche freilich wie Odysseus schätzt der Dichter nicht. Im allgemeinen sind sie Verkörperer des Adels von Geburt und Gesinnung, von Leib und Geist. So sollen auch sie sein, die

Männer und Jünglinge seiner eigenen Zeit – die Frau hat in seiner Welt kaum Bedeutung. Und wie die Marmor- und Bronzegestalten des Kasseler Apoll, des Wagenlenkers von Delphi (eines Siegerweihgeschenkes), des »blonden« Knaben von der Akropolis, ob Gott oder Mensch, dieselbe adlige Hoheit und Herbheit zeigen, so auch die geprägten Gestalten Pindarischer Kunst. So lautet das Prooimion des sechsten Nemeischen Siegeslieds (nach W. von Humboldt):

Eins der Menschen, eins der Götter Geschlecht,
Und von Einer Mutter
Atmen wir beide.
Doch mächtig geschieden trennt uns der Kräfte
Vermögen, daß das Eine nichts ist,
Aber der eherne Himmel ein ewig
Sicherer Sitz bleibt. Dennoch gleichen in etwas,
Sei's hoher Sinn, sei's Kraft der Natur,
Wir den Unsterblichen;
Wissen wir gleich nicht, welchem Ziel,
Weder bei Tage
Noch bei Nacht, das Schicksal
Uns entgegenzulaufen gebeut.

Die *Spruchweisheit* öffnet uns den Blick in die Tiefen der Seele, aus denen seine Lehren emporgestiegen. Da stehen jene Warnungen vor Überhebung, jene Lobsprüche auf innere Ruhe, jene Bekenntnisse zur Allmacht der Gottheit; aber auch allgemein gehaltene Kampfworte gegen Neider und Gleisner werden laut, und Erfahrungen kommen zu Wort wie die berühmten: »Sicheres Fundament der Städte: das Recht«; »Lust ist Unerfahrenen der Krieg; von den Erfahrenen aber manch einer schaudert vor ihm,

wenn er herankommt, im Herzen übergewaltig«. Jenes »Werde der du bist![1]« bedeutet nach Zusammenhang (Pyth. Ged. 2, 72) und Pindars sonstiger Lehre: »Werde immer wieder, d. h. bewähre dich als ein solcher, der du von Natur bist!« Ein düsteres Wort ist das beinahe letzte, das wir von ihm vernehmen: »Eintagsmenschen! Was ist einer? Was ist keiner? Ein Schattentraum der Mensch.«
Aber wenigstens *ein* Gedicht – »süße Frucht des Gedankens«, Wein in goldener Schale vergleichbar – soll als Ganzes auch hier erscheinen. Notgedrungen wählen wir ein besonders kurzes, daher auch mythosloses, aber doch vollkommenes Gedicht (Ol. Ged. 14). Es ist dem Sieger im Knabenwettlauf Asopichos aus der alten Minyerstadt Orchomenos nicht weit von Theben geweiht, dessen Vater schon verstorben ist, und wir bringen es in einer freien Versübertragung des Pindarherausgebers Otto Schroeder, die er selbst nicht veröffentlicht hat:[2]

Mächtige Chariten,
Hört mein Gebet!
An des Kaphisos
Heiligen Wassern
Graset das Füllen
Und von Orchomenos'
Uraltem Königsbau
Leuchten die Zinnen
Auf euer Geheiß.
Wo auf Erden
Uns ein Süßes
Uns ein Herzerquickendes blühte,
Geschah es durch euch.
Leibes Liebreiz,
Hoheit der Seele,
Fürstliche Größe
Spendet nur ihr.
Selbst nicht die Götter
Walten des Tanzes,
Walten des Mahles
Ohn euern Segen,
Erhabne Chariten.

[1] Wir folgen der Deutung von Wilamowitz, Pindaros S. 290.
[2] Die drei Chariten, hier nach Hesiod Aglaia, Euphrosyne, Thaleia genannt, wurden in Orchomenos hoch verehrt.

Schaffnerinnen
Im Himmel droben
Jeglichen Tuns,
Neben Apollon,
Dem silberbogigen
Pythontöter,
Königlich thronend
Feiert ihr fromm
Des olympischen Vaters
Ewigstrahlende Majestät.

Fürstin Aglaia
Und, holdgrüßenden
Tons, Euphrosyne,
Töchter des all-
gewaltigen Vaters,
Höret mich nun!
Und du, Thaleia,
Liebreizenden Sangs,
Schau diesen Reigen,
Den leicht hinschreitend
Ob frohen Erfolges
In zierlichen Maßen
Lydischer Weise
Asopichos feiernd
Ich kunstvoll ersann:
Minyerburg
Ist Olympiasiegerin
Dank deiner Huld!
In Persephones
Dunkle Wohnung
Eile nun, Echo,
Suche den edlen
Kleudamos auf!
Melde dem Vater
Die frohe Kunde:
Dort in Olympias
Ruhmreicher Halde
Flocht man die flatternde
Siegerbinde
Seinem Sohn
Um das junge Haar!

Ein langes Leben hat Pindar gelebt. Mächtige Wandlungen, politische und künstlerische, hat er in seiner Umwelt gesehen, ohne daß die Linie seiner Entwicklung umgebogen wäre. Aber diese Dichtungsgattung verklingt mit ihm, seine Welt stirbt ab. Wie ein Gruß an eine neue Zeit wirkt der Eingang eines Dithyrambos für Athen, der freilich schon etwa um das Jahr 470 gedichtet ist: »O du strahlendes, veilchenbekränztes, im Sange gepries'nes, berühmtes Athen, du Burg der Hellenen, dämonische Stadt!« Kein europäischer Dichter hat nachbildend so um das Verständnis Pindars gerungen wie Hölderlin, freilich behindert durch die Mängel seiner sprachlichen

Kenntnis. Aber die Hoheit Pindarischer Kunst wurde ihm Vorbild.

Des *Bakchylides* Leben ist schon kurz vor Pindars zu Ende gegangen. Daß wir von seiner Kunst, der der »Nachtigall von Keos«, wie er sich selbst nennt, einen Eindruck empfangen können, verdanken wir einem großen Papyrusfunde des Jahres 1896, der uns mit dreizehn Siegesliedern und einigen erzählenden Dithyramben, zum Teil vollständig erhalten, bereichert hat; unter diesen letzten ist auch ein rein dialogischer, auf den wir später, bei der Erörterung der Tragödienursprünge, zurückkommen. Im Typischen jener drei Liedbestandteile sind diese Gedichte den Pindarischen ähnlich, hat doch Bakchylides sogar auch für dieselben Männer geschaffen wie Pindar, z. B. für König Hieron. Allein der Gegensatz ihres Wesens tritt dennoch klar heraus. Dort ein auf tiefen Gedanken gegründetes erzieherisches Ethos, hier ein anmutiges Schmuckgewand; dort der Mensch ganz im Mittelpunkt der dichterischen Vorstellungen, hier auch sachliche Schilderung des sportlichen Agons; dort wuchtige, schwer zu durchschauende, zusammengewirkte Form, hier eine flüssige, anschauliche Erzählung als klare Mitte. Bakchylides erzählt mit Lust:[1] die Geschichte von Minos und dem jugendlichen Theseus und dessen Besuch bei der Meerkönigin, die Erzählung von Herakles' Höllenfahrt und seiner Begegnung mit Held Meleagers Schattenbild beweisen es. Ist es vielleicht auch ein Wesensunterschied zwischen ihm und seinem Riva-

[1] Das wird deutlich durch die Übersetzungen von Wilamowitz, Reden und Vorträge I⁴ 146 ff.; nur Teile davon wiederzugeben, wäre unwirksam.

len, daß uns in Pindars Erzählung nur Gestalten der Götter- und Heroenwelt begegnen, in der des Bakchylides einmal auch ein Stück aus der Geschichte des letztvergangenen Jahrhunderts, nämlich aus der des Königs Kroisos, die Einnahme von Sardes durch die Perser, Geschichte, die freilich im Mythischen, mit der Entrückung des Kroisos, endet (Gedicht 3)? Das Werk des Ioniers wirkt im ganzen freier, leichter als das des Boioters, seine Form ist durchsichtiger, seine Kunst steht näher der klassischen.

2. PHILOSOPHIE

Wie groß der Gegensatz zwischen dem von uns betrachteten althellenischen Schrifttum und dem unserer Zeit ist, wird besonders sinnfällig, wenn wir bedenken, wie die Dichtkunst damals Form und Gefäß für die verschiedensten Inhalte sein konnte, wie ihr Bereich gleichsam der des Geistes schlechthin war und jeder Gedanke, der dauern sollte, fast mit Notwendigkeit Vers wurde. Auch das ist ein Wesenszug archaischer Stilepoche. Und selbst philosophische Forschung, Darlegung abstrakter Gedankengänge, Übermittlung naturwissenschaftlicher Erkenntnisse fand ihren Ausdruck in Gedichtform. Die Muse der Poesie hatte einst einen Zauberstab, mit dem sie alles und jedes vergoldete.

So wie Hesiod in epischen Versen das Werden der Götterwelt lehrte, so haben bald nach ihm namenlose Propheten und Priester, die sich Jünger des Sängers Orpheus nannten, in hexametrischen Gedichten die Entstehung der sichtbaren Welt aus einem Welten-Ei dargetan, das, geborsten, nun in seinen Teilen Himmel und Erde vor uns liegt. Phantastische, göttlich-tierische Urgestalten wirken bei dieser Weltwerde mit. In ihr ist orientalische Spekulation spürbar. – Mancherlei andere Gedichte solcher Art gab es; unter ihnen waren Weissagungen, Reinigungsvorschriften, Sühnegebote, Krankheitsbesprechungen. Wir nennen das Ganze *Orphische Literatur*[1]; wenig Verse aus der alten Zeit, viele aus späterer, sowie mannigfache Inhaltsangaben sind uns überkommen. Auch die verzückten Laute der Sibylle von Erythrai in Ionien und der delphischen Pythia setzten die Priester in hexametrische Poesie um; der Leser Herodots wird sich vieler solcher Orakel erinnern. – Orpheus selbst aber, einst eine geheimnisvolle mythische Gestalt, der wir schon einmal gedachten (S. 85), zeigt neben Eurydike und Hermes die griechische Kunst bald im klaren Lichte des klassischen Reliefs. Jedoch den Gang jener Drei in der Unterwelt hat mit schauderndem Gefühl nacherlebt R. M. Rilke, dessen spätere »Sonette an Orpheus« wieder in die urmythische Sphäre tauchen: »... Wir sollen uns nicht mühn Um andre Namen. Ein für alle Male Ist's Orpheus, wenn es singt.«

Aber nun echt wissenschaftliche Bemühung in poetischer Form zeigen die Werkreste großer Geister des 6. und früheren 5. Jahrhunderts. *Xenophanes* aus dem ionischen Kolophon (565 bis etwa 470), später den Westen Griechenlands durchstreifend, dann in Elea angesiedelt, *Parmenides* von Elea (um 500), *Empedokles* aus Akragas (Agrigento; um 460) haben in ausgedehnten epischen Werken Philosophie ge-

[1] Die sachkundigste Sonderdarstellung findet man in Kerns Religion der Griechen II 134ff.

lehrt.[1] 'Von der Natur' haben die Späteren diese betitelt. Von dem des Xenophanes als Ganzem haben wir freilich keine genügende Vorstellung; so wenige Verse – über die Gottheit als die Einheit, über die Elemente Erde und Wasser und anderes Physikalisches, aber auch über die Unsicherheit menschlicher Erkenntnis – sind uns erhalten. Doch wir besitzen von ihm, der wie ein wandernder Rhapsode seine Werke verschiedenen Orts vortrug, auch z. T. umfangreiche Elegienreste, so über diejenige Areté, die ihm im Gegensatz zu seiner Zeit als die wahre dünkt: nicht im olympischen Wettkampf wird sie errungen, sondern durch die Leistung des Geistes, wie er sie selbst vollführt. Ein großes, angeblich fünf Bücher umfassendes Werk hieß Sillen, »Spottverse«, in der Form dem 'Margites' (s. S. 49) ähnlich; wir hören daraus noch leidenschaftliche Angriffe gegen die bei den Menschen herrschende homerische Göttervorstellung.

Vom Gedicht des *Parmenides*, des Großen, wie Platon sagt, ist uns der erste Teil so erhalten, dáß wir seine Lehre vom Sein, von der Welt des reinen Verstandes, ihm nachdenken können. Es gibt sich als Offenbarungspoesie, denn das Prooimion erzählt, wie der Jüngling Parmenides auf dem Sonnenwagen ins Reich des ewigen Lichts entrückt wird; dort enthüllt ihm seine Göttin die Wahrheit. Das ganze Gedicht

1 Hier wird nur unter dem Gesichtspunkt der literarischen Gestaltung von diesen Werken gesprochen; eine Darstellung des philosophischen Gehalts und eine Sammlung des Erhaltenen findet der Leser in dem Buche des Verf. Vorsokratische Denker[2] (1949); vgl. desselben Griechische Philosophie S. 25 ff.

war Ansprache an ihn selbst. Der zweite, einst viel ausführlichere, jetzt in der Originalform fast ganz verlorene Teil entwickelte die bestmögliche Ansicht über die Erscheinungswelt bis in alle Einzelheiten hinein, vom Standpunkt des der Sinneswahrnehmung verpflichteten und damit der Täuschung unterworfenen Menschen aus. Hart und ungefüge klingen die Verse; diesem Denker allerhöchsten Ranges ist nicht die gestaltende Kraft, die blühende Phantasie des Dichters eigen. Sein Schüler *Zenon* hat die dichterische Form abgestreift und seine die Gedanken des Meisters bis ins äußerste weiterführenden, unerbittlichen Schlüsse in Prosaform gegeben.

Noch als Schüler der Orphiker hat *Empedokles* den Freunden auf der Burg seiner Heimatstadt die 'Reinigungen' gewidmet, in denen er, ein weitberühmter Arzt, die Lehre entwickelt, wie der Mensch durch Enthaltung von Fleisch und gewissen Pflanzen, durch Sühnemittel mannigfacher Art die in Urzeiten verlorene Reinheit der Seele wiedergewinnen kann. Das Epos 'Von der Natur' war ein in zwei großen Versbüchern die Gesamtheit seiner philosophischen und naturwissenschaftlichen Erkenntnisse umfassendes Werk. Hier wird die Lehre von den vier Gottelementen und ihrer sich anziehenden oder abstoßenden Kraft, von dem periodischen Entstehen und Vergehen der Welt, von der Zusammensetzung der Einzeldinge aus jenen Elementen, vom Wirken der einzelnen Organe der Lebewesen dargelegt. Die Sprache ist gesättigt von Anschauung, stark an Bildkraft; sehr viele Gleichnisse haben einst das Ganze durchzogen. Das Gedicht als solches ist nachwirkend im Werk des Römers Lukrez besonders fruchtbar geworden; die Nachwirkung seiner Gedanken ist gar nicht abzuschätzen und reicht bis in unsere Gegenwart. Hölderlins[1] romantisch-deutscher Empedokles ist darin wenigstens dem antiken Vorbild verwandt, daß er gleich ihm den geheimnisvollen Zusammenhang der göttlichen Natur aufs innigste fühlt.

So hat im Westen der griechischen Welt das alte Epos in neuer Form fortgelebt. Andere Wege war der kühne, eigenmächtige ionische Geist schon früher gegangen. Denn die in Milet und Ephesos beheimateten und verwurzelten philosophischen Denker wie *Anaximander* (6. Jahrhundert, 1. Hälfte), *Anaximenes* (vor 500) und *Heraklit* (um 500) haben ihre Gedanken in Prosa geformt; *Thales* von Milet (6. Jahrhundert, 1. Hälfte) und *Pythagoras* aus Samos, dann in Unteritalien lebend (6. Jahrhundert, 2. Hälfte), scheinen sich auf mündliche Lehre beschränkt zu haben. Noch ältere oder gleichzeitige Prosabücher, mythische Kosmogonien wie die des *Akusilaos* von Argos und *Pherekydes* von der Insel Syros, für uns kaum faßbar, waren auch in ionischer Prosa geschrieben. Nur je einen einzigen Satz besitzen wir, außer reichlicheren späteren Lehrberichten, von Anaximander und Anaximenes, aber sie erschließen eine Welt: jener beantwortet die Frage nach dem Urgrund von allem, was wird und vergeht – er ist das »Apeiron«, das Grenzenlos-Unbestimmbare, aus dem alles Einzelne, Bestimmte entsteht und in das es wieder vergeht, beides nach dem Gesetz der Dike, der Gerechtigkeit –; dieser vergleicht zum

[1] Den antiken und den Hölderlinschen Empedokles vergleicht das Buch des Verf. Empedokles in der Erasmus-Bibliothek (1949).

erstenmal im Griechischen die menschliche leiblich-seelische Gestalt mit dem Kosmos, ein Gedanke, der durch die Jahrhunderte bis in unsere Zeiten nachwirkt.

Vom Werke *Heraklits* können wir noch so viel lesen, daß wir das Ganze ahnend erfassen können. In abgerundeten, orakelnahen Einzelsprüchen, die sich aber einst in größeren Zusammenhängen einten, verkündet er den einen Logos, d. h. Wort, Gedanke, Sinn, den er überall erlauscht und der ihm in der Gestalt des polaren Gegensatzes erscheint. In Symbolen wie Hinauf- und Hinabweg, kommende und gehende Welle, Tag und Nacht, Zug und Gegenzug des Spieles, Sieg und Niederlage des Krieges, Spannung der Sehne und der Saite sagt er das Unsagbare, das im Zweifachen Eine; in weichen Rhythmen bildet er den Fluß der Dinge nach; in Figuren, den dichterischen sehr verwandt, gibt er seiner Schau Ausdruck. Und so verwirklicht sich hier eine Paradoxie: nicht der Epiker Parmenides, Heraklits Antipode und schärfster sachlicher Gegner, ist der Dichter, sondern der in Prosa sich aussprechende Ionier. Ihn nennt Nietzsche unter seinen »Vorfahren« an erster Stelle, und in der Tat ist seine Symbolsprache, ja sein 'Zarathustra' als Ganzes ohne Heraklits Spruchwerk nicht denkbar; die Ungebrochenheit frühgriechischen Denkens und Empfindens war ihm, dem Allesbezweifler, stets ein unbezweifelter Wert. Jene Frühzeit ist vornehmlich in dem Nietzscheschen Spruche gemeint, den wir diesem Kapitel als Motto vorangesetzt haben.

Hier ist nicht die Aufgabe, die Entfaltung der vorsokratischen Philosophie darzustellen und ihre Probleme zu entwickeln, welche die Grundfragen der europäischen Philosophie geworden und geblieben sind. Umfangreichere Reste philosophischen Schrifttums, das archaischen Charakter trägt, sind uns allein noch von *Anaxagoras* aus dem ionischen Klazomenai erhalten, der freilich in höherem Alter noch Lehrer des Perikles gewesen ist. Aber wie sich in den Resten seines Werkes 'Von der Natur' der Gedanke windet und dreht, sich breit und umständlich wiederholt, um darzustellen, wie der »Geist«, etwas von allem Gesondertes und doch noch Materielles, die Drehung des Alls anregt und beherrscht, darin spüren wir noch altertümliche Befangenheit des Ausdrucks. Auf dem Büchermarkt in Athen konnte man am Ende des 5. Jahrhunderts seine Schrift für eine Drachme kaufen. Inzwischen hatte aber der Stil sich ganz neue Formen geschaffen.

In allen Sphären des griechischen Volkes war »Philosophie« lebendig. Zeugnis davon legt ab das Volksbuch über »Leben und Meinungen der Sieben Weisen«[1], das, in der Siebenzahl an orientalische Überlieferung anknüpfend, echt hellenische Lebensweisheit weitergibt.

3. HISTORIE

Mit Bedacht ist als Überschrift dieses Abschnittes nicht das deutsche Wort Geschichtsschreibung, sondern das aus dem Griechischen stammende Fremdwort gewählt worden. Dieses nämlich ist in seinem ursprünglichen Sinne ungleich umfassender; denn es bedeutet Erkundung, Forschung schlechthin und

[1] Unter diesem Titel herausgegeben von Br. Snell[3] (1952).

schließt vor allem die geographisch-völkerkundliche mit der geschichtlichen Forschung in eins zusammen. Es ist ein ionisches Wort; Ionien ist Ursprung und Heimat auch dieser Wissenschaft.

Von Anaximander sagt die Überlieferung auch: »Er hat als erster gewagt, ein Bild der bewohnten Erde auf einer Tafel zu zeichnen.« Zu Herodots Zeiten gab es schon viele Erdkarten solcher Art, über deren kühn konstruierte, ohne genügende Erfahrung hergestellte Umrisse er sich lustig macht (IV 36). Einer dieser ersten Geographen war auch *Hekataios*, ein Staatsmann aus Milet, der zur Zeit des Ionischen Aufstandes den Griechen ratend und helfend zur Seite stand. Doch bei ihm waren weite Reisen, viele eigene und fremde Beobachtungen die Grundlagen der Schrift 'Erdumwanderung', die den erdkundlich-geschichtlichen Text zu seiner Karte bot. Von dem Selbstbewußtsein und der Eigenmächtigkeit dieses adligen Mannes, der seinen Stammbaum über fünfzehn menschliche Ahnen hinauf bis zu einem Gott als sechzehntes und letztes Glied zurückführen konnte, sagt uns noch etwas der Eingang zu seinem, etwa 490 v. Chr. geschriebenen Geschichtswerk 'Genealogien': »Hekataios von Milet redet also: Dieses schreibe ich, wie es mir wahr zu sein scheint, denn die Reden der Hellenen sind vielfältig und lächerlich, wie sie sich mir darstellen.« Das war die Einleitung einer sehr verstandesmäßigen, skeptisch gerichteten Erörterung der von den Dichtern dargebotenen, im Volke lebenden Heldensage, die an der Vernunft gemessen wurde; Bewunderung ausländischer Zeugen hat aber diesen Rationalismus, wie es scheint, nicht selten durchkreuzt. In innerer oder auch offener Auseinandersetzung mit Hekataios, in der Überwindung rein chronikartig schreibender Lokalhistoriker, die wir in großer Zahl voraussetzen müssen, ist das Werk *Herodots*[1], das erste wirkliche Geschichtswerk der Menschheit, niedergeschrieben worden.

Herodots Vaterstadt Halikarnaß war eine Gründung der Dorer. Aber auch viele Karer hatten sich dort angesiedelt; sowohl Herodots Vater, Lyxes, trägt einen karischen Namen wie sein Oheim Panyassis, ein Dichter, der unter anderem ein großes Heraklesepos geschaffen hat. Die Sprache des Herodoteischen Werks ist ionisch, denn dies war damals die Amts- und die Schriftsprache des griechischen Kleinasiens; freilich ist sie eine sehr gehobene, der poetischen nicht fernstehende Form. Geboren kurz vor den Perserkriegen, in frühen Jahren in einen Kampf mit dem Tyrannen der Stadt verwickelt, mußte Herodot für längere Zeit in Samos eine Zuflucht suchen. Dann aber hat ihn Athen mächtig angezogen. Mit Perikles und Sophokles hat er verkehrt, die Perikleische Politik bewundert; öffentliche Vorlesung aus seinem Werk fand hier hohe Anerkennung. Ja, er beteiligte sich an der Gründung der 444 von Athen aus in Unteritalien geradezu als Musterkolonie an-

[1] An Darstellungen, die in das Werk Herodots einführen, seien zwei Aufsätze aus der Antike genannt, von O. Regenbogen VI (1930) 202 und W. Schadewaldt X (1934) 144; dazu W. Aly, Volksmärchen, Sage und Novelle bei Herodot (1921). Immer noch sehr lesenswert E. Meyers Forschungen z. alt. Gesch. II (1899) 196 ff. Das letzte ausführliche Werk in deutscher Sprache: M. Pohlenz, Herodot, der erste Geschichtsschreiber des Abendlandes (1937).

gelegten Stadt Thurioi und fand hier eine Wohnstätte. Sein Leben läßt sich bis in die ersten Jahre des Peloponnesischen Krieges verfolgen, erwähnt er doch in seinem letzten Buch (IX, 73) die Einfälle der Spartaner in Attika. Der große Inhalt seines Lebens aber waren die viele Jahre dauernden Reisen und die Verarbeitung ihrer Früchte. Was er seinen Kroisos zu Solon sagen läßt: »Aus Liebe zur Erkenntnis bist du über einen großen Teil der Erde hingegangen, um zu schauen« (I, 30), das gilt von ihm selbst. Es steht fest, daß er in Asien bis Agbatana im Südosten gekommen ist, in Ägypten bis Elephantine, in Nordafrika bis Kyrene, im Norden bis zur Donaumündung und zur Krim. Ohne ein beträchtliches Vermögen waren solche Reisen nicht auszuführen.

Weltgeschichte hat Herodot geschrieben, beherrscht von dem einen Grundgedanken, den das Prooimion, in noch archaischer Periodisierung den Gedanken nach zwei Seiten hin wendend, ausspricht: »Von Herodot aus Halikarnaß ist dies die Darlegung seiner Erforschung, auf daß weder das von Menschen Stammende durch die Zeit hinfällig werde, noch große und bewundernswerte Leistungen, die ebenso von Hellenen wie von Nichthellenen ans Licht gebracht wurden, ruhmlos werden, (Darlegung) vor allem auch, aus welcher Ursache sie miteinander Krieg geführt haben.« Ein hohes Ziel wird hier aufgerichtet: der Forscher will Herr über die Macht der Zeit werden, durch seine sammelnde Tätigkeit das »Menschliche« bewahren und erhalten; zugleich aber will er der Künder des Ruhms der beiden Völkergruppen sein, in die ihm die Menschheit zerfällt, nicht wie der epische Dichter durch die schöpferische Phantasie, sondern im Gegenteil durch ehrfürchtige Hütung eingeernteter Nachricht. Dabei soll die Ursache ihres so hoch hinaufreichenden Zwistes einen Hauptgegenstand des Werkes bilden. Die Erfahrungen, die Herodot in seiner dem Orient äußerlich und innerlich so nahen Vaterstadt machte, die Berichte, die er von Jugend auf über den großen Krieg hörte, das sehnsüchtige Verlangen, eine dem Heldenepos gleichwertige, aber von Grund auf andere, ganz neue Erzählung zu schaffen, sind die Keime zu dem umfassenden Gedanken seines Riesenwerkes gewesen.

Seit alexandrinischer Zeit liegt es uns in neun Bücher geteilt vor. Spielend erfand man, jedes von ihnen sei das Geschenk einer Muse zum Dank für eine Bewirtung, die Herodot allen Musen zugleich gewährt habe. Rein äußerlich betrachtet, gliedert sich der Inhalt folgendermaßen. Auf die Darstellung sagenhafter Zusammenstöße zwischen Griechen und Nichtgriechen, die im Gegensatz zu Hekataios ganz kurz abgemacht wird, folgt sogleich (I, 5) das, was man »*wissen*« kann, folgt – nun in breitester Ausführung – *Geschichte*, nämlich die der Ionien bedrängenden Lyder und der sie ablösenden Perser unter Kyros. Das zweite Buch bringt anläßlich des Feldzuges des Kyrossohnes Kambyses nach Ägypten eine ganz eingehende Behandlung der Geschichte, der Geographie, der Sitten Ägyptens. Im dritten wird die weitere Geschichte des Kambyses, die des falschen Smerdis und die des Dareios bis zur Niederringung Babylons erzählt und die innere Gliederung des Perserreiches geschildert. Die Bücher

IV–VI enthalten die eigentliche Königszeit des Dareios, seinen Zug gegen die Skythen – dabei außer einer Beschreibung des Nordostens auch eine Libyens, gegen das die Perser gleichzeitig einen Zug planten –, den Ionischen Aufstand und den Zug des Datis und Artaphernes, der bei Marathon sein Ende fand. Die drei letzten Bücher erzählen den Zug des Xerxes und die Schlachten von Salamis, Plataiai, Mykale und die Vertreibung der Perser aus Europa. Die Eroberung von Sestos an den Dardanellen 479 v. Chr. durch die Griechen beschließt das Werk.
Allein wie nichtssagend ist im Grunde solche Wiedergabe der Umrisse! Alle Völker der bekannten Erde, ja auch solche sehr wenig bekannter Gegend, erhalten ja, wenn sie im Gang der Erzählung auftreten, ihre Geschichte und Beschreibung. In »Einschüben« oder »Zusätzen«, wie Herodot selbst sagt, in Ausbuchtungen, die oft sehr großen Umfang annehmen – den größten die in jenem zweiten Buch –, wird eine Unsumme von Beobachtungen, Erfahrungen, Gedanken mitgeteilt. Der Blick reicht bis in die ungeheuren verdämmernden Fernen des Ostens und des Nordens, während der fernere Westen außerhalb bleibt. Was für seltsame Sitten, was für schauerliche, großartige, doch auch komisch wirkende Einzelgeschichten werden berichtet, wie viele Einzelmenschen treten auf, welche Bauwerke werden beschrieben! Und doch biegt Herodot immer wieder, mag die Abschweifung noch so weit fort geführt haben, in die Linie seines Grundgedankens ein, oft mit ausdrücklichem Hinweis darauf. Mit Recht hat man die Gesamtkomposition der der altgriechischen Epen ähnlich gefunden, denen Herodot auch motivisch,

ja hie und da sprachlich verpflichtet ist. So wie der epische Dichter hat auch dieser Erzähler viel, viel Zeit, und es verschlägt ihm nichts, wenn er den Kerngedanken seines Werks auf lange Strecken zurücktreten läßt. Natürlicherweise fehlt es auch hier nicht an kleinen Widersprüchen; einiges, dessen Erzählung versprochen wird, ist nicht ausgeführt, wie z. B. eine Geschichte Assyriens (I, 106. 184). Daß aber das Werk zu einem von Herodot beabsichtigten Ende geführt ist, wenn auch vielleicht zu einem Notabschluß, zeigt das letzte Kapitel, das den großen Kyros beschwört und ihn als weisen Gegner von Eroberungen, als Vertreter altpersischer Zucht und Kraft noch einmal sprechen läßt.

Der orientalische und der hellenische Bereich liegen beide gleichmäßig vor den Augen dieses »Vaters der Geschichte«, wie er bei Cicero heißt; gleichmäßig wertend steht er beiden gegenüber, und die Einleitung hat es uns schon gesagt, daß er die Leistungen des Außer-Hellas ebenso bewundern lassen will wie die von Hellas. Nach der großen Schlacht werden die Männer, die sich auf feindlicher Seite besonders ausgezeichnet haben, nicht weniger gerühmt als die tapfersten Griechen. Die mit unendlicher Liebe zusammengetragene Summe von Beobachtungen über die fremden Länder und Völker, vor allem das von Ägypten und dem Osten Berichtete, findet in steigendem Maße Bestätigung durch neue Funde, während die Wissenschaft des 19. Jahrhunderts eher zu Zweifel oder absprechendem Urteil geneigt war. Fabelhaftes und Falsches, zum Teil von den Griechen selbst bald danach als solches erkannt, gibt es trotzdem in Menge. Trotz kritischer Grundgesinnung hat sich Herodot von seinen Gewährsmännern vielerlei aufbinden lassen, zumal er nur durch Dolmetscher mit den Fremden verkehren konnte. Dennoch bleibt seine Darstellung auch der Geschichte und Völkerkunde jener fernen Gegenden eine Grundlage unserer eigenen Forschung. Immer mehr erkennen wir auch die Richtigkeit seiner Ansicht, daß Griechenland dem Osten und Süden auf den verschiedensten Gebieten recht viel Wichtiges verdankt, auf dem der bildenden Kunst, der Technik, der Mathematik und Astronomie, auf religiösem und kultischem, ja auf literarischem Gebiet: ist doch z.B. die Fabel eine orientalische Erfindung, wie wir später bei der Betrachtung der aisopischen Fabel erkennen werden.

Die Kapitel, in denen der Übergang des riesigen Xerxesheeres von Asien nach Europa dargestellt wird, kann man als den Höhepunkt des Werkes bezeichnen: hier stoßen das asiatische und das europäische Element vor unseren Augen zusammen. Die Ausführlichkeit, mit der diese Handlung geschildert wird, in Heerschau, Schiffswettkampf, Ansprache an das Heer, feierlichem Goldopfer vor dem sieben Tage und sieben Nächte dauernden Zug über den Hellespont, vor allem aber auch die gedankenschwere Unterhaltung zwischen dem auf Marmorsitz am Meere thronenden König und dem »Warner«, hier seinem Oheim, über Menschenglück und Menschenlos zeigt, daß hier die Gedankenmitte des Werkes ist.

Allein es wäre ein Irrtum zu glauben, daß jene beiden Mächte des Hellenischen und des Außerhellenischen für Herodot auch innerlich das gleiche Gewicht hätten. Mag dieses Buch der Völkerkunde noch so vieles umfassen, das Schwergewicht liegt in dem Freiheitskampf der Hellenen, den der zweite Teil schildert. Freilich, nicht durch rühmendes oder gar prahlendes Wort wird die griechische Sache herausgehoben, ganz im Gegenteil, gerade das bescheidenste Wort, der einfachste Gedanke, die nüchternste Tatsache ist hier der allein gemäße Ausdruck hellenischen Wesens, das da wirkt durch »Armut«, »Tüchtigkeit«, »Freiheit«. Gleich im Anfang die denkwürdige Unterhaltung zwischen dem phantastisch reichen König Kroisos und dem athenischen Weisen Solon ist vorbedeutend für das Ganze: wie dieser Orientale sich sonnen will im Glanze seines goldenen Glückes, in der Anerkennung durch den Fremden, und wie doch der Hellene, des menschlichen Schicksals kundig, hier nicht anerkennen kann und das bescheidene Los des pflichtbewußten athenischen Bürgers, der wackeren, plötzlich und schmerzlos verschiedenen argivischen Jünglinge höher stellen muß. Was ist der Kern jener Freiheitskampferzählung anderes als ein Beweis, daß nicht die Masse, die bloße Zahl, sondern Tapferkeit und Klugheit eines kleinen vaterlandsliebenden Volkes den Sieg erringt? In den Thermopylen muß Xerxes erkennen, »daß er zwar viele Menschen besitzt, aber wenig Männer« (VII 210). Hier sagt ihm auch der Warner in anderer Gestalt, daß die Spartaner »zwar frei sind, aber nicht in allem frei, denn über ihnen steht als Gebieter das Gesetz, vor dem sie noch viel mehr Furcht haben als die Deinen vor dir«. Und als Mardonios schon nach Abzug des Xerxes den Athenern unter Hinweis auf dessen ungebrochene Macht Verhandlungsvorschläge machen läßt, erwidern sie: »Auch wir selbst wissen dies, daß der Meder vielmal mehr Macht hat als wir, so daß man uns das nicht vorzuhalten braucht. Aber trotzdem, da wir nicht lassen können von der Freiheit, wollen wir uns so wehren, wie wir nur können... Solange die Sonne denselben Weg geht, den sie jetzt zieht, wollen wir niemals mit Xerxes eine Übereinkunft schließen« (VIII 143). Daß uns Herodot Miltiades so männlich bei Marathon zeigt, daß er zum Abschluß des – nur durch sein Werk fortlebenden – Thermopylenkampfes uns die Epigramme auf die Gefallenen mitteilt, daß er uns die Seeschlachten von Salamis und Mykale in dieser Ausführlichkeit erzählt, dafür hat er die Dankbarkeit der europäischen Welt geerntet. Unvorstellbar, daß aus ihrem Gedächtnis je verschwände das

> Fremdling, bring Lakedaimons Volke die Meldung: wir liegen
> Hier zur Stelle, getreu seinem befehlenden Wort.

Er, der aus der Heimat Vertriebene, an keine Polis Gebundene, ist der Künder des national Hellenischen geworden.

Wollen wir uns nun seine historische Forschung und Darstellung in weiterem, allgemeinerem Sinne verdeutlichen, so müssen wir gewisse, das Werk durchziehende Gedanken herausstellen. Das Spekulative und Konstruktive jugendlicher Zeit, wie es sich noch im Schaffen des Hekataios auswirkte, tritt hier zurück: eine bemerkenswerte Sachlichkeit ist ein Grundzug des Ganzen, eigene Erkundung von Tatsachen ist wichtigstes Mittel. Das ist wissenschaftlicher Geist. Er geht ebenso in die Weite wie in die

Tiefe. Und was zeitliche Tiefe, Dauer der Tradition sein kann, das hat Herodot vor allem in Ägypten erkannt. Im ägyptischen Theben zeigten ihm die Ammonpriester eine Ahnenreihe der Oberpriester, dargestellt in Kolossalstatuen, von 345 Gliedern, die alle, Sohn auf Vater, ihres Amtes gewaltet hätten, alles Menschen; die Herrschaft der letzten Göttergeneration liege noch weit, weit vor diesen: wo blieb da Hekataios mit seinem Gott als sechzehntem Ahn! Die reichen Erkundungen führen oft zu einer eigentümlichen Zurückhaltung im Urteil; auch dies im Gegensatz zu Hekataios. Häufig stellt er die widersprechenden, ihm zuteil gewordenen Nachrichten nebeneinander, gemäß seinem von ihm selbst als allgemeingültig bezeichneten Grundsatz: »Ich bin verpflichtet zu berichten, was berichtet wird (zu glauben freilich bin ich nicht immer verpflichtet)« (VII 152), auch wenn er die eine Nachricht oder mehrere für falsch hält; zuweilen verzichtet er dabei auf die Äußerung des eigenen Urteils. Mit welchem Gleichmut wird die Sitte der indischen Kalatier, ihre verstorbenen Eltern aufzuessen (weil nämlich das Grab in den Kindern das schönste sei), der hellenischen Verbrennungssitte gegenübergestellt und zu dem Schluß verwertet, das Pindarwort treffe zu: der »Brauch« sei der König über alle (Glieder eines Volkes)! Wie Pindar diesen Gedanken angewendet hat, wissen wir nicht; für Herodot ergibt sich hier eine relativistische Auffassung der Sitte, die sophistischer Lehre nicht mehr fernsteht. Aber nicht minder ist dies ein besonders deutliches Beispiel für seinen Willen zu sachlicher, gerechter Berichterstattung. Die eigene Meinung tritt jedoch oft klar und scharf heraus, zuweilen sogar in einem erregten Ton. Und natürlich war er nicht frei von Sympathie und Antipathie. Aber antike wie moderne Zweifel an der Beständigkeit seines Willens zur Objektivität sind überwunden. Und wenn er einmal ausführlich und mit großem Ernst die entscheidenden Verdienste gerade Athens im Befreiungskampf darlegt (VII 139), so wäre es grundfalsch, hier oder an anderer Stelle eine gewisse Liebedienerei zu finden, es ist vielmehr das Eintreten für seine Überzeugung, der Kampf für das als recht Erkannte; sagt er doch dort selbst: »Hier werde ich durch die Notwendigkeit gedrungen, eine Meinung darzulegen, die zwar die Mißgunst der Mehrzahl der Menschen erregen wird, trotzdem, wie es mir wahr zu sein scheint, mit dem will ich nicht zurückhalten.« Dies wurde niedergeschrieben zur Zeit, da das Attische Reich bei manchen eigenen Bundesgliedern wie bei den übrigen Griechen verhaßt war. – Ebensowenig wird der Geist echter Wissenschaftlichkeit bei Herodot dadurch zweifelhaft, daß er eine Unzahl von Menschen, auch solche weit zurückliegender Zeiten, in einer direkten Rede sprechen und sich unterreden läßt, die doch nur seine eigene freie Komposition sein kann. In solcher Form Gedanken entwickeln zu dürfen, das hat er als sein rechtmäßiges episches Erbe angesehen; und die griechische Geschichtsschreibung ist ihm darin gefolgt bis zum Ausgang des Altertums.

Doch in dieser klaren Stimme des Wissenschaftlers schwingt ein gleichsam metaphysischer Unterton mit, und nur wer auch ihn hört, wird dem Herodoteischen Werk gerecht. Gerade die Fülle historischer

Erkenntnis brachte auch die Erfahrung von der Unbeständigkeit irdischer Größe: »Das, was früher groß war, davon ist das meiste klein geworden, und das, was zu meiner Zeit groß war, das war früher klein«, steht schon in den Eingangskapiteln (I 5). Diese Überzeugung, daß allem Menschlichen tiefe Unsicherheit eignet, die vor Überhebung warnen und zur Bescheidenheit mahnen muß, fehlt dem Werke nie, das doch den Ruhm des Menschen verkünden wollte und verkündet. Was hat Herodot aber auch alles erfahren, gehört oder gesehen, von solchem irdischen Wechsel, was miterlebt von menschlichem Leid! Dieses wird niemals sentimental geschildert, ist aber gerade durch die Tatsächlichkeit des Erzählten von starkem Eindruck. Sehr viele Beispiele könnte man anführen: so wenn der Sieger Kyros, da sein Gegner Kroisos vor ihm auf dem Scheiterhaufen steht, erwägt, »daß er selbst, ein Mensch, einen anderen Menschen, der nicht geringer als er selbst an Glück gewesen war, lebend dem Feuer übergeben wolle«, und seine Absicht bereut (I 86); wenn kurz vor der Plataiischen Schlacht bei einem Gastmahl ein Perser seinem Tischnachbarn, Thersander aus Orchomenos, dem Herodot selbst diese Geschichte verdankt, ahndungsvoll voraussagt, von all den Schmausenden sowie von dem ganzen Heere würde er bald nur noch wenige lebend sehen, doch dem Schicksal könne man nicht in den Arm fallen; »das feindseligste Weh im Menschenleben aber ist es, in vieles Einsicht zu haben und über nichts Gewalt« (IX 16)[1]. Auch Schwermut ist ein Wesenszug dieser Historie.

1 Vgl. Regenbogen a. O. S. 229.

Herodot sieht wie Homer in allem Geschehen zugleich ein Menschliches und ein Göttliches; für den Traum wird sogar eine natürliche Erklärung ausdrücklich abgelehnt. Aber während gerade der Bericht über die verschiedenen religiösen Anschauungen und Kultgebräuche der Völker ihm eine besonders wichtige Sache ist, wagt sich sein Urteil über das Wirken der Gottheit nur selten hervor, ja, es ist sein ausgesprochener Grundsatz, davon möglichst zu schweigen (z. B. II 65). Freilich, daß die Gottheit oder »das göttliche Wesen«, wie er auch sagt, mißgünstig ist dem übermäßigen Wachsen menschlicher Macht; daß, was der Gott verhängt, für den Menschen unabwendbar ist; ja daß er auch – wie im homerischen Epos – den Menschen täuschen kann, den er verderben will, das steht ihm fest und hat er wiederholt ausgedrückt. Damit verflochten aber ist der Glaube an eine Gerechtigkeit des Weltlaufs: Kambyses, der Religionsfrevler, findet ein unrühmliches Ende, Xerxes, der Überhebliche, der griechische Tempel hat einäschern lassen, wird tief gedemütigt, das »Unrecht«, das seit den Tagen des Kroisos den Hellenen widerfahren ist, wird gerächt. Man kann wohl sagen: keine der Grausamkeiten, deren Herodot so viele in so vielen Ländern berichtet, bleibt ohne eine Sühne. Selbst König Kroisos, der ein Recht zu haben glaubt, das von ihm überreich beschenkte Delphische Orakel der Arglist anzuklagen – am Ende »wurde er sich bewußt, daß die Verfehlung bei ihm liege und nicht bei dem Gott« (I 91).

Sollen wir endlich ein Wort über die künstlerische Form dieses Werkes, der Summe eines ganzen Lebens, wagen, so könnte man es schon um der Zeit seiner Entstehung willen den frühklassischen zuzählen. Auch ist die große Linie des zu Beginn hingestellten Themas, wie wir sahen, innegehalten, und sie gibt dem breiten Werk etwas von der Einheitlichkeit klassischer Form. Allein die bunte Fülle der Einzelheiten, die Vorliebe für das exotisch Seltsame, das phantastisch Orientalische, die Freude an hübsch und spannend erzählter »Novelle«, die sorgfältige Ausarbeitung auch des Kleinen, das dem Großen dadurch wie gleichwertig erscheint, die stilistische Verschiedenheit der Sprache in der strömenden, periodisierenden Erzählung und in den direkten Wechselreden, die in bewußt einfacher, ja einfältiger Sprache gehalten sind, das Volkstümliche und das Erhabene nebeneinander stehend: all dieses gibt dem Werk doch den Charakter jener eigenartigen Stilform des Reifarchaischen, das auf der Schwelle zum Klassischen steht. Es wirkt wie ein noch archaisches Prachtgefäß, das, mit vielen Bildstreifen aus Menschen, phantastischen Tieren, Ornamenten überreich geschmückt, doch schon von einem durchgehenden Willen zu kraftvoller, einheitlicher Form gestaltet ist.

Zu ionischer Historie in dem oben angegebenen Sinne hat auch Literatur aus ärztlichen Kreisen gehört. In der 'Hippokratischen Sammlung' steht unter vielen, aus sehr verschiedenen Zeiten stammenden Schriften auch die 'Über die verschiedene Form von Luft, Wasser und örtlicher Lage', die man als frühe Schrift des großen *Hippokrates* aus Kos selbst (geboren etwa 460) hat ansehen wollen; das bleibt sehr zweifelhaft.[1] Zwei Teile stehen in ihr unverbunden, man darf wohl sagen in archaischer Weise selbständig nebeneinander: während der erste (cap. 1–11) verstehen lehren will, welche Bedeutung die Umwelt für den menschlichen Organismus hat, zeigt der zweite den Unterschied zwischen den Völkern Asiens und Europas und die verschiedene Einwirkung der Umwelt auf ihren Charakter, ihre körperliche und seelische Art. Was der Geschichtsschreiber in den Handlungen aufweist, zeigt der Arzt naturwissenschaftlich. Auf großen Reisen und aus Berichten hat dieser wie jener seine Kenntnisse erworben. *Eine* Schrift aber innerhalb jenes Corpus Hippocraticum hat die Forschung als noch weit älter erwiesen, die 'Über die Siebenzahl': unter orientalischem Einfluß stehend, will sie die Bedeutung dieser Zahl für den Kosmos wie für den menschlichen Körper nachweisen, dadurch jenem schon erwähnten Gedanken des Anaximenes verwandt.[2]

Den Beschluß dieses Abschnittes bilde ein Hinweis auf zwei geschichtliche Tatsachen, die darin mehrfach erwähnt wurden. Dies ist die Epoche großer fürstlicher Herren, Könige und Tyrannen. Wiederholt sehen wir ihr förderndes Einwirken auf die Literatur. Ihren mächtigen Einzelpersönlichkeiten sind manche der geschilderten schöpferischen Gestalten nicht wesensfremd. Selten noch ist die Polis

[1] Den »echten Hippokrates« glaubt W. Capelle in der Bibliothek der Alten Welt herausgegeben zu haben (1955). — [2] Vgl. Verf., Kosmos, Archiv für Begriffsgeschichte II, 13. 16. 22 (1955).

die Trägerin, Förderin, Hüterin der Wortkunst. Und dazu das andere: der Osten Griechenlands, auch der Westen sowie Sparta und Boiotien sind damals die Länder, die das literarische Genie erzeugen; Athen wurde nur als Solons Heimat genannt. Die attische Epoche der griechischen Literatur hatte noch nicht begonnen. Sie ist zugleich die klassische.

II. DIE KLASSISCHE ZEIT

Griechheit, was war sie? Verstand und Maß und Klarheit! — *Schiller*

Das angeführte Schillerwort kann wahrlich nicht bezeichnend sein für das Griechentum schlechthin, wohl aber sagt es von der Epoche, in der Schiller dieses verkörpert sah, etwas Wesentliches aus, von der klassischen und von jener, die diese größte griechische Zeit neu zu gestalten suchte, der Augusteischen. Und auch dann nur können Begriffe wie »Verstand«, »Maß«, »Klarheit« als zutreffende Kennzeichen gelten, wenn wir gleichzeitig die Fülle und den Überschwang mit in Blick und Gedanken haben, die jener Trieb zu klarem, strengem Gesetz mäßigend bändigte. Hier ist ja nicht etwa leere Form, sondern Vollkraft göttlichen Geistes und glühenden Lebens, vom Willen ganz der Form unterworfen, so daß das Geschaffene, Gestaltete als organische, natürliche Einheit erscheint. Und so steht das Werk echt klassischer Kunst vor uns geschlossen, übersichtlich aufgebaut, losgelöst von den Banden des Momentanen, Zweckgebundenen und daher frei und selbständig in sich ruhend. Die Kunstgeschichte, seit den großen Untersuchungen Heinrich Wölfflins dem Problem der »Klassischen Kunst« hingegeben, und von ihr gefördert die Literaturgeschichte versuchen mit sehr ähnlichen Begriffen das Wesen des Klassischen zu fassen und haben weithin übereinstimmendes Ergebnis erzielt.[1] Auch die Kunstgeschichte sieht wichtige Züge dieses Stiles in der einfachen, einheitlichen Linie, der Konzentration auf das Wesentliche, Notwendige, der in sich selbst ruhenden Symmetrie und Harmonie, einer reifen Frucht großer Gesinnung. In der Tat, besser als alle Worte, sinnfälliger und erschütternder als alle Literatur spricht ein einziges Bauwerk wie der Parthenon mit seinen Säulen und seinem bildlichen Schmuck vom Wesen des Klassischen:

> Der Säulenschaft, auch die Triglyphe klingt,
> Ich glaube gar, der ganze Tempel singt.

Es ist das Lied der klassischen Schönheit.
Diese Epoche umfaßt freilich in der Spanne von der Zeit des Kimon und Perikles bis zum Zuge Alexanders in den Osten ebenso viele große politische Ereignisse, wie sie reich und stark ist an verschiedenen Formprägungen in der Wort- und der Bildkunst, die wir mit nur äußerlich-zeitlichem Unterscheidungsmerkmal als frühklassisch, klassisch oder spätklassisch zu bezeichnen pflegen. Auch wir hier müssen diese Begriffe verwenden, doch ist es der Sache gemäßer, sie nicht als allgemeines Gliederungsprinzip zugrunde zu legen, sondern ihre Eigenart innerhalb der einzelnen Literaturgattungen selbst aufzuzeigen.

[1] S. etwa die schon genannten Bücher: Das Problem des Klassischen und die Antike S. 15 ff. 74 ff. und A. v. Salis, Die Kunst der Griechen[2] S. 78 ff.

1. TRAGÖDIE

Zu den vielen Wundern, welche die griechische Literatur in sich birgt, gehört es auch, daß fast jede ihrer Gattungen ihre bestimmte Blütezeit hat wie die Pflanzen im Jahreslauf. Dieses Blühen und Reifen steht im innersten Zusammenhang mit der geistigen Anlage des jene Einzelgattung hervorbringenden hellenischen Stammes sowie mit den allgemeinen politischen und kulturellen Zuständen; doch wäre es vermessen, diesen Zusammenhang und jenes geheimnisvolle Nacheinander auf verstandesmäßige Weise darlegen zu wollen. Bleibt hier aber wohl auch für immer des Geheimnisvollen genug, so ist es doch wirklich so: nur eine Nachblüte hat dem Epos das 6. und 5. Jahrhundert in den Dichtern des kleinasiatischen Griechenland gebracht, die wie Peisandros und Panyassis (s. S. 117) die Heraklessage, wie Antimachos aus Kolophon die Sage Thebens, wie Choirilos aus Samos den historischen Perserzug episch erzählten – dieser mit der bezeichnenden Klage im Prooimion, alle Stoffe seien schon dichterisch behandelt, so daß er sich fühle als »Letzter im Lauf«, als Epigone – und die Chorlyrik wie die Einzellyrik hat wirklich bedeutende, schöpferische Gestalten in dieser Epoche kaum gehabt. Wohl ist der Bürgerchorgesang, als Kantate mit Reigenbewegung, unter dem sehr allgemein gewordenen Namen Dithyrambos ständiges Glied des großen attischen Festes geworden – hierfür hatten, wie wir bereits erfuhren, schon Pindar und Bakchylides geschaffen –, allein die Wirkung der späteren Gedichte ist bald verhallt; nur der Ruhm des *Philoxenos* hatte Be-

KRIEGERS ABSCHIED

Vasenbild Perikleischer Zeit

stand, dessen 'Kyklop', Polyphems Liebeslied auf Galateia mit Chorbegleitung, Aristophanes (Plut. 290) verspottet. Wohl hat der Gesang zur Kithara vor großem Publikum immer mehr gewonnen durch reichere Ausgestaltung von Text und Musik, und wir erfahren durch Inschriften die Höhe der Preise, die am athenischen Fest diese Künstler erhielten, doch seine Bedeutung lag mehr im Musikalischen als im Literarischen. Finderglück hat uns 1911 auch 'Singiamben' des Philosophen *Kerkidas* (aus dem 4. Jahrhundert) beschert, die er seinen Freunden zur Laute vorgetragen haben wird, lustige Betrachtungen über die ungleiche Verteilung der Güter, die Liebe und anderes; aber von höherem Wert war auch so etwas nicht. Ein neues Organ hat sich Athen geschaffen, das mit seiner Stimme über die Jahrhunderte klingt und das die Weltliteratur bis in die Gegenwart mitbestimmt: die Tragödie[1].

Wer die Wiege der Tragödie schauen will, dem helfen die Nachrichten nicht viel, daß schon seit dem 7. Jahrhundert in der Nordpeloponnes, in Korinth und Sikyon, als Böcke oder als Satyrn verkleidete Chöre Gesangsaufführungen verschiedener Art ver-

[1] Über die Tragödie als Ganzes führen wir hier aus Literaturüberfülle nur an: P. Friedländer, Die griechische Tragödie und das Tragische, Die Antike I (1925) 5. 295 II (1926) 79; M. Pohlenz, Die griechische Tragödie I. II² (1954); A. Lesky, Die tragische Dichtung der Hellenen (1956), die beiden letzten mit reichen Literaturangaben. Wissenschaftliche Diskussion der Probleme ist uns natürlich auch hier unmöglich; wir müssen unseren Weg selbständig gehen und können auch zu den einzelnen Dichtern nur besonders Bezeichnendes als Ergänzung anführen.

anstaltet haben, denn von ihnen haben wir keine Vorstellung, und zu fester, künstlerischer Form sind sie nicht gelangt. Einkehren muß man vielmehr in jenes verschwiegene, heute traumhaft stille Tal zwischen den marmornen Gebirgszügen des Pentelikon und des Dionysion in Attika. Dort, bei der noch immer Dionyso heißenden Ortschaft, am Wege nach Marathon, erinnern Inschriften, im Grün versteckte Ruinen eines heiligen Bezirks mit einem alten Dionysossitzbild sowie Reste eines kleinen, in seiner jetzigen Form freilich erst aus späterer Zeit stammenden Theaters noch heute an Ikaria, die Heimat des Thespis, des ersten attischen Tragöden. Das Jahr 534, also noch innerhalb der Peisistratischen Epoche liegend, gibt die antike Chronik als das für das öffentliche Spiel auf dem Dionysosfestplatz Athens entscheidend erste an. Noch spricht der »Thespiskarren« (wenn auch die Überlieferung von ihm erst spät redet) vom Herumziehen des Meisters und seiner Gehilfen im attischen Land; so kamen sie auch nach Athen, gewiß schon geraume Zeit, ehe das Spiel zu einem staatlichen wurde.

Es ist ein Frühlingsspiel zu Ehren des Gottes Dionysos, genannt die Großen Dionysien. Auch im Winter und im Vorfrühling feiert ihm Athen ein Fest, jenes Lenaien, dieses Anthesterien genannt, beide anderen, aber auch in sich wiederum sehr verschiedenen Gehaltes. In der Feier des Hochfrühlings braust das südliche Lied der wiedererblühten Natur. Hingegeben an den berauschenden Gott, der einst, wie der Mythos sagt, aus der Fremde, vom Norden her oder auch über das Meer daherfahrend, in Hellas eingezogen ist, Widerspenstige selbst mit grausamer Gewalt in seine Dienste zwingend, und der nun immer wieder leibhaftig erscheint – ihm hingegeben, geraten seine Diener in »Ekstase«, d. h. sie »treten aus sich heraus«, werfen die Bürde ihres Ich für eine Zeit ab, werden des Gottes tierische Gesellen, Tragoi, d. h. Böcke, Satyrn, Silene, verschiedene Gestaltung leidenschaftlicher Tierheit. In der Musik, im Lied strömt ihre Seele aus. Die Maske, die sie tragen, ist das äußere Kennzeichen ihrer Verwandlung ins Dämonische. Solche zum Teil sehr grotesken Spielformen hat es bei Völkern verschiedenster Art gegeben, gewiß auch in Griechenland mancherorts seit mancher Zeit. Dem attischen Spiel aber hat Thespis künstlerische Form, bleibende Gestalt aufgeprägt. Tragōidia, Gesang der Böcke, blieb sein Name. Des Aulos Klänge waren es, die die Menschen bis in jene Ekstase hineintrieben – »du Tyrann meiner Seele« nennt ihn noch ein Sophokleischer Chor (Trach. 217) –, Klänge, die zum Gesang des echten »Dithyrambos«, des Kultliedes für Dionysos, begeisterten, der nach Aristoteles (Dichtk. c. 4) die Quelle des Dramas wurde. In diesem Element des Dionysischen, des Rauschhaften, Formsprengenden spürte Nietzsches, von ihm selbst später »fragwürdig« genannte[1] Jugendschrift ‹Die Geburt der Tra-

[1] In dem Versuch einer Selbstkritik (1886). Hier steht auch jenes wichtige Wort: »Sie hätte *singen* sollen, diese neue Seele – und nicht reden«, das George im Gedicht ‹Nietzsche› zum Schlußvers und zum Symbol des Nietzscheschen Wesens schlechthin gemacht hat. Es sei aber um der Gerechtigkeit willen darauf hingewiesen, daß auch Wilamowitz die Abfassung seiner polemischen Jugendschrift ‹Zukunftsphilologie› später bedauert hat (Erinnerungen S. 130).

gödie aus dem Geiste der Musik' die eine Wurzel der Tragödie wie aller echten Kunst, während ihm das andere, gleich Notwendige, zur Form Bändigende das »Apollinische« war, sonderbarerweise von ihm dem »Traum« gleichgesetzt. Der Logos wäre eher die Form, in der dieses klare Apollinische sich ausspricht. Deuten wir dazu aber schon hier an, daß auch die apollinische Kithara bereits in der alten, wenn auch nicht in der ältesten Tragödie ihren Klang ertönen ließ, worüber später mehr zu sagen sein wird.

Thespis war der Spieler, der mitten in dieser tanzenden und singenden Herde stand, vielleicht als der Gott selbst oder als der Silen, sein Erzieher und ältester Diener, oder als andere herausragende Einzelgestalt. Und die Analyse der frühesten erhaltenen Tragödien[1] macht es wahrscheinlich, daß ein Spiel von Frage und Antwort, ein noch kurzes Zwiegespräch zwischen dem singenden Chor und dem singenden oder rezitierenden Einzelnen die Urform der Tragödie gewesen ist. Das griechische Wort für Schauspieler, Hypokrites, bedeutet wohl »Antworter«: dialogische Zerspaltung des dichterischen Ich, Gestalt gewordene Zweistimmigkeit der Seele ist dann die Keimzelle des tragischen Spiels, erkennbar selbst noch in seinen höchstentwickelten Formen. Auch jener neu gefundene »Dithyrambos« des Bakchylides (vgl. S. 108), 'Theseus' benannt, besteht aus einem solchen lyrischen Dialog, nämlich zwischen dem fragenden Athenerchor und dem antwortenden König, wohl der frühesten Tragödienform ähnlich. Als ihren ältesten Rezitationsvers, der dann also

1 Sie ist gegeben im Buche des Verf. Stasimon (1933) S. 14 ff.

den gesungenen ablöste, überliefert uns Aristoteles (Dichtk. c. 4) den trochäischen Tetrameter, der, wie wir wissen, auch noch vom Aulos begleitet wurde. Ein weiterer Schritt in der Näherung an die Sprache und Gedankenform des täglichen Lebens war es, als Thespis – von dem sich übrigens kein echter Vers erhalten hat – jenen trochäischen Vers mit dem iambischen Trimeter wechseln ließ oder durch diesen ersetzte: für ihn fiel die musikalische Begleitung wohl bald fort. Zwei Sprachformen standen von jetzt an nebeneinander, die Chorsprache, die man ihrem Grundcharakter nach dorisch nennt, altertümlich-voll, vornehm-feierlich, aber auch eigenartig-fremd klingend, und die ionisch-attische des Sprechverses, von dem Attisch der Umgangssprache freilich stets, zumal in der alten und älteren Zeit, merklich abgehoben und entfernt. Die beiden Elemente des Logos und der Musik im weitesten Sinne, als Gesang, Instrumentalton und Tanzbewegung, blieben der Tragödie eigen, solange sie große Kunst war.

Rauschend wild noch müssen wir uns jenes kurze Urspiel denken; »spät erst erhielt die Tragödie ihren erhabenen Ernst«, sagt Aristoteles (a. O.). Fehlt auch Überlieferung darüber, wann dieses »Spät« anzusetzen ist, so scheint doch kein Zweifel, daß die mit dem Ionischen Aufstand beginnende große Epoche der griechischen Freiheitskämpfe diese Geist- und Stilwandlung geschaffen hat – wie sie die bildende Kunst ähnlich zeigt –, daß eine Persönlichkeit höchsten Ranges hierbei die entscheidende Wirkung tat. Mit der innerlichen Wandlung gleichzeitig wurde die Form des Spiels vergrößert und bereichert. Dieselbe Handlung konnte nach Abtreten des Schauspielers in mehrere Szenen zerdehnt werden; während seines Fernbleibens sang dann der Chor ein geschlossenes Lied, das sogenannte Stasimon, d. h. ein nicht zum Einmarsch oder Abzug, sondern an Ort und Stelle gesungenes Lied mit der dazugehörigen Reigenbewegung. Auch wurden schon früh mehrere solcher immer noch kurzen dramatischen Spiele hintereinander vorgetragen. Meist wird ihr Inhalt einen Zusammenhang gebildet haben – die Trilogien und Tetralogien unter den alten Tragödientiteln beweisen es –, doch je älter die Zeit, um so weniger starr müssen wir uns die Spielform denken. Als die Tragödie ernst wurde, der hohe Mythos ihr Gehalt, wurde der Ton der Ausgelassenheit dem letzten dieser Spiele vorbehalten. Es war das Satyrspiel, in dem jener alte Silen mit der Herde der jungen Satyrn wie eine notwendige Erinnerung an die ältere und älteste Zeit war und blieb. Auch in dieses drang Gestalt und Geschichte der Sage ein, aber trotzdem blieb der tierische Grundzug erhalten. Wie es scheint, hat vor allem *Pratinas* aus Phleius in der Argolis bei der Gestaltung der neuen Satyrspielform mitgeholfen, im frühen 5. Jahrhundert, doch können wir Genaueres nicht sagen; ein von ihm erhaltenes Tanzlied läßt einen dionysischen Chor seinem Herrn huldigen in stürmenden Rhythmen, in leidenschaftlichem Gesang und Tanz, dabei aber auch kämpfen gegen chorische Dichter, die dem Aulos vor dem Gesang sogar den Vorrang geben.

Das Jahr 510 brachte Athen die Befreiung von der Tyrannenherrschaft. Doch auf dem Gebiete der Kunst führte die Bürgerschaft die Gedanken der Peisistratiden weiter. Die mächtig aufblühende, nach der Zerstörung durch die Perser nur um so schöner emporwachsende Stadt gestaltete ihr Dionysosfest des Monats März immer großartiger aus. Im 5. Jahrhundert wurden an drei Tagen hintereinander je vier Stücke aufgeführt von je einem Dichter, die der Archon, welcher das Jahr bezeichnete, aus der Bewerberzahl auserwählt hatte. Drei reiche Bürger, Choregen benannt, wurden zur Tragung der hohen Aufführungskosten bestimmt. Die Schauspieler honorierte der Staat. Der Dichter übte ein, spielte auch in älterer Zeit mit. Preisrichter sprachen zuletzt ihr Urteil über die Aufführungen. Sieger wurde dem Namen nach der Chorege mit dem von ihm bestellten Bürgerchor. Der Dichter erhielt einen Ehrensold. Handschriftlich wurden die Stücke, nicht nur die preisgekrönten, vervielfältigt. So ist diese Tragödie Sache des ganzen athenischen Volkes. Aber auch viele Griechen aus der Ferne, vor allem aus Bundesstädten, waren beim Fest zugegen. Denn in dieser Epoche ist Tragödie ganz allein das Kunstwerk der freien Bürgerstadt Athen, nur hier ist sie zu erleben, als der höchste Ausdruck ihrer staatlichen Kultur, ganz und gar Werk der Gemeinschaft, nicht Künstler-Sonderseins.

Und sie ist zugleich wesentlich Teil eines Gottesdienstes, nur einmal im Jahre aufgeführt[1], am Südabhang der Burg der Göttin, in der Nahe des Tempels des Dionysos Eleuthereus (d. h. aus dem Ort Eleutherai), dessen Kult an diesen Festtagen in Athen besonders gepflegt wird. Ja, der Spielplatz ist geradezu Teil des heiligen Bezirks; auch wird sein

[1] Erst seit etwa 420 v. Chr. wurde zudem das Dionysosfest der Lenaien im Januar auch durch tragisches Spiel gefeiert.

altheiliges, geschnitztes Kultbild am Tage vor den Spielen in die Orchestra, den Chortanzplatz, gebracht, und sein Priester hat den Ehrensitz im Theater. Es ist eine Aufführung vor vielen tausend Zuschauern, Männern und Frauen, die zuerst auf dem Gestein des Berges gesessen haben werden; auch von hölzernen Sitzen wird berichtet, bis im Laufe des 5. und 4. Jahrhunderts jene Wunderform des steinernen Theaters geschaffen wird, die gleichsam kunstgewordene Natur ist und in der auch der am entferntesten Sitzende jedes Wort von der Orchestra und dem dahinterliegenden Platze für die Schauspieler, der Skene, vernehmen kann. Bei diesen Entfernungen, bei diesem flutenden Licht unter freiem Himmel gab sich das Spiel der Schauspieler in großen Formen, in feierlichen Gesten und Gewändern, in langsamen Bewegungen (aber nicht auf »hohem Kothurn«, denn dieser Stelzschuh ist erst Erfindung viel späterer Zeit): »die erhabene« ist das stehende Beiwort der reifen Tragödie. Die Schauspielermaske, jenes wichtigste uralte Symbol, das sich aber stets erhielt als Ausdruck lebensferner Hoheit und Strenge, war jetzt in diesem Riesenraum zugleich unentbehrliches Schau- und Sprechmittel; stelle man sie sich aber nicht in den verzerrten Formen gewisser Masken der Spätzeit vor, sondern in einfachen, großen Linien! Der Chor, ursprünglich wohl von recht großer, nicht genau begrenzter Mitgliederzahl, später auf zwölf Glieder beschränkt, seit der Tätigkeit des Sophokles wiederum auf fünfzehn erhöht, trägt schon durch seine Anwesenheit entscheidend dazu bei, das Spiel auf kultischer Höhe zu halten. Im Haar trägt er den Kranz: in welcher Gestalt er auch auftritt, immer ist er noch Diener des Gottes. Niemand hat dieses Wesen des Chores der klassischen griechischen Tragödie tiefer und schöner dargestellt als Schiller in der Vorrede zur ersten Auflage der Braut von Messina. Nur Männer spielen, wie im altchinesischen und japanischen Theater, dessen Stücke und Aufführungen überhaupt mancherlei Wesensverwandtschaft mit den griechischen zeigen. Nur die mythische Welt, die größere Vorzeit darf am Götterfest wiedergestaltet werden: undenkbar, daß diese Tragödie jemals ganz in das Leben des Tages herabstiege. Götter selbst spielen ja auch mit.

Aischylos, Euphorions Sohn aus Eleusis, der heiligen Stadt des Demeterkultes, ist es gewesen, der jenem noch geringfügigen Spiel den Geist des Erhabenen einhauchte; so hat es Aristophanes (nach den 'Fröschen', vgl. unten S. 164), so Horaz (Ars poet. 278) empfunden. Er hat auch einen zweiten Schauspieler hinzugefügt, scheinbar nur äußerliche Bereicherung, aber dadurch, daß nun Einzelmensch dem Einzelmenschen gegenübertreten konnte, war die Möglichkeit nicht nur zur Vorherrschaft des gesprochenen, gedankentragenden Wortes, sondern auch zu dramatischer Handlung gegeben. Später verwendet er auch den vom jungen Sophokles eingeführten dritten Schauspieler; mehr als drei haben gleichzeitig nie agiert, wenn auch am Jahrhundertende gelegentlich ein vierter verwendet wurde: so strengem Gesetz blieb diese Kunstform untertan. Nicht viel mehr als Namen sind für uns die Männer, die zwischen Thespis und Aischylos und gleichzeitig mit ihnen als Dramatiker wirkten; eine Anzahl Titel ihrer Werke, einige Verse, einige im Umriß wiederherstellbare Szenen geben doch kein lebendiges Wissen. Wichtig aber die Tatsache, daß Phrynichos kurz nach 494 durch seinen 'Fall Milets' und 476 durch seine 'Phönizierinnen' auch Ereignisse der Perserkriege im Drama darstellte: dieser Epoche Taten, sie allein, hielt man also denen der Heroenzeit für ebenbürtig; ja die Wirkung jenes ersten Stückes war so erschütternd für die Athener, weil sie die Einnahme jener Stadt durch die Perser als »eigenes Leid« empfanden, daß der Dichter – zu hoher Geldbuße verurteilt wurde.

Die großen Kämpfe gegen den scheinbar übermächtigen Feind waren es auch, die dem Leben des Aischylos den Gehalt gaben, das schwere Dunkel des Gedankens und das sieghafte Licht seines Freiheitsglaubens. Als Hoplit hat er selbst mitgekämpft, den Sturmlauf bei Marathon mitgemacht, und seine Grabinschrift spricht nicht von seinem Dichterruhm, nur von seiner Bewährung in dieser Schlacht. Wohl haben wir kein Bildnis von ihm als bezeugtes überkommen, unwillkürlich aber kehrt der Wunsch, es sich vorzustellen, immer wieder zu jenem bedeutenden Kopf des Kapitolinischen Museums zurück, der einen Großen seiner Zeit darstellt, voll männlichstrengen Ernstes, entschlossener Kraft, gerad vorwärts dringenden Willens. Ganz und gar als tragischer Dichter hat er der Muse gedient. Mehr als 70 Dramen von ihm besaß noch die Bibliothek von Alexandreia. Sie alle und noch weit mehr haben die Athener an ihren Großen Dionysien gesehen; nur ein Stück hat Aischylos für König Hieron von Syrakus gedichtet, zur Verherrlichung der neugegründeten Stadt Aitnai (am Ätna gelegen). Bei diesem Aufenthalt in Sizilien – wo er Pindar und Simonides begegnen konnte – hat der Dichter auch die 'Perser' noch einmal aufgeführt. Gegen Ende seines Lebens ist er ein zweites Mal in den Westen gezogen. In Gela auf Sizilien ist er 456 auch gestorben.

Sieben Werke nur sind uns von Aischylos[1] erhalten, eine Auswahl, die man für die Schule des späteren Altertums getroffen hat; auch noch eine engere von drei Stücken war verbreitet. Einige bedeutende Bruchstücke, bis in die jüngste Zeit durch Papyrusfunde vermehrt, geben ein wenig Ergänzung. Ist aber also nicht einmal ein Zehntel des Gesamtwerks auf uns gekommen, so dürfen wir uns doch rühmen, ganz besonders Wertvolles, ja in der Orestie das Höchste schlechthin zu besitzen, das Aischylos geschaffen hat. Die erhaltenen Dramen ordnen sich folgendermaßen: Die '*Hiketiden*', d. h. Bittflehenden, Eingangsstück einer die Geschichte des Danaos und der Danaiden behandelnden Tetralogie (Vierstückform), wird etwa den Jahren vor 480, also den Jahren zwischen Marathon und Salamis, angehören, ungefähr der Zeit, für die auch der erste Festspielsieg des Dichters (485/484) bezeugt ist.[2] Die '*Perser*'

[1] Die Einleitungen zu den Übersetzungen der Orestie von Wilamowitz und c. XIV seines IV. Übersetzungsbandes eröffnen immer noch einen ersten Zugang zur Aischyleischen Welt. — [2] Wenn die neuerlich durch einen Papyrus bekanntgewordene Nachricht, die Danaidentetralogie sei erst 467 oder später aufgeführt worden, zuverlässig ist, wie u. a. Lesky a. O. S. 59f. annimmt, so würde man am ehesten glauben, der Dichter habe ein älteres Gesamtwerk erst jetzt zur Aufführung gebracht.

sind mit anderen, inhaltlich nicht zugehörigen Dramen ('Phineus', 'Glaukos aus Potniai', Satyrspiel 'Prometheus Pyrkaeus' d. h. Feuerbringer) acht Jahre nach Salamis aufgeführt worden (472). Sowohl der '*Gefesselte Prometheus*' wie die '*Sieben gegen Theben*' sind wieder Teile eines trilogischen Ganzen gewesen, jener ein Einleitungsstück, etwa um das Jahr 470 zuerst gespielt, diese der Abschluß einer thebanischen Dramendreiheit, als deren Aufführungsjahr 467 überliefert ist. Die '*Orestie*', aus dem Jahre 458, ist die einzige vollständig erhaltene Trilogie des Altertums.

Es sind immer große Gedanken, solche, die den Menschen an sich und die menschliche Gemeinschaft als solche angehen, um die der Geist dieses tragischen Dichters kreist. Wir fühlen es schon in jenen beiden frühen Dramen, den '*Hiketiden*' und den '*Persern*', die beide noch recht archaische Züge zeigen und dadurch verwandt wirken, vor allem durch das Vorherrschen des chorischen Elements und durch ihren bunten ägyptischen und orientalischen Schmuck in Tracht, Wort, Musik.[1] Die Danaidentetralogie ringt danach, etwas vom Verhältnis der Frau zum Manne durch gedankenreichen, nun körperhaft gewordenen Mythos zu sagen; in den 'Persern' ist es die Demütigung frevelhaft-herrischer Überhebung, die sich uns darstellt, Züchtigung der Hybris durch die Gottheit.

Die aus Ägypten vor ihren männlichen Unterdrükkern, den Söhnen ihres Oheims Aigyptos, geflohenen jungfräulichen Mädchen suchen in Argos, der Heimat ihrer Ahnin Io, Schutz. Sie finden ihn beim König und dem von ihm befragten Volk, und die

[1] Vgl. Verf., Stasimon S. 83 ff.

ihnen nachsetzenden Ägypter werden zurückgewiesen. Allein das darauffolgende Stück hat einst doch ein auf ihrer Verwandtschaft beruhendes Anrecht dieser Aigyptossöhne auf sie nachgewiesen, und so wird zwar nicht Auslieferung der Danaiden, aber rechtmäßige Ehe in Argos beschlossen. Im Fortgang der Geschichte – deren Verteilung auf das zweite und dritte Stück uns nicht deutlich ist – geschieht der Mord der ihr Magdtum um jeden Preis verteidigenden und damit sich gegen die Natur vergehenden Mädchen an ihren neuen Gatten; nun werden sie, die das Ziel der Ehe nicht erreichten, für ewig mit zielloser Arbeit in der Unterwelt gestraft – oder hat der Dichter sie vom Gattenmorde entsühnen lassen? Doch die eine, Hypermestra, hat »aus Sehnsucht nach Kindern« ihr den Schwestern gegebenes Wort gebrochen und den Gatten verschont: es war ein Höhepunkt des dritten Dramas, als, um sie zu rechtfertigen, die Göttin Aphrodite selbst erschien. Aus ihrer Rede, die ein Preis des Eros war als der Zeugungsurkraft, hören wir noch die Verse:

Es sehnt der reine Himmel sich, zu sehren das Land,
Sehnsucht erfaßt die Erde nach der Hochzeit Glück.
Und Naß vom Überfluß des Himmels niederfällt,
Das fruchtbar macht die Erde. Sie gebiert für uns
Der Herden Weidegrün, Demeters Lebenskraft,
Und auch der Bäume Blütezeit vollendet sich
Im Regenschaum. Des allen bin ich Wirkerin.

Schon im Eingangsstück hatte der Dichter den Chor von der Liebesgöttin singen lassen: »Ihre Macht ist der des Zeus am nächsten, wenn sie mit Hera im Bunde«; die Ehe war ihm gottgewollte Bestimmung. Das Satyrspiel dagegen stellte ein Liebesabenteuer dar, das Poseidon mit der ihm sich fügenden Danaide Amymone[1] hat, und für den Ton, auf den es gestimmt war, ist das zwingende Argument des Gottes bezeichnend: »Dir ist Geschick, gefreit zu werden, mir zu frei'n.« – Die eigentliche Hauptperson des Gesamtgeschehens ist, wie schon diese Andeutung des Inhalts zeigt, der aus den Mädchen bestehende, an Zahl sehr große Chor. Dem entspricht, daß seine Lieder, mannigfaltig sich äußernd, in Gebet, Bittflehen, Verzweiflung, Drohung, Dank, Segenswunsch, weithin das erhaltene Stück füllen. Ein an Zahl nicht geringerer Chor von Dienerinnen steht ihm zur Seite; eine Ägypterschar bricht noch zum Schluß herein. So sehr ist hier die Masse in den Blick gestellt, farbig-fremdländisch gekleidet, leidenschaftlich singend und tanzend, in lodernder Bewegung auffahrend, manchmal bis ins Groteske hinein, aber auch im Schmerz zusammensinkend: dem ältesten Spiel sind wir noch nicht allzu fern. Die für das Drama so wesentliche herausragende Einzelgestalt, des Chores Gegenpol, zeigt sich uns in dem Landeskönig, bei dem die Mädchen Schutz suchen, in dem Vater, der sie begleitet, ihnen auch einmal entgegentreten muß, wie auch in dem ägyptischen Herold, der sie bedroht. Und in dem Ringen des Chores mit jenem König, den sie durch Beweise ihrer argivischen Abkunft, durch Flehen, ja durch Drohen zu gewinnen suchen, in dem Ringen des seinem Volke verpflichteten Herrschers mit sich selbst, ob

[1] Dürers Stich Der Raub der Amymone (auch Das Meerwunder genannt) bringt die alte Sage in einer sehr eigentümlich neuen Form.

er der gefährlichen, Verantwortung heischenden, aber doch berechtigt scheinenden Bitte nachgeben soll, wird schon etwas von dem sichtbar, was wir das eigentlich Dramatische, ja das Tragische nennen, so sehr der König selbst auch noch nach Wesen wie nach seinem Namen, Pelasgos, im Typischen verharrt. Drei solcher Einzelgestalten, Träger eines Sondergeschicks, zeigen die 'Perser': die Königinmutter, in asiatischer Pracht erscheinend, aber von vornehmem Wesen, um das Los der in die Ferne Gezogenen, des nun geschlagenen Heeres, des nun flüchtigen Sohnes tiefbesorgt, doch so, daß ihr mütterliches Gefühl nur gehalten und beherrscht sich kundtut; der Geist ihres verstorbenen Gatten Dareios, zum Heros erhöht, ganz zum Weisen, Wissenden gestaltet, als mahnendes Gegenbild errichtet zu dem stürmischen, unbedachten Sohn Xerxes; er selbst endlich als jämmerlich Geschlagener, in zerfetztem Kleide heimkehrend, diese Heimkehr nicht minder künstlerisch stilisiert und zu eindrucksvoll-unhistorischer Szene geformt wie die der Unterwelt entstiegene Erscheinung des Vaters. Der Sinn des ganzen schlichten Spieles, das Aristophanes ein »herrliches Werk« nennt (Frösche 1027), ist das stolze Sprichwort »Das Hellenische ist das Freie«; so klingt es auch im Schlachtruf der Hellenen selbst (V. 402). Wie in der Bunten Halle Athens damals als erste große Darstellung historischen Geschehens die Schlacht von Marathon zu schauen war, so ertönt hier der Preis der Schlacht von Salamis als des Sieges der freien Bürgerstadt, unter geradezu sichtbarem Eingreifen der olympischen Götter, über die despotisch regierte fremde »Herde«. Wo vernahmen wir das schon einmal? In des Halikarnassiers Geschichtswerk, und die Grundauffassung der beiden, des Dichters und des Historikers, von dem Zuge gegen Hellas ist schlechthin die gleiche, daß er nämlich ein durch Verführungskünste schlechter Ratgeber genährtes, von menschlicher Überheblichkeit getragenes Unterfangen gewesen ist, bei dem die Gottheit nicht nur Rächerin, sondern geradezu Vollstreckerin des bösen menschlichen Strebens war. Kein Zweifel, das große Dichtwerk ist – freilich in höherem als in »kritischem« Sinne – die »Quelle« des Geschichtswerks gewesen. Zudem stimmt die packende Schilderung der Schlacht im Sachlichen durchaus zu Herodots Darstellung, ja die Fülle der realen Kenntnisse vom gegenwärtigen wie vom vergangenen Persien ist auch im Dichtwerk erstaunlich. Und welche Tiefe im Traum der Königin, daß die so verschieden gearteten und verschieden gewandeten Frauengestalten Europa und Asien als gleich groß, gleich schön, ja als Schwestern erscheinen! Aus echter Kenntnis und dichterischer Phantasie ist in diesem Werk ein wundersam leuchtendes Gewebe entstanden. Und die tiefste Vaterlandsliebe wird hier vereint mit der Ehrung des besiegten Feindes: wir tragen die Sorgenlast der Heimgebliebenen mit, wir stimmen ein in ihre reichen Klagelieder, denn sie steigen auf in die Höhe des allgemein Menschlichen. Diese fremdartig getönten musikalischen Stücke umschließen und gliedern die Handlung klar, soweit von Handlung in dem noch altertümlichen Spiel die Rede sein kann; umfaßt es doch in seinem ersten Teil nur eine Epoche der Erwartung – künstlerische Erfindung des Dramatikers Aischylos, während jene 'Phönizie-

KOPF AISCHYLEISCHER ZEIT

rinnen' des Phrynichos das Eintreffen der Unglücksnachricht schon voraussetzten –, im zweiten Teil nur den Botenbericht und seine Nachwirkungen. So ausdrucksvoll aber sind diese Lieder in ihrer Einfachheit, so sehr selbst von uns noch nachzuerleben in ihren Rhythmen, Worten, Rufen, daß wir fast vergessen, wie sehr einst die Musik – Gesang, Reigenschritt, Oboenspiel – die Wirkung verstärkt, nein, vollendet hat.

Der '*Gefesselte Prometheus*' und die '*Sieben gegen Theben*', zeitlich sich nahestehend, sind auch gedanklich verwandt bei starker Verschiedenheit von Stoff und Form, zumal jenes ein Eingangs-, dieses ein Abschlußstück ist; denn hier tritt uns beidemal der Mann entgegen, der ganz auf sich allein gestellt ist und im Kampf mit der Umwelt sich als Held offenbart. So wächst menschliches Wesen in die Sphäre erhabener Tragik hinauf.

Kein anderer athenischer Dramatiker, soviel wir wissen, hat es gewagt, die Gestalt des Prometheus noch einmal zu zeigen, so überwältigend hat dieser Aischyleische Prometheus gewirkt, er, der an den Fels Geschmiedete, Gepfählte, den die Schauer der Hochgebirgseinsamkeit umwittern, daß er klagt[1] nach langem Schweigen:

O heiliger Äther und ihr Lüfte leichtbeschwingt,
Der Ströme Wasser und du Lächeln tausendfalt
Wogender Meersflut und Allmutter Erd' und dich,
Allüberschauend Rund der Sonne, ruf' ich an:
Seht her, was ich von Göttern leiden muß – ein Gott!

[1] Nach L. Wolde (Sammlung Dieterich Band 17), ebenso die Verse S. 156; die S. 152 f. nach Droysen. Besonders für diese Tragödie wichtig ist K. Reinhardts Schrift Aischylos als

In unsagbare Dimensionen hallen diese Rufe des Menschenfreundes und Menschenhelfers hinaus, des titanischen Gegners der noch jungen Zeustyrannis. Er wußte sein Schicksal und wählte es dennoch. Wie könnte ihn der aus dem Meere auffahrende Chor der Ozeantöchter trösten! Mit Bitterkeit weist er den Versuch des Meervaters selbst ab, zwischen ihm und Zeus zu vermitteln. Dreißigtausend Jahre lang aber muß er, wie der Dichter erfindet, auf die Befreiung warten; jetzt gilt: »Denn der erstand noch nicht, der dich erlösen wird.« Wie eine Schwester im Leid, sie aber ganz und gar schuldlos leidend, erscheint Io, von jenem selben Zeus, ihrem Liebhaber, in eine »irrende Kuh« verwandelt, vom Stachel des Wahnsinns durch die Länder gejagt. Und der Gefesselte, Gequälte muß die aus weiter Ferne hierher Verschlagene trösten und belehren über ihre Weiterwanderung und deren Ziel. Zu höchster Höhe steigt die trotzende Kraft am Schluß: des Götterboten Drohungen, der ihm ein dem Zeus gefährliches Geheimnis entlocken will, achtet Prometheus für nichts, und die Drohung wird Wahrheit:

> Schon wird zur Tat das dräuende Wort.
> Es erbebet die Erd',
> Und der Donner, er brüllt dumpf hallend empor,
> Und es zuckt und es zischt der geschlängelte Blitz
> Sein Flammengeschoß; aufwirbeln den Staub
> Windstöße, daher wie im Taumel gejagt
> Rast Sturm auf Sturm, ineinander gestürzt
> Mit des Aufruhrs Wut;
> Ineinander gepeitscht stürzt Himmel und Meer!

Regisseur und Theologe (1949), die aber ebensoviel Widerspruch fordert wie Zustimmung.

Und solche Gewalt,
Sie kommt nur von Zeus, ich weiß es genau,
Und erfüllt mich mit Grauen!
O Mutter, du heilige Macht, der du schwingst,
O Äther, der Welt allfreundliches Licht,
Sieh, welch Unrecht ich erdulde!

Damit sinkt der Titan zugleich mit seinem Felsen in die Tiefe. Wie hat der Geist des Dichters diesen Riesen eingebettet in das Element gesehen, das seinem Wesen zugehört! Dargestellt aber wurde von dem, was die Verse besagen, wohl nur ganz weniges: die Phantasiekraft der Zuschauer bedurfte nur der Andeutung, um das Ganze zu sehen. – Das Feuer des Aischyleischen Prometheus loht im Goetheschen wieder auf, dem freilich solche Prüfungen erspart bleiben.

Problematisch ist Inhalt und Gedankengang der nicht erhaltenen Teile der Prometheus-Trilogie. Wir halten an folgender Ansicht fest.

Die Fortdauer der Qualen zeigte einst das zweite Stück. Der Fels mit dem Angeschmiedeten ist wieder emporgetaucht, ein neuer Besucher erscheint in der Einsamkeit: der Adler, der ihm die Leber zerfleischt. Ihn bezwingt endlich durch sicheren Schuß Herakles, ein Nachkomme der Io. Worauf aber schon in dem erhaltenen ersten Stück leises Wort hindeutet, der Ausgang brachte doch eine Versöhnung der unversöhnlich scheinenden Gegner. Der Götterkönig hatte die Grausamkeit des »Tyrannen« zu Milde und Gerechtigkeit gebändigt, der Trotz des Titanen hatte sich erweicht, und er gab jenes Geheimnis preis, das die Zeusherrschaft bedrohte: der Himmelskönig mußte die Vermählung mit der Meergöttin Thetis meiden, wenn nicht ein aus dieser Verbindung entsprossener Sohn mächtiger werden sollte als der Vater. So endete das Drama mit der »Lösung« des Prometheus, wie sie ähnlich auch Goethe darstellen wollte, von dem die Prometheusgestalt jahrzehntelang Wiedergeburt heischte. Ein drittes Stück, 'Der Feuerträger', hat vielleicht von einem attischen Fest gehandelt, das, mit Fackelwettlauf ausgestaltet, zu Ehren des gelösten Titanen in Athen eingerichtet wurde; doch ist uns sicheres Wissen versagt. Schon früher (S. 146) wurde zudem das 472 aufgeführte Satyrspiel 'Prometheus' erwähnt; in ihm wollte ein Satyr die neu aufblühende, ihm ja noch unbekannte Blume des Feuers küssen und umarmen und kam dabei in Gefahr, sich den Bart zu versengen. Wie der Satyrspieldichter hat auch der Vasenmaler des 5. Jahrhunderts das märchenhafte Motiv, daß gerade der Tanz dieser Waldschrate zuerst die Wundergabe feiernd begrüßte, dargestellt.

Wenn in dem 'Gefesselten Prometheus' die durch die Natur des Themas geforderten langen Reden in bemerkenswert flüssiger Sprache dahingehen, so sind dennoch auch an ihm altertümliche Züge unverkennbar. Am sichtbarsten sind sie in den breiten Schilderungen ferner, östlicher und südlicher, Länder und Völker, zu denen Ios Wanderung den Anlaß gibt, so wie im darauffolgenden Stück die Wanderungen des Herakles eine ebenso ausführliche Schilderung des Westens durch Prometheus veranlaßten, mächtige Ausweitung des Horizonts, Beschwörung abenteuerreicher Ferne – Kunstmittel noch unklassischen Stils. Von fremder Hand für eine spätere Aufführung überarbeitet erscheinen gewisse

Chorpartien, so wie auch der Schlußgesang der 'Sieben' für einen späteren Geschmack umgestaltet worden ist. Aber weder hier noch dort ist – wenigstens nach unserer Ansicht – dadurch der eigentliche Charakter des Kunstwerkes angetastet worden.

Wie König Laios im ersten Stück der thebanischen Trilogie, König Oidipus im zweiten im Mittelpunkt gestanden haben wird, so steht Eteokles in den 'Sieben' da, ganz Mann und Krieger, und sein Geist füllt das Werk, so daß es das männlichste der Aischyleischen Dramen geworden ist, »von Ares voll«, wie der Weisheitslehrer Gorgias und nach ihm Aristophanes sagte. Kaum ist hier Handlung im Sinne des äußeren Geschehens; denn was ist der Inhalt anderes, als daß Eteokles in der vom Feinde bestürmten Stadt die Verteidigung ordnet, selbst gegen den Bruder auszieht und zugleich mit ihm fällt? Aber hier sind eindrucksvolle Bilder – so die an den Burgaltären um Götterhilfe flehenden thebanischen Mädchen, deren Ohr schon das Brausen des Schlachtfeldes vernimmt –, ist prachtvolle Kraft der Phantasie – sieben Kämpferpaare, vierzehn zum Kampf geschmückte Krieger, sehen wir, durch Botenbericht Mann für Mann vor unsern Geist gestellt, an den sieben Toren sich gegenübertreten –, hier ist vor allem heldenhafte Gesinnung, wahrhaft heroische Haltung. Denn Eteokles ist der einsame Kämpfer, niemand steht ihm zur Seite. Die mürbemachende Angst der Frauen muß er bändigen; gegen ihren Rat und ihre Bitten zieht er in den Kampf und macht damit das Schicksal des verfluchten Oidipussohnes, im Bruderstreit unterzugehen, zu einem freiwillig gewählten. So besiegt er das Schicksal:

König mit König, Bruder gegen Bruder und
Feind wider Feind, so tret' ich an. Man bringe gleich
Die Schienen mir, Schutz gegen Lanzen und Gestein!

Dieser Kampf aber rettet zugleich das Vaterland. Was uns der epische Dichter im Wesen Achills und Hektors an Tragik ahnen läßt, das ist hier greifbar Gestalt, Mahnbild der Tat geworden, und von der Wirkung sagt Aristophanes, jeden Mann, der das sah, ergriff Verlangen, ein »lodernder Kämpfer« zu werden. Wir aber blicken hier noch einmal auf jene Urzelle des Dramas, die Gegenüberstellung von Einzelgestalt und Chor, zurück: in dem Ringen des Eteokles mit der Frauenschar um die Erhaltung der Mannesehre gerade durch den Untergang hat jene einen ganz neuen Gehalt bekommen, der richtunggebend nachwirkt in der Geschichte des Dramas der Weltliteratur. – In einem großen Klagelied, ähnlich dem der 'Perser', endet dieses auch noch altertümlich herbe, hart gefügte Drama, strömt die ganze Trilogie aus, die das Walten des Geschlechtsfluches im Hause des Laios, durch böse Tat von ihm selbst aufgerufen, darstellte. Inhaltlich zugehörig war auch das Satyrspiel 'Sphinx', von dessen Handlung wir aber nichts Genaueres wissen.

Wir nähern uns der '*Orestie*', an Umfang und Bedeutung nur den größesten Wort- und Tonschöpfungen aller Zeiten, der Matthäuspassion etwa, vergleichbar. Goethes Urteile[1] über ihr erstes Drama, den '*Agamemnon*', treten vorweg ins Gedächtnis: das Stück, »das ich von jeher abgöttisch verehrt

[1] Annalen 1816; Brief an W. v. Humboldt vom 1. September 1816.

hatte«, »eine... uralte Riesengestalt, geformt wie ein Ungeheuer«, »das Kunstwerk der Kunstwerke...«, «das Gewebe dieses Urteppichs: Vergangenheit, Gegenwart und Zukunft sind so glücklich in eins verschlungen, daß man selbst zum Seher, das heißt: Gott ähnlich wird, und das ist doch am Ende der Triumph aller Poesie im Größten und im Kleinsten«.

So wie die altgriechischen Theogonien mit der Nacht das Dasein beginnen lassen, so läßt auch der tragische Dichter seine Schöpfung aus der Nacht emporsteigen, damit zugleich die Vergangenheit, von der Goethe spricht, so schwer an Schuld: der Preisgabe des Kindes Iphigenie durch den Vater als Opfer für die Heeresgesamtheit, dem blutigen langen Krieg unter seiner Führung, dem verführerischen Gebaren Helenas wie dem Ehebruch ihrer Schwester Klytaimestra. Von dieser Vergangenheit ist die Gegenwart gesättigt voll, und ihr schweres, immer schwerer werdendes Gewicht lastet auf den Menschen des Spiels wie auf den Hörern. Griechenschuld aber ist wieder in unauflöslicher Verkettung veranlaßt durch Troerschuld; haben sie doch den Gott des Gastrechts und des Menelaos Ehre zu tief gekränkt. Nun hat sie die starke Hand des Zeus geschlagen, Ilions Fall ist die Sühne. Die Nachricht davon beherrscht, leuchtend als Siegesfanal oder schwelend wie gefährlicher Brandstoff, den ersten Teil des Dramas. Wie wird jener andere, nicht geringere Schuldteil abgetragen werden? Diese Erwartung durchbebt uns. Der König erscheint, wie ihn der vorausgesandte Herold angekündigt hat. Als Sieger nach zehnjährigem Kriege? Es ist, als ob das Leid der Vergangenheit, scheinbar überstanden, in Wahrheit noch gegenwärtig, ihm das Wort hemme, als ob schon Ahnung des Kommenden seinen hohen Herrschergeist beschatte. Und die Dämonie seines rachsüchtigen Weibes triumphiert über den siegreichen Fürsten, den »Ganzerhabenen«, zwingt ihn aus dem lustvollen Gefühl ihrer Überlegenheit zu prunkvollem Einzug in den Palast, vor dem die Bedrücktheit und Demut seines Herzens schaudert. Die Pforte des Atreidenhauses hat sich geschlossen. Unsere Gefühle drückt der Chor aus:[1]

> Was wollen diese Grauenbilder,
> Die vor der ahnungsvollen Seele
> Nicht weichen wollen, diese Klänge,
> Vielsagend,
> Die ungerufen, unwillkommen tönen,
> Und die das Herze
> Nicht wie ein wirres Traumgesicht
> Verscheucht — und frei und ruhig schlagen mag?

Klytaimestras Wille zerbricht an der diamantenen Seelenstärke Kassandras, die ihrem Herrn als Sklavin hat folgen müssen und regungslos vor dem Hause harrt; nicht zwingt sie diese zum Eintritt, sondern freiwillig, in seherischer Erkenntnis dessen, was das Schloß an Vergangenem birgt, was ihrer selbst dort wartet, durchschreitet sie das Joch des Tores: eine Sklavin und eine tragische Heldin. Der Schrei des Ermordeten ist wie in der Gewitterschwüle der Blitz. Die grausige Gestalt der Mörderin, den Blutfleck an der Stirn, das Mordbeil in der Hand, die Getöteten

1 In der freien Übertragung von Wilamowitz wie auch das S. 161 Wiedergegebene.

zu Füßen, verteidigt ihr Recht als Mutter Iphigeniens, als durch Kassandra Beleidigte gegenüber dem Volk von Argos, dargestellt im Chore, der in gedankenreicher Ratlosigkeit sich windet, doch den Beschluß des Zeus »Der Täter muß leiden« als letztgültiges Wort ihr entgegenruft. Und Klytaimestra horcht auf: Opfer wird sie bringen, um den Fluchgeist des Hauses zu versöhnen. Noch aber ist sie und mit ihr der Buhle, nun der neue Gatte, Aigisth, Herr des Landes.

Diese auf uns gekommene Trilogie läßt etwas ahnen von der Weise, wie der Dichter so ein gewaltiges Gefüge gliederte. Der 'Agamemnon' ist als das erste bei weitem das umfangreichste der drei Stücke, in der sprachlichen Form das reifste, an Gedankengewicht das schwerste, in seinem rhythmisch-musikalischen Wesen das geheimnisvollste. Packend durch die Handlung, kräftig in szenischer Führung ist das kurz zusammengeraffte zweite Stück, nach dem Chor die '*Choephoren*', d. h. Grabopferspenderinnen, genannt.

Nach langen Jahren ist im Sohn der Rächer gekommen, von Apollon mit dem unausweichlichen Befehl bedacht, dem aber eigener Wille zustimmt, die schuldige Mutter zu töten. Das hilfeheischende Totenopfer der Schwester Elektra am Grabe des Vaters, in anderem Sinne eigentlich verlangt von der Schuldangst der Mutter, führt in rascher Geschehensfolge zur Vereinigung der beiden Einsamen. In auf und ab wogendem, leidenschaftlich beschwörendem Wechselgesang erflehen die Geschwister und der Chor, Elektras Genossinnen, für die drohende Tat die Hilfe der Götter droben und des Vaters drunten:

soll hier nicht das Furchtbarste auf Erden geschehen, da doch »Recht mit Recht zusammenprallen wird«? Die Dramamitte betont ein betrachtendes Stasimon, das Klytaimestras Tat mißt an Weiberunheilstaten der Vorzeit. Den noch unerkannten Sohn läßt die Mutter ins Schloß ein. Ablenkend von der Erregung dieser Augenblicke, die die raunenden Chorgebete umtönen, ein kurzes Auftreten der alten Amme Orests, die, Aigisth herbeizurufen beauftragt, ihren vermeintlich toten Zögling in einer an Shakespeares Realistik mahnenden Weise beklagt. Nach der Beseitigung Aigisths die entscheidende Begegnung von Mutter und Sohn im Schloßtor: Orests Grauen vor dem Muttermord überwindet die nur hier aufklingende Stimme des Begleiters Pylades, nicht nur an Apoll mahnend, sondern wie mit seiner Stimme sprechend. Und dann, nach der Tat – die ein griechisches Drama auf der Bühne selbst nicht zeigt – die immer stärker hereinbrechende Sinnumdüsterung des Täters, der davongejagt wird durch der Erinnyen unsichtbares, ihm aber allzu sichtbares, grauenhaftes Erscheinen.

Zu diesem ereignisreichen Stück, aber auch zum 'Agamemnon' steht das Abschlußstück der Trilogie, die '*Eumeniden*', in bedeutendem Gegensatz: der sinnliche Eindruck, Wirkung auf Auge und Ohr, wird gesucht als Mittel der Erschütterung; das Unsagbar-Geheimnisvolle, wie es im 'Agamemnon' lebt, wie es am Schluß der 'Grabopferspenderinnen' den Hörer überwältigen muß, wird nun greifbar und sichtbar. Leibhaft erscheinen jetzt die Erinnyen und doch so grausig, daß nach glaubhaftem Bericht Frauen bei der Aufführung in Ohnmacht sanken.

Und die Rhythmen ihrer Lieder und Tänze haben ihre Urkraft rein bewahrt:

Mutter Nacht, höre mich,
Mutter Nacht, du gebarst
Mich der Welt des Lichtes,
Mich der Welt der Finsternis
Zum Gericht.
Letos Sohn kränkt dein Recht,
Raubt das Wild. Mir gehört's
Mutterblutbesudelt.

Über dem Opfer, da sprach ich den Spruch:
Sinnesbetörung,
Sinnesverstörung,
Seelenqual.

Das ist der Rächenden Zaubergesang,
Fesselt die Seele
Ohne der Laute Schall,
Dörret dem Menschen das Mark im Gebein.

Mit großer Wirkung hat Schiller in seiner eindrucksvollsten Ballade dieses Erinnyenlied wiedergegeben, zum Teil in wörtlichem Anschluß an das Original, dessen Kenntnis er einer Übersetzung Wilhelm von Humboldts verdankte. – Sichtbar wird in diesem Schlußstück auch der Widerstreit zwischen dem Recht des Vaters auf Sühne und dem gleichen der Mutter, zwischen denen das Kind steht, im Prozeß ausgefochten, und zwar so, daß wir aus der Sphäre des ahnenden und schwankenden Menschlichen in die Klarheit göttlicher Gestalten gehoben werden: Apollon und Athene ringen mit den Erinnyen. Um die Sache geht der Kampf jetzt mehr als um die

Menschen. Das zeigt schon das Lied der Rächerinnen im Zentrum des Stücks, in dem sie, hier die Natur des Unterirdischen abstreifend, verkünden, was Grundlage aller Gemeinschaft bleiben muß: das heilige Recht; zeigt nicht minder die feierliche Einsetzung des Areopags, des Felsens der Gerechtigkeit und Hüters der Ehrfurcht. Aber gerade vor ihm zeigt sich jener Gegensatz zwischen Vaterrecht und Mutterrecht, der dem Dichter zugleich ein Generationsgegensatz der göttlichen Mächte ist, sachlich als schlechthin unauflösbar. Denn die Stimmen der Richtenden für und wider sind gleich; die Menschen hätten freilich Orest sogar verurteilt, nur Pallas Athenes Stimmstein, der Mutterlosen, die ihrer Natur nach allein die Sache des Vaters kennen kann, rettet ihn davor. So darf, da beiden Auffassungen gleiches Recht zugesprochen wird – fast körperhafte Darstellung des tragischen Konflikts an sich –, die Gnade sprechen: Orest darf frei in seine Heimat ziehen. Und die wieder ausbrechende Leidenschaft der empörten Erinnyen sänftigen Athenes gütige Worte. Hier erst ist die höchste, die wahre Gerechtigkeit erreicht. Durch sie werden die Rachegöttinnen zu Segensgöttinnen. In kultischem Gesang und Prozession, woran die Gesamtheit der Zuschauer teilnimmt, klingt die Trilogie aus und kehrt so in mächtiger Linie zum Ursinn dieses attischen Festes der Gemeinschaft zurück. So freundlich ist die Stimmung geworden, daß das heitere Satyrspiel sich einst gewiß wie organisch angefügt hat; es handelte von einer Episode auf der Heimfahrt des Menelaos, auf die der Bericht des Herolds im ersten Stück schon vorbereitet hat.

Aus der nicht großen Zahl der nur durch Bruchstücke[1] und antike Inhaltsangaben uns etwas bekannteren Tragödien heben sich einige besonders heraus. Ein gewaltiges Unterfangen muß die ʿLykurgie' genannte Tetralogie gewesen sein. Kämpfe von Religionen auf thrakischem Boden enthielt sie, den Untergang des Landeskönigs Lykurgos, der sich gegen den Dienst des neu einbrechenden Gottes Dionysos stemmte; noch dröhnt uns aus isoliert erhaltenen erregten Anapästen die aufreizende Musik der neuen dionysischen Weihen entgegen.[2] Und welche Würde der Nachempfindung und Erfindung, daß der Dionysosfeind und Prophet des Helios-Apollon, Orpheus, noch vor der Morgendämmerung das Gebirge besteigt, um den Gott des Gestirns bei dessen Erscheinen anzubeten! – Sehr selbständige Erfindung gegenüber Homer zeigte die troische Trilogie: in den ʿMyrmidonen' will das hellenische Heer Achill steinigen, wenn er sich nicht wieder in die Kampfgemeinschaft einordnen will, und seiner Liebe zu Patroklos hat dieser Dichter die Form einer Leidenschaft gegeben. – Wie hat er auf der Bühne hohen Stolz, allerhöchsten Schmerz dargestellt? Durch langes, überlanges *Schweigen.* So saß Achill, als Priamos den Sohn, seines Freundes Mörder, lösen wollte, fast stumm vor ihm; so saß Niobe verhüllt auf dem Grabe ihrer Kinder, wortlos bis über die Mitte der Handlung hinaus.

Versucht man das Gesamtbild Aischyleischer Kunst und Wesensart auch nur in allgemeinem Umriß anzudeuten, so taucht unwillkürlich jene gigantische

1 Deutsch gibt ausgewählte Fragmente L. Wolde in seiner Aischylosübertragung. — 2 Vgl. Verf., Stasimon S. 77.

Gestalt vor dem Blick auf, die Aristophanes fünfzig Jahre nach seinem Tode in den 'Fröschen' beschwört: der »Bakchische König«, der große Erzieher seiner Mitbürger, die sich wie einst »emporrecken sollen an seinen Gestalten«, die in des Vaterlandes Not keinen nötiger brauchen als ihn; glühend ist er vor Leidenschaft, wie feuersprühendes Eichenholz, wie ein Löwe, ein Stier, doch zugleich stolz beherrscht; von der Ewigkeit seines Werkes innerlichst überzeugt, so schwer verständlich und überladen auch seine Sprache, so altertümlich seine Technik der jüngeren Generation erscheint: Mann und Krieger, aber auf die heilig mystische Tiefe horchend, aus der die Demeterverehrung aufsteigt. Unseren eigenen Eindruck mit dem Aristophanischer Zeit im einzelnen zu vergleichen, wäre reizvolle Aufgabe; in Entscheidendem würde Übereinstimmung sein. So wie Aischylos dort in der Unterwelt dem Schweigen zu rechter Zeit die gleiche Bedeutung beimißt wie dem Wort, so auch, wie wir soeben erfahren haben, in seiner Kunst. *Wenn* aber das Wort ertönt, ist es wuchtig, blühend bis zu Üppigkeit und Überschwang, von geheimnisvollen Klängen in den Vokalen, von bindenden Stabreimen in den Konsonanten voll, oft den Vers zu geschlossenem Ganzen rundend, oft aber auch die Versform sprengend, zur rechten Zeit die Höhe allgemeiner Betrachtung erstrebend. Bringen die frühen Stücke in den Reden noch viel Erzählung von Fernliegendem und schmückende Schilderung von Nebenwerk, so bindet die 'Orestie' alles straffer zusammen. Sie hat monumentale Größe. Die Chorlieder sind nicht künstlich Geformtes, sie sind lebendige Wesen, einfach in den rhythmischen Formen, weit fern von Pindarischer Kompliziertheit; bis zu dem Grade entwickeln sie sich im vorwärtsgehenden Gedankenschritt, daß das erreichte Liedziel ein sehr anderes sein kann, als der Anfang erwarten ließ. Aus kultischen Gesängen verschiedenster Art haben sie sich bereichert. Uns bleiben sie nicht fremd; sie können Stücke unserer eigenen Seele werden. – Das Element des Wunderbar-Ungeheuerlichen, griechisch Teras genannt, verwendet das älteste wie das jüngste erhaltene Drama (die 'Eumeniden'); es kann ebenso bestehen in gigantischem Wort wie in sinnlichem Eindruck. Auch des gemalten Hintergrundes hat sich die spätere Kunst des Aischylos bedient; wir wissen nicht genau, seit wann, nach Aristoteles (Dichtk. c. 4) zu urteilen, unter der Einwirkung seines Erfinders Sophokles.

So viele archaische Einzelzüge das Auge des Betrachters an diesem Kunstwerk, vor allem in seinen ältesten Stücken, bemerkt, so ist klar schichtender Aufbau schon des frühesten im Ganzen wie in seinen Teilen – Reden, Wechselreden, Liedern, Liedszenen – überall sichtbar. Alles ist durchgeformt, alles zur Einheit gerundet, viel Parallelität wirkt übersichtlich gliedernd Man lese unter diesem Gesichtspunkt etwa die sieben Redenpaare der 'Sieben': sie hat strengster Wille zu einheitlicher Form gestaltet, ohne doch auf archaisch-bunten Schmuck zu verzichten. Dies eben nennen wir Kennzeichen des frühklassischen Stils.

Für das Athen des ausgehenden 5. Jahrhunderts, dessen Sprecher Aristophanes ist, gilt, wie gesagt, Aischylos als Schöpfer des tragischen Stils. Worin besteht dessen Wesen? Was macht diesen Dichter zum Künder der Tragik? Sein Auge sieht im Geflecht der Dinge die verschiedenen durchgehenden und sich verschlingenden Fäden, das Für und das Wider, das doppelte Recht; sein Ohr hört im Dasein zugleich Weheruf und Segenswunsch. Und in fruchtbarer Widersprüchlichkeit, in gegensatzreicher Gedankenfülle gestaltet er im Kleide des Mythos dieses Leben. Zu jenen Widersprüchen einer noch frühen Geisteswelt gehört als der wichtigste, daß im Geschehen der göttliche Wille und der selbstverantwortliche Wille des Menschen beide nicht nur gesehen, sondern auch als wirksam ausgesprochen werden. Dabei gedenken wir des ähnlichen Zuges in der homerischen Dichtung und auch noch in der Herodoteischen Geschichtsschreibung. Hier tritt etwas ihnen Gemeinsames zutage. Allein der Ausdruck des Aischyleischen Dramas für diese dem Menschen ewig aufgegebene Antinomie ist schärfer, plastischer, ja zuweilen das Problem selbst als solches bezeichnend wie in jenem »Blutgott mit Blutgott zusammenprallen wird, mit der Rechtsgöttin die Rechtsgöttin« (Choeph. 461). Nicht minder wesentlich, im Grunde nur andere Formulierung desselben Gegensatzes, ist, daß das Geschick des Einzelnen und frei Handelnden doch ganz notwendig bedingt erscheint durch den in seinem Geschlecht waltenden (Fluch-) Geist, der ihm sein Tun vorschreibt. So tief aber auch das Herz dieses Dichters der Stachel des Zweifels verwundet hat, so sehr ihn der Gedanke belastet, daß Recht und Unrecht im Weltlauf nicht rein zu sondern sind, daß ein Ausweg aus der »Weglosigkeit« kaum sich dem Auge zeigen will, seine Kunst offenbart doch das tiefe Streben nach Befreiung aus der Zweiheit, und das Ziel, dem sie zustrebt, ist der Klang der Harmonie. »Aller Mitte hat Gott die Kraft verliehen.« Dieses Wort an zentraler Stelle der Eumeniden (V. 529) bezeichnet auch das feste Zentrum seiner Seele. Und auch dieser Gott wiederum, der für den Dichter gleich Zeus, dem Hüter des Rechts, ist, ohne daß ihm der Name genügt hätte, stellt die vereinigende Mitte der vielen, ja aller göttlichen Einzelgestalten dar. Zu ihm betet sein Chor (Ag. 160), betet er selbst aus tiefstem Herzen mit, »wenn man denn einmal wahrhaft die eitle Last von der Seele werfen soll«. Dieser Drang, das voneinander Getrennte zu verbinden, kommt nicht selten in einer eigenartigen, gedanklichen oder gar körperhaften Verschmelzung von göttlichem und irdischem Element zum Ausdruck: wenn der Mensch *will*, Gutes oder Böses, wird der Gott zum »*Mitanpacker*«, und in Klytaimestras wilder Erscheinung steht der Fluchgeist des Hauses wie leibhaftig vor uns. So aber auch innerhalb der Welt des rein Menschlichen: allem »Leiden« wird ein tiefer Sinn zugesprochen, denn es birgt die Frucht des »Lernens«, der Einsicht in sich, nach dem Willen der Gottheit, die auch dies so angeordnet hat.

Wenn aber des Aischylos tragische Gestalten noch als Glieder einer Kette gesehen werden, wenn sie auch wie die archaischen Statuen mehr des Typischen als des Persönlichen an sich tragen, so fühlen wir doch in ihnen seelische Einzelzüge, die uns ergreifen und wie etwas Persönliches treffen. Kann man die »Mutter« in den 'Persern' vergessen, obschon dieses »Mütterliche« nur in wenigen Versen hie und da zutage tritt? In der 'Orestie' aber stehen da Menschen als Ganzes vor uns, deren geheimnisvolles Wesen gleichsam in einer um sie wogenden Atmosphäre zu spüren ist. Wir denken an Fürst Agamemnon, doch ebenso an Klytaimestra, welche die Sage hinter Aigisth weit hatte zurücktreten lassen und die nun erst hier für alle Zeit ihre geprägte Gestalt gefunden hat. Aber auch Pallas Athene steht uns vor Auge und Seele, eine Göttin zwar und kein Mensch, aber ihre Schwestergestalt in der Odyssee übertrifft sie doch noch, eben an feinstem menschlichem, heiterjungfräulichem Wesen, an herber, keuscher Schönheit und anmutiger Klugheit, so wie auch die bildende Kunst gerade dieser Zeit sie uns zeigt als ein Ideal, das der athenische Mann nicht weniger hingebend verehrte denn der Ritter die streitbare Jungfrau Maria. Nicht als ob sich unseren Blicken die Seele dieser Gestalten öffnete. Sie bleibt wie verhüllt. Aber ahnend ergreifen wir dennoch ihr Wesen als Einheit. Und so ist Aischylos auch ein Menschenschöpfer, nicht unähnlich seinem eigenen Prometheus. Sein Werk als Ganzes aber wird immer gelten als der wahre Ausdruck marathonisch-salaminischer Kraft, als die echte Frucht der »dämonischen Stadt«, die sich als die »Burg der Hellenen« bewährt hat.

Der Jüngling *Sophokles* hat »nach der Seeschlacht bei Salamis, während die Athener das Siegesdenkmal errichteten, die Lyra in der Hand, im Gymnastenkleid und gesalbt, die Sänger des Siegeschorals angeführt«. So lautet der bekannteste Satz der erhaltenen Sophoklesbiographie, die, antiker Sitte gemäß, seinem Werk vorangestellt worden ist. Es war die Generation, die im Schatten der Marathonkämpfer heranwuchs, aber aus sich heraus ein ganz neues Athen schuf: die Stadt der Marmortempel, den neuen Mittelpunkt von Hellas.

Ehre und Erfolg haben das Leben des aus wohlhabender athenischer Familie Stammenden von früh auf geschmückt. Aischylos, den Meister, besiegt er als noch nicht Dreißigjähriger nach der Überlieferung gleich mit seiner ersten Tragödienaufführung (468), während im darauffolgenden Jahrzehnt beide miteinander um den Kranz ringen. Als Nausikaa entzückt Sophokles die Zuschauer durch sein Ballspiel, als Kitharode Thamyras durch sein Lautenspiel. Zwar hat seine Tätigkeit als Schauspieler wohl früh aufgehört, doch mindestens achtzehnmal hat er als Dichter den ersten Preis errungen, sonst, wie es heißt, stets den zweiten. Hohe Staatsämter hat er verwaltet, so 443/42 das des Schatzmeisters des Attischen Seebundes, 441 bis 439 das des Strategen. Eine unversiegende Kraft des Geistes läßt ihn bis fast zum neunzigsten Jahre Werk auf Werk schaffen. Mancherlei antikes Zeugnis nennt ihn Liebling der Götter und der Menschen; als solcher erscheint er noch in der Unterwelt der 'Frösche' des Aristophanos Siegesgewiß, schön, fast elegant zeigt ihn die bekannte Porträtstatue des 4. Jahrhunderts, von der uns im Lateran eine Kopie erhalten ist; seit langem aber hat man ihr den viel ausdrucksvolleren Kopf im Britischen Museum entgegengestellt, in dessen schon müden Augen doch noch etwas ruht vom Seherblick des tragischen Dichters. Im Volk hat man ihn nach seinem Tode als Heros verehrt, da er den Asklepiosdienst in Athen mitbegründet hat, denn »er war einer von den Gottesfürchtigsten«, sagt ein antiker

Dramenerklärer, und Kultus, Orakel, Letterspruch waren für ihn schlechthin und fraglos Heiliges. Wie er zum Kreise des Perikles gehörte, so erscheint er geradezu als der Repräsentant der Perikleischen Epoche, in der harmonischen Kraft seines Wesens, die freilich die dunkelsten, schauerlichsten Töne mitumfaßte. Seine »Heiterkeit« ist eben, wie die der klassischen Zeit überhaupt, sieghafte Bezwingung des Abgründigen.

Über 120 dramatische Spiele hatten noch die alexandrinischen Gelehrten von ihm in Händen. Eine Unzahl von Plänen, Entwürfen, Halbausgeführtem müssen wir darüber hinaus voraussetzen. Nur noch spanische Dramatik zeigt ähnliche Fruchtbarkeit wie die Athens. Hier wurde etwa 420 sogar auch noch am Dionysosfest der Lenaien die Gelegenheit geschaffen, Tragödien aufzuführen. Machen wir uns klar, daß solche Fülle der Produktion mit Notwendigkeit starke gegenseitige Beeinflussung der Dichter und eine gewisse Typik hervorrief. Der heutige Leser findet sie vor allem in häufig wiederkehrenden, nur leise variierten Einzelmotiven, wie etwa in der Todesszene hinter der Bühne, und in bestimmten festen Einzelformen, von denen der Botenbericht, die Stichomythie, d.h. Wechselrede Vers gegen Vers, und die eine Schauspielerrede regelmäßig abschließenden Chorverse besonders augenfällige Beispiele sind. Auch Handwerkskunst, freilich edelster Art, ist die Tragödiendichtung gewesen. – Wie vom Aischyleischen besitzen wir auch vom Nachlaß des Sophokles nur eine dem Umfang nach kleine Auswahl, eine Schulausgabe, von einem späten, uns nicht weiter bekannten Grammatiker Sallustios hergestellt. Wieder umfaßt sie sieben Stücke, wieder enthält eine sehr große Anzahl der Handschriften – deren Überlieferungsgeschichte zur Zeit gründlicher wissenschaftlicher Bearbeitung unterliegt – nur die kleinere Dreizahl.

Aber über jene Schulausgabe hinaus gehören uns, von den nicht wenigen Fragmenten, splitterhaften Bruchstücken, abgesehen, seit 1912 auf Papyrus sehr umfangreiche, zusammenhängende Reste eines Satyrspiels, die '*Spürhunde*'[1] benannt, das wohl aus der früheren Zeit des Sophokles stammt, wie gewisse stilistische Eigenarten vermuten lassen. Ganz heiter und leicht, ganz unbeschwert vom tragischen Gefühl, stellt es jene uns schon bekannte Geschichte von dem kleinen Dieb Hermes dar (vgl. S. 51), der dem älteren Bruder die kostbare Rinderherde entführt hat; ihn verfolgen nun die »Tiere«, die Satyrn, als Spürhunde. Sie finden Dieb und Beute in unterirdischer Höhle und werden dabei von den Klängen der neuerfundenen Leier aufs höchste verblüfft und verzückt. Zuerst spielt sie Hermes, dann – vielleicht – Apollon; erst unter dessen Händen wird sie als das große Instrument geklungen haben, das einer neuen Musik den Weg öffnete. Ein verführerischer Gedanke, daß der junge Sophokles hier einst auch der Spieler – des Hermes oder des Apollon – war, wie in seinem 'Thamyras'. Vater Silen steht den Satyrn wie immer zur Seite; das arkadische Bergland ist der Rahmen des Stücks; die Bergnymphe Kyllene selbst ergreift das Wort, um ihre Einsamkeit vor

1 Frei übersetzt und ergänzt von C. Robert (1913). Vgl. auch die Übersetzung zweier Szenen durch E. Siegmann, Antike und Abendland I (1945) 18.

dem Toben der Satyrn, ihrem wüsten Gesprüng und Gestampf, zu schützen. In Freundschaft hat das Spiel einst geendet.

Von den erhaltenen Tragödien[1] wird der '*Aias*' die älteste sein. Die Form des Choreinzugsliedes, der Ortswechsel in der Stückmitte und andere Stileigentümlichkeiten weisen darauf hin; auch fehlt dem Schluß noch das Schwergewicht und die sichere Linienführung, die allen anderen Werken eignet. Es wird den 40er Jahren des 5. Jahrhunderts angehören. Groß aber tritt uns schon in ihm die echt Sophokleische Kunst entgegen. Was eine wenig klar gefaßte Notiz des Lexikons byzantinischer Zeit Suda, d. i. etwa Sammlung (früher Suidas genannt), von dem Dichter sagt, er habe damit aufgehört, die Tetralogie als ein Ganzes zu fassen, vielmehr das einzelne Drama als dieses Ganze gestaltet, das ist hier bereits verwirklicht: *eines* Mannes Schicksal im Leben, im Sterben, nach seinem Tode erfüllt sich vor uns. Von keinem erhaltenen Sophokleischen Stück wissen wir bestimmt, welche anderen ihm einst zur Seite standen. So sicher es ist, daß der weise Künstler jene drei oder vier immer aufeinander abgestimmt hat, so unzweifelhaft und so wesentlich für das Verständnis dieser Kunst ist die Tatsache, daß hier die einzelne Tragödie ganz und gar in sich gerundet und geschlossen ist. Ein Aischyleisches Drama empfängt immer – wenn wir von den 'Persern'

[1] Nebeneinanderher gehen die beiden heute wichtigsten Ausdeutungen der Sophokleischen Tragödie von H. Weinstock, Sophokles[3] (1948) und K. Reinhardt, Sophokles[3] (1948); für diesen ist das Sophokleische Kunstwerk die reine Ausprägung des Klassischen.

absehen – vom größeren Ganzen her reicheren Sinn, ein Sophokleisches leuchtet im Glanze allein des eigenen Lichts.

Sophokles selbst hat nach Aristoteles (Dichtk. c. 25) gesagt, er schaffe Menschen, wie sie sein sollten. Der große, heldische Mensch im Kampf mit Umwelt oder anderer, stärkerer Welt ist es, dessen Offenbarung in immer neu gestalteter Form das Ziel seiner Kunst ist. Im 'Aias' tritt uns der in seiner Ehre gekränkte Krieger vor den Blick, der Mann der Kraft, herben Sinnes, adliger Art, der die Schmach nicht tragen kann, daß sein böser Racheplan, die achaischen Fürsten für erlittene Unbill mörderisch zu strafen, durch die Gottheit ins Lächerliche verkehrt worden ist, also daß er mit Wahnsinn geschlagen die Herden statt der Hellenen gezüchtigt hat. Der Chor seiner Mannen, seine Sklavin und Gefährtin Tekmessa und sein kleiner Sohn sind Bande, bestimmt, ihn im Leben zu halten. Er löst diese Bande und wählt heldische Einsamkeit; am ergreifendsten stellt sie der Dichter mittelbar dar, wenn er den zum Tode Entschlossenen durch verstellte, scheinbar doch wieder lebensbejahende Rede sich den Gang von den Freunden fort zum einsamen Todesplatz erst freimachen, das Ende selbst mit diesem teuren Preis der Lüge gleichsam erkaufen läßt. Die Mannen jubeln über die doch nur vorgetäuschte Sinnesänderung; wir aber hören ihn unmittelbar danach Abschied nehmen von der sonnenbeglänzten Welt, und Hektors Schwert muß ihm den freiwillig gesuchten Tod schenken. Um seine Bestattung – Ausdruck der vollen Wiederherstellung seiner Ehre, heilige Pflicht für die Überlebenden, vor allem für den Halbbruder Teukros – geht dann für lange der Streit mit den Heeresfürsten. Sein Feind Odysseus erwirkt sie ihm.[1] Schon in der Eingangsszene hatte er das Mitleid des menschlich Fühlenden mit dem in Wahnsinn versunkenen Todfeind ausgesprochen, während doch seine Begleiterin Pallas Athene voll furchtbar lächelnder Hoheit in diesem Geschick eines, freilich schuldig gewordenen, Helden nur ein Beispiel dafür sah, wohin die Gottheit den Menschen führen kann, der sich nicht demütig dem Gebot der göttlichen Macht unterordnet. Wahrlich eine andere Athene als jene jungfräulich-liebenswerte, anmutige Tochter des Zeus in den 'Eumeniden'! Aber in diesem Gestaltwechsel kündigt sich die neue Dimension Sophokleischer Tragik an.

Die große Frau, als Schöpferin ihres Schicksals, als Kämpferin für das ewige Recht gegenüber der Willkür eines argwöhnischen Tyrannen[2], sie steht zum erstenmal und für alle Zeit gültig in der '*Antigone*' vor uns, dem Drama, das zeitlich dem 'Aias' sehr

1 In der Unterwelt hat er Odysseus nach dessen eigener Erzählung (Odyssee 11, 563) keines Wortes gewürdigt. Platons Erfindung (Staat p. 620), seine Seele habe sich bei der neuen Verleiblichung den Körper eines Löwen gewählt, »weil sie es von sich wies, noch einmal Mensch zu werden«, ist die philosophische Weiterführung des Dichtermotivs. — 2 So Goethe in dem großartigen, weitgreifenden Gespräch mit Eckermann am 28. III. 1827 im Anschluß an das »Büchelchen« von Hinrichs über das Wesen der antiken Tragödie. Seinen für ihn so charakteristischen »Wunsch«, man möchte die Verse 905–12 (Sophokleische Neufassung eines orientalischen Novellenmotivs) als »eingeschoben und unächt« erweisen, kann ihm der heutige Philologe nicht erfüllen, da er bemüht ist, antiken, nicht modernen Maßstab seiner Deu-

nahe steht. Freilich, die »schwesterlichste der Seelen« ist seine Heldin nur in dem Sinne, daß sie eben für den Bruder alles hinzugeben bereit ist, und jenes Wort

Doch nicht mithassen, nein, mitlieben ward mein Los

ist ein Wort der Kraft und wird gerade als Waffe gegen den Widersacher Kreon verwendet: es ist die Losung in ihrem heiligen Kampf. Antigone, »hart Geschlecht von hartem Vater«, »mit dem heißen Herzen bei kalten Dingen« (V. 88. 471), kämpft für die Bestattung des Polyneikes gegen des Herrschers Befehl aus dem Pflichtgefühl »uralter Sippenreligion«, wie man mit Recht gedeutet hat; diese eben enthält jene »nicht geschriebenen und nicht wankenden Gesetze der Götter« (V. 454), auf die sie sich beruft. Wohl hat ihr der Dichter Kreons Sohn Haimon als Verlobten zur Seite gestellt, der aus Liebe zu ihr den Tod wählt, aber es gibt nicht nur keine Szene zwischen der einsamen Heldin und dem liebenden Jüngling, sie selbst erwähnt seiner auch nicht ein einziges Mal – V. 572 weist die antike Ausgabe mit Recht der Schwester Ismene, nicht Antigone zu –, und nur um den Willen des Vaters noch mehr zu verhärten und diesen schärfer zu treffen, ist der Sohn da. Wohl hemmt und bittet liebevoll eben Ismene, sie in ihrer Weichheit ganz andere weibliche Wesenheit als Antigone, wohl warnt der Chor der thebanischen Greise in mannigfacher Form, aber

tung zugrunde zu legen. Zur Auffassung der 'Antigone' vgl. jetzt die tiefschürfende Bonner Dissertation von J. Schmandt, Hegels Ethik aus dem Geist der Religion (1957) S. 164 ff.

nicht solche irdischen Maßstäbe sind es, an denen sie ihre Pflicht mißt. Jenseitiges vielmehr ist dieser Maßstab, und die Ewigkeit des Todes überschattet ihr so das Vergängliche und ist ihr so gegenwärtig, daß sie zur Schwester voll Bitternis sagen kann, sie gehöre dieser Welt schon gar nicht mehr an (V. 559 mit Hölderlin):

> Sei gutes Muts! Du lebst, doch meine Seele,
> Längst ist die tot, so daß ich Toten diene.

Ist ihr Klagegesang auf dem Wege zum leiblichen Tode, der auch den Schmerz der Einsamen ausströmen läßt, ein Widerspruch dazu, gar ein »Fehler« des Dramas? Der hellenische Mensch dieser Zeit weiß um die Werte des Lebens, die aufzugeben Antigone sich anschicken muß, und in der Grabkammer befreit sie sich dann mit eigener Hand von der drohenden Last langdauernder Qual. Tief stürzt ihr Gegner: der Sohn und dann auch die Gattin geben sich den Tod. Kreons Schicksal ist durch das ihre geradezu bedingt; aber er leidet als der Geringwertige, töricht Verblendete, der erst zu spät seine seelische Starrheit begreift, für Antigone ist ihr Tod ihr Ruhm. Denn nicht zwei gleichgewichtige Rechte stehen sich ja hier gegenüber in Herrscher und Untertanin; nur äußerlicher Betrachtung kann Antigones frommes Tun unfrommer Ungehorsam sein (vgl. V. 687 ff., 924). Und das repräsentative Chorlied über das Gewaltig-Furchtbare, das Unheimliche im Tun des Menschen (V. 332), der sich keine Grenze setzen will in seinem Herrscher-, Eroberer-, Erfindersinn, bricht hervor unter dem Druck von Kreons überheblichem Wesen: hoch in der Gemeinschaft steht ja in Wahrheit nur da, wer »die Gesetze der Erdentiefe ehrt und der Götter beschworenes Recht«. Zugleich freilich, mit einer in diesem Chorlied besonders starken Transparenz, spricht der Dichter als Mahner und Warner zu seinem festlich versammelten Volk: auch Athen wird nur gedeihen, wenn ehrfürchtige Verehrung des Heiligen in ihm erhalten bleibt. Der Adel der Form, die Klarheit des Aufbaues, die Einheit seiner viergliedrigen Strophik erhöhen die Wirkung dieses Stasimons und drücken ihm, gegenüber der noch quellenden, drängenden Bewegtheit eines wesensverwandten Aischyleischen wie Choeph. 585, den Stempel echt klassischer Ruhe auf.

Einer andersgearteten Frau Seele und Geschick und damit verflochten das Schicksal ihres Gatten zeigen die '*Trachinierinnen*'[1], wohl in den 30er Jahren des Jahrhunderts gedichtet. Es ist das einzige unter den erhaltenen Sophokleischen Dramen, das noch den Namen nach seinem Chore trägt, und dies beruht darauf, daß die Handlung um zwei gleich gewichtige Gestalten kreist und daher eine Benennung nach einer einzelnen nicht möglich war; ein Drama wie die Euripideischen 'Phönizierinnen' z. B. zeigt Ähnliches. Über den beiden Handlungen aber schweben, sie leitend, Göttersprüche, im Orakel kundgetan, die sich in Tod und Untergang erfüllen. Menschliche Schuld hat dabei kein Gewicht; wie menschliches Fühlen und Wollen innerhalb jenes Mächtebezirks

[1] Gegenüber anderen Ausdeutungen müssen wir an dem Ergebnis unseres Aufsatzes 'Aufbau und Gehalt der Trachinierinnen' (Jahresber. d. Berl. Phil. Ver. 27, 1921, 32ff.) festhalten.

sich auswirkt, ist das ergreifende Thema. Deianeira, des Herakles schon alternde Gattin, von Sehnsucht nach dem lange Fernweilenden, fast schon Verschwundenen ganz erfüllt, durch die Sendung der jungen kriegsgefangenen Königstochter in ihr Haus tief getroffen, da ja Herakles diese zur zweiten Gattin begehrt, schickt ihm das Nessosgewand, das ihr seine Liebe zurückzaubern soll und das ihm in Wahrheit tödliche Qualen schafft. Wie wird uns der Reichtum dieser Seele gezeigt im Reden und Verschweigen, Ahnen und Erwarten, im Gedankenaustausch mit den Frauen von Trachis und den Männern, die sie aus Schonung belügen oder aus gerechtem Sinn aufklären, und auch beim Anblick des Frauenbeutezuges, in dem sie die schweigend schreitende königliche Gestalt Ioles ahndungsvoll als Nebenbuhlerin errät! Der Tod ist ihr selbstverständliche Sühnung des unverschuldet begangenen Unheils. Wortlos folgt sie dem innerlich gehörten, schicksalhaften Ruf ins Jenseits. Der Tragik dieser weiblichen Seele steht im zweiten Teil des Stückes gegenüber die des gewalttätigen Mannes, des kraftstrotzenden Städteeroberers, der in der Qual körperlicher Leiden den Raum füllt mit seinen furchtbaren Rufen und der, um das Leiden zu enden, selbst den Scheiterhaufen für sich schichten läßt. Während sich der Zug hinauf zum Oitagebirge dort droben schon ordnet, läßt der Dichter seinen Chor durch den Mund der Führerin das Schlußwort sprechen:

Bleibt auch ihr nun, Mädchen, nicht am Schlosse!
Habt geschaut viel unerhörte Leiden,
Großes nichtgeahntes Todesschicksal,
Und in allem lebt und ist nur Zeus!

Er hat dieses Ganze so gewollt, der Mensch hat sich ihm zu fügen.

Eben dieser Gedanke, daß der Gottheit Wille in seiner rätselhaften, bis zur Vernichtung wirkenden Macht menschliches Geschick bestimmt, daß aber der Mensch in heldischem Willen selbst dieses Schicksal gleichsam an sein Herz reißt, auch wenn es ihm den Tod bringt, ja noch Schlimmeres als den Tod – er hat sein grandioses Denkmal im Drama vom König *Oidipus* gefunden (aufgeführt etwa um 430 v. Chr)[1]. Tragödie als Ganzes ist nun geworden, was einst wie in den 'Sieben' des Aischylos tragische Szene – die Abschiedsszene des Eteokles – war. Zusammengebrochen sind die modernen Versuche, diesem Oidipus eine »Schuld« vorzurechnen, die sein Geschick – oder doch ein gut Teil von ihm! – als »verdient« erweisen soll. Und auch nicht in höherem, in Aischyleischem Sinne sind es Schuld und Sühne, die das Auge des Sophokles als die eigentlichen Wurzeln des Geschehens hier wie sonst sieht und sehen läßt: das Unbegreifliche bleibt immer in seiner ganzen Rätselgröße vor uns stehen. Der Mensch tut gut, wenn er sich ihm in Bescheidenheit beugt, aber er handelt heldisch, wenn er dagegen anrennt und – zerschellt. Die Mängel, die das Wesen dieses Königs zeigt, die Leidenschaft des Zornes, der Drang zu vor-

[1] Nicht einmal andeutend können wir hier auf die großen, auch verhängnisvollen Nachwirkungen dieser Tragödie eingehen; nur darauf sei hingewiesen, daß die Eingangsszene zu Kleists Robert Guiskard das eindrücklichste Beispiel dafür ist, wie ein deutscher Dichter ein antikes Motiv – die Eingangsszene zum 'Oidipus' – nachbilden und doch zugleich etwas ganz Neues schaffen kann.

schnellem Urteil, übereiltem Entschluß, sind allein da, damit wir sein Geschick auch nur zu fassen vermögen mit unserem eigenen seelischen Maß. Er wie manche andere Gestalt des Dramas, sie haben alles dem Menschen nur Mögliche getan und tun es noch, um das furchtbar Drohende zu verhindern, aber es geschieht immer gerade das Entgegengesetzte, eben weil die Gottheit das Furchtbare will. Nur anderer Ausdruck dafür ist es, daß hier so stark wie in keiner anderen Tragödie die Menschen Worte sagen, deren erschreckender Doppelsinn ihnen selbst verborgen bleibt: jene höhere Macht spricht durch sie und zwingt sie zu tragischer Ironie. Der die Zukunft Sehende ist allein der Blinde, Teiresias, hier noch erhabener in seiner Menschenferne als in der 'Antigone'. Aber das eben ist das Wunder der Wunder, daß Oidipus, der scheinbar nur Leidende, tiefstes Mitleiden Verdienende und auch von Iokaste, dem Hirten, dem Chore vor allem, mit schmerzlichstem Mitgefühl Umgebene, nicht als willenloses Opfer teuflischer Mächte erscheint, sondern als Held, als tragischer Held. Denn sein Wahrheitsdrang, sein Wille, das Verborgene aufzudecken, da, wo die anderen schonend verhüllen wollen, ist es, der dieses Ende herbeizwingt, und so ist die »tragische Analysis« dieser Handlung, von der Schiller mit Recht spricht, zugleich ein ständiges Wachsen und Höhersteigen des menschlichen Wesens, das seinen Gipfelpunkt, gleichsam schon im Kosmischen liegend, dicht vor dem tiefsten Fall hat. So spricht er ja, als Iokaste, alles durchschauend, davongeht, um sich zu töten (V. 1076ff. mit Hölderlin, dessen Vers auch hier den echt tragischen Ton findet):

Was soll, das breche! Mein Geschlecht will ich,
Sei's auch gering, doch will ich es erfahren.
Mit Recht ist sie, denn Weiber denken groß,
Ob meiner niedrigen Geburt beschämt.
Ich aber will, als Sohn des Glücks mich haltend,
Des wohlbegabten, nicht verunehrt werden;
Denn dies ist meine Mutter. Und klein und groß
Umfingen mich die mitgebornen Monde[1].

Den Sturz in den Abgrund lehrt das Chorlied über die »Geschlechter der Irdischen«, dessen rhythmische Schläge unvergeßlich in unserer Seele nachhallen, als Paradeigma verstehen, Abbild und Vorbild irdisch menschlicher Größe, die doch nur Scheingröße ist. Solche Tragödie, das »große gigantische Schicksal, welches den Menschen erhebt, wenn es den Menschen zermalmt«[2], ist mancher der Heutigen gar nicht mehr zu ertragen fähig. Nicht selten begegnet man ausweichendem oder ablehnendem Urteil über den Wert dieses Stückes. Wir aber sagen: es ist der Prüfstein für die Fähigkeit, Hellenisches in seiner Tiefe zu verstehen. Und der Größe dieses tragischen Geschehens ganz und gar angemessen, ja man kann sagen, geradezu mit ihr identisch, ist die Form in ihrer ehernen Fügung, ihrer wuchtigen Gedrängtheit, in der – nach des Dichters machtvoll zwingendem Willen – auch nicht das kleinste Glied nicht notwendig scheint. Hier, wenn irgendwo, gilt des Aristoteles Wort (Dichtk. c. 4): die Tragödie »hat

[1] Die Monde (und Monate), die ihn durchs Leben begleiteten, haben ihn erst klein, dann groß gemacht. — [2] Das Wort läßt Schiller bezeichnenderweise den Schatten des Herakles in der Unterwelt sagen, hinter dem sich 'Shakespeares Schatten' birgt.

das in ihr selbst schon ruhende Wesen gefunden«. Dies eben ist klassische Tragödie, und sie ist dauernder selbst als der Parthenon.

Hohen, strengen Stil klassischer Kunst, den majestätische Sicherheit in der Linienführung und große Gesinnung schaffen, zeigt auch die Tragödie '*Elektra*'. Wir denken sie uns etwa 420 aufgeführt. Eine andere ist nun die ihren Namen tragende Gestalt geworden als die, der wir in den 'Choephoren' des Aischylos begegneten: aus dem bescheidenen, zwar den Bruder stützenden, aber dann ganz hinter ihm verschwindenden Mädchen die Mittelfigur, auf die alle Linien hinweisen und von der die bewegende Kraft ausgeht, die Verkörperung starken, fast männlichen Willens. Diese Elektra überwindet die weltklugen Warnungen der andersgearteten Schwester Chrysothemis – die in ähnlichem Verhältnis zu ihr steht wie Ismene zu Antigone –, sie besiegt in großangelegtem Redekampf die heuchlerischen Argumente Klytaimestras, mit denen sie ihre Tat rechtfertigen will, ja, wäre der Bruder nicht gekommen, so hätte sie selbst, sie allein den tödlichen Streich gegen die Mutter geführt. Nun, da der sehnlichst Erwartete, für tot Erachtete, endlich aber als Erlöser Begrüßte statt ihrer der Täter wird, hören wir als Antwort auf den Todesschrei der Mutter: »Weh mir, getroffen!« aus ihrem Munde den furchtbaren Ruf: »Kannst du, stoß zum zweitenmal!« Und wenn damals dieses Drama der Rache eingebettet war in eine Trilogie und durchflochten von den unzerreißbaren Fäden fortwirkenden Geschlechtsfluchs, jetzt steht es allein auf sich, und der Muttermord scheint notwendig und gut; er wirkt in die Zukunft nicht wei-

SOPHOKLES

ter. Der Dichter billigt den Mythos. Zum Ziel hatte er sich gesetzt, dessen Gestalten mit großem seelischem Gehalt zu füllen, und er hat sie bereichert um einen alten Erzieher Orests, der auch jene unübertrefflich plastische, auf Täuschung berechnete Erzählung von dem für Orest tödlichen Wettrennen vorträgt. Vor allem sollen wir im wechselnden, alle Tiefen und Höhen durchmessenden Gefühl der einsamen Heldin etwas von dem erleben, was Aristoteles (Dichtk. c. 6) das Ziel der Tragödie nennt: durch Erregung von Mitgefühl und Schauder die Läuterung derartiger leidenschaftlicher Regungen in uns selbst zu bewirken. Denn nicht nur der Tod, auch alle hohe Kunst hat jene »reinigende Kraft«.

Keineswegs ein Nachlassen der schöpferischen Kraft, reifste Fülle vielmehr zeigen die beiden aus den allerletzten Lebensjahren des Meisters erhaltenen Werke, der '*Philoktet*', zuerst gespielt 409, und der '*Oidipus auf Kolonos*', vom Enkel des Dichters vier Jahre nach dessen Tode 401 zur Aufführung gebracht.

Es ist die flüssige, jeder Gedankenwendung sich schmiegende Sprache, die einen kleinen Kreis umfassende und doch spannungsgeladene Handlung, es ist der seelische Reichtum, der ethische Gehalt, die uns den 'Philoktet' bewundern lassen. Auch Aischylos und Euripides haben den Stoff behandelt, die Herbeiholung des einst auf der Insel Lemnos ausgesetzten, schwerkranken Philoktet nach Troia, wo er mit seinem Bogen erscheinen muß, wenn die Stadt endlich fallen soll. Dank einem antiken Bericht sind wir imstande zu sagen, worin des Sophokles Eigenes besteht. Er hat Philoktet zum Einsamen, zum einzigen Bewohner der Insel gemacht; dadurch wächst seine Gestalt tiefer in das Tragische hinein, weil sein Leid sich vermehrt, sein Schmerz über den Betrug, den man mit ihm vorhat, nur um so wilder wird, sein Wille, dem Wunsch seiner Feinde, damit zugleich freilich dem Heil der hellenischen Gesamtheit, zu widerstehen, nur um so zwingender. Und vor allem hat Sophokles die jugendliche Gestalt des Neoptolemos zuerst in die Handlung eingeführt, den Achillsohn, der den Kranken aufs Schiff locken und damit betrügen soll, der aber wie sein Vater nicht betrügen, die eingeborene Art nicht verleugnen kann. Das sagt er selbst schon, als er zum erstenmal vor uns erscheint, und die Gegenüberstellung des weltunkundigen, wahrheitsliebenden Jünglings und des lebenserfahrenen, den Vorteil suchenden Mannes Odysseus gehört zu den feinsten dichterischen Erfindungen des Sophokles. Der Dichter läßt dann zwar den an Neoptolemos wesentlichsten Zug für lange Zeit nur allzusehr zurücktreten, damit die Handlung ihr eigenes, kräftig-dramatisches Leben führen kann (dessen einzelne Phasen wir hier nicht verfolgen). Er bricht aber kräftig wieder hervor in dem Augenblick, da der Plan unmittelbar und unwiderruflich Tat werden soll (V. 902); die »Physis«, der seelische »Wuchs« des Neoptolemos empört sich dagegen:

Alles ist wider uns, die eigene Natur,
Wenn man sie läßt und tut, was ihr nicht zugehört.

Dieser im Wechselspiel wogende Kampf menschlicher Naturen aber hat auch hier den dunklen Hintergrund schicksalhafter Bestimmung. So fließt ja in Philoktets bittrer Klage und Frage V. 446 ff. die

Quelle zu dem Vers »Denn Patroclus liegt begraben, und Thersites kehrt zurück[1]«. Denn auf Philoktets Frage nach dem liebsten Freunde Achills erfolgt die Antwort, er sei tot, und auf die nach dem Unwürdigen, aber mit der Zunge Furchtbaren und Schlauen die andere:

Ich sah ihn nicht, doch ich vernahm, noch lebe er,

worauf Philoktet erwidert:

So sollt' es sein! Denn nie ging Schlechtes ja zugrund,
Nein, das umhegen gar zu gut die Himmlischen.
Ich weiß nicht wie, das Schurk'sche, das Verschlagene,
Es freut sie, wenn sie's aus dem Hades wieder holen,
Doch das Gerechte, Tücht'ge stets dorthin sie senden.
Wie soll man dies sich deuten, wie es loben, wenn
Das Göttliche ich lobend Götter schlecht doch finde?

Offen greift der Schicksalswille am Schluß ein. Nachdem Philoktet nicht nur der Lüge und der List, sondern im Übermaß seiner Ehrliebe sogar den offenen Bitten des doch nun von ihm herzlich geliebten Achillsohnes widerstanden hat, zwingt die Gottheit seinen Willen in die Bahn eines Höheren, Größeren hinein: Ilios soll durch ihn fallen. Er beugt sich der verklärten Gestalt des Herakles, die ihm jene Fahrt anbefiehlt, »wohin die große Moira führt«, er grüßt zum Beschluß in Liebe das Land, Höhle, Quellnymphen und Felsenufer, die Zeugen seiner Leiden.
Mit Shakespeares König Lear hat man seit Shelley und Herder die zweite Oidipustragödie des Sophokles verglichen. Mit Recht; denn so weit der Abstand ist zwischen dem Drama auf der nordischen Heide

[1] So auch Wilamowitz, Griech. Trag. IV, 20, dessen weiterer Ausführung wir aber nicht zustimmen können.

und dem im südlichen Licht, es webt um die beiden Alten etwas von derselben geheimnisvoll-göttlichen Atmosphäre, die das allergrößte Leid auch dem Sterblichen verleiht. Und in beiden Dramen kommt zu Wort und Gestalt jenes tiefe Wissen vom Sinn des Lebens und Todes, das dem Menschen erst werden kann, wenn er sich rüstet, Abschied zu nehmen. Für Oidipus freilich ist es wie für Lear noch ein langer Weg, den er zurücklegen muß, bis er das Tor des Todes durchschreiten darf. Aus der Heimat verstoßen, kommt der blinde Bettler, von Antigone geführt, von Ismene umsorgt, in den Eumenidenhain des attischen Gaues Kolonos. Hier, so fühlt er, wird er Erlösung finden vom Leben. Doch überwinden muß er erst das Grauen, das die Bewohner vor seinem Äußeren, das größere, das sie vor seinem Schicksal empfinden; kämpfen muß sein Stolz gegen Kreon, der, von einem Orakel gelockt, ihn wie ein Wertstück zur Heimatgrenze zurückholen will; zurückweisen muß seine alte leidenschaftliche Kraft den verfluchten Sohn, der jetzt im bevorstehenden Kampf gegen den Bruder seine Hilfe erfleht: will doch das Geschick, daß der Befleckte nun am Ende seiner Tage zum Segen werde für die, bei denen er für immer weilt. Diese geheimnisvolle Stätte der Ruhe aber soll nach der Götter wie nach seinem Willen nirgends als hier in Attika sein. Dessen Herrscher Theseus beschützt durch mildes Wort und starke Tat den Fremden und seine Töchter, dessen Bewohner singen ihm das farbenfrohe Lied (V. 668) zum Preise ihrer Heimat, das sich zu dem entsprechenden der Euripideischen 'Medea' (V. 824) verhält wie ein Ölbild in kräftigen Tönen zu einem zarten Pastellgemälde.

Und hier, zugleich in der Heimat des Dichters selbst, ruft der Donner des Zeus auch endlich den Uralten in das Mysterium des Todes, in die Tiefe des Hades:

Ein Gott gab ihm Geleit, oder das Totentor,
Das sonnenlose, tat sich ihm wohlwollend auf.
Denn ohne Krankheit, ohne Schmerz und Seufzen ward
Der Mann hinweggenommen, hehr und wunderbar,
Wie nie ein Mensch![1]

Reichere Musik als sonst umtönt in Chorliedern und Wechselgesängen das lang dahinfließende, mehr in Bildern als in spannungsreichem Geschehen sich entwickelnde Drama, dessen weitausladende Größe auch noch der Rede und des Gesanges eines vierten Schauspielers bedarf. Welche Kraft und Weite der Seele ihres an die neunzig Jahre alten Schöpfers läßt es ahnen, wenn ihr in denselben Jahren zwei so verschieden geartete Kunstwerke wie 'Philoktet' und 'Oidipus' entstiegen sind!

Im allgemeinen gilt – soweit uns die so geringe Zahl der erhaltenen Dramen ein allgemeines Urteil gestattet –, daß der Musik im Werk des Sophokles eine andere, viel begrenztere Aufgabe zufällt als in dem des Aischylos. Hier flutet nicht mehr jene musikalisch-lyrische Atmosphäre, aus der das Geschehen herausquillt, sondern umgekehrt die in Wort, Gedanke, Tat sich entwickelnde Handlung ist Kern und Rückgrat, die Musik nur begleitende Zutat; sie gibt kurze Entladung und Entspannung, auch wohl Einstimmung oder Kontraststimmung zu unmittelbar bevorstehender Einzelhandlung. Noch in sehr anderem Sinne als ein Aischyleisches Drama ist ein

[1] Nach der Übersetzung Donners.

Sophokleisches ein Werk der Sprachkunst. Über deren stilistische Entwicklung liegt ein wertvolles Selbstzeugnis des Dichters Sophokles vor: während ihm zuerst die Pracht und Erhabenheit des Aischylos Vorbild gewesen sei, habe er sich dann auf sich selbst besonnen, doch eigene künstliche Manier abstreifen müssen, ehe es ihm gelungen sei, im Logos das Ethos, des Menschen Wesensart, zum Ausdruck zu bringen. Hiermit ist, wie Wilamowitz richtig gesagt hat, eine Entwicklungsperiode vor dem frühest erhaltenen Drama gemeint. Denn 'Aias' und 'Antigone' zeigen schon dieses Eins von gesprochenem Wort und seelischer Art. Etwas Rational-Ordnendes bleibt freilich bei Sophokles in den Reden und Gegenreden stets spürbar. Seine Sprache ist sehr geistig, ja geistreich; statt der wuchtenden Fülle und türmenden Kraft des Älteren spüren wir hier mehr zierenden Schmuck und kluge Gestaltung. Diese Kunst hat auch bewegtes Wechselgespräch, seit dem 'Oidipus' auf drei sich beteiligende Personen erweitert, mit besonderer Wirkung geschaffen. Und der gleichen formenden Kraft ist das Ganze untertan. Die berühmten drei Einheiten kannte das archaische und frühklassische Spiel noch nicht – die 'Eumeniden' sind dafür bester Beweis –, aber der Sophokleischen Tragödie – nach dem 'Aias' – sind sie eigentümlich. Strengem Gesetz gehorsam, steht sie frei und in sich ausgewogen vor uns wie ein edles Werk der Rundplastik.

In der dramatischen Gestaltung hat uns neuere Forschung innerhalb des Erhaltenen einen Wandel erkennen lassen von einer mehr nebenordnenden Szenenführung, einer mehr festen Umrißzeichnung der

Einzelgestalt – wie dies beides im ‘Aias’ besonders greifbar ist – zu einem stärkeren Ineinandergreifen der Szenen und einem Kräftespiel der Gestalten, in dem sie, sich wandelnd, erst ganz sich offenbaren – wofür der ‘Philoktet’ das bezeichnendste Beispiel ist. Das gehört zu dem letzthin häufig und fruchtbar erörterten Problem der Sophokleischen dramatischen Technik. In dieser ruht zwar nicht das eigentliche Wesen seiner Kunst – wie könnte Technik Wesenheit sein! –, aber es ist lehrreich zu beobachten, was Sophokles an Widersprüchlichem und Unwahrscheinlichem[1] wagt um der ergreifenden Wirkung der Einzelszene, des gerade dargestellten dramatischen Motivs willen. Davon wußte schon Goethe[2], der dem »Metier« dieses Dramatikers hohe Bewunderung zollte. Vom Zuschauer wie auch noch vom Leser aber gilt hier das Wort eines, der diese Tragödien mit eigenen Augen hat spielen sehen, des Weisheitslehrers Gorgias, der sagte: »Wer sich hat täuschen lassen, ist weiser als der nicht Getäuschte«, oder mit Goethes Worten: »Überall sollen wir es mit ... dem Worte eines Dichters nicht so genau und kleinlich nehmen; vielmehr sollen wir ein Kunstwerk, das mit kühnem und freiem Geist gemacht worden, auch wo möglich mit eben solchem Geiste wieder anschauen und genießen.« Ein solcher aber wird sich durch Sophokles in die höhere Sphäre des Tragischen gehoben fühlen, das sich kundgibt im Kampf des Menschen mit überpersönlicher Macht. Hier ist das wahre Geheimnis der Wirkung dieses

1 Das zeigt T. v. Wilamowitz, Die dramatische Technik d. Soph. (1917), auf. – 2 Gespr. m. Eckermann 28. III. u. 18. IV. 1827.

täuschenden Spieles zu finden. Und in dieser Welt herrscht doch Wahrheit und auch Wahrscheinlichkeit, nur nicht eine solche des gemeinen Lebens; oder: hier geschehen Ereignisse in Stunden, die nicht unserem Stundenmaß entsprechen, hier ist ein Tag, wie ihn unsere Alltäglichkeit nicht zeigt, erfüllen sich Schicksale, die über das unsere weit hinausragen.
In dieselbe Richtung führt die Beobachtung, daß die Menschen des Sophokles nicht Charaktere sind im Sinne neuerer Psychologie, nicht seelische Wesen, geschickt aus Einzelzügen vereint zu vielleicht bewunderungswürdigem, eigentümlichem Sondersein, sondern von *einem* Grundzug her sind sie geformt, wachsen sie auf zu monumentaler, die Zeit überdauernder *Gestalt*, aus *einem* Quellpunkt bricht das Leben reich und voll bei ihnen hervor, in immer starker, aber immer verschiedener Art, je nach ihrem Naturkern, den Sophokles Physis nennt. Und ist nicht dieser seelische Reichtum hier, ganz anders als im Drama des Aischylos, so groß in seiner Einfachheit, daß man, von den erhaltenen Tragödien des Sophokles auf die so überaus zahlreichen nicht erhaltenen schließend, mit Platen von ihm sagen kann:

> Was nur ein Menschenbusen hofft und leidet,
> Du sprachst es aus mit deinen tausend Zungen?

Auch der Chor, über den Sophokles eine besondere, nicht erhaltene Prosaschrift geschrieben hat, dient dem dramatischen Geschehen, der tragischen Idee, ihrer Gestaltung oder Verwirklichung, freilich nicht mehr handelnd, sondern nur noch betrachtend. Gerade er läßt uns mit ganz besonderer Deutlichkeit erkennen, in welchem Maße dem Dichter eine von ihm geschaffene Gestalt – eine solche stellt der Chor doch immer noch dar – Mittel zu dramatischem Zweck sein kann. Denn diese Choreuten sind alles andere eher als ein »Charakter«. Sie begleiten die Handlung mit ihrem Gefühl, sagen aber oft durch den Mund ihres Führers sehr Widersprechendes, eben um die Wirkung einer Einzelszene oder -rede zu verstärken; es gilt sozusagen nur für diesen Augenblick. Zugleich sammelt der Chor im Lied unser eigenes Gefühl, oder er gibt ihm die vom Dichter gewünschte Richtung. Liebt es doch Sophokles gar, um die Wirkung der Katastrophe noch zu steigern, um die dem Gang der Handlung selbst zu entnehmende tragische Ironie zu verdeutlichen, kurz vor der Wendung den Chor ein Freudenlied anstimmen zu lassen, zu dem das Geschehen scheinbar einen Anlaß gibt. So ist es z. B. Aias 693, Trach. 633, Oid. 1086, und noch uns reißt der Tanzrausch mit fort, der die Thebaner bei dem Gedanken überkommt, morgen am Vollmondfest in den Kithairon zu ziehen, um das Gebirge zu preisen als Mutter und Nährerin des Oidipus. Aber weit vielfältiger noch ist die Aufgabe dieses Chores der klassischen Tragödie. Nicht nur, daß er durch die Lieder das ganze Werk innerlich gliedert und ihm, besonders im 'Oidipus', die durchsichtige Klarheit seines Aufbaues gibt, er erhebt auch die Handlung in die Höhe des allgemein Menschlichen, und »er tut dieses... mit einer kühnen lyrischen Freiheit, welche auf den hohen Gipfeln der menschlichen Dinge wie mit Schritten der Götter einhergeht... Der Chor *reinigt* also das tragische Gedicht«, wie Schiller in der schon erwähnten Abhandlung über den Chor sagt. Und endlich:

wie seit Pindars Zeiten ist der Chor auch zugleich Organ des Dichters selbst, durch das er vor seinen Mitbürgern am Festtage die Lehre ausspricht, die ihm am Herzen liegt, vor allem die echt Sophokleische Mahnung, den Glauben an Göttermacht und Orakelheiligkeit nicht preiszugeben – denn eine bange Frage wie die Philoktets nach der Gerechtigkeit des Weltlaufs findet ja im Stück selbst die starke Antwort, daß der Mensch, statt zu fragen, sich zu fügen hat. Und Worte ertönen in diesem Chorlied, die schlechthin die Summe eines ganzen Lebens ziehen. Dazu gehört auch das alte Schauerwort, das wohl schon in einem Epos gestanden hat und das vom Historiker wie vom lyrischen und dramatischen Dichter mannigfach abgewandelt worden ist, der unheimliche Unterton zur festlichen hellenischen Lebensmelodie: Nicht geschaffen zu werden, das ist das Beste! Davon singt das letzte betrachtende Lied, das Sophokles gedichtet hat, Oidipus auf Kolonos 1211ff.[1]. Wie erscheint dem Alten im Rückblick das Leben? Als »Mißgunst, Bürgerkrieg, Hader, Schlachten und Morde«, nichts weiter.

Der Greis hier erfuhr's. – Wir erfuhren es auch.
Im Nordmeer steht eine Klippe
Wogenumbraust,
Sie peitschen die Stürme von hinten und vorn.
So stürzen sich mächtig auf Oidipus
Flutwellen des Fluches. Sie lassen ihn nimmer,
Sie fluten von West, wo die Sonne sinkt,
Sie fluten von Sonnenaufgang,
Vom lichten Süd,
Vom Nebelgebirge des Nordens.

[1] Übersetzt von Wilamowitz. Griech. Trag. IV, 360.

So tief ist der Abgrund, über den der Dichter die Brücke schlägt hinüber zur Eudaimonie, zur frommen Ergebung, dem Geheimnis seines eigenen Wesens. Kann doch von ihm nach seinem Tode Aristophanes[1] die Schatten im Hades sagen lassen:

»Fried-selig ist er drunten, wie er's droben war.«

Wenige Monate vor Sophokles war *Euripides*[2] gestorben. Sophokles legte Trauerkleider an, und bei der Vorstellung von Chor und Schauspielern kurz vor der Aufführung der nächsten Dionysien ließ er sie ohne den festlichen Kranz erscheinen. So ehrte er den Mann, der viele Jahrzehnte lang mit ihm in Athen gelebt hatte– denn des Euripides Leben umschließen die Jahre 485 und 406 –, der aber in Lebensform, Wesen, Dichtkunst ein völlig anderer gewesen war. Das schloß nicht aus, daß der Dramatiker Sophokles auch einmal seine technischen Mittel verwandte, wie z. B. der Prolog der 'Trachinierinnen' und der Epilog des 'Philoktet' zeigen, die in seiner Weise gestaltet sind. Euripides war nicht von der Gunst und Liebe der ganzen Vaterstadt getragen. In 22 Aufführungen hat er nur viermal den ersten Preis erhalten, einmal noch nach seinem Tode mit den 'Bakchen'. Aischylos muß sein Lehrer gewesen sein, wenn er auch der Generation des Aristophanes als von ihm völlig wesensverschieden erschien. Leidenschaftlich umstritten war und blieb sein neuer Stil. Bei ihm hören wir nichts über die

1 Frösche 82. — 2 Für Euripides verweisen wir ergänzend auf Jaeger, Paideia I³ 419 ff. im Vergleich mit der Darstellung der Bedeutung von Aischylos S. 307 ff. und Sophokles S. 343 ff.

Verwaltung von Staatsämtern, so sehr er auch als Dichter im Drama die Vaterstadt preist und so oft er darin zu politischer Frage eigenes Urteil äußert. So gehört ihm auch, nach der Überlieferung, jenes schmerzliche Epigramm auf die Gefallenen der Sizilischen Expedition:

Diese, achtmal im Sieg Syrakusens Bürger sie beugten,
Da noch die Waage des Gotts wog mit gerechtem Gewicht.

Soviel Euripides Menschen beobachtet hat – mit unheimlichem Scharfblick –, auf seinem Leben ruht nichts vom Glanz gesellschaftlichen Verkehrs, von dem die Biographie des Sophokles einen Widerschein erhalten hat. Die des Euripides weiß nur etwas von einem geistigen Umgang mit Naturphilosophen wie Anaxagoras und Sophisten wie Protagoras, und sie läßt uns das eindrucksvolle Bild sehen, wie der Dichter in der Einsamkeit von Salamis arbeitet, das Auge auf des Meeres ruhelose Schönheit gerichtet. Bücher wird er noch mehr gesucht haben als Menschen, ist er doch einer der ersten Athener, die als Besitzer einer Bibliothek bekannt sind. Gar noch im höchsten Alter, nach 408, hat er Athen verlassen und ist dem Rufe des Königs Archelaos von Makedonien gefolgt, der manchen erlesenen Geist an seinen Hof zog. Dort ist er auch gestorben. Von der grüblerischen Einsamkeit, von der schmerzhaften Bitterkeit seines Wesens spricht ergreifend das schmallippige Antlitz der Neapler Herme mit ihren tiefbeschatteten Augen.

Dem glücklichen Umstand, daß uns außer der verbreiteten Schulausgabe vom Werk des Euripides auch noch Reste einer Gesamtausgabe erhalten sind, verdanken wir es, daß wir von ihm 18 Stücke – von ehedem etwa 88! – haben. Zudem ist er in späterer Zeit so viel gelesen worden, daß wir überaus viele Zitate aus anderen Werken besitzen, und auch der Sand Ägyptens hat uns manches erhalten. Dieser größere Reichtum verwehrt uns die bisher geübte gleichmäßige Besprechung der Werke. Wir ordnen diese vielmehr nach zeitlichen Gruppen, innerhalb deren wir die uns am bedeutendsten scheinenden besonders herausheben. Über dem Ganzen aber steht gleichsam als Motto sein Wort: »Viele sind die Gestalten des Dämonischen.«

455 hat Euripides zum erstenmal vom Archon das Recht erhalten, am Fest seine Tragödien spielen zu lassen, aber erst 442 als über Vierzigjähriger errang er den ersten Sieg. Von den Stücken dieser Periode haben wir keine Vorstellung. Die frühesten erhaltenen gehören den dreißiger Jahren an. Eins von ihnen ist wohl auch das Satyrspiel '*Kyklop*', dramatische Wiedergabe des Odysseusabenteuers mit dem Menschenfresser, wie jene Sophokleischen 'Spürhunde' mit Satyrchor, hier als Schafhirten auftretend, und altem Silen ausgestattet, aber ohne die befreiende Fröhlichkeit, die den 'Spürhunden' eignet, mehr Parodie als heiteres Märchenspiel. Der einäugige Riese selbst ist zum Vertreter materialistischer Weltanschauung gestempelt.

Die erste Tragödiengruppe, die wir zusammenschließen, umfaßt die Werke der dreißiger und zwanziger Jahre. Hochberühmt waren zwei nur im Umriß herstellbare, '*Phaethon*' und '*Bellerophon*', deren gleichnamige Helden beide der Ehre teilhaftig wurden, vom Blitze des Zeus zerschmettert zu werden, Phaethon, weil er die Vermessenheit hatte, den Wagen seines Vaters, des Sonnengottes, zu besteigen, Bellerophon, weil er mit dem Pegasos gen Himmel stieg, um sich die Gewißheit zu verschaffen, daß es droben keine Götter gibt; denn, so sagt er, gäbe es sie, so würden sie nicht die Frommen im Unglück und die Unfrommen im Glück lassen, und

Wenn Götter tun, was häßlich, sind sie keine Götter.

Des 'Phaethon' umfangreiche Reste zu ergänzen, diese reizvolle Aufgabe hat einst auch Goethe, »ehrfurchtsvoll an solche köstliche Reliquien herantretend«, übernommen. Über den ersten Szenen schwebt die Stimmung des frühen Morgens im weitesten Osten, in der Nähe des Sonnenpalastes, denn von hier wird ja die Fahrt des Heliossohnes beginnen. In feinen Einzelzügen malt das Einzugslied[1] des Mädchenchores beim Aufsteigen der Morgenröte das Erwachen der Natur, der Tiere und Menschen, die so früh an ihre Arbeit gehen, Hirten, Jäger, Schiffer. Lücken, die uns in diesem Text schon immer schmerzten, hat ein neuer Papyrusfund glücklich gefüllt.

Von den ganz erhaltenen Tragödien ist die '*Alkestis*'[2], 438 aufgeführt, an vierter Stelle, also an Stelle eines Satyrspieles gespielt worden; es ist für die Wesensart des Dichters bezeichnend, daß er solchen

[1] Eine Übersetzung bei Wilamowitz, Reden und Vorträge I⁴ 174. — [2] Es war eine echt Euripideische Neuformung eines alten Stückes von Phrynichos (s. o. S. 144). Zu den Alkestisdichtungen unserer Zeit vgl. E. Zinn, Antike und Abendland III (1948) 207 ff. und K. v. Fritz ebd. V (1956) 27 ff.

Tausch, hier wie sicherlich öfter, vorgenommen hat. Daher eignen der 'Alkestis' heitere Züge, glücklicher Ausgang. Aber das ergreifende Opfer der Treue, der Tod der Königin für den Gatten, seine Klagen bei der Rückkehr in das von ihr verlassene, nun verödete Haus, die überaus feine Gesprächsführung in jener Schlußszene, die ihm aus der Hand des Retters Herakles die Abgeschiedene wiederschenkt, aus alledem spricht der Ernst hoher Tragödie. Durfte aber Admet jenes Opfer annehmen? Leidenschaftlich hat der junge Goethe dies bejaht, als er seine Farce »Götter, Helden und Wieland« gegen die Herabsetzung dieses griechischen Schauspiels richtete; in ihr hören wir denn auch Admet sagen: »Es hätte Euch doch sollen bedenklich scheinen, ob der Mann, der geboren wurde, da Griechenland den Xerxes bemeisterte, der ein Freund des Sokrates war, dessen Stücke eine Wirkung auf sein Jahrhundert hatten wie Eure wohl schwerlich, ob der Mann nicht eher die Schatten von Alceste und Admet habe herbeibeschwören können als Ihr. Das verdiente einige ahndungsvolle Ehrfurcht.« Der Admet des Euripides ist so ausgezeichnet durch seine Gastfreundschaft, seine Treue gegenüber der Toten, daß uns das Opfer der Alkestis wenigstens »nicht unerträglich erscheint«.[1]

Zur selben Epoche wie 'Alkestis' gehören zwei Dramen, die sich um die düsteren Schicksale gefangener troischer Frauen bewegen, '*Hekabe*' und '*Andromache*', das erstere in byzantinischer Zeit besonders viel gelesen, und zwei andere, die die Gastfreundschaft Athens im Spiegel des Mythos zeigen: in dem einen, den '*Herakleiden*', nimmt König Demophon

1 So richtig von Lesky a. O. S. 160 f. formuliert.

die flüchtigen Herakleskinder auf, in dem andern, den '*Hiketiden*'[1], etwa 421 aufgeführt, gewährt Theseus den argivischen Müttern Unterstützung und verhilft ihren Söhnen, den vor Theben beim Sturm der Sieben gefallenen Kriegern, zum heiligen Recht der Toten, der Bestattung. Wir hier wollen zwei andere Tragödien genauer betrachten: die '*Medea*' (aus dem Jahre 431) und den '*Hippolytos*' (aus dem Jahre 428).

Medea, wie sie fortlebt als die Mörderin der eigenen Kinder, ist durchaus Schöpfung des Euripides, der die Sage selbständig weitergebildet hat. Und aus seinen erhaltenen und den zu erahnenden Stücken gewinnen wir die Gewißheit, daß eben er es recht eigentlich gewesen ist, der die Welt der Triebe entdeckt, die Leidenschaftlichkeit weiblichen Herzens erfaßt und die Beziehungen der Geschlechter zueinander zu einem Hauptproblem des tragischen Spiels gemacht hat. Hier rühmt und rügt der Vers an dieser Barbarin immer wieder den »schweren Sinn«, das erschreckende Wesen, den Reichtum an klugen, unheimlichen Gedanken, die auch das Reich der Gifte beherrschen. Von hier aus sollen wir es nachfühlend verstehen, daß die in ihrer Frauenehre vom Gatten Gekränkte nicht nur die Nebenbuhlerin vernichtet, sondern auch, um den Mann zu treffen, mit dem Schwerte die eigenen Kinder tötet. Wollen wir uns das Gegenbild vor die Seele stellen: Deianeira – wie anders war sie, handelte sie, als ihre Frauenehre verletzt war! Medeas Recht aber wird zugleich allgemein gefaßt. Sie erscheint sich selbst als Rächerin

[1] Sehr lesenswert die Einleitung Wilamowitzens zu seiner Übersetzung.

des Unrechts gegen die Frau schlechthin, als Hüterin der Treue und der Ehrfurcht, und auch der Frauenchor, der oft nur dem Grauen vor solchem Planen und Tun Ausdruck gibt, ruft einmal (V. 419) aus: »Ehre kommt dem Frauengeschlecht!« Dieser Dichter strebt immer bewußt danach, das einzelne Geschehen in die Sphäre des Allgemeinen zu heben, darin ein Schüler auch der Philosophie. Aber er öffnet auch dem Menschen die Brust, daß wir in ihre Tiefe sehen. In erstaunlich vielseitigem Gedankengang erwägt Medea das Für und Wider ihrer Tat, ja das eigentliche Herzstück des Dramas, der große Monolog vor dem entscheidenden Entschluß, ist in seinem leidenschaftlichen Auf und Ab langdauernder, qualvoller Kampf der Seele, bis das letzte Wort fällt (V. 1078):

Was ich an Schlechtem tun will, ich begreif' es zwar,
Allein des Dranges Glut ist stärker als mein Grübeln.

Wer im Neapler Museum das späthellenistische Gemälde[1] der stehenden Medea gesehen hat, in den verschränkten, verkrampften Händen das Schwert, die weit aufgerissenen brennenden Augen auf die Kinder gerichtet, die wir uns zu ihrer Rechten ahnungslos spielend denken müssen, der hat einen Widerschein dieser Euripideischen Gestalt geschaut. Sie hat bei Ennius, Ovid und Seneca, bei Corneille und Grillparzer Neugestaltung im Bühnenspiel gefunden. Aus der sprengenden Fülle dämonischen Weibtums wächst hier das tragische Schicksal heraus. Freilich ist das Euripideische Drama auch durch-

[1] Gute Wiedergabe z. B. in Pfuhls Meisterwerken griech. Zeichnung u. Malerei S. 102.

zogen von mannigfacher rationalistisch-philosophischer Erörterung – auch des Frauenchores, ja der alten Amme –, deren Notwendigkeit wir nicht einsehen, tritt rhetorische Kunst in wohldisponierter Rede, in scharfem Redewettkampf seltsam deutlich heraus. Das Gefüge des Euripideischen Kunstwerks ist nicht mehr von der Geschlossenheit des Sophokleischen. Wie auch Einzelteile, Einzelmotive schon jetzt zu Verselbständigung neigen, das zeigt besonders die schöne Szene, in der der edle Athenerkönig Aigeus der mit Verbannung Bedrohten die Gastfreundschaft Athens zusichert, ein uns schon bekanntes Euripideisches Motiv. Hier wird es gekrönt durch jenes zauberhafte Preislied auf Attika, das singt von seiner Luft und seinem Licht, seinen Rosen und Quellen, Musen und Eroten, »aller Art Vollkommenheit Mitwirkern«. So spricht der Dichter in zarter Lyrik aus, was uns der Perikles des Thukydides über Athens Bedeutung in schwergewichtigem Prosawort sagt.

Die Leidenschaft einer andersgearteten Frau glüht im 'Hippolytos', denn zum eigenen Stiefsohn ist hier Phaidra, des Theseus Gattin, in einer sie krank machenden Sehnsucht entbrannt, und es ist wohl das erstemal gewesen, daß hellenische Dichtung Krankheit des Leibes als Wirkung seelischen Leides dargestellt hat. In einer früheren, nicht erhaltenen Fassung des Stückes hat sich der Dichter auf diesem Gebiet noch viel weiter vorgewagt: die Stiefmutter hat dort dem Stiefsohn selbst ihre Liebe in leidenschaftlicher Form angetragen (das Potipharmotiv); erst auf den Einspruch der Zuschauer hin hat Euripides dies dahin abgeändert, daß er nun eine Mittlerin, die Amme, einführte. Es ist bekannt, daß Seneca und nach ihm Racine jene erste Fassung wieder verwendet haben, in sehr anderem, unter sich wiederum völlig verschiedenem Geist: das Athen des 5. Jahrhunderts, das Rom Neros, der Hof Ludwigs XIV. sind durch Welten getrennt und so auch die Kunstwerke ihrer Epoche, was dann besonders stark zutage tritt, wenn sie den gleichen Stoff behandeln. Ohne Wissen Phaidras verrät in der zweiten Fassung des Dramas die Amme dem Hippolytos etwas von der Liebe der Königin. Diese hat vielmehr bis zur Erschöpfung mit der Macht gerungen, die sie vernichten will, mit Aphrodite, und nun sehen wir sie entschlossen, freiwillig zu sterben, um ihr zu entgehen. Nach dem Verrat durch die Amme wählt sie den Tod aus anderem Grunde, weil sie nämlich befürchten muß, daß der Geliebte, nun Gehaßte, aus Abscheu vor dem Geschehenen sie fälschlich bei Theseus bezichtigen wird; um aber ihre und ihrer Kinder Ehre zu retten, reißt sie ihn durch einen Uriasbrief mit in das Verderben hinein. Polare Gegensätzlichkeit, echter Ausdruck Euripideischen Denkens, beherrscht Bau und Wesen dieses Stückes. Die beiden Statuen der Göttinnen Aphrodite und Artemis, die ihrer Natur nach Feindinnen sein müssen, sehen wir vor dem Schlosse stehen; die Göttin der Liebe spricht den Prolog, die der Jungfräulichkeit beherrscht den Epilog; und die beiden Menschen Phaidra und Hippolytos sind irdische Diener dieser die Welt regierenden Mächte, daher ihre eigene Wesensverschiedenheit, ihre Todfeindschaft. Denn Hippolytos will rein sein, ist ganz hingegeben an die keusche Seligkeit, die er im Dienst der jungfräulichen Göttin empfindet. Er kämpft gegen die Liebesgöttin aus einer an Hochmut grenzenden Abneigung. Sie liegt in seinem Wesen, seiner Physis, beschlossen, und wenn Euripides einmal (V. 337ff.) wagt, Phaidras Leidenschaft erblich zu deuten, in der Form des Mythos, so schildert er den liebefeindlichen Jüngling uns als herben Jäger, als Freund der Rosse und der Blumen, als Anhänger orphischer Entsagung. Seine hochmütige Frömmigkeit, sein Tugendstolz, sein »Sonderwesen« und der Verkehr mit der Göttin Artemis, der menschliches Maß übersteigt (V. 19), erzwingen zwar nicht, wie man gesagt hat, seinen Untergang von selbst, aber der Zusammenstoß mit jenem gegensätzlichen Wesen Phaidras führt ihn herbei und schafft damit neuen tragischen Gehalt: zum Verhängnis werdenden Kampf verschiedener Seelenart oder – hier ist das Wort am Platz – verschiedener Charaktere. Den Untergang findet er, so wie Phaidra es wollte, durch den eigenen Vater, der ihn für schuldig hält und ihm durch seinen Vater Poseidon den Tod geben läßt. Zu spät erkennt er seines Sohnes Schuldlosigkeit. Wenn aber diese Tragödie in ihrer Neigung zu philosophischer Reflexion und rhetorischem Pathos den anderen Euripideischen wesensverwandt ist, so liegt hier über dem Ganzen ein eigener Zauber der Frische und der Jugend – wie er gewiß schon dem ersten 'Hippolytos' eigen war –, und jene zarteste Beziehung zwischen dem Jüngling und seiner Göttin ist etwas schlechthin Unvergleichliches. Schon in der Eingangsszene spricht es sich aus, die ihn dem Bilde der Jägerin den frisch gepflückten Kranz überbringen läßt:

Hier diesen frisch geflochtnen Kranz, ich bring' ihn dir,
O meine Herrin, von der nie versehrten Au,
Wo nicht der Hirt die Herde wagt zu weiden, nicht
Das Eisen jemals schnitt, nein, sie bleibt unversehrt,
Und nur die Frühlingsbiene streicht durch sie dahin.
Der Ehrfurcht Geist umhegt sie, spendet fließend Naß.
Nur wem die Keuschheit eignet, doch nicht anerzogen,
Nein angeboren, und das Wesen ganz durchdringt,
Er darf dort Blumen brechen, der Gemeine nicht.
Nun, liebe Herrin, nimm hier für dein golden Haar
Das Band, es spendet dir's des Reinen fromme Hand.
Denn mir allein von allen Menschen ist's beschieden,
Mit dir zu sein, mit dir das Wechselwort zu pflegen:
Die Stimme hör' ich – doch dein Auge sah ich nie. –
So mög' ich enden einst das Leben, wie's begann!

Der Schluß aber, die Todesstunde, welche die erste wirkliche Begegnung mit der von ihm nie augenhaft geschauten Gottheit bringt, ist über alle Vernunft. Hier löst sich alles Irdische, auch der Streit mit dem Vater, in ätherischer Atmosphäre, in einer alles bejahenden Versöhnung auf. – Ein bedeutender hellenischer Sarkophag, nun ein Schmuckstück des Doms von Agrigento, den wir bewundern wie einst Goethe, ist mit vier Szenen aus dieser Hippolytosgeschichte geschmückt.

Auch unter den Dramen des zweiten Jahrzehnts vom 5. Jahrhundert, zu denen wir uns nun wenden, war eine ganze Reihe, in denen ein einzelnes Weibesschicksal im Mittelpunkt stand. Von den nicht erhaltenen erwähnen wir die besonders berühmte, aber auch umstrittene '*Melanippe die Weise*', deren Heldin Euripides als Enkelin des hochweisen Kentauren Chiron zur Sophistin gemacht hatte, so daß ein Berichterstatter sagt: »Sie hat eine Doppelgestalt, einmal die des Dichters, zudem die der Person im Drama«, und die Tragödie der '*Andromeda*', die, an den Felsen geschmiedet, von dem übers Meer daherfliegenden Perseus befreit wird; ihrem Lied in der Einsamkeit antwortete Echo: ein kühnes musikalisches Motiv. Unter den erhaltenen Stücken sind es '*Iphigenie im Taurerland*', von kräftiger, stark packender Wirkung, sehr weit entfernt von der Humanität des Goetheschen Dramas, dem es doch, zugleich mit dem Textbuch der Gluckschen Oper, Vorlage war; ferner '*Elektra*', dem Sophokleischen Stück mit bewußter Kunst entgegengestellt, und '*Helena*' (in Ägypten), ebenso wie 'Andromeda' 412 aufgeführt. Nach männlicher Sagengestalt ist der '*Ion*' benannt, der das Schicksal von Apollons und der athenischen Königin Kreusas Sohn in wechselreich erregenden Bildern, in kunstvoll verschlungener, von Tyche regierter Handlung vorführt, so dramatisch, daß Goethe nach einer Lektüre nicht lange vor seinem Tode das Stück aufs höchste pries.[1] Endlich ist auch der '*Herakles*' dieser Gruppe zugehörig.

Heben wir aus der Heraklestragödie nicht Züge heraus, die sie mit den besprochenen gemeinsam hat, richten wir vielmehr den Blick lediglich auf die besondere Ausprägung, die das Tragische hier gefunden hat! Hier ist nicht mehr der Held, der im Kampf mit dem Schicksal das Leben einsetzt oder es dahingibt, sondern ein anderer, der diese Macht im Dul-

[1] Tagebuch vom 22./23. XI. 1831; darin das bekannte Wort: »Haben denn alle Nationen seit ihm einen Dramatiker gehabt, der nur wert wäre, ihm die Pantoffeln zu reichen?« Vgl. auch zum 'Ion' die Übersetzung E. Staigers mit seiner Einleitung (1947).

den überwindet, eine Macht, die wie die Verkörperung der Grausamkeit wirkt. Denn wenn noch im ersten Teil die Leiden der Gattin des Herakles, seiner Kinder, seines alten Vaters jene Anklagerede gegen Zeus hervorgerufen haben, die in dem Schlußwort gipfelt.

Ein Gott voll Torheit bist du oder nicht gerecht,

so erscheint Hera im zweiten Teil geradezu als große Teufelin. Nachdem der Überwinder selbst des Hades, endlich doch heimgekehrt, Frau und Kinder aus unmittelbarster Todesgefahr befreit hat, in diesem Augenblick schickt die Himmelskönigin die Dämonin des Wahnsinns – trotz ihres Sträubens! – in das Schloß, und durch plötzliche Sinnesumnachtung muß der Weltbezwinger der Elendeste der Sterblichen werden, muß der Vater die Kinder töten, die er soeben gerettet hat. Ist schärferer Umbruch von sinnvollem Glück zu sinnlosem Elend auch nur denkbar? Wie aber muß es um die Seele des Dichters bestellt sein, der dieses unmittelbare Nacheinander – Erwartung, Verzweiflung, Seligkeit, Vernichtung – mit allen Mitteln dramatischer Kunst darstellt! Ist hier nicht der tragische Dichter zum Richter geworden, der den Lenker des Weltlaufs vor seine Schranke fordert und ihm ein unerbittliches Schuldig! entgegenzurufen wagt? In der Tat, dies ist ein Wesenszug Euripideischer Dichtung, der bald stärker, bald schwächer hervortritt. Allein der Ausgang dieses Dramas sagt ja noch anderes. Herakles, der in den Abgrund des Leides Geschleuderte, dem nach seiner Schreckenstat nur der Selbstmord zu bleiben scheint, steigt nach dem Willen des Dichters aus dieser Tiefe zu einer menschlichen Höhe empor, die weit oberhalb jenes sinnlos scheinenden Geschicks liegt. Der aus dem Wahnsinn allmählich Erwachende, des Geschehenen bewußt Gewordene sieht seinen Freund Theseus neben sich, und der Trost, der aus dieser Freundschaft quillt, läßt in ihm allmählich die Kraft erstehen, selbst über dieses dämonische Unheil zu triumphieren, den Gedanken des freiwilligen Todes zu überwinden und weiterzuleben, im Gehorsam gegen des Theseus Wort (V. 1227):

> Wer von Menschen adlig,
> Erträgt der Götter Schickung und versagt sich nicht.

Freilich, zuvor ist etwas geschehen, was Herakles nicht kannte: zum erstenmal in seinem Leben hat er geweint![1] Der Mensch als der »heroische Lastträger«, wie Nietzsche sagt, die Freundschaft als der letzte Halt des Lebens, das ist der Gedanke, der über diesem Schlusse steht, und wenn jener erste Teil als letztes Bild Herakles zeigte, wie er mit den drei kleinen Söhnen beladen, einem Lastschiffe gleich, dem eigenen Hause wieder nahte – schnell entschwindendes Glück! –, so sehen wir am Ende des Ganzen das Bild der beiden Freunde, von denen der eine den anderen, eben jenen damals Glücklichen, zum Gang ins neue Leben stützen muß. ‹Alkestis›, ‹Hippolytos›, ‹Herakles›: dreimal breitet sich nach Todesfinsternis am Ende eine Klarheit aus, wie sie des Dichters tiefste, nie befriedigte Sehnsucht war. –

[1] Die Bedeutung des Weinens ist uns in Form eines großen dramatisch-tragischen Motivs sowohl durch Schiller im Don Carlos (IV Sz. 23) wie durch Goethe im Faust (I 784) wieder dargestellt worden.

Nicht dürfen wir aber von diesem Stück scheiden, ohne der besonderen Bedeutung zu gedenken, die hier zum erstenmal der Musik zukommt. Die Lieder verstärken, sänftigen, gliedern wie in den Sophokleischen und den älteren Euripideischen Dramen. Aber nun treten sie in ganz verschiedener Form auf, und auch darin wird die drohende Auflösung des dramatischen Gefüges spürbar. Neben der kultischen Form des großen Hymnus auf die zwölf Heraklestaten (V. 348), der die Aufgabe hat, den Helden der alten Sage zu feiern, neben dem klassischen Liede auf die Jugend (V. 637), zu dem den Chor eben des Herakles neu bewiesene Jugendkraft begeistert – nicht ohne daß er ihrem Preis einen solchen des der Kunst sich weihenden Alters hinzufügt –, daneben steht als musikalischer Ausdruck leidenschaftlicher Erregung eine aufgelöste, strophenlos durchkomponierte Gesangsszene (V. 1016), Nachwirkung der damals mächtig aufblühenden »neuen« Musik.

Auch die Chor- und Schauspielerlieder der '*Troerinnen*', im Jahre der Sizilischen Expedition, 415, zum erstenmal gespielt, lassen diesen neuen musikalischen Stil spüren. Das Stück ist sogar reich und vielfältig an Gesang; es nähert sich im Charakter unserer großen Oper. Dieses Wesen erklärt sich daraus, daß es das Abschlußdrama einer Troischen Trilogie ist. Freilich ist es nur noch der große Rahmen, der die drei Stücke zusammenhält, und ein solcher nur ganz allgemeiner Zusammenhang wird öfter zwischen ihnen gewesen sein; längst hat ja, wie wir wissen, jedes Teildrama seine volle innere Selbständigkeit erhalten. So auch hier. Das erste Stück, 'Alexandros', handelte von der Entdeckung des einst im Idagebirge ausgesetzten Priamossohnes; das mittlere von dem unglücklichen Schicksal des edlen Griechen Palamedes, der den Ränken des eigenen Kriegsgenossen Odysseus erlag; dieses dritte nun vom Untergang Ilions nach seiner Einnahme, und er wird uns dargestellt im Lose der Gefangenen. Das Ganze wirkt wie Weltuntergang. Denn in den Schicksalen der Königinmutter Hekabe, der Seherin Kassandra, der Hektorsgattin Andromache, der Priamostochter Polyxena, des kleinen Astyanax, der den Chor bildenden troischen Frauen, die entweder getötet oder auf die Schiffe der Sieger davongeführt werden, zeigt sich in sehr verschiedener, eigenartig reicher Brechung das eine düstere Licht. Kassandras, der Verzückten, schwärmender Fackeltanz, für ihre eigene »Hochzeit« dargebracht, das lodernde Fanal der brennenden Königsburg am Schluß, die dann in sich selbst zusammenstürzt – alle Wege geht die dichterische Phantasie, um die Schauerlichkeit des Gesamtgemäldes zu erhöhen, das sich in Einzelbildern vor uns enthüllt. Wer aber wird diesen Unglückseligen gegenübergestellt? Helena, in all ihrem Reiz und all ihrer Beredsamkeit, jetzt auch eine Gefangene und von Menelaos hart verklagt, aber so, daß wir spüren: nur zu bald erliegt er wieder ihrer Verführung, und sie, die Schuldige, wird sich »des goldenen Spiegels« weiter erfreuen. In den 'Troerinnen' spricht die Anklage gegen Geschichte und Weltlauf mit der Stimme der Verzweiflung, die keinen Ausweg sieht. – Helena aber und der Chor der gefangenen Trojanerinnen sind im dritten Akt von Fausts Zweitem Teil zu neuem, anderem Leben erwacht.

Aber ein unerschöpflich scheinender Quell drängt in

der Seele des altgewordenen Euripides wie in der des Sophokles zu immer neuem, neuartigem Werk. Zu den Stücken aus seiner letzten Periode hat die '*Antiope*' gehört, das hochberühmte Stück, in dem die Zwillingsbrüder Zethos und Amphion einander gegenübertraten als der Tatmensch und der Musiker und in großem Redekampf jeder sein Lebensideal, das praktische und das theoretische, hinstellte und verteidigte. – Aus dem '*Chrysippos*' klingt uns noch folgendes Chorlied zu:

Große Erde und du, Himmelsäther droben,
Euch entstammt der Menschen und der Götter Los.
Feucht-lebend'ge Tropfen senken sich von oben:
Mensch und Tier und Pflanze steigt aus ihrem Schoß.
Erde, aller Wesen Mutter, was du schufest,
Läßt es einstens wieder in die Erde gehn.
Äther, der du um Gestirne schweifst, du rufest,
Was von dir entstammt, dereinst zu Himmelshöhn.
Formen zwar zerbrechen und Gestalten:
Ewig wird sich, was da ward, entfalten.

Kein Wunder, daß die atomistische Philosophie sich später solcher Verse als einer Stütze bediente! Wir gedenken der Aischyleischen Worte Aphrodites (S. 147), die schon ähnlichem Gedanken Ausdruck gaben. – Erhalten sind im Gegensatz zu den beiden letzterwähnten Stücken die '*Phönizierinnen*', genannt nach einem Chore phönizischer Tempelsklavinnen. Sie sollen auf der Reise nach Delphi in Theben durch den Krieg der Sieben festgehalten worden sein, eine künstliche Erfindung, die wie manches andere zeigt, daß der Dichter im höchsten Alter auf Kunstmittel früherer Zeit – hier Verwendung eines exotischen Chores (vgl. S. 144) – zurückgreift. Wir besitzen ferner den '*Orest*' aus dem Jahre 408, endlich die '*Bakchen*' und '*Iphigenie in Aulis*', beide bald nach dem Tode des Dichters (406) von seinem jüngsten Sohne auf die Bühne gebracht.

Die '*Bakchen*' zeigen in einer seltsamen, ja unbegreiflichen Mischung zugleich höchste Gestaltungskraft wie zersetzenden Geist, zugleich Wiederaufleben archaisch starker Motive wie die Wirkung negierender Gedanken einer modernen Zeit; so sind sie wahrster Ausdruck revolutionärer Epoche und zwiespältiger Seele. Jene Kraft, die das Wesentliche ergreift und endgültig hinstellt, empfinden wir vor allem in der Gestaltung des dionysischen Chores lydischer Frauen, die als schwärmende Dienerinnen ihres Herrn aus der Fremde nun bis Theben gekommen sind und deren naturhaft wildes, orgiastisches, aber dann wieder ermattetes Wesen mit bezaubernder, uns selbst in die dionysische Sphäre reißender Macht wiedergegeben ist. Und den Wald und seine Tierwelt lassen Chorlied und Botenberichte als den natürlichen Hintergrund erscheinen für das selig-unselige Treiben der Bacchantinnen. Von ihm umspielt wird König Pentheus, der Feind des neuen Gottes; er findet ein furchtbares Ende. Die Dämonie des Dionysoskultes so lebens- und todesvoll zu gestalten, dieses Vermögen, sagt man, sei dem fast achtzigjährigen Dichter durch seinen Aufenthalt im makedonischen Bergland zuteil geworden. Diese Ansicht hat etwas Verlockendes. Aber das Ganze durchzieht eine so schneidende Ironie, daß hier gleichsam ein Doppelantlitz sichtbar wird. Denn dieser neue Götterkultus wird nicht nur als die bis zur Vernichtung des Menschen gewaltige Macht dargestellt und der sie bekämpfende Mensch nicht eigentlich als der große tragische Kämpfer. Pentheus hat Züge des Lächerlichen, Lüsternen, und dem Preise des großen neuen Gottes werden immer wieder Bilder und Gedanken entgegengesetzt, die geradezu wie Hohn wirken. So zerschneidet es uns das Herz, wenn wir hören, wie der ehrwürdige Gründer Thebens, der uralte Kadmos, und mit ihm »der Urgreis«, der blinde Seher, rationalistisch verteidigende oder schlau berechnende Worte finden für diesen Dionysos, und dann gar sehen, wie sie in bacchantischem Schmuck mit hinausziehen, ihn zu feiern; wenn die des Gottes Volle das Haupt des eigenen Sohnes auf dem Thyrsos daherträgt, im Triumphgefühl, einen »Löwen« getötet zu haben; wenn dieser Chor der Gläubigen singt: »Was die Masse, die weniger wertvolle, glaubt und verwendet, dem will ich mich beugen« (V. 430) und »Wenig kostet's zu glauben, die Kraft sei bei jenem Etwas, das man nun einmal das göttliche nenne, und, was in langer Zeit Brauch geworden, das sei von ewig her und vom Wesen geschaffen« (V. 893). Wäre nicht solch hohnvolle Bitterkeit immer wieder zu spüren, man würde denen recht geben können, die den Dichter in frommer Verehrung überkommener Religion sein Ende finden lassen wollen. Aber das würde nicht nur einen Bruch seiner Lebenslinie bedeuten, sondern eben die Sache spricht dagegen. Die Lösung ist vielmehr, daß es hier eine Lösung nicht gibt. Wenn Aischylos in seiner 'Lykurgie' (S. 163) den tragischen Kampf des Orpheus, Lykurgos, Pentheus gegen denselben Gott ähnlich gestaltet hat, so können wir doch aus der Wesensart des Dichters mit Sicherheit erschließen, daß jene friedegebende

»Mitte« schließlich auch dort gewaltet hat. Hier fehlt sie ganz und gar. Hier klafft ein Riß, der die Tragödie bis in die Tiefe zerspaltet. Zwei seelische Stimmen ertönen disharmonisch nebeneinander, und beiden lauschen wir in gleicher Ergriffenheit. Lassen wir aber hier zum Schluß Verse der Dionysosgeweihten sprechen, in denen die Sehnsucht nach Frieden wieder reinsten Ausdruck gefunden hat[1]:

Selig, wer aus Meeres Stürmen
Sich gerettet, wer im Hafen
Ruhe fand.
Selig auch, wer über Leiden
Sich erhob.
Zwar an Reichtum und an Macht
Schlägt der eine wohl den andern.
Vielgestaltig sind die Wünsche
Wie die Menschen; manche führen
Zum ersehnten Ziel, doch andre
Bleiben unerfüllt.
Aber wem der Dämon gönnte,
Stets des Heute sich zu freuen,
Der bedarf kein andres Glück.

Den spätesten Stücken des Euripides haben Goethe und Schiller besondere Teilnahme geschenkt. Goethe hat wie den 'Ion' so die 'Bakchen' bewundert und ein Stück[2] aus ihnen 1827 übersetzt; Schillers Bemühungen um die griechische Tragödie fanden ihren sichtbarsten Ausdruck in zwei Übersetzungen, die

[1] V. 902 ff. in der Übertragung von H. v. Arnim. — [2] Jubiläums-Ausg. 38, 78. Er hat, abgesehen vom Prolog, die ergreifende Szene ausgewählt, in der Agaue, die Sohnesmörderin, zu sich selbst kommt, und sich um sehr genaue Übertragung bemüht.

er, freilich mit stärkster Benutzung einer lateinischen und einer französischen Übertragung, herstellte. Er wählte von den 'Phönizierinnen' die ersten Szenen, nämlich den Prolog, dann jene eigenartige Umsetzung der homerischen Mauerschau aus dem Epischen ins Dramatische und die prachtvoll pathetische Unterredung der feindlichen Brüder Eteokles und Polyneikes vor ihrer Mutter; außerdem aber hat er die '*Iphigenie in Aulis*' fast ganz übersetzt, in seinen, Schillerschen, Stil übertragen.

Es gibt in der Gegenwart Literaturkundige, die dieses nachgelassene Werk unter den Euripideischen am höchsten schätzen. Und in der Tat, hier entwickelt sich vor uns ein Drama von einem solchen Reichtum seelischer Bewegung, von solch reizvollem Wandel und Wechsel der durch sie allein bedingten Handlung, daß man von einem Übergang zu einer neuen Stilform sprechen kann. Die festen Elemente überlieferter Tragödie werden flüssig, und die Menschen, die hier empfinden, denken, handeln, entsprechen in merkwürdigem Grade den Anforderungen unserer neueren Seelenkunde. Vor allem tut dies die Gestalt Agamemnons, dessen Geist Handlungen bald plant, bald verwirft, dessen Wille bald vorwärts, bald rückwärts schreitet. Ist es zu kühn, für das schwankende, brüchige Wesen des Schillerschen Heerführers Wallenstein ein Vorbild in dem hellenischen zu sehen? Auch der Bruderkampf zwischen Eteokles und Polyneikes lebt ja in der Braut von Messina wieder auf. Und auch die anderen Gestalten – Menelaos, Klytaimestra, Achill – haben etwas von jenem rätselhaft Lebendigen in sich, das allem wirklich Menschlichen eignet. Iphigeniens Seele selbst wandelt sich in großer Linie: ins Lager gerufen, angeblich für die Hochzeit mit dem größten Helden, ringt sie sich durch tiefe Enttäuschung, durch Todesgrauen hindurch zum Entschluß des freiwilligen Opferganges für das Heer. Hier ist es uns einmal vergönnt, ein solches Motiv wie den Opfertod durch die Phasen des Euripideischen Schaffens zu verfolgen: Makaria in den 'Herakleiden', Polyxena in der 'Hekabe', Menestheus in den 'Phönizierinnen' gehen Iphigenie voran in den Tod; aber zuletzt erst ist dem Dichter gelungen, die ganze dem Motiv innewohnende seelische Fülle zu entfalten. Der Bericht über den Verlauf des Opfers und das geheimnisvolle Verschwinden Iphigeniens, deren die Gottheit sich erbarmt hat, bildet den Schluß. – Das erfolgreiche Drama ist mehr als einmal gespielt worden, trägt aber auch starke Spuren späterer Überarbeitung. In der zur Nachtzeit spielenden, die Nachtstimmung vorzaubernden Eingangsszene sagt der alte Diener zum Fürsten, der vor Sorge den Schlaf nicht findet: »Du mußt Freude und Trauer empfinden; als Sterblicher bist du ja geboren.« Die Szene wird von jüngerer Hand stammen, aber dieses Wort enthält in seiner beziehungsreichen Doppelheit das Thema nicht nur dieses Dramas, sondern zugleich das der dramatischen Kunst der nachklassischen Zeit, des folgenden Jahrhunderts.

Sophokles hatte gesagt, er mache die Menschen, wie sie sein sollen, und er hatte hinzugesetzt: Euripides aber, wie sie seien. Diese treffende Bemerkung besagt zugleich, daß dessen Tragödie durch ihre größere Lebensnähe neue Gebiete zugewonnen hat. Das Wesen des Weibes hat er erst recht eigentlich ent-

EURIPIDES

deckt. Wollte man alle Frauengestalten vereinen, die er geschaffen hat, ja auch nur die, deren Worte wir noch vernehmen, welch eine Fülle würde erscheinen! Die Sphäre der Familienkämpfe, die des Lebens der kleinen Leute hat er zuerst in das Gebiet des Tragischen hineingezogen. Ist es doch z. B. seine Erfindung, daß Elektra von ihrer Mutter einem Kleinbauern, einem redlichen Menschen, vermählt wurde, um sie vom Schlosse fernzuhalten und der fürstlichen Stellung zu berauben, und dieser Gegensatz von Königsschloß und Hütte bedingt mit die Wirkung der Euripideischen 'Elektra'. Bis in das Bettlertum hinein ist der spürende Sinn des Dichters gegangen. Herkunft und Stand bedeutet ihm nichts, Sklaventum an sich ist ihm nichts Minderwertiges; auch hier zeigt sich der Einfluß der Sophistik, deren Gedankengänge Euripides mit Eifer aufgenommen und fortgebildet hat. Es liegt in derselben Richtung, daß seine überaus bewegliche Sprache der wirklich gesprochenen in der Wortwahl näher steht, daß sein Sprechvers – wie aber auch der spätsophokleische – durch mehr Längenauflösungen und stärkere Verteilung auf sprechende Personen immer leichter und flüssiger wird. Und in den Menschen hinein, was für Blicke tun wir! Sogar in das Gebiet der seelischen Krankheit: wie ist die zermürbende Wirkung der Leidenschaft in Phaidras Seele nachempfunden; wie wahrheitsgetreu wird uns das Versinken des Herakles in seine Wahnsinnsnacht und das Wiederemportauchen daraus geschildert; wie ist das Bewußtsein, ein Muttermörder zu sein, Orest zur Quelle tiefen, auch physischen Leidens geworden! Der Dichterpsychologe ist dem Wissenschaftler wahrlich weit vorangegangen. Aus all diesem erwuchs Euripides bei seinen Zeitgenossen Bewunderung, aber mehr noch Abweisung und Tadel; man spürte: dies war nicht mehr der Geist der altheiligen Tragödie. Und es ist auch wahr: am Rationalismus ist die Tragödie zugrunde gegangen.

Auch die Geschlossenheit ihrer Form blieb nicht erhalten. Es tritt ja nicht ein Neues an die Stelle des Alten, sondern beide durchdringen sich; das ergibt kein Reines, kein Ganzes. In den späten Stücken treten neben auffallenden Neuheiten archaistische Züge hervor. Philosophisches Räsonnement, Rhetorik mit ihrer neuen scharfen Technik des Disponierens und Disputierens, politische Anspielung drängt sich in das Gefüge der tragisch-heroischen Welt. Einzelteile wie z. B. die erzählende, handlungsvorbereitende Prologrede und die Schlußszene lösen sich heraus, verhärten sich zum Schema. Die Einförmigkeit seiner Prologtechnik tadelt Aristophanes in den 'Fröschen' (V. 1200 ff.) in ergötzlicher Weise, die Verwendung des »Gottes auf der Maschine« am Schluß, der die Aufgabe hat, die kühn und eigenwillig geformte Handlung wieder in die Bahn der Sage zurückzubiegen, ist seltsam häufig. Wenn vom Euripideischen Chorlied der von uns als ersten zusammengefaßten Dramengruppe im wesentlichen das gleiche gilt wie von dem klassischen Liede des Sophokles (S. 190 f.), so wandelt es sich späterhin stark, Es neigt dazu, als selbständiges Stück aus dem Ganzen herauszutreten, ja dieser Drang geht bis in seine eigenen Glieder, die immer breiter sich dehnenden Strophen, hinein. Der Chorgesang und der an Bedeutung immer mehr zunehmende, sich gleichfalls verselbständigende Schauspielergesang stehen nun unter der Macht der schon erwähnten »neuen« Musik, die durch Verzicht auf streng bindende Melodie, durch überreiche Verwendung sinnlicher Reize in Ton und Wort mehr dem Ohr des Hörers schmeicheln als, wie die alte, sittlich auf ihn einwirken will; auch die Verwendung neuartiger Instrumente außer Aulos und Kithara ist bezeugt. Nur um einer solchen effektvollen Gesangsszene willen hat der Dichter z. B. in seinem 'Orest' einen phrygischen Haussklaven, eine völlig für sich stehende Figur, eingeführt, der nun seine überlange, durchkomponierte, selbst ohne die Musik schon verführerisch klingende Arie vorzutragen hat. Daß es ein Ausländer sein soll, erhöht nur den Reiz. In der alten Tragödie war das Element des Außerhellenischen ernstes künstlerisches Mittel, jetzt ist es nur noch spielerisches Beiwerk.

Ein neuer Stil kündigt sich an, der spätklassische, Übergang zu anderer Epoche. Lyrische Stimmung webt, wo früher die Macht strenger Form regierte. Zierliches Ornament rankt sich in den späteren Euripideischen Liedern, überreiche Wortwiederholungen geben ihrem Text etwas allzu leicht Klingendes, Schwebendes. Ja, ein ganzes Drama kann auf diesen Ton eines fast graziösen Spieles gestimmt sein, das in Verwechslungen und Täuschungen das Tragische beinahe verflüchtigt. So ist es in der 'Helena'. Dort gibt die ein älteres Dichtermotiv wieder aufnehmende Erfindung, nur ein Scheinbild der Schuldig-Schönen sei nach Troja entführt, die echte aber nach Ägypten entrückt, Gelegenheit zu mannigfacher Überraschung; denn wenn Scheinbild und reale Gestalt sich auch nicht geradezu begegnen, so werden sie doch am selben Ort anwesend gedacht. Und es ist so weit, daß das Tragische übergehen kann in das Komische: jener Phryger in seiner Todesangst vor Orest hat nicht mehr tragisches Pathos, sondern wirkt wie Karikatur, und wenn in der 'Aulischen Iphigenie' Klytaimestra in dem ahnungslosen Achill den vom Vater auserwählten Gatten ihrer Tochter begrüßt, so steht auch diese Szene auf der Schwelle zur Komik.

Aber zum mindesten *ein* Vorwurf des leidenschaftlichen Euripidesgegners Aristophanes in seinen 'Fröschen' ist grundfalsch: seine Poesie sei nur für den Tag bestimmt gewesen, sie sei schon mit ihm gestorben (V. 869). Im Gegenteil, sein Ruhm wird in den folgenden Jahrhunderten nur immer größer und wächst weit über den des Sophokles hinaus. Lebendig wirkt er in der sogenannten neuen Komödie weiter. Aber auch absoluter Wert ruht in seiner Tragödie. »Euripides erscheint ... auf jeden Fall als der tragischste der Dichter«, sagt Aristoteles (Dichtk. c. 13), d. h. als der, welcher die erschütterndste Wirkung auf die Zuschauer ausübt. Wenn wir hier den Blick auf das richteten, was in seiner Kunst der alten Erhabenheit und Einheit feindlich und abträglich ist, so haben wir doch auch gespürt, daß die Welt seiner Leidenschaften, seiner Anklagen, seiner Schmerzen eine neue Größe darstellt. »Nicht anders ... als auf den Knien«, verlangte Goethe, durfte Schlegel »an einem so großen Alten Fehler rügen«, und warnend tönt noch heute seine Stimme: »Um eine große Persönlichkeit zu empfinden und zu ehren, muß man auch wiederum selber etwas sein. Alle, die dem Euripides das Erhabene abgesprochen, waren arme Heringe, und einer solchen Erhebung nicht fähig...«[1]

Nach dem Tode des Sophokles und Euripides hatte Dionysos, so erfindet Aristophanes in den 'Fröschen', das Gefühl, seine Bühne sei verwaist; einen »zeugungsfähigen« Dichter für sein Fest besaß er nicht mehr. Und doch hat eine große Anzahl neben und nach den beiden gewirkt; dabei ist für das Kunstschaffen dieser Zeit bezeichnend, daß die Sippen der drei größten tragischen Dichter bis weit ins 4. Jahrhundert hinein wieder Tragiker aufweisen. Wir kennen nicht wenige Namen, besitzen auch Bruchstücke, doch worin die besondere Leistung etwa der Zeitgenossen des Sophokles und Euripides, Ion von Chios und Achaios von Eretria, auf tragischem Gebiet bestanden hat, ist schwer zu sagen. Charakteristisch, was uns von Agathon berichtet wird, jenem Gastgeber in Platons 'Symposion' – er veranstaltet sein Fest für den Tragödiensieg an den Lenaien 416 –: seine Tragödie 'Antheus' hatte eine ganz frei erfundene Fabel, so sehr also konnte der Dichter sich nun vom Mythos lösen; seine ganz im Stile der modernen Musik komponierten Chorlieder wurden zu Einlagen, die keine Beziehung zur Handlung mehr hatten, so weit also war die Auflösung der Form fortgeschritten. Von Kritias, einem der dreißig »Tyrannen«, besitzen wir aus seinem Satyrspiel 'Sisyphos' eine geistreiche Rede des Titelhelden, welche die Religion als Erfindung eines Schlaukopfs von pädagogischem Geschick erklärt.[2] Eine Tragödie des 4. Jahr-

1 Gespräche mit Eckermann 28. III. 1827 und 13. II. 1831.
2 Übersetzt in des Verf. Vorsokratischen Denkern[2] S. 229.

hunderts haben wir vielleicht im 'Rhesos' vor uns, der unter den Werken des Euripides erhalten ist. In ihm sind die Abenteuer des troischen Kundschafters Dolon und des frisch ankommenden neuen Bundesgenossen, des Thrakerkönigs Rhesos, wie sie der X. Iliasgesang erzählt, dramatisiert, nicht eigentlich zum Drama gestaltet. Dem verhältnismäßig kurzen, bescheidenen, locker gefügten Spiel fehlt die tragische Tiefe. Die Nachtstimmung, von der es geschickt Gebrauch macht, erinnert an die des nacheuripideischen Prologs der 'Aulischen Iphigenie'. Auch ist es nicht ohne einen vierten Schauspieler aufzuführen. Die Verwendung des Chores freilich ist mehr die älterer Zeit, so daß wir von archaisierenden Zügen des Stückes sprechen müßten, wenn es wirklich erst aus dem 4. Jahrhundert stammt.

Das Athen dieser Zeit, durch die furchtbare Niederlage nach siebenundzwanzigjährigem Krieg und durch den zersetzenden und zerspaltenden Geist der Sophistik der inneren Kraft beraubt, gab der Tragödie nicht mehr die Nahrung und den Halt. Der Verfall tritt auf mannigfache Weise zutage. Regie- und Schauspielerkunst überwuchert nun die dichterische Leistung oder, wie es Aristoteles ausdrückt: »Mehr vermögen heutzutage die Schauspieler als die Dichter.« Aber auch Tragödien, die nur zum Lesen bestimmt waren – was man in älterer Zeit mit Recht als Umkehrung der Natur empfunden hätte –, bezeugt derselbe Aristoteles (Redekunst III 1.12). Aus dem Gefühl heraus, daß die Tragödie der großen Zeit eine nicht wieder zu erreichende Höhe darstellte, kam im Verlauf des 4. Jahrhunderts der wohl immer fester werdende Brauch auf, vor den neuen Tragödien eine alte aufzuführen.

Große Tragödie ist, das hat die Geschichte der Literatur gezeigt, Ausdruck der höchsten idealen Kräfte einer Generation, die, in sich geeint, auch eine der Macht nicht entbehrende Gesellschaftsordnung darstellt. Tragödie wirklich großen Geistes und Stiles ist in der menschlichen Kulturgeschichte nur selten entstanden, so im Athen des 5. Jahrhunderts, im Zeitalter Elisabeths und im Paris des 17. Jahrhunderts. Wenn Shakespeare durch das Medium der Tragödie Senecas wie durch die Heldenbiographie Plutarchs den Hauch hellenischer und römischer Größe gespürt hat, so sind die bedeutenden französischen Tragiker bewußte Nacheiferer des griechisch-römischen Dramas gewesen. Und als in Weimar die deutsche Nationalbühne werden sollte, als Schiller die Forderung nach der »ästhetischen Erziehung des Menschen« erhob, war die attische Tragödie das Vorbild. Sie war es schon für die Oper Glucks gewesen. Späterhin verlor das Vorbild im deutschen Geistesleben seine Kraft, wenn auch die Kette der Nachwirkung nicht abriß, wie allein Grillparzers Trilogie 'Das goldene Vließ' und seine Neugestaltung der Sage von Hero und Leander zeigen. Erstaunlich aber ist, in welchem Umfang die Dichtung unseres Jahrhunderts hellenischen Mythos als Tragödienstoff gewählt hat.

Um dies zu verdeutlichen, verschaffen wir uns einen Überblick über die wichtigeren von der deutschen und wenigstens auch von der französischen dramatischen Poesie des 20. Jahrhunderts neu gestalteten griechischen Sagenstoffe. Aus größerer Zahl heben wir die folgenden heraus. Dem Kreis um Dionysos gehören an die Dramen: 'Dionysische Tragödie' von R. Pannwitz (1913), 'Dionysos' in der Trilogie 'Semele', 'Ariadne', 'Agaue' von I. Westphal (1948), 'Ariadne' von P. Ernst (1912), 'Ariadne auf Naxos' von H. v. Hofmannsthal – R. Strauß (1910–1912); dem Orphischen Kreise: 'Orphée' als Drama und als – Film von J. Cocteau (1927. 1944), 'Eurydice' von J. Anouilh (1942); dem Kreis um Herakles (in weiterem Sinne): 'Amphitryon' von J. Giraudoux (1929), 'Zweimal Amphitryon', als erstes Stück der 'Hellenischen Trilogie' (die auch 'Pygmalion' und 'Bellerophon' umfaßt) von G. Kaiser (1943), zu Alkestis vgl. oben S. 196 Anm.; dem Argonauten-Kreise; 'Médée' von J. Anouilh (1946); dem Thebanischen Kreise: 'Oedipus und die Sphinx' und 'König Oedipus' von H. v. Hofmannsthal (1906), 'Oedipe' von A. Gide (1931), 'La machine infernale' von J. Cocteau (1934), 'Antigone' von J. Anouilh (1946), zudem: 'Oedipus Rex', lateinisch textiert durch J. Cocteau, in ein Opern-Oratorium umgesetzt durch I. Strawinsky (1927), Umsetzung der Hölderlinschen Antigoneübersetzung in Musik durch C. Orff (1949), B. Brechts 'Antigone', unter Verwendung der Hölderlinschen Übersetzung geschrieben (1948); aus dem Troischen Sagenkreise – vgl. auch oben S. 23[1] – stammen: 'Achilles auf Skyros' von H. v. Hofmannsthal, 'Kassandra' von P. Ernst (1915), 'Die Troerinnen' (nach Euripides) von Fr. Werfel (1913), 'Die ägyptische Helena' von H. v. Hofmannsthal (1928), 'Der Bogen des Odysseus' von G. Hauptmann (1914); aus dem Atridenkreise: 'Die Atridentetralogie' mit ihren Teilen 'Iphigenie in Aulis', 'Agamemnons Tod', 'Elektra', 'Iphigenie in Delphi' von G. Hauptmann (1941–1945), 'Elektra' von H. v. Hofmannsthal (1904), vertont von R. Strauß (1909), 'Electre' von J. Giraudoux (1937), 'Les Mouches' von J.P. Sartre (1943). An P. Claudels Bearbeitungen Aischyleischer Dramenstoffe sei nur im ganzen erinnert.

Der künstlerische Wert dieser dramatischen Werke ist sehr verschieden; gemeinsam ist, daß die modernen Dichter aus neuartiger Seelenkunde heraus und im Bewußtsein der Problematik ihrer eigenen Epoche dem antiken Mythos ein neues Leben einzuhauchen bestrebt sind, und selbst wenn sie ihn einmal ironisieren sollten, legen sie doch damit ein Zeugnis ab, daß unsere Welt von ihm nicht lassen kann.

2. Komödie

Der Platonische Sokrates »zwingt« in tiefer Nacht seine beiden Symposiongenossen Agathon und Aristophanes, die einzig noch nicht in Schlaf Versunkenen, »zuzugestehen, es sei desselben Mannes Sache, eine Komödie und eine Tragödie dichten zu können, und wer seiner Kunstfertigkeit nach Tragödiendichter sei, sei auch Komödiendichter« (Symp. p. 223). Dazu tritt ein anderes Wort Platons (Phileb. p. 50, vgl. Gesetze p. 816 f.), das die Mischung von Schmerz und Lust behandelt und dabei nicht nur von Tragödie und Komödie als »den Einzelstücken, sondern auch von des Lebens Tragödie und Komödie insgesamt« spricht: nur das Leben des Philosophen wird sich nach ihm in eine höhere Sphäre erheben können. Uns ist jene Lehre vertraut, und sie wird uns bestätigt durch die Werke Shakespeares und manches deutschen Dichters. Fremd klang sie hellenischem Ohr. Nie hat ein griechischer Tragödiendichter der klassischen Zeit Komödien geschaffen oder umgekehrt, obschon, wie wir wissen, das späteuripideische Drama ins Heitere hinüberspielte; einzig das Satyrspiel, der Göttermythos in einer fröhlichen Form, gehörte in seinen Bereich. Es war ein anderer Dionysos, dem der komische Dichter diente, d. h. eine Gestalt, die andere Wesenszüge des mächtigen Gottes hervortreten ließ. Dem Gott der schwellenden Fruchtbarkeit, der üppigen Freiheit, wie sie sich äußert in unbändigem Gelächter und derbstem Spott über alles und jeden, weihte der Dichter seine Schaffenskraft, der eine Komōidia aufführen lassen wollte. Das Wort aber bedeutet ursprünglich »Gesang des Komos«, d. h. eines schwärmenden, toll verkleideten Fastnachtszuges, und diesen »Chor« hat schon Aristoteles (Dichtk. c. 4) dem jener Bocksänger, der Tragöden, gegenübergestellt.

An vielen Orten hat es, wie uns literarische Notiz und Vasenbild zeigen, solchen Mummenschanz gegeben, aber wieder, wie bei der Tragödie, bedurfte es Athens gesammelter Kraft, diesem vergänglichen Etwas die Form des Unvergänglichen zu geben. Lustspiele freilich von künstlerischem Wert hat zum mindesten noch Syrakus gekannt, aber das waren nicht Komödien im antiken Sinne, denn es fehlte ihnen das hierfür Bezeichnende, eben der Komos, der Chor, wenn nicht etwa eine Handlung einmal etwas Dergleichen besonders verlangte. Von zwei verschiedenen Arten solcher lustigen Spiele dort wissen wir, obschon das Erhaltene gar zu geringfügig ist, als daß wir vom Ganzen eine Vorstellung hätten. *Epicharms* des Sizilianers 'Dramata', wie sie hießen – er wird wohl zur Zeit Hierons von Syrakus gelebt haben –, waren Stücke von kurzer, geschlossener, offenbar planmäßig aufgebauter Handlung in dorischer Sprache, vorwiegend in trochäischen und iambischen Versen, auch in Anapästen. Mythentravestie scheint häufig vorgekommen zu sein. Da hat ein solcher Schwank die Rückkehr des einst aus dem Olymp geschleuderten, nun durch den dionysischen Wein bezauberten Krüppels Hephaistos dargestellt; andere nahmen sich den Odysseus vor; wieder andere den Herakles als großen Fresser, den ein Berichterstatter so schildert:[1]

Siehst du ihn fressen nur, kommst du schon um!
Es brummt die Gurgel und der Backen kracht,
Der Mahlzahn dröhnt, es quietscht der Schneidezahn,
Die Nüstern schnaufen und die Ohren wackeln.

Aufzählung von Tafelgenüssen, von leckeren Gerichten verschiedenster Art spielt überhaupt eine große Rolle. Realistische Schilderung gewisser Menschentypen wie des Parasiten oder des Bauern findet sich hier zuerst. Aber auch des philosophischen Einschlags entbehrt der Dialog nicht – so will ein Schuldner nicht zahlen, weil er nach Heraklits Lehre vom ewigen Fluß ja heute ein anderer sei als gestern – und von besonderer Bedeutung, auch für die Zu-

1 Übersetzt von A. Körte, auf dessen Büchlein Die griechische Komödie (1914) zur Ergänzung unserer Darlegung hingewiesen wird. Zum Problem der Entstehung der Komödie vgl. H. Herter, Vom dionysischen Tanz zum komischen Spiel (1947).

kunft, ist plastische Gegenüberstellung gewisser Gegensätze wie von 'Meer und Land', 'Hoffnung und Reichtum', 'Wort und Wortin', die gegeneinander in Form eines Agons, d. h. eines Redekampfes, ihre Sache geführt haben. – Das andere Spiel ist der sogenannte *Mimos*, d. h. Nachbildung (des Lebens), ein Prosastegreifstück, scharfe Charakteristik der menschlichen Umwelt, die ein einzelner halb improvisierend vorträgt. Sophron aus Syrakus (um 430) hat sie in echtem, bäurischem Syrakusanisch aufgezeichnet, so geschickt, daß Platon diesen Dichter aufs höchste schätzte. Aber wir haben nicht mehr von ihm als winzige Bruchstücke und einige Titel. Zu diesen gehören etwa 'Der Thunfischfänger', 'Bauer und Fischer', 'Die Frauen, die den Mond herunterholen wollen' (d. h. die Zauberinnen), 'Die Schwiegermutter'.

Der athenische Dionysos der Komödie, von dem wir sprachen, hatte anderen Tempel und anderes Fest als der tragische. Dieses waren die Lenaien (vgl. S. 136); der heilige Bezirk lag in der Vorstadt, weshalb das Fest der Großen Dionysien auch das der Städtischen hieß. Viele Jahrzehnte lang war jenes Spiel des Komos, wie Aristoteles (Dichtk. c. 5) berichtet, eine Veranstaltung einzelner, wohl junger, übermütiger Leute, gewiß sehr ungebunden und formlos. Erst etwa fünfzig Jahre nach der ersten offiziellen Aufführung der Tragödie hat die Polis sich auch dieses Spieles angenommen (486) und wohlhabende Bürger mit der Ehrenpflicht der Ausstattung belehnt. Nun wurde auch ein ganzer Tag der Großen Dionysien der Komödie vorbehalten. Nicht weniger als fünf Stücke verschiedener Dichter gab es an diesem

Festtage zu sehen; erst unter Perikles wurde die Zahl auf drei beschränkt. Der Schaffenskraft des Jahrhunderts entsprach die Kraft im Aufnehmen. Jahr für Jahr gab es nun Komödie an den Lenaien und den Dionysien, auch während der Kriege, sogar bis zuletzt, bis zum Zusammenbruch im Peloponnesischen Kriege, ja über ihn hinaus ohne Unterbrechung. Welche Spannkraft dieser festefeiernden Stadt offenbart sich auch darin! Und die Komödie selbst war nicht wenig stolz auf ihre Mutterstadt; so spricht einer ihrer Dichter[1]:

Wenn du Athen niemals gesehn, bist du ein Klotz,
Wenn du's gesehen und kalt geblieben, ein störrischer Esel,
Wenn dir's gefiel und liefst doch weg, ein dummes Vieh.

Wir verschaffen uns einen Überblick über das Erhaltene. Vier Dichter sind es vor vielen anderen, welche die Komödiendichtung von der Mitte des 5. Jahrhunderts an bis in das 4. hinein darstellen: *Krates* und *Kratinos*, *Eupolis* und *Aristophanes*. Ganze Werke, und zwar elf, sind nur von Aristophanes erhalten; von Eupolis besitzen wir auf Papyrus wenigstens von einem Stück größere Reste, im übrigen, wie von den beiden ersten, nur zusammenhanglose Bruchstücke. Jener Krates hat nach Aristoteles a. O. dem attischen »Schwarmgesang« zuerst, dem Sizilischen Spiel folgend, so etwas wie wirklich zusammenhängenden Stoff, fortlaufende Handlung gegeben. Kratinos, der als Alter mit den beiden Jüngeren um den

1 Lysippos Fr. 7 K. nach E. Bethe, Tausend Jahre altgriechischen Lebens (1933) S. 76. Das Buch ist als kulturhistorische Ergänzung unserer literarischen Darstellung empfehlenswert.

Preis gerungen hat, wird von der antiken Kunstkritik auf die gleiche Stufe wie sie gestellt. Wir wissen nicht viel von ihm. Wie Epicharm und offenbar von ihm abhängig, hat er eine Odysseuskomödie geschrieben. Ein 'Dionys-Alexandros', d. h. Dionys in der Rolle des Schönheitsrichters Paris, gab zugleich Mythentravestie und politischen Kampf, gegen Perikles nämlich. Von literarischem Kampf zeugt eine Archilochoskomödie. Er erlag den jungen, frisch andringenden Kräften des Aristophanes und Eupolis. Doch 423 gelang es ihm noch einmal zu siegen, mit einem Stück, dessen Motiv allein schon von seiner Größe etwas ahnen läßt. Er trat selbst auf, in eigener Person und Sache, verklagt von seiner Ehefrau »Komōidia«, die ihn beschuldigt, er habe sich jetzt einer anderen Frau ergeben, der Dame »Bouteille[1]« – so übersetzt Wilamowitz Pytine, weil es im Attischen Fremdwort sei – und wenn er ein »junges, blühendes Weinchen« bemerke, so verfolge er es mit Liebesanträgen. Der Rat eines Freundes der Eheleute, alle Trinkgefäße, Kannen, Krüge im Hause zu zerschlagen, kann nicht Allheilmittel gewesen sein. In einer mächtig dahinströmenden Verteidigungsrede des Dichters selbst muß er seine Ehre gerettet haben. Sein Grundsatz bleibt:

Wer Wasser trinkt, erzeugt nicht Kunst und Wissenschaft. –

Eupolis hat, zuerst mit Aristophanes befreundet, dann mit ihm verfeindet, von 429 – als kaum Zwanzigjähriger – bis 411 gewirkt, wo er in der See-

[1] Der Angabe, es sei vielmehr die »Trunkenheit« (Scholion, d. h. antike Erklärung, zu Aristoph. Ritter 400), ist schwerlich zu trauen.

schlacht am Hellespont gefallen ist; von seinem berühmtesten Stück, den 'Gemeinden', aus dem Jahre 412, wird noch die Rede sein.

Aber wir sind in der Lage, die Komödien- und Theatergeschichte dieser Zeit durch die Komödie selbst zu beleuchten. In der Epoche der Sophistik erwachte das Interesse und Verständnis für Literaturgeschichte, und so wie Aristophanes einmal (Frösche 1030) etwas wie eine Entwicklungsgeschichte der alten Epik gibt, so ein andermal eine Betrachtung der Geschicke seiner Vorgänger. Da läßt der Dichter durch den Chor sagen (Ritter 518 nach Droysen), er wisse wie

Beifall nur ein Jahresgewächs sei.
Und wie stets ihr die Dichter, die sonst ihr beklatscht, wenn sie altern, verachtet und preisgebt.
Er wisse ja wohl, was *Magnes* erlebt, da ihm Alter den Scheitel beschneite,
Der so oft für die Chöre, mit denen er stritt, die Trophäen des Sieges errichtet,
Da er Klänge von jeglicher Art euch bot, so Harfen und rauschend Gefieder
Und Lydergesang, Gallwespengesumm[1] und Gequak laubfröschiger Masken;
Doch hielt er sich nicht, und im Alter zuletzt — denn nimmer geschah's, da er jung war —
Da wurde der Greis von den Brettern gezischt, weil Witz ihm und Laune versagte.
An *Kratin* auch denkt er zurück, der sonst hier unter unendlichem Beifall
Wie durch friedlich gebreitet Gefild' sich ergoß und zugleich unterwühlend die Wurzeln
Mit fort wild Eichen und Ahorn riß und gründlichst entwurzelte Gegner:

[1] Von Körte richtig statt des »Mückengesumms« eingesetzt.

Da sang man nichts bei vergnügtem Gelag als[1]: »Feigholz-
sohlige Doro!«
Und: »Zimmerer künstlich gefügten Gesangs«, so sehr war
jener im Flore;
Doch seht ihr jetzt denselben beinah stumpfsinnig, so rühret
es keinen,
Wie der alternden Leier der Steg los wird und erstorben ihr
jeglicher Klang ist
Und bereits aufreißen die Fugen an ihr; umher nun wankt
er, der Alte,
Dem Konnas[2] gleich, mit verwelketem Kranz, vor Durst
hinschmachtend – da wahrlich
Der Poet ob der Siege von früher verdient, gar im Pry-
taneion zu zechen,
Und statt zu verkommen, des Festspiels hier sich zu freun
an der Seite des Priesters.
Und *Krates* dann – was hatte von euch der Spott und Ver-
höhnung zu dulden,
Der so fröhlich mit wenigem Aufwand oft euch bewirtete,
wenn er zum Fest euch
Mit dem nüchternsten Munde die witzigsten Ding' vor-
käute und satt ihr euch lachtet;
Doch dieser, beklatscht heut, morgen bepocht, er allein
noch hält sich so ziemlich.

Unüberhörbar ist in diesem Stück Komödiengeschichte ein bittrer Ton Resignation des Lustspieldichters selbst.

Des *Aristophanes* erhaltene Stücke umfassen die Jahre 425–388. Oft hat er sie aber nicht selbst einstudiert und aufgeführt, sondern sie anderen dafür

[1] Anfänge Kratinischer Chorlieder. Doro eine erfundene Göttin, nämlich die der Bestechung, die auf »Sykophantensohlen« geht. – [2] Ein großer Flötenspieler, der aber außer seinem Kranz nichts besaß.

überlassen, offenbar weil er sich mehr als Dichter denn als Regisseur fühlte. Auch er hat noch als »grüner Junge«, wie ein antiker Erklärer zu 'Frösche' V. 501 sagt, seine erste 427 aufgeführte Komödie geschrieben. Für die Zeit 427–421 können wir Jahr für Jahr ein Spiel von ihm angeben. Die beiden ersten, die 'Schmauser', worin ein geratener und ein mißratener Sohn sich gegenüberstanden, und die 'Babylonier', sind nicht erhalten. Es folgen die 'Acharner' (425) und die 'Ritter' (424), dann die 'Wolken' (423), die aber bei der Aufführung durchfielen; wir besitzen das Stück nur in einer umgearbeiteten, aber nicht vollendeten Form. 422 wurden die 'Wespen', 421 der 'Frieden' aufgeführt, kurz vor dem Nikiasfrieden. Aus dem Jahre 414, dem ersten der Sizilischen Expedition, stammen die 'Vögel', aus dem vor der Niederlage, 405, die 'Frösche'. Von den drei Frauenkomödien sind 'Lysistrate' und 'Thesmophoriazusen', d. h. die Frauen am Thesmophorienfest (der Demeter), beide 411 gespielt worden, die erste an den Lenaien, die zweite an den Dionysien; die dritte, die 'Ekklesiazusen', d. h. die Frauen als Volksversammlung, gehören dem Jahre 392 an. Der 'Reichtum' endlich, zweite Fassung eines 408 aufgeführten Stückes, wurde 388 gespielt. Im ganzen werden 44 Stücke als von ihm stammend angegeben. Das älteste antike Zeugnis über die Kunst des Aristophanes ist ein Epigramm, das mit Grund Platon zugeschrieben wird:

Einen Tempel wünschten die Grazien, der nicht vergänglich,
Suchten und fanden dabei des Aristophanes Geist.

Wer freilich aus unserer Welt heraus in die der Aristophanischen Komödie eintritt, vielleicht gar nur mit Hilfe einer Übersetzung und wäre es die geniale Joh. Gust. Droysens[1], der wird sich nur schwer in ihr zurechtfinden. Zu vieles ist da, woran er allerstärksten Anstoß nehmen muß.

Da ist mitten in der Handlung ein immer wiederkehrendes Stück, Parabase genannt, d. i. Herantritt des Chores an das Publikum, in dem durch seinen Mund der Dichter selbst das Wort nimmt – auch das S. 229 f. mitgeteilte Stück stammt aus einer Parabase –, mit völliger Durchbrechung der Illusion, der Fabel des Stückes, wie allerdings solch plötzliche Durchbrechung auch sonst oft geschieht. Diese Parabase ist ein Überbleibsel der ältesten Zeit. Freilich ihre jetzige künstlich wirkende Form, in der auf eine Chorführeransprache zweimal eine Chorstrophe mit nachgesetztem Epirrhema, einem »zugesprochenen Stück«, folgt, ist wohl von der Tragödie her beeinflußt, die solche epirrhematische Gliederung schon in ihren ältesten Dramen aufweist; in der Komödie ist sie geradezu zum Formprinzip großer Teile, auch des Agons, den wir hier wiederfinden. geworden, wie die Komödie auch mancherlei anderes Formales, die Prologszene und die gliedernden Chorlieder z. B., der größeren Schwester verdankt. Aber von der Form abgesehen, ist diese Parabase heran an die Zuschauer sogar der eigentliche Komödienkern. Hier werden Spöttereien vorgebracht, wie sie

[1] Vgl. aber auch die von O. Weinreich neu herausgegebene, mit reichen Beigaben ausgestattete Übersetzung von L. Seeger in der Bibliothek der Alten Welt (1952. 53).

dem Spiele von Haus aus eigen sind, wird das im Stück gewählte komische Chorkostüm und die Maske erklärt. Oft ist es eine Tiergestalt, nicht unähnlich jenen Satyrn der Tragödie, und zuweilen stellen sich auch hier Satyrn oder Silene selbst ein. Gewiß wird die Vermutung richtig sein, daß uralte rituelle Tiertänze zugrunde liegen, die sich erst im Laufe der Zeit dem Dionysoskult untergeordnet haben. Da kommt denn nun der Chor z. B. in Gestalt von Pferden, Halbpferden, Ziegen, Ameisenmenschen, Fröschen, Wespen, insbesondere Gallwespen (von denen wir schon hörten), Störchen oder Vögeln überhaupt. Und wie gestaltet der Dichter diese seine Erfindung aus, daß da vierundzwanzig verschiedene Vögel auf den Tanzplatz hereinschwirren! So ruft der Wiedehopf in den 'Vögeln' seine geflügelten Genossen (V. 227)[1]:

Hophop hophop hophop, hophoi!
Io, io, kommt her zu mir, hierher zu mir,
Hierher, ihr gefiederten Brüder.
Kommt aus der Felder schwellenden Saaten,
All ihr Gerstenpicker,   All ihr Körnersucher,
Die hurtig ihr flattert,   Die lustig ihr schnattert,
Die Schollen der Furchen
Zart umpiepst mit eures süßen Stimmchens leisem
Tio tio tio tio tio tio tio tio.
Und die in den Gärten   Im schwanken Gezweige

[1] In der Übersetzung von Wilamowitz, Reden und Vorträge I⁴ 195; doch sind außer in der ersten Zeile die originalen Tonnachbildungen wieder eingesetzt. — Zu der seltsamen Beziehung dieser Vogelkomödie zum 'Tibetanischen Vogelbuch' (im Verlag der Arche, Zürich 1957) vgl. Verf., Vogelphilosophie, Eckart 27 (1958) 168.

Der Efeuranken Die Nester baut.
Und ihr in den Forsten der Berge,
Ihr Beerenpicker, Ihr Eckernknacker,
Eilt euch, eilt euch, kommet hierher,
Hierher, wo mein Ruf euch lockt,
Trioto trioto totobrix.
Ihr auch, die in Bruch und Sumpf
Stachelspitze Schnaken schnappt,
Ihr aus feuchten Wiesengründen,
Fetten Fluren Marathons,
Dommeln, Wachteln
Und im bunten Federkleid
Haselhuhn, Haselhuhn.
Kommt auch ihr Scharen, die über des Meeres
Wellengewog mit den Möwen euch wieget,
Kommet heran, überraschende Neuigkeit
Sollt ihr vernehmen, ich lad' euch, das ganze Volk
Halsausreckender Vögel...
Kommt nun alle, alle, alle
Zur Beratung hierher, hierher!
Torotorotorotorotix
Kikkabau Kikkabau
Torotorotorotorolililix.

Solchen Vogelreichtum kann das heutige Griechenland nicht mehr aufweisen.
Etwas anderes, woran der Mensch unserer Zeit den größten Anstoß nehmen muß, ist die Rolle, die das Obszöne in dieser Komödie spielt; manchem kommt vielleicht gar die Erinnerung an Mephistos böse Verse »Zwar sind auch wir von Herzen unanständig, Doch das Antike find' ich zu lebendig.« Aber wieder gehört auch dies zu dem Ältesten und zum Natürlichen des Spiels. Jener Urkomos trat auch als kultischer Verehrer des Phallos auf, wie Aristoteles a.O.

sagt, und der komische Einzelschauspieler, der aus der Megarischen Volksposse stammen wird, trug auch in klassischer Zeit in der Regel sein tolles Kostüm mit dick ausgestopftem Bauch, ebensolchem Gesäß und ledernem Phallos. Wir sind hier also ganz und gar in der Welt des Grotesken. Es spielen auch nur Männer und – aller Wahrscheinlichkeit nach – wurde nur vor Männern gespielt. Gehört aber dieser Überschwang zum Wesen der alten Komödie, so sind doch recht bezeichnende Unterschiede in der Verwendung dieses Elementes des Obszönen, und neben durchaus gesunden derben Späßen kommt in diesem oder jenem Stück – nach Wilamowitz dann, wenn dem Dichter nichts Besseres einfällt — breitgetretene Grobheit und Häßlichkeit vor, wie etwa im letzten Teil der 'Ekklesiazusen'. Eins ist freilich dabei vor allem zu bedenken: selbst der derbste Witz wird hier gehoben durch die sprachliche und metrische Kunst eines dichterischen Genies, und erst wenn dieses zarte künstlerische Kleid abgestreift würde, wäre die nackte Gemeinheit zu sehen. Ähnliches gilt von den wüsten Schimpfereien; auch sie versetzt die Kunst in die Sphäre des Phantastischen. Gerade davon läßt die Droysensche Übersetzung ein gut Teil spüren. Mit solchem Galgenhumor tröstet sich der von seinem verschwenderischen Sohn ruinierte Bauer Strepsiades in den 'Wolken' V. 439 (mit Droysen):

Jetzt mögen sie ganz, was ihnen beliebt,
'Anstellen mit mir;
Preis geb' ich den Herrn mein Fleisch und Bein,
Es zu prügeln, zu plagen mit Hunger und Durst,
Es zu schinden, zu schmoren, zu stechen wie Wurst;
Denn kann ich mich nur von den Schulden befrein,

So mag mich die Welt meinthalben verschrein
Als maulflink, frech, sackgrob, schandklug,
Als Hundsfott, Meister in Lug und Trug,
Als Schrauber am Wort und Klauber am Recht,
Als Schleichfuchs, Spürnas', Landrechtsknecht,
Als Duckfink, Hohnjan, Schandpfuhlshecht,
Als Gaudieb, Sausieb, Wippsterzspecht
Und Schmarotzergemächt!

Unser höchstes Staunen erregt aber ferner das Format des Spottes, das hier oft gewählt ist. Da müssen hochverehrte Götter und Heroen aber auch in jeder Beziehung herhalten; da wird von stadtbekannten Personen, die unter den Zuschauern sitzen, das Unglaublichste verkündet; da werden die vom Volk selbst bestellten politischen und militärischen Führer mit einer Schärfe angegriffen und lächerlich gemacht, die uns unfaßbar ist. Jene 'Babylonier' schilderten die Bundesgenossen Athens als Sklaven, die der Herr Kleon in der Tretmühle arbeiten läßt, und das in Gegenwart der Festgesandten eben dieser Bundesgenossen! Von wem wird der großmächtige Sklave des hilflosen Greises »Volk«, Kleon, in den 'Rittern' übertrumpft und abgelöst? Von einem noch Gemeineren, dem Wursthändler. In dieser phantastisch-anrüchigen Größe wird der paphlagonische Schurke – der führende Staatsmann! – Kreon gesehen, V. 74 (mit Droysen):

Unmöglich ist's, vor dem Paphlagonier[1] irgend was
Geheimzuhalten; er sieht nach allem selbst; er hat
Ein Bein in Pylos, das andre in der Ekklesie hier;

[1] Die Leute aus dieser kleinasiatischen Landschaft galten in Athen als nichtswürdige Maulhelden. Pylos der Kampf-

Und indem er so mit gespreizten Beinen steht, so ist
Höchstdessen Hintrer über Furzyra, seine Hand
Links bei den Pressaliern, sein Verstand bei den Klemmiern

und so bereitet sich der Wursthändler auf eine Rede vor dem hohen Rat Athens vor, V. 634:

So sprach ich zu mir: »Auf, auf! Kobolde, Kniff und Pfiff,
Alfanz und Schrettel, Butz und Muck und Schabernack,
Und Gasse, die du als Knabe mich erzogen hast,
Nun gilt es Stirn und wohlgeschmiertes Zungenspiel
Und freches Maulwerk.«

Ein Freundkleon und ein Haßkleon, Vater und Sohn, stehen sich in den 'Wespen' gegenüber, und Freundkleon wird gründlichst bekehrt. – Ja, während das Vaterland im Kriege steht, tritt der Dichter für Abschluß eines Friedens mit dem Feinde ein, nicht nur in dem 'Frieden' genannten Stück kurz vor seiner Verwirklichung, nein, mitten im Kampfe, wie in 'Acharnern' und 'Lysistrate', und wir bekommen zu sehen, wie Dikaiopolis, »der rechte Bürger«, seinen Privatfrieden mit Sparta schließt und dessen Segen, im Gegensatz zu den Zuschauern, in jeder Weise auskosten darf. Wiederholt hören wir von Versuchen führender Politiker seit Perikles, diese gefährliche Freiheit der Komödie einzuschränken. Sie blieben im Grunde erfolglos. Zwar bemerken wir, daß die Schärfe des politischen Angriffs in den späteren Aristophanischen Stücken nachläßt; aber die Ursache wird nicht in der größeren Reife und Ruhe des Dich-

platz in der Peloponnes, die Ekklesie die Volksversammlung in Athen, die übrigen Namen Scherzbildungen mit Doppelsinn.

ters zu suchen sein, sondern darin, daß der Mutterboden auch der alten Komödie, Athen selbst und das Attische Bundesreich, ihr nicht mehr die Säfte zuführte wie früher, weil ihre Kraft im Sinken war. So ist auch sie allmählich abgestorben. Das alte Athen hatte ein so ungeheures Kraftgefühl, daß schlechthin alles Wort werden durfte, ohne daß man glaubte, die Polis nehme dadurch Schaden; dies war freilich ein Irrtum, auch die Komödie hat zur Lockerung der Staatsgemeinschaft ihr Teil beigetragen. Wieder aber ist auch hier nicht zu vergessen: es sind die Schwingen der Verse in dieser Komödie, die über das rein Stoffliche hinwegtragen.

Was die sachliche Bedeutung dieses politischen Kampfes betrifft, so hat man gesagt, es läge einfach im Wesen der Komödie, in Opposition zu stehen. So richtig das ist – da sie eben immer und überall etwas zu verspotten findet –, so gewiß ferner Aristophanes nicht etwa spricht als Glied einer bestimmten politischen Partei, so wenig genügt trotzdem jene Erklärung. Dieser kochende Zorn, dieser leidenschaftliche Wille, den Gegner zu Boden zu reißen, stammt aus größerer Tiefe als dem Wunsch, nur um des Spottes willen zu verspotten, und auch von ihm selbst hören wir ja: »Was Recht ist, weiß auch die Komödie« (Acharn. 500). Bedenken wir ferner, daß er mit gleich heißem Eifer auch das Wort ergreift in den wichtigsten Fragen der Kultur, so werden wir vielmehr sagen: hier ist der Spötter zugleich der Kämpfer für das Heiligste, für die Seele seiner Vaterstadt, er ist ein Ritter im weitesten und höchsten Sinne oder mit seinen eigenen Worten ein »Reiniger des Landes, der dem Bösen wehrt wie Herakles« (Wesp. 1043). Auch von seiner Kunst gilt, was er in den 'Fröschen' von den Tragödiendichtern als allgemein anerkannte Anschauung wiedergibt: bewundern muß man einen Dichter, weil er »die Menschen in den Staaten besser macht« (V. 1008). Zu den Fragen, die ihm so heiß machen, gehört vor allem die nach der rechten Erziehung der Jugend. Die Gefahren der sophistischen Verbildung zur Untüchtigkeit hat Aristophanes klar erkannt. Und die neue Generation soll doch leiblich und seelisch ebenso wacker sein wie die frühere, womöglich wie die Marathonkämpfer. Alles, was er nur an den neuen Weisheitslehrern zu tadeln fand, hat er in den 'Wolken' mit schrankenloser Künstlerfreiheit auf jene allbekannte Persönlichkeit übertragen, die nur in gewissen Äußerlichkeiten ihnen gleich, in Wahrheit aber ihr stärkster Gegner war, auf Sokrates, und so ist jenes grandios-phantastische Bild von ihm entstanden, das doch auch wiederum fein beobachtete Einzelzüge bewahrt. Gerade darum ist es so gefährlich gewesen und hat nach Platon nicht wenig zu seiner Verkennung und Verurteilung beigetragen. Doch andrerseits: die Anekdote läßt den unter den Zuschauern sitzenden Sokrates sich erheben, damit man Urbild und Bühnenbild besser vergleichen könne, und Platon selbst macht in dem sieben Jahre nach der 'Wolken'aufführung spielenden Symposion gerade Aristophanes zum tiefsten Ergänzer der Sokratischen Weisheit. – Was Platons 'Staat' später über die Mitwirkung der Frau im Staatsleben, über den Staatskommunismus bis zur Weibergemeinschaft philosophisch erörtert, wird schon in den Frauenkomödien des Aristophanes nach verschiedenster

Seite hin als komisches Motiv verwertet; auch diese Fragen gehörten eben zum Thema schon des sophistischen Zeitalters.

Aber der Dichter zeigt uns auch, daß er ein besserer Menschenkenner ist als die Theoretiker. Mit Scherblick sagt er die Wirkung solch einer Verordnung, alles Gut an die Gemeinde abzuliefern, voraus. Der eine stellt, halb aus Bravheit, halb aus Angst, alles zur Abgabe bereit, der andere, Schlauere, meint (Ekkl. 750 mit Seeger):

> Was, mein Erspartes, meinen sauren Schweiß
> Für nichts und wieder nichts wegwerfen? Nein!

Zu dem ersten sagt er:

> Glaubst du: abliefern wird, wer nicht verrückt?
> Das ist nicht Sitte hier! Hier *nimmt* man nur.

Und er schlägt vor:

> Zu zögern, zu verschieben, zuzusehn ...
> Möglich: ein Erdbeben kommt,
> Ein Meteor, ein Iltis rennt vorüber
> Am Markt — da ist's dann ausgeliefert, Tölpel!

Besonders scharfen Aristophanischen Angriffen ist die neue Musik und die neue Dichtung, wie sie unter den Tragikern Euripides und Agathon vertreten, ausgesetzt. Da werden zur Verspottung lange Arien in modernem Stil getrillert, wird die neue dithyrambische Chordichtung nachgeäfft. Und wie auch andere zeitgenössische Komödie in diesen Ton einstimmt, das mögen Verse eines unbekannten Dichters zeigen. Er läßt Frau Musika auf die Frage der

Frau Justitia, warum man ihr so übel mitgespielt habe, folgendes antworten[1]:

»Gern geb' ich dir Bescheid, denn mich erfreut's,
Vor dir zu reden, so wie dich zu hören.
Mit Melanippides begann mein Leid:
Er packte mich zuerst und gab neun Saiten
Mit auf den Weg mir, als er mich entließ.
Und doch — noch brauchbar war der Mann, denk' ich
Daran, wie elend jetzt mein Leben ist.
Dann hat Kinesias aus Attika,
Der Schuft, mit seinen tollen Harmonien
Mich so mißhandelt, daß man rechts und links
In seinen Dithyramben nicht mehr kannte;
's war grad, als ob man sich im Spiegel sah.
Und doch — zur Not ging's auch mit diesem Mann.
Phrynis hat Kreisel gar mit mir gespielt,
Hat mich bis zum Verderb herumgehetzt,
Und zwölf Oktaven spielt er auf fünf Saiten.
Und doch — noch brauchbar war auch dieser Mann,
Was er gefehlt, er macht es wieder gut.

1 Überliefert von Pseudoplutarch V. d. Musik c. 30, zugleich ein Stück Musikgeschichte, das in scherzhafter Weise u. a. das immer größere Anwachsen der musikalischen Mittel und (V. 10f.) das Aufgeben fester Melodienfolge zeigt. Melanippides d. J. und Kinesias sind berühmte Dichter chorischer Dithyramben (s S. 134 f.) des späteren 5. Jahrh., Phrynis (5. Jahrh.) und Timotheos (früheres 4. Jahrh.) vor allem große Dichterkomponisten von Nomoi, d. h. damals von frei erzählenden, virtuos zur Kithara gesungenen Solostücken. Von Timotheos besitzen wir seit 1902 auf einem Papyrus aus der Zeit etwa Alexanders d. Gr., dem ältesten erhaltenen Buchrest, ein großes Bruchstück des Nomos 'Die Perser', das die Schlacht von Salamis in überaus künstlichem, raffiniertem Stil nacherzählt; entsprechend waren Gesang und Begleitung.

Timotheos jedoch, der, Liebste, hat
Mich nun ans Grab gebracht, so schändlich war
Sein Treiben!« — »Was für ein Timotheos
Ist das denn?« — »Ach, ein Rotkopf aus Milet.« —
»Auch der hat dich gequält?« — »Er war der schlimmste!
Auf krummen Gängen hat er mich geschleift,
Mit gottlos süßen Tönen mich verziert,
Mit Trillern, wie der Rettich Maden hat.
Und traf er auf dem Weg mich wo allein —
Zwölf Saiten wandt' er an, mich kleinzukriegen.«

Den Euripides hat Aristophanes mit den Geschossen seiner Verse bis über das Grab hinaus verfolgt, weil er in ihm den Zerstörer des vorbildlich-erhabenen, göttlichen Mythos sah. Da wird richtige Erkenntnis durch die grobe Verzerrung zu Falschestem; diese Aristophanische Kritik lebt dann, wie nachgewiesen ist[1], in A. W. von Schlegel, ja in Nietzsche wieder auf. Der Kampf hat seine großartigste Form gefunden in jener Gegenüberstellung des Aischylos und des Euripides in den 'Fröschen', von der wir schon öfter sprachen. Bei der Wichtigkeit gerade dieses Stückes für uns gehen wir auf den Gang seiner Handlung etwas näher ein.

Dionysos, korpulent, frauenhaft gestaltet, darum in safranfarbigem Gewand, aber sonst wie Herakles ausstaffiert, und sein verschmitzter Sklave Xanthias sind auf Reisen, auf der Reise in die Unterwelt; daher das Kostüm des Herakles, der ja diese Straße schon gezogen ist. Am Heraklestempel des attischen Gaues Melite wird haltgemacht, und der Gott gibt dem Gotte die nötige Auskunft

[1] Von Br. Snell, Die Antike XIII (1937) 254 ff.

über den Weg. Dabei erfahren wir auch den Zweck dieser Unternehmung: Dionysos will seinen geliebten, vor kurzem verstorbenen Euripides zu dem bevorstehenden Fest wieder heraufholen. Xanthias ist das Gepäck zu schwer; ein Toter wird gerade dahergetragen, dem er es mitgeben will, doch der verlangt zwei Drachmen Lohn, und statt davon etwas abzulassen – »lieber lebt' ich wieder auf!« – Plötzlich ist man am Totensee angekommen. Charon erscheint, ein grober Kerl, und während Xanthias um den See herumlaufen muß – weil er nicht in der Seeschlacht bei den Arginusen mitgefochten hat –, darf Dionysos einsteigen, muß aber selbst rudern, zum Takt eines Brekekex-Koax-Koax-Gesanges der Frösche, der dem Dichter so schön erschien, daß er danach sein ganzes Stück benannte. Die Szene wandert gleichsam mit. Allerlei Erlebnisse von Herr und Diener folgen, die sich im Jenseits wieder getroffen haben, solche mit Gespenstern, einem Mystenchor, der mit heiligen, aber auch mit lustigen Gesängen vorüberzieht wie auf der Prozession von Athen nach Eleusis, mit dem Pförtner am Hadestor, der den vermeintlichen Herakles ausschimpft, weil er seinerzeit den Höllenhund entführt hat, und mit anderen. Herr und Diener wechseln mehrfach untereinander ihr Kleid, weil der Gott als Herakles immer wieder Unannehmlichkeiten befürchten muß. Als Xanthias gerade Herakles ist, kommt der Pförtner wieder, um ihn verhaften zu lassen. In einer besonders lustigen Prügelszene soll festgestellt werden, wer von den beiden in Wahrheit der Gott ist – dieser wird ja im Gegensatz zum Menschen unter den Hieben nicht leiden –, aber es ergibt sich nichts; doch Pluton und

Persephone werden es schon herausbekommen. – Parabase politischen Charakters: Mahnung zur inneren Eintracht und Empfehlung der Oligarchen. – Eine neue Handlung setzt ein. Xanthias und ein Hadessklave, mit dem er sich angefreundet hat, kommen ins Gespräch, und man erfährt, daß da drinnen gerade »eine große, große Sache im Werk ist«: der kürzlich angekommene Euripides hat im Gegensatz zu Sophokles dem Aischylos den Rang als Fürst der Tragiker in der Unterwelt streitig gemacht, und es soll in einem Wettkampf der beiden ihr Wert festgestellt werden. Das Schattenreich öffnet sich. Wir sehen Pluton auf dem Thron, die beiden Dichter neben ihm, und nun folgt, eingeleitet durch Gebet und Opfer, der große, Hunderte von Versen umfassende Agon der beiden, der in Angriff und Verteidigung ein komisch verzerrtes, aber doch mit Wahrheit gesättigtes Bild ihrer Kunst gibt, des sittlichen Gehalts und des Stiles bis in die technischen Einzelheiten hinein. Unvergeßlich und von fast Aischyleischer Größe der Schluß: Dionysos, der doch zuerst Euripides wieder nach Athen hinaufführen wollte, wählt vielmehr Aischylos, und unter Fackelschein, feierlichem Gebetssang und Chorgeleit steigt dieser ans Licht empor, auf daß er »errette die Vaterstadt durch gute Gedanken und erziehe die Unverständigen; es sind ihrer viele«. Was hatte dieses Athen für eine Lebenskraft, daß seine Bürger in der schwersten Not des Peloponnesischen Krieges, ein Jahr vor der Übergabe der Stadt, solchem Thema mit Leidenschaft folgen konnten! Sie haben das Stück mit dem ersten Preise gekrönt.

Das Gefühl, man müsse in der Not der Zeit bei den

Großen der Vergangenheit Rat holen, war damals so stark, daß auch andere Komödien ein ähnliches Motiv verwandten. So zogen im 'Gerytades' des Aristophanes der Lustspieldichter Sannyrion, der Tragödiendichter Meletos (als Ankläger des Sokrates traurig bekannt) und der vorhin genannte Dithyrambiker Kinesias in den Hades, um für ihre Kunst bei den Abgeschiedenen etwas zu lernen. So stellte die Komödie des Eupolis vom Jahre 412, die 'Gemeinden', uns durch neuen Papyrusfund kenntlicher geworden, dar, wie eine athenische Schatten-Volksversammlung auf den Bericht eines gerade aus der Oberwelt abgeschiedenen Feldherrn und Staatsmannes hin den lebendigen Nachfahren vier Männer zur Erziehung hinaufschickt, die Besten, die sie nur finden kann: Solon, Miltiades, Aristeides und Perikles; über diesen unterhielten sich zwei Athener folgendermaßen:

»An Kraft der Rede übertraf er alle,
Und wenn er auftrat, wie die guten Läufer,
Drei Meter Vorsprung holt' im Wort er auf.«

»Fix war er schon, doch saß auf seinen Lippen
Die Anmut auch, die schmeichelnd überzeugt.
Ein Zaubrer war er, und allein von allen
Ließ er den Stachel in des Hörers Herz.«

Ist auch das höchste, das heiterste Wunderwerk Aristophanischer Kunst, die 'Vögel', von so schwerem Gedankengewicht belastet? Anscheinend nicht, weil ja die Gründer jenes Wolkenkuckucksheimes Hoffegut und Ratefreund gerade aus Athen fort ins Reich der Phantasie ziehen. Und doch ist eben der Verzicht darauf, jene beiden im Athen der Gegenwart, in der Spannung des ersten Jahres der gefährlichen sizilischen Expedition wirken zu lassen, die Sehnsucht, einmal alle Sorge abzustreifen, der stärkste Beweis dafür, daß dieses so lyrische Spiel im Grunde doch auch ein Politikon ist. – Wesentlich anderer Art ist erst das letzte Stück des gealterten Dichters mit seiner allegorischen Fabel vom Reichtum. Der kecke Witz, der politische Hieb, der heiße Drang zu bessern und zu bekehren, fehlen fast ganz; das hat Platz gemacht einem feinen Spott, einer hübschen Charakteristik menschlicher Schwächen und sozialer Verhältnisse – weshalb gerade dieses Stück des Dichters in der Spätzeit des Altertums am allermeisten gelesen wurde. Der Chor tritt hier ganz zurück; die Lieder, die er einst sang, standen so wenig in Beziehung zur Handlung, daß sie in der uns überlieferten Buchausgabe gar nicht mehr enthalten sind, was übrigens teilweise auch schon von dem vorletzten Stück, den 'Ekklesiazusen', gilt.

Lebendigster Spiegel ihrer Zeit ist die alte attische Komödie, aber ein solcher, der das zugleich mitspiegelt, was unter ihrer Oberfläche vorgeht. Ganz und gar für die Wirkung des Augenblicks erdacht und daher mit unzähligen, oft nicht leicht zu deutenden Anspielungen durchsetzt, ist sie trotz dieser stärksten Zeitgebundenheit in ihrer Wirkungskraft unbeschränkt. Dieser Ausdruck überschäumender Lebensfülle ist etwas völlig Einzigartiges in der Geschichte der menschlichen Kultur. Aus dem unerschöpflichen Brunnen der Phantasie holt der Dichter immer neue Gedanken herauf, so wie er selbst von sich rühmt: »Immer neue Ideen denke ich mir aus und bringe sie vor, die in nichts einander ähnlich sind und alle vortrefflich« (Wolk. 547). Mit ihnen trägt er den Menschen hinaus aus seiner bürgerlichen Welt in eine ganz andere. Und so sehr werden wir mitgerissen von dem sprühenden Witz und dem funkelnden Einfall, daß wir die tollsten Widersprüche in der Handlung lachend hinnehmen. Nicht selten ist es so, daß der witzige Grundgedanke des Stücks, eben jene »neue Idee«, im Verlauf der Handlung ihre Kraft verliert, es geht ihr sozusagen der Atem aus, und sie verflüchtigt sich in losen Einzelszenen. Aber zuweilen, wie in den 'Vögeln' und in der 'Lysistrate', wird auch, und dies unter der Einwirkung der Tragödie, eine einheitliche Handlung kraftvoll durchgeführt. Der Gedankenreichtum aber enthüllt sich ebenso in den kleinsten Einheiten, im Vers und im Wort. Wie in der Tragödie gibt es hier Sprech-, Rezitations- und Gesangverse, ein reiches Gemisch; es begleitet wohl allein der Aulos, die Kithara nur in der Parodie tragischer Feierlichkeit. Der gesprochene iambische Trimeter mit seinen größeren Freiheiten in der Bildung, seinen viel zahlreicheren Auflösungen der Verslängen ist schmiegsames Material in der Hand des Künstlers; von seinen Trochäen, Anapästen und anderen Rezitationsversen gilt ähnliches. Die Sprache ist das frischeste Attisch, vom Dichter kühn gehandhabt; aber um zu parodieren, stehen ihm alle möglichen Sprachtöne zur Verfügung. Vor allem bildet er durch Zusammensetzung neue Worte bis zum phantastischsten. Darin stellt die höchste Leistung jenes 72silbige Wort dar, das die Bestandteile einer Pastete beschreibt (Ekkl. 1168) und das Voß so verdeutscht:

Austerigpökeligbuttenlampretigesschädelzerstückelungsherbegebrühetessilfionwürzigeshonigbeträufeltesamseligschnepfigestaubenfasanigeshähneleinhirnigesdrosselgebratenesemmerlinghasigesmostigesgraupigesflügelgericht.

Eine Fülle von Tänzen gehört zu dieser Komödie. Als ihr ältester Tanz wird uns ein bestimmter, der ausgelassene Kordax, genannt. Aber in diesem voll ausgebildeten Spiel gibt es die mannigfaltigsten. Da sehen wir die komisch-feierliche Familienprozession des Bürgers Dikaiopolis; den fröhlich dahinschreitenden Festzug der fackelschwingenden Mysten, der »selbst den Greisen das Knie leicht macht«; den großen Rundtanz der Frauen, die Demeter und ihre Tochter feiern. Da werden uns Nationaltänze der Athener und der Spartaner in ihrem Gegensatz vorgeführt, wie hier überhaupt die Eigenart der griechischen Stämme, auch in ihrer Sprache, mit treffendem Witz geschildert wird. Da gibt es am Schluß des 'Friedens' den Hochzeitszug des Bauern Trygaios mit der Jungfer »Herbstfrucht« und in den 'Vögeln' das noch viel schönere Hochzeitsfest von Ratefreund mit der »Königin«, an dem alle Vögel teilnehmen, wie denn der Vogelbräutigam singt (V. 1755 mit Droysen):

Nun folgt dem Hochzeitszuge nach,
  Lust'ge Vögel alle,
Zur Wiese nach, zum Brautgelag,
  Nach beim Flötenschalle!
Komm, süßes Kind, und faß geschwind
  Hier an mein Gefieder;
Umschling ich dich, so schwing ich dich,
  Weibchen, auf und nieder!

Ja, einmal (Wesp. 1517) erleben wir, wie an einem solchen, fast immer prächtig ausgestalteten Komödienschluß der Chor in der Orchestra Platz macht, damit ein Ballett eines Berufstänzers mit seinen drei Söhnen stattfinden kann, an dessen wirbelndem Presto er sich aber dann doch noch selbst beteiligt.

Die Rhythmen der Lieder sind in der Regel von so einfach durchschaubarer Form, daß wir sie leicht nachempfinden können. In ihnen aber wie in den Rezitationsversen werden uns auch Naturbilder vorgezaubert von schlechthin unübertrefflicher Frische der Anschaulichkeit. In den heiligen Ölbaumhain des Akademos, in dem später Platon mit seinen Schülern lebte, führt uns der Dichter (Wolk. 1005)[1]; da laufen die jungen Freunde um die Wette, mit Schilf vom Bach bekränzt,

Von Eiben umduftet und müßiger Ruh und den silbernen Blättern der Pappel,
In der Wonne des Lenzes, wenn flüsternd leis zu der Ulme sich neigt die Platane.

Das Einzugslied desselben Stückes malt das Aufsteigen der weißen Wolken von den Bergen rings um die attische Ebene, wie es auch dem heutigen Besucher des Landes aus der Frühlingszeit so vertraut ist:

Wolken, ihr ewigen Wand'rer,
Steiget empor und lasset erscheinen
Eure beweglichen feuchten Gestalten,
Schwingt aus der tosenden Tiefe des Vaters Okeanos
Hoch auf den ragenden Grat des bebuschten Gebirges euch,

[1] In der Übersetzung von Seeger; das nächste Stück in der von Wilamowitz a. O. S. 187, das letzte nach Droysen.

Lugt nach den Warten, die ferne sich zeigen, hin,
Hin auf berieselte Gärten, der heiligen Erde Schmuck,
Hin auf der murmelnden, nimmer versiegenden Bäche Lauf,
Hin auf die rasende, rollend erbrausende See.
Denn unermüdlich mit flirrendem Glanze
Schimmert das Auge des himmlischen Äthers.
Auf denn, schüttelt die wolkigen tropfenden Hüllen ab,
Wendet den weithin schweifenden Blick
Nieder zur Erden.

Zum Schluß möge uns ein Chorepirrhema (Fried. 1140) die Stimmung des Landmanns schildern, wenn nun die Wolken ersehnten Regen bringen und er selbst zu nicht unerwünschter Mußestunde kommt; es gibt zugleich einen Einblick in das Familienleben, das Aristophanes oft in feinen, kleinen Zügen wiedergibt:

Nichts behaglicher in der Welt, als wenn die Saat im Boden liegt
Und der gute Gott begießt sie und ein Nachbar also spricht:
»Sag mir, was beginnen wir derweilen, Nachbar Feldermann?
Macht's doch recht der gute Gott so, daß man eins drauf trinken kann!
Also, Frauchen, heute setz drei Metzen junge Schoten auf,
Rühre tüchtig Kuchenmehl ein, Feigenschnittchen lege drauf;
Syre rufe dann den Manes[1] auch nur aus dem Feld herein;
Denn es ist für heut nicht möglich, abzublatten unsern Wein
Noch zu überharken; sinkt man doch bis an das Knie hinein.
Holt von mir zu Haus die Taube und die zwei gebratnen Spatzen;

[1] Der Knecht, Syre ist die Magd.

Auch ein vier Stück Hasenbraten war da und ein Frisch-
milch-Satzen,
Wenn mir abends drüberher da nicht gekommen sind die
Katzen,
Denn ich hörte, weiß der Himmel, was da poltern und da
kratzen!
Drei davon bring, hörst du, uns her, laß den Vater eins
verzehren,
Fordr' in Aischinades' Garten einen Myrrhenzweig mit
Beeren
Und ersuch Freund Charinades, heute möcht' er uns
beehren
Und mit uns ein Schöppchen leeren,
Uns zur Lust, dem Gott zu Ehren,
Der der Saat so gnädig ist.«

Als Goethe[1] am 18. August 1780 seine ganz freie Bearbeitung der 'Vögel' der Weimarer Hofgesellschaft in Ettersburg zu ihrem Entzücken vorführte, wobei er selbst den 'Treufreund' (richtig vielmehr 'Ratefreund') spielte, war schon durch Hamann ein tieferes Verstehen des so Schwerverständlichen, so leicht zu Mißdeutenden angebahnt worden. Wielands Aristophanesübersetzung vom Jahre 1794 war zwar aus einem gereiften Verständnis geboren, doch der vom Rokoko her Bestimmte konnte diesem griechischen Dichtergenie nicht gerecht werden. Erst die Romantiker, Friedrich und August Wilhelm von Schlegel vor allem, sind es gewesen, die in sein eigentliches Wesen eindrangen, die das Organ hatten zu spüren, daß diese Komödie ein »Rausch der

[1] Zum Thema der Nachwirkung des Aristophanes vgl. W. Süß, Aristophanes und die Nachwelt (1911); P. Friedländer, Aristophanes in Deutschland, Die Antike VIII (1932) 229 ff., IX (1933) 81 ff.

Fröhlichkeit und zugleich ein Erguß heiliger Begeisterung« ist. Zu ihnen fühlte sich Platen im Gegensatz, dem es doch beschieden gewesen ist, in den beiden Komödien 'Die verhängnisvolle Gabel' und 'Der romantische Ödipus' einen Nachhall Aristophanischer Kunst zu schaffen. Heute werden diese Werke wenig geschätzt, mit Unrecht; für das Verständnis verlangen sie freilich ähnlich eindringende Arbeit wie die des Aristophanes selbst. Und zuweilen ist uns, als vernähmen wir in ihren Parabasen etwas von dem Glockenklang der Verse des Griechen, etwas von seinem wuchtigen Ernst, wenn er als Lehrer zu seinem Volk spricht. Von der Aristophanischen Verskunst gilt, was Platen hier von der Dichtkunst schlechthin sagt:

Weltgeheimnis ist die *Schönheit*, das uns lockt in Bild und Wort;
Wollt ihr sie dem Leben rauben, zieht mit ihr die Liebe fort:
Was noch atmet, zuckt und schaudert, alles sinkt in Nacht und Graus,
Und des Himmels Lampen löschen mit dem letzten Dichter aus. –
Nichts von allem, was das Leben euch vergiftet, fecht' euch an!
Alles taucht die Hand des Dichters in der *Schönheit* Ozean:
Nicht allein der Glauben ist es, der die Welt besiegen lehrt,
Wißt, daß auch die Kunst in Flammen das Vergängliche verzehrt!

Jener 'Plutos' oder 'Reichtum' des Aristophanes stellt schon den Übergang zu einer anderen Komödienform dar, die von der antiken Literaturgeschichte zuweilen die »mittlere« genannt wird und die während des 4. Jahrhunderts v. Chr. herrschte. Wir können etwa

40 Dichter dieser Stilform zusammenzählen, hören von überreicher Produktion, besitzen auch zahlreiche kleine Bruchstücke, aber ein anschauliches Bild von ihrer Eigenart haben wir nicht. Daß die Kraft des Spottes nachließ, die Bedeutung des Chores abnahm, erfuhren wir schon. Die Versmaße wurden vereinfacht, das Kostüm dem bürgerlichen mehr angeglichen, der Ton verfeinert. Auf anderen Gebieten als dem der großen vaterländischen Politik liebte die Muse zu spielen, nun, da die Zeit der Macht und der Freiheit Athens vergangen war, da »selbst um die Lippen der Praxitelischen Götter ein Zug der leisen Wehmut sich legte«. Häufig ist die Travestie des Göttermythos – die uns als Motiv schon früher begegnete –, häufig die der Euripideischen Tragödie, die im 4. Jahrhundert die Menschen sehr gefesselt hat. Stoffe aus dem täglichen Leben der Bürger, Personen aus dem Handwerker- und dem Gesindestand wie aus der Welt der Hetären sind aus den Titeln und den Bruchstücken zu erschließen. Zu hoher Kunst ist dies erst geworden durch Menander, den Schöpfer der »neuen« Komödie, den Mann eines anderen Zeitalters.

3. GESCHICHTSSCHREIBUNG[1]

Aristophanes, der Komödiendichter aus der Zeit des Peloponnesischen Krieges, und *Thukydides*, der Geschichtsschreiber dieses Krieges: in mehr als einer

[1] Zur politischen Grundlage dieses und des folgenden Kapitels vgl. die beiden sich ergänzenden Bücher von Wilamowitz, Staat und Gesellschaft der Griechen (1910) und V. Ehrenberg, Der Staat der Griechen I (1957).

Hinsicht stimmen die beiden so Wesensverschiedenen doch überein. Sie haben nicht nur in denselben Jahren gewirkt und geschrieben, dieselben Zeiten im Spiegel des Wortes eingefangen, sondern auch mit der gleichen Sorge die Geschicke ihrer Vaterstadt, die wachsende Verderbnis der Zeit betrachtet und geschildert, und Kleons Gegner waren beide, der Dichter und der Forscher.

Thukydides der Athener war verwandt mit Miltiades und Kimon und gehörte zum attischen Adel. Durch die Gattin des Miltiades war unter seinen Ahnen auch das thrakische Königsgeschlecht. Auch seine Frau entstammte einer thrakischen Familie; wohl durch sie besaß er in Südthrakien reiche Bergwerke in Erbpacht, die ihn materiell unabhängig machten. Geboren in der attischen Gemeinde Halimus, hat er in Athen ganz die von den neuen Weisheitslehrern, den Sophisten, gelehrte Bildung erfahren. Beim Ausbruch des großen Krieges war er, wie er selbst sagt (V, 26), in urteilsfähigem Alter, und sogleich hat er seine Geschichte zu schreiben begonnen (I, 1). Die Pest 430–29 erlebte er am eigenen Leibe (II, 48). 424 wurde er zum attischen Heerführer erwählt. Da es ihm und seinem Mitstrategen jedoch nicht glückte, Amphipolis in Thrakien vor dem Spartaner Brasidas zu retten, wurde er verbannt. Zwanzig Jahre lang lebte er fern vom attischen Gebiet, gewiß auf seinen thrakischen Besitzungen, aber auch bei König Archelaos von Makedonien (II, 100), ja, im Lande der Feinde Athens, um für sein Werk Erkundung zu treiben (V, 26): wir müssen reiche persönliche Beziehungen zu Männern der verschiedensten griechischen Länder annehmen. Erst nach der Niederwer-

fung Athens (403) durfte er heimkehren, und nicht gar lange nach 400 muß er gestorben sein.
Wenn man den Aufbau seines acht Bücher umfassenden Werkes betrachten will, so muß man bedenken, daß wie bei Herodot die überlieferte Bucheinteilung unwesentlich ist, ja nicht einmal vom Verfasser selbst herrührt, gab es doch im Altertum auch eine solche in neun und eine in dreizehn Bücher. Der Krieg wird Jahr für Jahr nach Sommer- und Winterhalbjahr – die sich in der Kriegführung stark unterscheiden – erzählt. Buch I enthält die Vorgeschichte. Mit Buch II beginnt die Kriegserzählung. V, 24 ist der Schluß des Zehnjährigen Krieges 431–421 erreicht; hier wird, wie es die Sache erfordert, ein deutlicher Abschluß und danach ein neuer Anfang gemacht. Der Rest des Buches berichtet über die Jahre 421–416. In den Büchern VI und VII wird die Sizilische Expedition erzählt. Buch VIII führt den Bericht weiter bis Herbst 411; hier bricht er, mitten in einer Satzperiode sozusagen, ab, obwohl der Verfasser V, 26 versichert, er habe den ganzen Krieg beschrieben, bis zu seinem Ende. Gelesen hat man davon aber auch im Altertum nie mehr als heute, denn zwei Männer verschiedener Zeit, Xenophon und Kratippos, haben das Werk von dem Punkt an, wo es nach unserer Überlieferung abbricht, fortgeführt. In die fortlaufende Erzählung hat Thukydides zu tieferem Verständnis der Gegenwart zuweilen eine Darstellung früherer Zustände und Ereignisse eingelegt. Ihm soll gleich im Anfang die Vorgeschichte Griechenlands (I, 2–19) dienen; ferner gehören zu solchen Rückblicken – von kleineren Stücken abgesehen – die 50jährige Geschichte

Athens seit den Perserkriegen (I, 89–118), die des Odrysenreiches (II, 96–101) und die älteste Geschichte Siziliens, verbunden mit einer Schilderung seiner Geographie (VI, 1–5).

Das plötzliche Abbrechen der Erzählung und gewisse sachliche und stilistische Widersprüche innerhalb des Werks stellen ein schweres philologisches Problem dar, mit dem bis in unsere Tage hinein gerungen wird. Die wichtigste Frage ist, wieweit das Vorliegende im Sinne des Verfassers als vollendet anzusehen ist und ob es der, nach Kriegsschluß nur hie und da leicht überarbeitete, Niederschlag der Jahr für Jahr weitergeführten, immer neue Erfahrung verwertenden Forschung ist oder vielmehr ein einheitliches, erst nach 404 ausgearbeitetes Ganzes. Wie immer, ist wissenschaftliche Problemerörterung hier für uns nicht möglich. Unsere Darlegungen gründen sich auf folgende Ansicht. Als Thukydides die Einleitung zum zweiten Teil seines Werkes (V, 26) schrieb, lag die ganze Erzählung mit allen Einzelheiten, bis zur Schleifung der Langen Mauern und der Einnahme des Piraeus durch die Feinde, fertig vor ihm, zum mindesten vor seinem Geist, das sagen seine Worte deutlich; er konnte dies aber nur aussprechen, wenn seine den Ereignissen unmittelbar folgende Forschung sich auch bereits die nötigen schriftlichen Unterlagen bis zum Schluß geschaffen hatte. Die alles zusammenfassende, von dem unseligen Kriegsende her orientierte Bearbeitung dieser Stoffülle war bis zum Jahre 411 gekommen, als Thukydides starb. Das Material für die Zeit nach 411 hatte entweder die Form der ausgeführten fortlaufenden Erzählung noch nicht und war deshalb zur Veröffentlichung aus dem Nachlaß nicht geeignet, oder Thukydides selbst hat sie untersagt, weil ihm diese Form doch noch nicht genügte. Hätte er länger gelebt, so wäre weitere verbessernde und ausgleichende Arbeit sicherlich auch dem uns Vorliegenden zuteil geworden; denn welcher Schriftsteller überprüft am Schluß nicht noch einmal das Ganze? Trotzdem ist das Erhaltene als ein einheitliches, unter *einem* Gedanken stehendes Werk zu betrachten, das, wenn wir das Ganze hätten, nicht sehr anders aussähe. Seine Mängel liegen vielmehr in seinem Wesen begründet.

Das Geschichtswerk Herodots war Thukydides, wie sich versteht, durchaus bekannt, ja an ihm maß er sein eigenes, noch werdendes, wenn er auch für die Geschichte der Vergangenheit natürlich außerdem andere historische Darstellungen benutzt hat, für die Siziliens z. B. das Buch des Antiochos von Syrakus, der in ionischem Dialekt u. a. eine – nicht erhaltene – Sizilische Geschichte bis auf 424 geschrieben hat. Das Thukydideische Werk wollen wir dem Herodoteischen vergleichend gegenüberstellen; so werden wir seine Eigenart am besten erfassen, und zugleich handeln wir in seinem eigenen Sinne.[1]

Herodot hatte, wie er sagte, geschrieben zur Bewahrung menschlicher großer Tat. Der Stratege und po-

[1] Aus der Fülle der Thukydidesliteratur seien hier nur zwei philologische und zwei historische Darstellungen genannt: W. Schadewaldt, Die Geschichtsschreibung des Th. (1929) und W. Jaeger, Paideia I³ 479 ff., Ed. Meyer, Forschungen z. alt. Geschichte II (1899) 269 und H. Berve, Thukydides (1938). Zum Thema 'Hellenische Geschichtsschreibung' im ganzen vgl. Wilamowitz, Reden und Vorträge II⁴ 216 ff.

litische Denker Thukydides, der die Geschichte seiner Vaterstadt schreibt, an welcher mitzuwirken er selbst berufen war, hat ein praktisches Ziel vor Augen: sein Werk soll sich in der kommenden Zeit als nützlich erweisen, da »das Zukünftige einmal wieder, entsprechend dem menschlichen Wesen, so oder ähnlich sein wird« (I, 22).[1] Also ein Lehrmeister will er sein, so gut wie der große tragische Dichter Athens. Seine Geschichte des Peloponnesischen Krieges ist als Lehrbuch gedacht, freilich nicht mit bestimmten, abgezogenen Regeln, aber das Wesen der Geschichte, der Politik, des Krieges soll man durch die Darstellung selbst kennenlernen. Diese geschichtliche Erkenntnis, vor allem die der Fehler, welche Athen begeht, weil es von seinem großen Führer Perikles und dessen Plan abfällt, wird sich dann, so denkt Thukydides, in das richtige politische Handeln umsetzen, sowie seine bis ins einzelne gehende Beschreibung der Pest den Menschen helfen soll, falls sie sie noch einmal überfällt. In diesem Sinne sagt Thukydides selbst von seinem Werk: »Eher als ein Besitz für immer denn als Prunkstück für das Hören im Augenblick liegt es geschrieben vor« (ebd.). Damit stellt er es dem Herodots bewußt entgegen, das ja beim Vortrag in Athen so großen Beifall gefunden hatte, und, hat er viel an ihm gelernt, so will er es doch weit hinter sich lassen. Schon hier zeigt sich ein bedeutender Gegensatz: Herodots

[1] Vgl. Pestalozzi, Ges. Werke XII, 47: »Die Grundlagen der menschlichen Natur bleiben in allen Verhältnissen des gesellschaftlichen Lebens immer die nämlichen.« Im übrigen kann man Pestalozzis Geschichtsauffassung als den denkbar größten Gegensatz zu der des Thukydides bezeichnen.

bewundernder Blick ist vor allem in die Vergangenheit – und sei es die der unmittelbar vorhergehenden Generation – gerichtet, Thukydides schreibt das Selbsterlebte, das er für das Größte hält, was Menschen gesehen, und er schreibt es für die Zukünftigen. Gewiß zuerst für die künftigen Bürger seiner Polis, aber, so wie die Rede, die er Perikles für die Gefallenen halten läßt, zugleich von der ewigen Bedeutung Athens kündet, so deutet auch hier das »für immer« in die unbegrenzte Zeit hinein.

Herodot war ein Wanderer; was nur sein Blick und Ohr einfangen konnte aus der Weite und Fülle der Welt, bezog er in seine Darstellung ein, und je bunter, je umfassender sie wurde, um so vollkommener erschien sie ihm. Für Thukydides ist die attische Polis das Zentrum seiner Gedanken, und er schreibt Kriegsgeschichte – wenn auch keineswegs in rein militärischem Sinne –, nicht Kulturgeschichte. Seine Welt ist der Kriegsschauplatz, sie ist die viel engere.

Beide Männer waren aus ihrer Vaterstadt verbannt, beider Werke haben dadurch gewonnen. Auch der Blick des Forschers Thukydides wurde freier, die Möglichkeit, Material zu sammeln, sehr erweitert, da ihm nun auch das Feindesland offenstand; aber Thukydides blieb, was er war: »der Athener«.

Die Geschichten Herodots sind in einer ionischen, uns leicht eingehenden, freilich nicht selten gehobenen Sprachform erzählt, mit einer gewissen breiten Behaglichkeit, mit gewaltigen Ausbuchtungen in der Darstellung. »Altes Attisch« nannte die spätere Kritik die Sprache des Thukydides. Sie ist herb und wenig gefällig, der Stil entbehrt der Glätte und Durchsichtigkeit. So werden häufig kurze, namentlich begründende Sätze in den Gedankengang eingeschoben, wird der angefangene Satz in nicht streng logischer Form weitergeführt, muß man zuweilen zwischen den Sätzen Gedanken ergänzen. Die Erzählung wird zusammengedrängt, die Gedanken werden geballt; je weniger Worte, um so besser. Dies gilt besonders von den Thukydideischen Reden, obwohl sie schon die Einwirkung der damals in Athen mächtig aufstrebenden Rhetorik zeigen, und von Teilen der Darstellung, die allgemeine Gedanken enthalten; da ist nicht selten ein noch mühsames Suchen nach dem richtigen Ausdruck, nur zu verständlich auf einem Gebiete, das der menschliche Geist zum erstenmal bearbeitet. Vieles, das neuere Kritik als Zeichen der Unfertigkeit des Werkes angesehen hat, ist in Wahrheit Rest noch altertümlicher Ausdrucksweise. Dieses Ringen mit dem Stoff zeigt, wie natürlich, Buch I mit seinen schwierigen neuartigen Untersuchungen über die Bedeutung und Entstehung des Krieges in besonders auffallendem Grade.[1] Und wenn wir das Thukydideische Werk unter die der klassischen Stilepoche eingeordnet haben, vor allem wegen seiner Geschlossenheit und Einheitlichkeit, so ist es doch eben ein sehr bezeichnendes Stück frühklassischer Art.

Beide Männer, die wir vergleichen, sind Historiker, beide wollen die Wahrheit geben, aber die Kraft, mit der Thukydides dies von sich aussagt, gibt seinem Streben einen ganz neuen Charakter. Hier ist ein bohrender Verstand, der die Wahrheit mit leidenschaftlicher Unerbittlichkeit will, dem »das Suchen nach der Wahrheit«, das »mühevolle« (I, 20. 22), un-

[1] Vgl. H. Berve a. O. S. 36f.

ablässig die Aufgabe ist. Thukydides begnügt sich nicht damit, wie Herodot so oft, mehrere Meinungen nebeneinanderzustellen, sondern er fällt Entscheidungen. Der »Wahrheit« gleichgeordnet ist die »möglichst große Genauigkeit« (I, 22) und die Deutlichkeit: etwas »auf deutliche Weise herausfinden«, sagt er von seiner eigenen Tätigkeit (I, 1); daß sie »das Deutliche schauen wollen«, erwartet er von seinen Lesern (I, 22); »die das Deutlichste im Gedächtnis bewahren«, sind seine besten Zeugen (I, 9). In der Helligkeit dieses Lichtes gedeiht »das Mythenhafte« nicht (I, 21), und sein Rückblick auf die alte Geschichte Griechenlands, die zeigen will, daß die Vergangenheit der großen Verhältnisse entbehrte – weil es in ihr nämlich nicht zu einer großen Machtbildung kam –, ja, daß sogar die Perserkriege eigentlich nicht so gar bedeutend waren, richtet sich zugleich gegen die übliche Verherrlichung der Heroenzeit wie gegen Herodot. Zwei der Beispiele, die zeigen sollen, wie »bequem die große Menge es sich mit der Wahrheitsforschung macht« (I, 20), sind gerade aus Herodot (VI, 57; IX, 53) genommen, den er hier also offen, wenn auch ohne den Namen zu nennen, bekämpft.

Die meisten der soeben angeführten Thukydideischen Worte gehören den vier Kapiteln an (I, 20 bis 23), die ein Markstein in der Geschichte des menschlichen Geistes sind. Denn wenn Herodot nur hie und da eine besinnliche Bemerkung über sein Tun einflicht, so gibt Thukydides hier Rechenschaft über Ziel und Methode der geschichtlichen Forschung und Darstellung, wie sie ihm die richtigen scheinen, zwar in der ihm eigenen Gedrängtheit, aber auch mit dem vollen Schwergewicht des wissenschaftlichen Gedankens. Was enthält allein jene Klage über die Schwierigkeit, die Wahrheit zu finden, »weil die Augenzeugen bei den einzelnen Ereignissen nicht dasselbe über dasselbe aussagten, sondern je nach dem Wohlwollen, das jeder einer der beiden Parteien schenkte, oder nach seiner Erinnerungskraft« (I, 22)! Aber durchzustoßen durch den Knäuel der Überlieferungen und Berichte bis zum Wahrheitskern, das eben ist ihm die Aufgabe des Historikers. Und in diesem Zusammenhang steht auch jenes größte, klassische Beispiel dafür, daß der wahre Geschichtsschreiber nicht auf die Oberfläche des Geschehens blickt, sondern auf den Grund zu schauen strebt: Thukydides ist der erste, der die bloße *Veranlassung* eines Krieges von seiner tieferen *Ursache* scheidet (I, 23); er überträgt – wie man richtig gesagt hat – die naturwissenschaftliche Methode des Arztes auf den Körper des Staates. In diesem Falle sieht er wie Perikles selbst den Krieg von weither kommen, und er erkennt mit ihm hier etwas Unvermeidliches. Von den Spartanern sagt er, das Anwachsen der athenischen Macht habe sie zum Kriege »gezwungen« (I, 23), und Perikles läßt er aussprechen, der Krieg sei eine »zwingende Notwendigkeit« (I, 144); so fühlen wir hier das Walten einer Macht, der sich der Staat und der Mensch – wenigstens nach Thukydideischer Anschauung – nicht entziehen kann.

Wenn aber auch die von Thukydides aufgestellten Grundsätze der Geschichtsforschung Allgemeingültigkeit haben, so ist es doch leicht zu verstehen, daß unsere heutigen Anforderungen an die Zuverlässigkeit der Angaben und die Vorsicht bei ihrer Begründung über die des alten Historikers noch hinausgehen. Zum Beispiel ist seine Darstellung der ältesten griechischen Geschichte ein Bau auf sehr schmaler, ungesicherter Basis, mehr durch scharfe Schlüsse als durch Forschung gewonnen, zudem von sophistischer Lehre beeinflußt, die an die Stelle der Verklärung des Vergangenen eine nüchterne Entwicklungslehre setzte. Dem Tatsachenbericht können wir gewiß voll vertrauen; immerhin wird die zwanzigjährige Abwesenheit des Thukydides von seiner Vaterstadt auch ein gewisses Hemmnis für seine Erforschung eben der attischen Verhältnisse gewesen sein. Für die Revolution des Jahres 411 steht seiner Darstellung jetzt eine im Jahre 1891 gefundene, sehr abweichende des Aristoteles in seinem 'Athenerstaat' gegenüber; hier freilich teilen sich auch die modernen Forscher in Thukydideer und Aristoteliker.

Der Erzähler Herodot gibt seiner Geschichte etwas wie eine persönliche Färbung, er trägt sie seinen Hörern mit Lust vor. Thukydides drängt das Ich, sosehr er nur kann, zurück. Wenn er z. B. erzählt, auch er sei pestkrank gewesen oder er sei verbannt worden, so gibt er doch nur einen allgemein-sachlichen Bericht über die Krankheit, nichts von seiner persönlichen Erfahrung, und mit keinem Wort verteidigt er sich gegen jenes Verbannungsurteil, ja, dem Spartaner, dessen Tatkraft ihm die Niederlage beigebracht hat, setzt er ein besonderes Ruhmesdenkmal. Bei allem, was er erzählt, bleibt seine persönliche Teilnahme im Herzen verborgen, ein unheimliches Streben nach Sachlichkeit hält sie zurück. »Gefrorene Glut«, mit diesem Wort kann man auch das Wesen dieses Historikers bezeichnen. Perikles ist es, den er bewundert, er ist ihm der wahre Staatsmann, der einzige Athens, dessen Politik er für die heilsame hält – aber wo fände sich hier auch nur *ein* Wort der Begeisterung, wie sie etwa Mommsen für Cäsar auf unvergeßlichen Seiten ausspricht? Dort, wo Thukydides ihn zum ersten Male auftreten läßt, mit der großen, wirkungsvoll unmittelbar vor den Kriegsausbruch gestellten Rede, genügen ihm folgende sparsame, aber auch wuchtige Worte: »Da trat auf Perikles, der Sohn des Xanthippos, zu jener Zeit der erste Mann der Athener, im Reden und Handeln der mächtigste, und seine Mahnrede hatte etwa folgenden Wortlaut« (I, 139). Thukydides ist Aristokrat. Er verachtet die Menge und hält die radikale Demokratie für schädlich, aber mit eigenen Worten gibt er dem nur ganz selten und nur in knappster Form Ausdruck (wie II, 65; VIII, 1.97). Daß seine politische Gesinnung die Gesamtdarstellung beeinflußt, daß er auch z. B. Kleons Kampf fürs Vaterland nicht gerecht wird, das ist bei all seinem leidenschaftlichen Streben nach Objektivität nur zu verständlich.

Die reine Versenkung in die Sache hat mit zur Folge, was jeder Leser empfindet: die gleichsam magnetisch wirkende Anschaulichkeit seiner Darstellung. »Thukydides strebt immer danach«, sagt Plutarch einmal (V. Ruhm d. Ath. p. 347), »den Hörer gewissermaßen zum Zuschauer zu machen.« Gerade weil dieser Erzähler auch das Großartigste und das Furchtbarste in der Regel nicht mit dem Ausdruck seines Gefühls begleitet, ist die Wirkung um so stärker. Von dem Spartiaten, der als letzter Unterhändler geschickt, aber von Athen zurückgewiesen wird, erzählt er:

beim Grenzübertritt auf dem Heimweg »sagte er nur soviel: 'Dieser Tag wird für die Hellenen der Anfang großen Unheils sein'« – es ist der Beginn des 27jährigen Bruderkampfes. Erleben wir nicht die erste Kriegshandlung, den Überfall der Thebaner auf Plataiai und die schauerlichen Schicksale der dort von den Überfallenen eingeschlossenen Thebaner, als wäre es unser eigenes Geschick? Die Schilderung der Pest wirkt gerade durch ihre nüchterne, unerbittliche Sachlichkeit so erschütternd: wir erfahren von ihrer Herkunft aus Äthiopien, ihrer Wanderung nach Athen, erhalten eine medizinisch hervorragende Beschreibung des Krankheitsverlaufs und eine eingehende Schilderung ihrer verheerenden körperlichen, seelischen, moralischen Folgen. Und man glaubt, die Jahre 1918/19 wieder durchzumachen, wenn man von der Auflösung aller Bindungen, der Umkehrung aller bisher gültigen Wertungen liest, wie sie Thukydides als Folgen der langen Kriegsdauer im Anschluß an die Revolution in Kerkyra entwickelt (III, 82/3), nicht wie ein moralischer Richter, sondern wie ein wissenschaftlich arbeitender Psychologe.

Was die künstlerische Gestaltung großer Stoffmassen betrifft, so wird stets die Darstellung der sizilischen Expedition in ihrer wuchtigen Geschlossenheit besonders tiefen Eindruck machen; hier wird auch die annalistisch vorgehende, Jahr an Jahr reihende Erzählung von größerem Zeitmaß zusammengebunden. Hören wir von diesem Zuge, den Tausende von Menschen mit dem heißesten Herzen begleiteten, die Schilderung der Abfahrt (VI, 32): »Als die Schiffe bemannt waren und bereits alles, was mitgehen sollte, an Bord gebracht war, wurde mit der Trompete das Signal zur Stille gegeben, das vor der Ausfahrt übliche Gebet verrichtete man aber nicht Schiff für Schiff, sondern alle insgesamt sprachen die Worte des Herolds nach. Mischkrüge hatte man längs der ganzen Linie gefüllt, und nun spendeten Matrosen wie Führer aus goldenen und silbernen Schalen. An dem Gebet beteiligte sich auch die gesamte Menge der Bürger am Ufer, überhaupt jeder, der mit dem Herzen dabei war. Als sie dann den Paian angestimmt und das Spendopfer beendet hatten, fuhren sie ab. In einer Linie segelten sie aufs Meer hinaus; bis Aigina veranstalteten sie dann eine Wettfahrt.« Und dazu den Schluß der großen Tragödie: dieses Unternehmen »wurde für die Sieger das glänzendste, für die Vernichteten das unglücklichste; denn sie wurden auf allen Gebieten auf alle Weise geschlagen, erlitten überall übermäßig Schlimmes, und so ging denn mit Stumpf und Stiel, wie man sagt, Fußvolk, Schiffe und alles und jedes zugrunde; nur wenige von so vielen kehrten nach Hause zurück«. – Die Verdichtung aber, die Thukydides überall seinem Stoffe hat zuteil werden lassen, ruft ein Wort Jacob Burckhardts ins Gedächtnis: »Je weitläufiger, desto vergänglicher.« Vor dieser Gefahr hat er sein Werk bewahrt.

Zur Wissenschaftlichkeit dieses Geschichtswerks scheint eins im stärksten Widerspruch zu stehen: die großen direkten Reden[1] der Könige, Staatsmänner, Heerführer, Gesandten und anderer, die alle Bücher

[1] Hierzu vgl. H. Gundert, Athen und Sparta in den Reden des Thukydides, Die Antike XVI (1940) 98ff.; O. Regenbogen, Thukydides' politische Reden (1949).

außer dem letzten enthalten. Damit stellt sich Thukydides in die vom Epos begründete und von Herodot fortgesetzte stilistische Tradition; aber, wie er uns selbst sagt, ist keine einzige Rede so gehalten worden, wie sie zu lesen ist. Vielmehr hat er sie selbst geformt, indem er sich allerdings »an den Grundgedanken, die Gesamttendenz des wirklich Gesprochenen so eng wie möglich anlehnt« (I, 22), doch die gesamte Ausführung dieser Gedanken, alle Einzelheiten, alle »Worte« sozusagen, sind die seinen. Und so kommt es, daß hier nicht nur der Athener, der Boioter, der Spartaner, der Syrakusaner dieselbe Sprache sprechen – ganz anders als in der Aristophanischen Komödie –, sondern auch alle im Grunde die gleiche gedankengesättigte, schwer zu ergründende Redeweise des Thukydides haben, die ihre scharfen Antithesen und den Parallelismus in der Satzbildung der sophistischen Rhetorik verdankt. In der vorliegenden Form wäre kaum eine dieser Ansprachen von den Hörern auch nur richtig verstanden worden, zum mindesten hätte keine eine Wirkung ausgeübt. Es liegt auch auf der Hand, daß der Historiker die Redenden nach ganz bestimmtem Gesichtspunkt auswählt, oft mit dem Bestreben, in zwei solcher Reden ein typisches Für und Wider darzustellen. Den Beginn des großen Krieges freilich hat er dadurch herausgehoben, daß er auf spartanischen Ratsversammlungen dieselbe Sache in vierfach verschiedener Beleuchtung zeigt (I, 66–88). Da sprechen die zum Kriege reizenden fanatischen Gegner Athens, die Korinther; gegen sie eine gerade auch in Sparta anwesende athenische Gesandtschaft, welche die Motive darlegt, aus denen Athens Machtentwicklung sich erklärt; dann in einer internen Beratung der Lakedämonier ihr vor übereiltem Kriegsbeschluß warnender König Archidamos; endlich der Vertreter ihrer Kriegspartei, der Ephor Sthenelaidas. Die kühnste Erfindung dieser Art ist ein Dialog – Rede gegen Rede – einer Athenergesandtschaft mit der Behörde der kleinen Insel Melos, welche die Athener zwingen wollen, die Neutralität aufzugeben und auf ihre Seite zu treten (V, 85–111). Die historische Unterhandlung wird sehr reale Fragen betroffen haben, Thukydides dagegen läßt die beiden Parteien ganz prinzipiell das Verhältnis von Recht und Macht in der Politik erörtern, in schärfster Antithetik der Gedanken. Und gerade hier wird besonders klar, daß nach seiner Ansicht auch diese freien Redeschöpfungen Wissenschaft sind, ja solche in strengem Sinne. Er läßt nach seiner eigenen Erklärung die Sprecher immer »über die jeweilige Lage das am meisten Notwendige« sagen (I, 22), d. h. durch ihren Mund Wort werden, was auf dem Grunde der politischen Lage ruht. Diese Menschen sind weniger Individuen, als vielmehr Träger eines in der Zeit wirksamen politischen Gedankens, sie sind gleichsam Organ einer Idee, und diese ist allerdings Wahrheit, ja die eigentliche Wahrheit. Und so machen die Thukydideischen Reden das eigentlich erst sichtbar, was an Kräften hinter den Ereignissen und Sachen spielt.

Den Reden entsprechen gewisse sehr knappe Charakteristiken der führenden Männer oder doch kurze charakterisierende Urteile über sie innerhalb der Erzählung selbst, wie z. B. die berühmten Worte über das eigentliche Wesen des Themistokles oder jene über die Bedeutung des Perikles. Beide Zeugnisse wollen wir hören.

Von Themistokles sagt Thukydides (I, 138): »Themistokles, der die sichersten Beweise für die Kraft natürlicher Anlage gegeben hat, war nach dieser Seite hin mehr als ein anderer zu bewundern, und zwar in einer ganz besonderen Weise. Denn nur durch die ihm eigene Kraft des Verstandes, ohne etwas vor oder nach seinem politischen Auftreten hinzuzulernen, verstand er, ebenso das Vorliegende nach ganz kurzer Überlegung am schärfsten zu erkennen wie das Zukünftige am besten vorauszubestimmen, so daß er das wirklich Eintretende im weitesten Umfang erriet. Was er unter Händen hatte, konnte er auch entwickeln; worin ihm die Erfahrung fehlte, das lag ihm doch nicht so fern, daß er es nicht genügend beurteilen konnte. Den Vorteil oder Nachteil einer Sache, auch wenn sie noch im Dunkeln lag, sah er sehr gut schon im voraus. Um es zusammenzufassen: durch die Kraft natürlicher Begabung, ganz und gar nicht durch lange Übung wurde gerade er am fähigsten, das Notwendige im Augenblick zu erkennen und durchzuführen.« Über die Wirksamkeit des Perikles wird uns – nach seinem Tode – gesagt (II, 65): »Solange er während der Friedenszeit an der Spitze des Staates stand, leitete er ihn maßvoll und erhielt ihn mit sicherer Hand, und unter ihm erreichte er die höchste Macht. Als dann der Krieg ausbrach, da wird ersichtlich, daß er auch dessen Bedeutung im voraus erkannt hatte... Da seine Macht auf seinem Ansehn und seiner Einsicht beruhte und er offenbar durch und durch unbestechlich war, so hielt er die Menge frei in seiner Gewalt und wurde weniger von ihr geführt, als daß er selbst sie führte: weil er seine Stellung nicht durch unredliche Mittel besaß, brauchte er der Menge nicht nach dem Munde zu reden, sondern hatte auf Grund seines Ansehns die Möglichkeit, ihr auch einmal trotz ihrer Erregung zu widersprechen. Sooft er nun bemerkte, daß die Athener zur Unzeit aus Übermut vertrauensselig waren, duckte er sie mit seiner Rede, bis sie besorgt wurden; waren sie dagegen grundlos ängstlich, so richtete er sie wieder auf, bis sie Mut bekamen. Und so war es denn nur dem Namen nach eine Demokratie, in Wahrheit aber die Herrschaft in der Hand des ersten Mannes.«

Das Persönliche der Lebensführung bleibt bei Thukydides als gleichsam der Geschichtsschreibung nicht würdig außerhalb des Blicks, nur die Wirkung und die Leistung im Staate wird erfaßt. Und fließt der Bericht etwa über Person und Lebensweise des Alkibiades etwas reicher als über die anderen Staatsmänner, so ist eben bei ihm wichtig zu wissen, wie sich dieses Persönliche in der Öffentlichkeit – nicht zum Heile – auswirkte. Der Mensch als Einzelwesen ist nun einmal für Thukydides, sehr anders als für Herodot, nichts Wichtiges, er ist es ihm nur als Führer oder Glied seiner Polis.

Machen wir uns das hier Angedeutete noch an einem anderen Beispiel klar, an der großen Grabrede, die Thukydides den Perikles am Ende des ersten Kriegsjahres für die Gefallenen halten läßt (II, 34). Alle Jahre verlangte der Brauch eine solche Ansprache an das Volk, aber nur ein einziges Mal wird sie in diesem Geschichtswerk gehalten, also hat sie symbolische Bedeutung. Und wenn uns sichere Zeugen von der hinreißenden Kraft der Perikleischen Redeweise berichten (s. S. 245), der Perikles hier spricht in vorsichtig abgewogenen, kühlen Worten, entwickelt mühsam auszudeutende Gedanken so prinzipieller Art, daß die Bürger, Fremden, Frauen, an die sich die Rede wendet, nicht gar viel davon aufzufassen fähig gewesen wären. Es ist eben gar nicht die Ansprache, die an jenem Herbsttage des Jahres 431 »in der schönsten Vorstadt Athens« gehalten worden ist, sondern es ist eine Verherrlichung der Perikleischen »Demokratie«, der Preis des Perikleischen Zeitalters unmittelbar vor dem Ereignis, das keine politische Klugheit voraussehen konnte und das den Anfang vom Ende bedeutete, dem Einbruch der Pest. Dem Extrem der spartanischen, das persönliche Leben vergewaltigenden Verfassung wird hier die attische gegenübergestellt, und gerade das wahre attische Wesen, wie es in den Lehren des Solon und Aischylos aufleuchtete, findet nun seine schönste Verklärung, jenes »Mittlere«, die heilsame, zur höchsten Leistung führende Vereinigung des Gegensätzlichen. Das tritt hier überall, in verschiedener Form, zutage. Daß die richtige Mitte zwischen der Freiheit in der Lebensführung und dem Gehorsam gegenüber den Behörden und den geschriebenen wie ungeschriebenen Gesetzen gehalten wird, gilt als das Bezeichnende im damaligen Athen. Wie eigenartig wirkt jener Preis der attischen Feste und Wunderbauten durch den Zusatz: »deren täglicher Genuß das Schmerzliche verscheucht«! Wie klug wird der hingebenden Liebe des Atheners zur Kunst und zur Wissenschaft die richtige Grenze gesetzt: »Wir lieben das Schöne, aber mit der rechten Einfachheit, und wir lieben den Geist, aber ohne Weichlichkeit«! Die Beteiligung jedes einzelnen am Staatsleben, die das Gesetz nicht erzwingt, wird dennoch als selbstverständliche Pflicht aufgefaßt, und daß der Tatendrang des Atheners durch freie Erörterung der politischen Probleme nicht gelähmt wird, ist sein besonderer Ruhm. Der Preis der eigenen Generation als der, die Athen auf die Höhe seiner Macht emporgeführt hat, enthält das vielsagende Wort: »Jedes Meer und jedes Land haben wir mit Kraft unserem Tatenmut zugänglich gemacht, überall Denkmale an unser Glück *wie an unser Unglück* für ewig mitbegründet.« Und jener Gedanke, den der Redner selbst eine Zusammenfassung nennt (41, 1), vereinigt noch einmal die scheinbar natürlichen Gegensätze von Staat und Individuum, wenn es heißt: die Polis als Ganzes stelle geradezu eine Kraft dar, Hellas zu erziehen, und jeder einzelne ihrer Bürger gelange doch zur reichsten Entfaltung seiner persönlichen Fähigkeiten. Erst der zweite Teil der Rede wendet sich dem eigentlichen Thema des Tages, dem Opfertod der Gefallenen und der Tröstung ihrer Angehörigen, zu, aber auch er ist mit weitreichenden allgemeinen Gedanken durchwirkt. Kein Name wird genannt, weder aus der Vergangenheit noch aus der Gegenwart; die Polis ist auch hier das alles Beherrschende. Da lesen wir auch, die Überlebenden sollen gleich den Toten sich als »leidenschaftliche Liebhaber ihres Staates« bewähren. So war es im Perikleischen Athen. Aber als Thukydides die Rede niederschrieb, war die Kraft seines Vaterlandes gebrochen.

Geschichte der Staaten schreibt er, und Staat ist ihm

in erster Linie Macht, aber nicht solche rein physischer Art, sondern zugleich geistige Wesenheit. Geschichte ist für ihn das Ringen machtgeladener Ideen miteinander. Die Menschen dienen ihnen mit der Kraft ihres Willens und ihres Verstandes, mit ihrer politischen Leidenschaft, aber auch mit ihrer Ehrsucht. Und hier wird nun zum Schluß noch einmal der ganze Gegensatz zwischen Herodoteischer und Thukydideischer Geschichtsschreibung deutlich. In dem älteren Werk ragte die göttliche Welt hinein in die menschliche, da bestrafen die Götter den König, der sich überhebt, der ihr Gesetz nicht achtet; in dem des Thukydides hat sich diese Sphäre über dem Menschlichen gleichsam in Nichts aufgelöst: vor uns liegt in unerbittlicher Klarheit der harte Kampf der Menschen untereinander, das Ringen, in dem der Stärkere siegt, immanente Gesetzmäßigkeit der Natur, die, wie Thukydides denkt, immer bleiben wird. In der Tat, hier ist eine Welt »furchtbarer Diesseitigkeit«. Aber wahrlich, auch hier ist Größe, und wie alles Große ist auch dieses Werk aus der Liebe entstanden. Thukydides ist ein solch »leidenschaftlicher Liebhaber«, wie sie sein Perikles als Bürger verlangt. Er hat sein Leben dem Perikleischen Athen geweiht, dessen Größe und zeitlichen Untergang er dargestellt hat. Damit hat auch er zu seiner Verewigung beigetragen.

Über die Weise, wie der Historiker Kratippos (alexandrinischer Zeit) das Geschichtswerk des Thukydides ergänzt hat, wissen wir nichts. *Xenophons* des Atheners (etwa 430–355) 'Griechische Geschichte', nach dem Jahre 359 abgeschlossen, knüpft an den letzten Thukydideischen Satz unmittelbar an – eine verlorengegangene Einleitung wird aber einst über die Absicht des Schriftstellers Auskunft gegeben haben –, doch trotz dieser äußerlich so engen Verknüpfung ist eine innere Beziehung nicht vorhanden. Schon das zeitliche Ziel ist ein ganz anderes. Die beiden, jetzt als das erste und zweite bezeichneten Bücher führen die Geschichte bis zu dem von Thukydides gewollten Ende, und in II, 2, 23 wird die Einreißung der Langen Mauern erzählt; dann aber folgen zwei andere Teile, der eine, II, 3, 11 bis V, 1, 36, umfaßt die Jahre 403–387, wo der Friede des Antalkidas geschlossen wurde, der andere die bis 362 oder bis zur Schlacht von Mantineia. So ist der Schwerpunkt gänzlich verlagert. Und wenn in jenem ersten Stück das Bestreben ist, die sachliche Schreibweise, auch die chronologische Gliederung des Vorgängers beizubehalten, so herrscht später eine freiere Darstellungsweise und eine durchaus spartanerfreundliche Gesinnung; im besondern wird die Politik ihres Königs Agesilaos verherrlicht, wie denn Xenophon auch noch eine besondere Lobrede auf Agesilaos nach dessen Tode 361/60 verfaßt hat. Die Sprache ist ganz anders als die Thukydideische, viel durchsichtiger, flüssiger, schlichter; die spätere Stilkritik sieht in ihr ein besonders vollendetes Attisch. Aber vor allem: der Geist des Mannes ist von dem des Thukydides ganz und gar verschieden. Er ist der Rechtgläubige, die Stimme des Wahrsagers und die des Opferpriesters verkündet ihm den Willen der Gottheit, und so sieht er auch in der menschlichen Geschichte wieder wie die Altvorderen die strafende Hand der Götter wirken. So haben sie Spartas Hegemonie ein Ende bereitet, weil sie in Hybris ausartete: »Viele Zeugnisse aus hellenischer und nichthellenischer Geschichte könnte man dafür anführen, daß die Götter weder die Unfrommen noch die, welche Frevelhaftes tun, aus dem Auge lassen« (V, 4, 1). Für Xenophon, der die Vaterstadt als etwa 28jähriger verließ, in die Dienste des jüngeren Kyros trat und später in die der Spartaner, ist auch die Polis nicht mehr das Maß, an dem er alles mißt. Jetzt löst sich der Einzelmensch aus dem Verband der engeren Gemeinde. Wie z. B. hier in den Kämpfen der Dreißig im Jahre 403 der radikale Kritias und der diplomatische Theramenes als Persönlichkeiten gegenübergestellt werden, darin spüren wir eine neue Wertung des Menschen als solchen.

Schon vor der 'Griechischen Geschichte' hatte Xenophon, in der Muße des Landlebens auf dem Gute Skillus in Elis, das die Spartaner dem aus Athen Verbannten für seine Dienste geschenkt hatten, die 'Anabasis' geschrieben, die Erzählung seiner Erlebnisse auf dem Marsche mit Kyros, in der Schlacht bei Kunaxa und auf dem mühsamen Heimzuge der zehntausend Griechen unter seiner Führung. Hier ist ein Kriegstagebuch zu einem lebendigen Stück Geschichtsdarstellung geworden. Wir versagen uns die Freude nicht, den Bericht (IV, 7, 20) wiederzugeben, wie die Griechen nach monatelangen schweren Märschen durch die Gebirge von Kurdistan und Armenien am Horizont das Meer wieder erblickten, das ihnen wie ein Stück Heimat war: »(In der Nähe von Baiburt) erklärte ein Führer, er verbürge sich mit seinem Kopf dafür, daß er sie binnen fünf Tagen an einen Punkt führen werde, von dem aus sie das Meer sehen würden... Am fünften Tage kamen sie zu dem Berge, der Theches (Zigana Dagh) heißt. Als die Spitze oben angekommen war, erscholl lautes Geschrei. Daraufhin glaubten Xenophon und die Nachhut, jetzt griffen auch Feinde von vorne an... Doch als die Rufe immer lauter wurden und auch aus größerer Nähe kamen, als immer wieder die Nachrückenden im Laufschritt auf die Rufenden zueilten und das Rufen mit der wachsenden Zahl immer noch zunahm, da meinte Xenophon, es müsse sich doch wohl um etwas Wichtigeres handeln. Er bestieg ein Pferd und wollte mit Lykios und der Reiterei zu Hilfe eilen. Doch kurz darauf hörten sie, wie die Soldaten riefen: 'Das Meer, das Meer!' und wie einer dem andern den Ruf weitergab. Jetzt lief aber auch schon alles, auch die Nachhut, selbst die Zugtiere und die Pferde mußten mit galoppieren. Und als alle die Höhe erreicht hatten, da umarmten sie einander, auch die Obersten und die Hauptleute, und dabei liefen ihnen die Tränen herab. Plötzlich – niemand wußte, wer dazu aufgefordert hatte – schleppten die Soldaten Steine herbei und errichteten ein großes Denkmal; dort legten sie eine Menge noch frischer Rindshäute, Stöcke und die erbeuteten Schilde als Weihgeschenke nieder.«

Veröffentlicht hat Xenophon das Buch pseudonym, unter dem Namen Themistogenes von Syrakus (Hellen. III, 1), denn es sollte zugleich sein Verhalten vor den Athenern rechtfertigen. Der Leser begegnet darin einem auffallenden Zitat: I, 8, 26 wird auf eine Darstellung der Schlacht bei Kunaxa durch Ktesias aus Knidos, den Leibarzt des hierbei verwundeten Artaxerxes, verwiesen. Dieser hatte nach seiner

Rückkehr in die Heimat ein sehr umfangreiches Werk über die persische Geschichte, von den Assyrern bis auf das Jahr 398, wie es scheint, in einem attisch-ionischen Dialekt, geschrieben, in den Angaben über die alte Zeit sicher wenig zuverlässig. Unter anderem wissen wir auch von einem Werk dieses Ktesias über Indien.

Von Ktesias angeregt, schrieb Xenophon einen historischen Roman über den älteren Kyros, die sog. 'Kyrupaideia'. In ihm wird unter starker Umdichtung der Tatsachen dieser Fürst als das Ideal des Herrschers gezeichnet, dessen Verwirklichung er der wahren Erziehung verdanke. Auch von anderen gab es Bücher dieser Art, Bildungsgeschichten, wie sie das leidenschaftliche Interesse der Sophistik für Erziehungsfragen hervorrief. – Diesem Buch verwandt ist die 'Verfassung der Lakedaimonier', die Lykurgs Gesetze und das altspartanische Königtum im Gegensatz zum derzeitigen Verfall Spartas preist. Die 'Poroi', d. h. Einkünfte, machen Vorschläge zur Besserung des athenischen Finanzwesens. Dagegen ist die unter Xenophons Werken überlieferte 'Verfassung der Athener' vielmehr eine sehr wichtige Kampfschrift eines unbekannten Verfassers gegen die Demokratie nach dem Tode des Perikles; sie ist sehr schlicht, noch ungelenk, das älteste erhaltene Stück der attischen Prosaliteratur. – Xenophon, dem Reiter und Pferdeliebhaber, werden ferner zwei kleine Schriften verdankt, die eine: 'Anweisung für einen Reiterführer' zur Hebung der athenischen Reiterei, die andere: 'Von der Pferdezucht', Ratschläge für Kauf und Behandlung des Pferdes und für die Reiterausrüstung.

Xenophon war vielseitig. In seiner Jugend war er der Schüler des Sokrates gewesen, und auch dieses Verhältnis wurde ihm Veranlassung zu Schriften mancherlei Art. Wir besprechen sie im Kapitel 'Philosophie' (s. S. 305 f.).

Große Geschichtswerke des 4. Jahrhunderts, deren Einfluß z. T. über Jahrhunderte reicht, sind uns nur in Bruchstücken erhalten. Wir nennen als erstes das des *Philistos* von Syrakus, des hervorragenden Ministers Dionys' I., der die Geschichte Siziliens bis auf seine Zeit geschrieben hat, Geschichte des Staates im Sinne des Thukydides. Als zweites ein ganz anderes, rhetorisch stilisiertes, zwar rationalistisch, aber nicht eigentlich wissenschaftlich zu nennendes Werk, die Griechische Universalgeschichte des *Ephoros* aus Kyme (in der Aiolis), von der Rückkehr der Herakleiden bis auf die Belagerung von Perinth (340), ein Riesenwerk in 30 Büchern, in dem – hier zum ersten Male – das Einzelbuch ein in sich geschlossenes Ganzes war. Entspricht dem unser eigener Brauch, so folgen wir ihm nicht minder darin, daß auch wir, wie er zuerst, die mythischen Erzählungen von der eigentlichen Geschichte abtrennen. Den geographischen Fragen war (mindestens) ein Buch vorbehalten, das den Namen 'Europa' führte: hier erst tritt er uns als politisch-ethnographischer Begriff entgegen. Schon das Altertum hat Ephoros seinen Mitschüler in der Rhetorenschule *Theopomp* aus Chios gegenübergestellt; ihr Lehrer, der große Rhetor »Isokrates, pflegte zu sagen, er gebrauche bei Ephoros gewöhnlich die Sporen, dagegen bei Theopomp die Zügel«, erzählt Cicero (De orat. III, 36). Zwei historische Werke sind uns von ihm (außer

Reden) bekannt. Das eine ist ein Jugendwerk 'Griechische Geschichte', das, an Thukydides anknüpfend, die Ereignisse von 410 bis zur Schlacht von Knidos (394) behandelte. Ein Papyrusfund des Jahres 1906 hat unsere Kenntnis davon beträchtlich vermehrt[1]; er gab uns Stücke aus der Erzählung der Jahre 395/94. Daß Theopomp – im Gegensatz zu Xenophon – hier die Geschichte nur bis zum Zusammenbruch der Herrschaft Spartas über Asien führte, ist bezeichnend. Sein Hauptwerk aber war ein ganz anderes, das schon im Namen ein neues Zeitalter auch der historischen Darstellung verrät: seine 'Philippika', von gewaltigem Umfang (58 Büchern!), mit zahlreichen, sehr umfangreichen Exkursen historischer und geographischer Art, das Ganze aber untergeordnet dem Gedanken, daß hier die Geschichte Philipps von Makedonien geschrieben wird. So tritt nun die große Persönlichkeit frei heraus; sie wird als die erkannt und bewundert, die die Geschichte der Zeit macht. Da war zu lesen (Frag. 27): »Nie hat Europa bisher einen Mann hervorgebracht wie Philipp, des Amynthas Sohn«, und in einer Preisrede auf den noch Lebenden (Fr. 256): »Bleibt er in sei-

1 Vgl. Ed. Meyer, Theopomps Hellenika (1909); aber wie problematisch die Ergebnisse solcher philologischer Forschung sein können, ersieht der Leser daraus, daß u. a. Ed. Schwartz, Die Antike IV (1928) 22 den anonymen Papyrus vielmehr für ein Stück aus der Geschichte des Ephoros hält; das letzte Urteil Wilamowitzens (Reden und Vorträge II⁴ 224) lautet: Weder Theopomp, noch Ephoros, noch Kratippos. – Theopomps Persönlichkeit und politische Grundhaltung analysiert lehrreich K. v. Fritz, Antike und Abendland IV (1954) 45ff.

ner Richtung, so wird er König von ganz Europa werden.« So wie das Lob, muß Theopomp auch Tadel in stärkstem Tone ausgesprochen haben: »den Schriftsteller mit der bösesten Zunge« nennt ihn Cornelius Nepos. Die kühle, sachliche Atmosphäre des frühklassischen Thukydideischen Werkes ist nun ganz und gar geschwunden; hier herrscht Pathos der Rhetorik, grelle Farbgebung, starkes Bemühen, die geheimen Beweggründe menschlich-persönlichen Handelns bloßzulegen.

4. BEREDSAMKEIT

Von Hellas, von Athen im besonderen, gilt es, daß »das Wort so wichtig dort war, weil es ein gesprochen Wort war« (Goethe). Nur das klingende Wort schien Wert zu haben. Bis in das späte Altertum hatte Vorlesen eine ganz andere Bedeutung als bei uns; ja, auch wenn man selbst las, so las man laut, nicht stumm. Die künstlerische Rezitation stand am Festtag, die kunstvolle Rede in der Volks- und Gerichtsversammlung in höchster Achtung. »Redner« heißt der Politiker in der attischen Demokratie. Erst unsere Zeit, die des Rundfunks und Lautsprechers, hat uns das wieder verständlich gemacht.

Der erste große griechische Redner, den wir näher kennen, ist kein anderer als Perikles. Nur sehr selten hat der »Olympier«, wie er hieß, das Wort ergriffen, dann aber konnte er »donnern und blitzen« (Plutarch, Perikl. 16), seine Rede floß mit rascher Kraft dahin, »die Göttin der Überredung saß ihm auf den Lippen«, seine Worte bohrten sich dem Hörer ein (vgl. S. 245 und 271). Bruchstücke seiner politischen Reden zeigen eine eigentümlich kräftige Anschaulichkeit. In der Rede für die im Samischen Kriege Gefallenen hörte man: »Daß die Jugend, die in diesem Kriege fiel, nun aus der Stadt verschwunden ist, das ist, wie wenn man aus dem Jahreskreise den Frühling herausnehmen wollte.« Reden über die anderen griechischen Staaten enthielten die Worte: »Die Samier gleichen kleinen Kindern, die nur weinend ihren Bissen in den Mund nehmen, die Boioter den Eichen: wie diese sich gegenseitig fällen, so tun es auch die Boioter im Kampfe miteinander. – Nehmt Aigina fort, den Eiter am Auge des Piraeus!« Und über die unvermeidliche große Auseinandersetzung mit Sparta hat er gesagt: »Ich sehe schon den Krieg in weiter Ferne aus der Peloponnes heranziehen.«[1] Die damalige Bedeutung der Redekunst[2] wird uns besonders klar dadurch, daß schon das 5. Jahrhundert theoretische Schriften über sie hervorgebracht hat. 'Große Technik' hieß ein Buch des Sophisten *Thrasymachos* aus Chalkedon (Kadiköy gegenüber Istanbul), der in Athen lehrte (etwa seit 430); es enthielt auch praktische Beispiele. Er selbst war, wie er sagte, fähig, »eine Masse in Leidenschaft zu bringen und die leidenschaftlich Erregten wieder durch Besprechung zu besänftigen« (Frag. 6)[3]. Seine Weise, Perioden zu bilden und ihnen einen rhythmischen Schluß zu geben, sie also dadurch der Poesie anzuähneln, hat die griechische Kunstprosa stark beein-

[1] Vgl. Verf., Perikles (Teubners Quellensammlg. II, 1) S. 4 ff.
[2] Vgl. W. Kroll, Rhetorik (1937). — [3] Die Fragmente des Thrasymachos und Gorgias findet man übersetzt in dem Werk von H. Diels, Die Fragmente der Vorsokratiker II[8] (1956).

flußt. Schon vor ihm sollen in Sizilien ein *Korax* und sein Schüler *Teisias* ein Lehrbuch der Gerichtsrede geschrieben haben, ein Handbuch, wie es später auch in Athen viele gegeben hat. Ihr Schüler war der große Redner und Lehrer der Beredsamkeit *Gorgias* von Leontinoi in Sizilien, der nach seinem ersten Auftreten in Athen (im Jahre 427) als Gesandter seiner Vaterstadt dort lange im Gedächtnis blieb, und wenn er später wiederkam, war er der große Mann, so wie es Platon im 'Gorgias' schildert; ging er aber fort, so hatte man das Gefühl, eine Art »Bildungsdürre« sei ausgebrochen. Sein Leben hatte etwas Großzügiges. Am Olympischen und Delphischen Festtag sprach er zum versammelten hellenischen Volk; er »machte« viel Geld – wie Platon von den Sophisten sagt –, aber dafür stiftete er dann auch dem Delphischen Apollon eine goldene Statue von sich. Über hundert Jahre wurde er alt, und das schrieb er seiner gesunden Lebensweise zu. Das Wort, so lehrte er, kann alles, der Beherrscher des Wortes ist der über die Menschen; wie sollte nicht der Jugendunterricht diese Kunst vor allem vermitteln? So erhob er den Anspruch, der wahre Bildner der Jugend zu sein; notwendigerweise fühlten sich Sokrates und der junge Platon als seine schärfsten Gegner. Erhalten sind uns von ihm kluge Einzelworte, von denen wir schon zwei über die Wirkung der Tragödie kennenlernten (S. 155. 189). Sehr bezeichnend zwei andere: »Nie geht mir der Redestoff aus« und »Den Ernst der Gegner muß man durch Gelächter zunichte machen, ihr Gelächter durch Ernst«. Seine ganze Kunst und Art wird uns in zwei Musterreden deutlich, welche die Forschung erst nach langem Zögern als echt anerkannt hat, die eine ist ein Preis Helenas, die andere eine Verteidigungsrede, welche der des Verrats angeklagte Palamedes vor den Griechen hält. Ihr Stil ist nicht schlechthin der gleiche, was sich aus dem verschiedenen Stoff und Thema erklären mag, aber beide zeigen die Wesenszüge der Gorgianischen Kunst: geistreiche, auch spielende Gedanken, poetische Worte, kühne Metaphern, bestimmte Redefiguren, die dem Stil den Charakter des Zierlichen, auch geziert Ungewöhnlichen, des klanglich Reizvollen, doch auch bloßen Geklingels geben. Später brachte man diese auf die Formeln »Figuren mit Antithese; mit Entsprechung in Satzbau und -länge; mit Reim oder Gleichklang am Ende«. Es waren nicht etwa Erfindungen des Gorgias; die Dichtkunst, auch die gehobene Prosa wie etwa die Heraklits hatten sie längst mit großer Wirkung verwendet, aber hier ist etwas wie eine Methode daraus gemacht worden. Und von der berauschenden Wirkung dieser neuen Wortmusik gibt uns selbst die Parodie einen starken Eindruck: Platon läßt ja im 'Symposion' den Gorgiasschüler Agathon, den uns bereits bekannten Tragödiendichter, eine Rede im Gorgianischen Stil halten, daß noch uns Hören und Sehen vergeht. Gorgias hat außer Reden mannigfacher Art und einer 'Redetechnik' auch Schriften philosophischen Inhalts verfaßt; davon kennen wir durch zwei verschiedene Auszüge die 'Über das Nichtseiende', deren drei Hauptsätze lauten: »Nichts ist. – Wenn es auch ist, so ist es doch unfaßbar für den Menschen. – Wenn es auch faßbar ist, so ist es doch auf jeden Fall nicht mitteilbar und nicht deutbar für unseren Mitmenschen.« Die dann folgenden

Beweisgänge enthalten in ihrem sophistischen Gewande sehr schwierige und wichtige erkenntnistheoretische Probleme.

Sogar die Rede des Klägers oder des Angeklagten vor Gericht erschien den Griechen der damaligen Zeit so wichtig, daß sie literarischen Charakter erhielt. Es gab in Athen Rechtskundige, die für sich selbst oder für Klienten solche Reden schrieben; diese hatten sie dann auswendig vorzutragen, denn in Athen mußte jeder persönlich seine Sache führen. Auch Musterbeispiele gerichtlicher Reden wurden von solchen Sachwaltern hergestellt, wie es in diesem Zeitalter der Sophisten sogar rein theoretische Erörterung des Für und Wider in Redeform gab. Die Veröffentlichung all dieser Gerichtsreden konnten je nachdem von den Verfassern wie von den Parteien erfolgen.

Noch während des Peloponnesischen Krieges haben zwei solcher Redner gewirkt, beide aus Attika gebürtig und beide Feinde der herrschenden Demokratie, *Antiphon*[1] und *Andokides*. Der erste erhält von Thukydides (VIII, 68) ein bei ihm ungewöhnlich starkes Lob: seine Rechtschaffenheit, Verstandesschärfe, Beredsamkeit werden ebenso gerühmt wie hervorgehoben wird, daß er vor allem seine Freunde in ihren Prozessen unterstützte. Er hat seine Liebe zum aristokratischen Sparta nach der mißlungenen Revolution von 411 mit dem Tode büßen müssen. Die drei

[1] Wir kennen unter den Männern gleichen Namens auch einen sogenannten Sophisten, von dessen Buch 'Über die Wahrheit' wir wichtige Bruchstücke besitzen, seit 1916 durch einen Papyrusfund auch ein Stück über das »Naturrecht«, verglichen mit gesetzlichen Vorschriften; vgl. Verf., Vorsokratische Denker² S. 217 ff.

ganz erhaltenen Reden von ihm behandeln Kriminalfälle, Anklagen wegen Mordes oder Totschlags, in einfacher, noch altertümlicher Sprache, fast ohne sophistische Sprachkünste, aber mit scharfer Dialektik. Ob auch die dreimal vier Für- und Widerreden (Tetralogien) ihm gehören, ist strittig. Von Andokides besitzen wir drei Verteidigungsreden in eigener Sache, etwa 407, 399 und 391 gehalten, geschichtlich wichtig, verteidigt er sich doch in Angelegenheiten der Hermenverstümmelung vom Jahre 415, der Mysterienfeiern und der Vermittlung eines Friedens mit Sparta während des Korinthischen Krieges.

Der bedeutendste attische Gerichtsredner der Zeit war *Lysias* (etwa 445–380), aber er war der Sohn eines Syrakusaners, der in Attika nur Metöken-(Mitwohner-)recht hatte; auch er selbst erhielt das Bürgerrecht nicht. In eigener Sache hat er die erhaltene Rede gegen den Mörder seines Bruders, Eratosthenes, einen der Dreißig Tyrannen, gehalten. Im allgemeinen hat er für andere als Anwalt gewirkt, als »Logograph«, d. h. Gerichtsredenschreiber, wie man sagte, doch auch – in früherer Zeit – sophistisch-rhetorische Studien zu Lehrzwecken veröffentlicht; darunter war die Rede über den Eros, die der Leser des Platonischen 'Phaidros' kennt. Nicht weniger als 233 für echt anerkannte Reden von Lysias konnte man im Altertum lesen, wir haben nur noch eine Sammlung von 34, worunter aber sicher manches Unechte ist. »Wie würde er über die biederen Schulmeister lachen, die seine gepfefferten Reden als gesunde Knabenkost ins Harmlose umgedeutet haben«, urteilt Wilamowitz. In der Tat, er ist der Anwalt, der für jeden seiner sehr verschiedenen Klienten den rechten Ton zu treffen weiß, ob seine Sache gerecht ist oder nicht. Besonders wirkt die eindrucksvoll-schlichte Erzählung des Tatbestandes sowie die bündige Beweisführung: man ist wirklich immer geneigt, dem Redner voll zu trauen. Die übertreibenden rhetorischen Künste eines Gorgias sind hier zu einem Stil von klassischer Klarheit vereinfacht. – Seiner Redeweise verwandt ist die des *Isaios*, eines besonderen Sachkenners in Erbschaftsangelegenheiten (aus Euboia, tätig etwa 390–350), von dessen gefährlich rechtsverdrehenden Reden außer Bruchstücken 10 ganz erhalten sind.

Eine Persönlichkeit von Rang dagegen stellt der Athener *Isokrates* (436–338)[1] dar, ebenso bedeutend durch seine politischen Ansichten wie durch seine stilistische Kunst. Schüler der sophistischen Rhetorik, hat er als Sachwalter seine Tätigkeit begonnen, dann aber bald eine Schule der Beredsamkeit gegründet als Stätte der »allgemeinen Bildung« – zuerst bei ihm taucht in einer Rede dieses Wort auf (Antid. 190) – oder auch der »Philosophie«, wie er sie verstand. In fünf Jahrzehnten hat er so eine gewaltige Zahl junger Leute in drei- bis vierjährigen Kursen (mit monatlichem Redewettkampf) »reden« gelehrt, d. h. Gedanken finden und ordnen, entwikkeln und in schöner Form darstellen, eine heilsame formale Schulung; dazu wurde eine gewisse – doch ja nicht zu tief gehende, ja nicht wissenschaftlich erworbene! – Kenntnis auf mannigfachen Gebieten vermittelt und die übliche praktische Lebensweisheit

[1] Zur Bedeutung des Isokrates für die Geschichte der Bildung s. W. Jaeger, Paideia III[2] 105ff., 199ff.

vorgetragen. Dies war für Isokrates die Bildung schlechthin; für das, was die Platonische Akademie wollte, fehlte ihm das Verständnis, und die Hoffnung, die Platon den Sokrates seines 'Phaidros' aussprechen läßt (p. 278), erfüllte »Isokrates der Schöne« ganz und gar nicht. Und doch konnte Cicero sagen (De orat. II, 94): »Aus der Schule des Isokrates sind wie aus dem Trojanischen Pferd lauter Fürsten hervorgegangen.« Sein stilistisches Ideal ist die vollendet schöne Form der Perioden in ihrem inneren Bau und des aus ihnen gefügten größeren Ganzen. Die uns schon bekannten rednerischen Mittel des Satzrhythmus, der Parallelität der Glieder und ihres Gleichklangs am Ende hat er noch durch ein anderes bereichert, das er gleichfalls der Dichtkunst entlehnte: die Vermeidung des Hiates, d. h. des Zusammenpralls zweier Vokale am Wortende und -anfang innerhalb der Periode; auch das galt dann einer gewissen Literatur für Jahrhunderte als Gesetz. Diese Kunstprosa[1] hielt sich für durchaus ebenbürtig der Poesie. Aber mit Recht hat man[2] auch ihre »vollendete Anmut und untadelige Harmonie« mit den Leistungen der gleichzeitigen bildenden Kunst verglichen, die, zwar noch von klassischer Größe, doch auch eine bedenkliche Weichheit und gefährliches »Schwelgen im rhythmischen Wohllaut« zeigen.

Die stilistischen Künste des Isokrates lassen uns noch Reden der verschiedensten Art erkennen: Gerichtsreden aus der Frühzeit, Schul- und Musterreden,

[1] Diesen Begriff hat das große Werk von Eduard Norden Die antike Kunstprosa I. II[2] (1909) zu der ihm gebührenden Würde gebracht. — [2] v. Salis, Die Kunst der Griechen[2] S. 185.

darunter eine 'Helena', die der des Gorgias ein neues Stilideal gegenüberstellt, und solche, die sich an die große Öffentlichkeit wenden mit Titeln wie 'Panegyrische Rede' (Preisrede auf Athen aus dem Jahre 380), 'Areopagitische' (um 354 geschrieben für eine Wiederherstellung der alten Areopagrechte), 'Panathenaiische' (aus der Spätzeit mit ähnlichem Thema wie der Panegyrikos, vor allem aber zur Verherrlichung der eigenen Kunst). Andere wie die 'Plataiische Rede' oder der 'Archidamos' werden fremden Personen – hier den aus ihrer Heimat 373 vertriebenen Plataiern und dem spartanischen König Archidamos – in den Mund gelegt. Schon diese Angaben aber zeigen, daß Isokrates in politischen Fragen der Zeit das Wort ergriff, und gerade hierin hat neuere Forschung uns eine besondere Bedeutung von ihm erkennen lassen. Schon zwei seiner Gedanken werden uns das klar zeigen: er ist für die Zusammenfassung der Griechen eingetreten, die tatsächlich durch den Zweiten Attischen Seebund im Jahre 378 erfolgte, und er hat in Philipp von Makedonien den Mann erkannt, der berufen war, die Hellenen endlich einmal unter sich zu versöhnen, so daß sie als Einheit den Persern gegenüberstanden. Hören wir aus seinem 'Philipp', einem öffentlichen Sendschreiben an den König vom Jahre 346, zwei Jahre nach der Zerstörung Olynths, einige Stücke, die uns seine Gesinnung, wenn auch, als Übersetzung, keineswegs seine Kunstfertigkeit verdeutlichen können (p. 85. 88. 95f.):

(Statt wie bisher öffentliche Reden in dieser Sache zu halten,) »habe ich es vorgezogen, mich mit dir persönlich zu besprechen, doch habe ich mir deine

Person nicht etwa nach Gefallen ausgesucht, wenn ich es auch hoch einschätzte, daß du an meinen Worten Gefallen fändest; doch darauf ging nicht meine Absicht. Vielmehr war der Grund, daß ich sah: die anderen berühmten Männer leben in Abhängigkeit von Staaten und Bestimmungen, es steht ihnen nur immer frei zu tun, was befohlen wird, auch sind sie viel zu schwach für die Taten, die ich hier vorschlage; dir allein ist vom Schicksal die volle Freiheit gegeben, Gesandte zu schicken, an wen du wünschest, und zu empfangen, von wem du willst, zu sagen, was du für nützlich hältst; du besitzest außerdem Reichtum und Macht wie kein andrer der Hellenen, und das sind doch nun einmal die einzigen Güter auf der Welt, die fähig sind zu überreden und zu zwingen. Dessen bedürfen aber, wie ich glaube, auch meine Vorschläge. Denn ich bin im Begriff, dir zu raten, du sollst dich an die Spitze der geeinten Hellenen stellen und die Führung des Zuges gegen die Perser übernehmen. Da ist denn die Überredung gegenüber den Hellenen am Platz, der Zwang für die Perser nützlich.

Du brauchst von deinen eigenen Angelegenheiten nichts zu vernachlässigen, mußt aber doch versuchen, die Staaten von Argos, Sparta, Theben und den unsrigen zu versöhnen; denn gelingt es dir, diese zu vereinen, so wirst du nicht schwer auch die übrigen zur Eintracht bringen, stehen sie doch alle unter dem Einfluß der genannten, nehmen in ängstlicher Lage bei dem von ihnen Zuflucht, wo sie sie finden, und empfangen von dort ihre Unterstützungen. Also, wenn du nur vier Staaten zu wirklicher Vernunft bringst, wirst du auch die übrigen von vielen Leiden erlösen.

Bedenke, wie würdig es ist, solche Werke vor allem anzugreifen, bei denen du im Falle des Gelingens deinen Ruhm dem der Ersten der Welt ebenbürtig machst, im Falle des Scheiterns deiner Erwartung dir doch wenigstens die Sympathie der Hellenen erwirbst, und diese zu gewinnen ist weit herrlicher, als viele griechische Städte mit Gewalt zu nehmen. Solche Taten bringen ja Scheelsucht, Feindschaft und viele Schmähungen mit sich, meinen Ratschlägen aber haftet nichts dergleichen an. Nein, wenn dir ein Gott die Wahl ließe, dein Leben zu verbringen, mit welcher Aufgabe und Tätigkeit du wünschtest, du würdest, wenn du mich zum Ratgeber nimmst, keine andere wählen als diese; denn dann wirst du nicht nur von den anderen gefeiert werden, sondern dich auch selbst glücklich preisen. Welch höherer Grad des Glückes wäre denn auch möglich, als wenn als Gesandte aus den größten Staaten die angesehensten Männer in dein Reich kommen, du dann mit ihnen über das Wohl der Gesamtheit berätst – und es wird sich zeigen, daß kein anderer diesem so hingegeben ist wie du; wenn du wahrnimmst, wie ganz Hellas aufhorcht auf das, was du gerade vorschlägst, niemand deine Entscheidungen mißachtet, vielmehr die einen nachfragen, wieweit sie schon verwirklicht sind, andere flehen, es möge ja nichts von deinen Plänen mißglücken, wieder andere fürchten, es könne dir etwas geschehen, bevor du den Schlußstein zu deinen Taten gesetzt hast!«

Die Vorschläge des Isokrates stimmten in der Tat mit den Plänen Philipps überein; doch der Gang der Ereignisse wurde ein anderer. Der König mußte den Widerstand Thebens und Athens mit Gewalt brechen und wurde, ehe der Nationalkrieg gegen Persien verwirklicht werden konnte, im Jahre 336 ermordet.

Philipp von Makedonien war auch der Mittelpunkt des großen, dramatischen Kampfes, den wir zwischen den Männern sich abspielen sehen, welche den Höhepunkt der politischen Beredsamkeit in Athen bedeuten: *Aischines* und *Demosthenes*. Und *Hypereides* gehört als dritter in diesen Kreis.

Aischines (389 bis nach 330) hat zuerst in der Staatsverwaltung gearbeitet; heutige Juristen schätzen sein Verständnis für Rechtsfragen besonders hoch ein. Dann aber trat er, nachdem er eine Zeitlang Schauspieler gewesen war, als politischer Redner hervor, erst als Gegner Philipps, doch sehr bald als einer derer, die um jeden Preis Frieden mit ihm abschließen wollten; daher der Kampf zwischen ihm und Demosthenes. Mehrfach wirkte er als Gesandter Athens, auch zugleich mit seinem Gegner. Der sachliche Gegensatz der beiden Männer artete zum häßlichsten persönlichen Streit aus. Davon zeugen auch die drei von ihm erhaltenen, ganz gegen Demosthenes sich wendenden Reden, keine mehr als die letzte, die 330, also 8 Jahre nach der vernichtenden Niederlage von Chaironeia, gehalten worden ist. Da war ein Staatsprozeß, zu dem man, wie Cicero sagt (in der Einleitung seiner Übersetzung der Rede), aus ganz Griechenland in Athen zusammenströmte, die große Abrechnung über die Demosthenische Politik. Ktesiphon hatte beantragt, Demosthenes wegen seiner Verdienste um den Staat durch eine feierliche Bekränzung im Theater zu ehren. Hiergegen erhob Aischines Einspruch, formal aus einem gewissen (hier gleichgültigen) Grunde im Recht, sachlich ganz und gar im Unrecht, denn zwar war Demosthenes mit seiner Politik gescheitert, aber seine Liebe zum Vaterland, sein Opfermut, seine Verdienste auch nach der verlorenen Schlacht waren in der Tat höchster Auszeichnung würdig. Hören wir ein Stück aus der Rede des Aischines (§ 152ff.), das uns verdeutlichen kann, mit welchem Geschick, aber auch mit welcher Bösartigkeit dieser Redner vorgeht: »Hier geziemt es, auch jener wackeren Männer zu gedenken, die dieser Mensch den ungünstigen, unseligen Opferzeichen (vor der Schlacht bei Chaironeia) zum Trotz in die offene Gefahr hinausgeschickt hat und deren Tapferkeit er, der Ausreißer und Fahnenflüchtige, dann auf der Rednerbühne am Grabe der Gefallenen zu feiern wagte. – Du, der du zu großen, wackeren Taten von allen Menschen am wenigsten fähig bist, in dreisten Reden aber höchst bewundernswert, blicke hier diesen Leuten ins Gesicht! Willst du da wirklich zu sagen wagen, man solle dich für das Unglück des Staates – mit einem Kranz belohnen? Und wenn er das sagt, werdet ihr es ertragen, und soll denn wirklich zugleich mit dem Leben der Gefallenen auch eure Erinnerung an sie erlöschen? Versetzt euch doch, bitte, einmal im Geist für kurze Zeit aus dem Gericht in das Theater, stellt euch vor, ihr sähet den Herold vortreten, und nun sollte die Verkündigung auf Grund des Beschlusses erfolgen; erwägt, ob wohl die Verwandten der Gefallenen über die Trauerspiele und die Leiden der Heroen, die danach auf die Bühne kommen, mehr Tränen vergießen als über die Verblendung ihrer Vaterstadt! Welchen frei erzogenen hellenischen

Mann müßte nicht die Erinnerung schmerzen zum mindesten daran, daß an diesem Tage einst, da der Staat noch eine bessere Verwaltung und tüchtigere Politiker hatte, unmittelbar vor den so wie jetzt stattfindenden tragischen Aufführungen der Herold vortrat und die Waisen vorführte, deren Väter im Kriege gefallen waren, junge Männer im vollen Waffenschmuck, und dann jenen herrlichen Beschluß verkündete, der so recht zu edler Tat begeisterte: 'Diese jungen Männer, deren Väter im Kampfe gefallen sind als wackere Krieger, hat der Staat bis zur Mannbarkeit erzogen, und heute entläßt er sie nun, ausgestattet mit dieser vollen Waffenrüstung, unter Segenswunsch, auf daß sie sich ihrem eigenen Wege zuwenden, und beruft sie zum Ehrensitz.' So klang der Heroldsruf damals. Heute aber, wie anders! Wenn er den einführt, der an der Verwaisung der Kinder schuld ist, was wird er dann sprechen, was verkünden? Denn wenn er auch wörtlich die Bestimmungen des Beschlusses vorliest: die für ihn schändliche Stimme der Wahrheit wird doch nicht stille schweigen, nein, man wird meinen, sie widerspricht geradezu der Stimme des Herolds, und vernehmen wird man dies: 'Diesen Mann' – wenn denn wirklich auch er einer ist! – 'bekränzt das athenische Volk seines Verdienstes wegen' – ihn, den Schuft! – 'und seiner Tapferkeit wegen' – ihn, den Feigling und Fahnenflüchtigen! –. Nein, bei Zeus und den anderen Göttern, ihr Männer von Athen, stellt nicht in der Orchestra des Dionysos ein Siegeszeichen gegen euch selbst auf, überführt nicht das Volk Athens im Angesicht der Hellenen des Wahnsinns, erinnert nicht die armen Thebaner an ihre ganz unerträglichen Leiden, sie, die seinetwegen fliehen mußten und in eurer Stadt ein Obdach gefunden haben, deren Tempel, Kinder, Gräber vernichtet hat eben des Demosthenes Bestechlichkeit und das großkönigliche Gold! Nun, da ihr persönlich nicht zugegen waret, so schaut wenigstens in Gedanken auf ihre Leiden, stellt euch vor, ihr sähet, wie die Stadt genommen wird, die Mauern eingerissen werden, die Häuser in Flammen aufgehen, Frauen und Kinder in die Knechtschaft geschleppt werden, alte Männer, alte Frauen spät die Freiheit verlernen müssen, alle weinen, euch anflehen, erbittert nicht über ihre Peiniger, sondern über die Urheber dieser Leiden, und euch beschwören, auf keinen Fall den Fluchgeist von Hellas zu bekränzen, sondern euch zu hüten vor dem bösen Verhängnis, das diesem Menschen auf Schritt und Tritt folgt!«

Was Demosthenes dagegen zu sagen hatte, werden wir von ihm selbst hören. Von den Geschworenen gab nicht einmal ein Fünftel ihre Stimme für Aischines ab. Er verließ bald danach Athen, wurde in Rhodos Redelehrer und ist auch dort – wir wissen nicht wann – gestorben.

Demosthenes (384–322)[1], der Schüler des Isaios, ist zum Redner geworden nur unter Überwindung großer Schwierigkeiten der Aussprache und der Körperbeherrschung, zudem einer Schüchternheit, die ihm nach dem hier unverdächtigen Zeugnis des Aischines (Gesandtschaftsrede § 21 ff.) auch als Gesandten vor Philipp schwer zu schaffen machte. Man wußte auch, daß seine feurigen Reden bis ins einzelne hinein mit

[1] Vgl. W. Jaeger, Demosthenes, Der Staatsmann und sein Werden (1939).

DEMOSTHENES

größtem Fleiß ausgearbeitet waren; ein Gegner behauptete, sie röchen geradezu nach der Lampe des Studierzimmers (Plutarch, Demosth. c. 8). Was aber dieser Fleiß erreichte, das hat der Lehrer der Beredsamkeit Quintilian (X 1, 76) mit den Worten ausgedrückt: »In ihm ist solche Kraft, so gedrängt ist alles, so voll innerer Spannung, so wenig lässig, solche Zucht herrscht im Wort, daß man weder etwas entdecken kann, was darin fehlt, noch, was überflüssig ist.« Sind die von Demosthenes angewendeten Stilmittel etwa die gleichen wie die Isokrateischen, so erzielen sie doch eine ganz andere Wirkung. Hier herrscht männliches Pathos, türmen sich die Gedanken in straffer Steigerung, rauschen die Rhythmen voller; aus leidenschaftlichem Willen ist diese Rede geboren, und zur Tat reißt sie fort. Und doch ist das wichtigste rednerische Mittel im Sinne des Demosthenes selbst noch nicht genannt: auf die Fragen, was das erste, das zweite, das dritte beim Reden sei, hat er nach Cicero (De orat. III, 213) immer nur geantwortet: »Der Vortrag.« Ermessen wir daran, was uns fehlt, die wir nur Worte von ihm lesen, im günstigsten Falle hören, aber in einer Aussprache, die doch nicht die seine ist! Freilich haben die uns erhaltenen Reden meist eine Form, die erst für die spätere Veröffentlichung geschaffen wurde: sie wenden sich, über die Aufgabe des Augenblicks hinaus, einer größeren zu, sprechen zu einem weiteren Volk als die wirklich gehaltenen. Gerade darum wirkt ihre Vaterlandsliebe nicht minder zündend auch auf die Angehörigen eines anderen Volkes.

Doch unter den 60 auf uns gekommenen Reden – sie enthalten aber auch manche Demosthenes mit

Unrecht zugeschriebene[1] – sind auch viele, die er in seiner Eigenschaft als Sachwalter in Privatangelegenheiten gehalten oder doch geschrieben hat. Als solcher hat er seine Tätigkeit begonnen, zuerst in eigener Sache, indem er gegen seine Vormünder wegen Unterschlagung seines Vermögens vorging. Manche dieser Reden gingen bereits auf das politische Gebiet über; wir können verfolgen, wie der Rechtsanwalt zum Volksredner, zum leitenden Staatsmann wird. Seit 351 geht sein Kampf gegen Philipp, in dem er nur den Bedroher der Freiheit Athens sah. Die wichtigsten gegen ihn gehaltenen und veröffentlichten Reden sind: 351 die erste Philippische, bis Ende 349 die drei Olynthischen; ca. 344 die zweite Philippische; 341 die über die Angelegenheiten der Chersones und die dritte Philippische (die uns seltsamerweise in zwei Fassungen, einer kürzeren und einer erweiterten, überliefert ist). Vielleicht kann die Übersetzung eines Stückes aus dieser letzten Rede (in der erweiterten Fassung) noch am ehesten etwas von der Glut Demosthenischer Vaterlandsliebe spüren lassen. So klingt es in diesem letzten Aufgebot (p. 120. 128 f.): »Was ist die Ursache der jetzigen traurigen Zustände? Denn es ist doch nicht ohne

[1] Von besonderer Wichtigkeit ist die Frage nach der Echtheit eines unter den Demosthenischen Werken erhaltenen Beschwerdebriefes Philipps an Athen aus dem Jahre 340 und einer auf ihn sich beziehenden Rede. P. Wendland hat wahrscheinlich gemacht, daß diese vielmehr dem Rhetor und Geschichtsschreiber Anaximenes von Lampsakos aus der Zeit Alexanders d. Gr. gehört, in dessen 'Philippischer Geschichte' beide Stücke standen (Anaximenes v. L. S. 1 ff.). Vgl. auch Verf., Demosthenes u. Philipp (Teubners Quellensammlung II, 4).

Grund und berechtigte Ursache, daß die Hellenen jetzt so bereit sind, als Sklaven zu dienen, wie einstmals zur Freiheit. Damals lebte etwas, lebte etwas, Männer von Athen, in den Seelen der Bürger, was jetzt verschwunden ist, was den Mammon der Perser überwand und Hellas die Freiheit erhielt, was in keiner Landschlacht und keinem Seekampf unterlag – und jetzt ist's tot, und dadurch ist alles Schande geworden, und in Hellas herrscht das Chaos. Was war es denn? Oh, nichts von List oder Klugheit, nur: daß alle die haßten, die von ehrgeizigen Strebern oder den Todfeinden von Hellas Geld nahmen; daß es das schlimmste war, der Bestechlichkeit überführt zu werden; daß man so etwas mit härtester Strafe verfolgte und es da kein Abbitten und keine Verzeihung gab. Da konnte man sich also nicht die günstige Gelegenheit zum Handeln in jedem einzelnen Falle... von den Politikern oder den Strategen erkaufen, auch nicht die Eintracht untereinander, auch nicht das Mißtrauen gegen Tyrannen und Barbaren, überhaupt nichts. Aber jetzt ist das alles ausverkauft wie Marktware, eingeschleppt aber dafür das, wodurch Hellas vernichtet worden ist. Was meine ich? Eifersucht, wenn jemand ein Stück Geld genommen hat, Gelächter, wenn er's zugibt, Verzeihung für die Überführten, Haß, wenn sie jemand tadelt, und all das andere, was mit der Bestechlichkeit zusammenhängt. Denn: Kriegsschiffe, Menschenmenge, Einnahmen, überreiches Material und wonach man sonst die Kraft eines Staates beurteilen kann, das haben jetzt alle in viel reicherem und größerem Maße als die Männer von damals. Aber das wird unbrauchbar, unwirksam, unnütz, weil man's verkauft. –

Solange das Schiff, groß oder klein, sich noch hält, müssen Matrose, Steuermann und jeder andere, Mann für Mann, eifrig zur Arbeit sein und darauf achten, daß niemand es mit oder ohne Willen zum Kentern bringt; wenn erst das Meer über Bord spült, ist alle Mühe umsonst. Auch wir, ihr Männer von Athen, solange wir uns noch halten mit unserer gewaltigen Stadt, den vielen Hilfsmitteln, dem herrlichen Ruhm – was wollen wir tun? Vielleicht hätte schon längst einer meiner Hörer diese Frage gern gestellt. Bei Gott, ich will es sagen und werde auch den entsprechenden Antrag stellen, so daß ihr, wenn ihr wollt, darüber abstimmen könnt. Vor allem müssen wir selbst uns wehren, uns rüsten, nämlich mit Kriegsschiffen, Geldern, Soldaten; denn wenn sich wirklich auch alle anderen bereit erklärt haben, als Sklaven zu dienen, *wir* müssen den Kampf für die Freiheit aufnehmen. Sind wir selbst dann mit all diesen Rüstungen fertig und damit ans Licht getreten, dann wollen wir die anderen aufrufen und Gesandte mit der Nachricht davon in alle Welt schikken, in die Peloponnes, nach Rhodos, Chios, zum Großkönig[1]..., und wenn ihr sie gewinnt, so laßt sie teilnehmen an den Gefahren wie den Kosten, soweit es not tut, im anderen Falle verzögert ihr wenigstens die Entwicklung... Doch meine ich es wirklich nicht so, daß Leute, die sich selbst in eigener Sache nicht zu notwendiger Tat entschließen können, die anderen aufrufen sollen; ist es doch töricht, das eigene Gut preiszugeben und sich der Sorge um fremdes zu rühmen, die gegenwärtigen Gefahren

[1] Ob Demosthenes wirklich auch ihn genannt hat, ist fraglich.

nicht sehen zu wollen und den anderen Schrecken vor zukünftigen einzujagen. So meine ich es nicht, sondern ich verlange: eine Geldsendung an die Bewohner der Chersones und Erfüllung ihrer sonstigen Forderungen, dazu unsere eigene Aufrüstung und, wenn wir zuerst die Pflicht erfüllten, dann auch Aufruf, besser: Aufbietung, Belehrung, besser: Aufrüttelung der anderen Hellenen. So handelt ein Staat mit einem Rufe so groß wie der eure! Wenn ihr aber glaubt, die Chalkidier würden Hellas retten oder die Megarer und ihr könntet der Mühe entgehen, dann irrt ihr: *sie* werden zufrieden sein, wenn sie gerettet werden, Volk für Volk. Doch *euer* ist die Pflicht, das auszuführen. Das ist die ehrenvolle Aufgabe, die eure Ahnen unter vielen großen Gefahren euch erworben und hinterlassen haben!...«

Auf die Anklagen des Aischines, die wir hörten, hatte Demosthenes unter vielem andern folgendes zu erwidern (p. 297. 320):

»Nie und nimmer war es ein Fehler, Männer von Athen, daß ihr den gefährlichen Kampf für aller Freiheit und Rettung auf euch genommen habt; nein, bei unseren Ahnen, die dereinst vor Marathon die Gefahr bestanden, die bei Plataiai zur Schlacht antraten, die bei Salamis und die am Artemision zur See kämpften, und den vielen anderen, die auf dem Staatsfriedhof ihr Heldengrab gefunden haben! Sie alle hat der Staat der gleichen Grabesehre gewürdigt, Aischines, nicht nur die Erfolggekrönten und die Sieger unter ihnen. Und das mit Recht! Denn was braver Männer Pflicht war, alle haben das getan, aber auch das Geschick hinnehmen müssen, das die göttliche Macht einem jeden zuteilte.

Unmittelbar nach der Schlacht hatte das Volk den Sprecher für die Gefallenen zu wählen; da hat es nicht dich, Aischines, gewählt, obwohl du vorgeschlagen warst, trotz deiner schönen Stimme, auch nicht Demades, der eben den Frieden abgeschlossen hatte, oder Hegemon oder sonst einen von eurer Partei, sondern mich ... Den Grund weißt du; trotzdem will auch ich ihn dir nennen. Sie kannten beides, meine Vaterlandsliebe und Hingabe, mit der ich für den Staat arbeitete, und ebenso eure Unredlichkeit ... Und wer zur Ehre der Gefallenen sprechen und ihre Tapferkeit feiern sollte, der sollte nicht mit denen unter einem Dache gewohnt und an einem Tische gesessen haben, die ihnen im Felde gegenübergestanden hatten; nicht Männern, die bei Philipp das Unglück der Hellenen mit ihren Mördern durch Freudentanz und Siegeslied gefeiert hatten, sollte nach ihrer Rückkehr hier diese Ehre zufallen; hier galt es nicht, wie ein Schauspieler Tränen der Trauer über ihr Geschick zu heucheln, sondern es in der Seele mitzuempfinden.«

Den Kampf gegen Philipp führte Demosthenes nach dessen Ermordung gegen Alexander weiter – völlig erfolglos. In einen häßlichen Prozeß verwickelt, mußte er sogar 324 aus Athen in die Verbannung gehen, aus der ihn aber nach Alexanders Tode ein Volksbeschluß feierlich zurückrief. Der Traum von der wiedererlangten Freiheit Athens verflog rasch, Demosthenes mußte fliehen. Die Häscher des Antipater setzten ihm nach, sie fanden ihn auf Kalauria[1] im Heiligtume Poseidons. Um ihnen nicht in die

[1] Insel an der Küste der Argolis, dem deutschen Leser aus Hölderlins Hyperion bekannt.

Hände zu fallen, vergiftete er sich. Plutarch (c. 30) erzählt: (42 Jahre später) »ließ ihm das Volk Athens die verdiente Ehre zuteil werden: es errichtete ein ehernes Standbild und beschloß, der Älteste seines Geschlechts sollte jedesmal die Speisung im Prytaneion erhalten. Auf die Basis der Statue wurde das berühmte Epigramm gesetzt:

Groß war dein Sinn, und wäre die Kraft die gleiche gewesen:
Hellas hätte gehorcht nie makedonischem Schwert.«

Aber sein Feuer ist mit ihm nicht erloschen: auch Cicero hat 'Philippische Reden' gehalten – im Kampf gegen den Usurpator Marcus Antonius –, und 1805 hat der Deutsche Fr. Jacobs eine Übersetzung der Demosthenischen Staatsreden herausgegeben, um den Freiheitssinn seiner Landsleute gegen Napoleon aufzurufen.

Hypereides (390–322) ist der Gesinnungsgenosse des Demosthenes gewesen und nach einer Zeit der Entfremdung wieder an seine Seite zurückgekehrt. Auch er war Advokat, doch hatte er eine ganz andere Art zu reden als Demosthenes, wie uns sechs erst 1847 gefundene Reden zeigen. Da ist eine kecke Frische, eine geistvoll überlegene Art, er verwendet Worte auch aus der Sphäre des niederen Volkes und verschmäht die Kunstmittel der großen Rhetorik. Anekdoten berichten, wie sehr er das Leben zu genießen verstand; aber auch er starb für das Vaterland. Antipater ließ ihn hinrichten, nachdem seine Schergen den Geächteten auf Aigina ergriffen hatten.

Zahlreiche andere Redner verschiedener Parteirichtung wirkten in der Zeit, darunter *Deinarchos*, Gegner des Demosthenes und doch sein Nachahmer, der »Demosthenes aus Gerste«, wie die Alten sagten, »Schnapsdemosthenes«, wie Wilamowitz übersetzt, und *Lykurgos*, der Athens Finanzen zwölf Jahre lang vortrefflich leitete, ein Freund des Demosthenes. Unter seiner Verwaltung ist das steinerne Theater in Athen gebaut worden, das wir noch heute sehen, wurden die Statuen der drei größten tragischen Dichter aufgestellt und ein Staatsexemplar ihrer Werke geschaffen, das einen von den Wucherungen eines Jahrhunderts gereinigten Text bot. Die einzige von ihm erhaltene Rede bekämpft einen Politiker Leokrates, der nach der Niederlage von Chaironeia geflohen war und 331 wieder zurückkehrte.

Der Kampf der politischen Redner für Athens Freiheit war gescheitert. Aber diesem Kampf eignete tragische Größe, und das war die letzte Epoche Athens, die seiner hohen Vergangenheit ebenbürtig war.

5. PHILOSOPHIE UND NATURWISSENSCHAFT

In ionischer Sprache, der Ursprache der Philosophie, ist, wie wir schon erwähnten (S. 129), auch die große Sammlung des sogenannten Corpus Hippocraticum, bestehend aus 72 Schriften, geschrieben, der Nachlaß einer Ärzteschule, der sehr verschiedene Stücke verschiedener Herkunft in sich birgt. Die Hauptmasse stammt aus dem Jahrhundert ca. 440–340. In ihr ist der Grund zu aller späteren Heilkunde, auch zu der noch heute herrschenden ärztlichen Fachsprache gelegt. Dann und wann erschallt ja in der Geschichte der Medizin sogar der Ruf: Zurück zu

Hippokrates! Nicht minder umfangreich war einst der Nachlaß der ionischen Philosophenschule von Abdera, wo *Leukipp* und dann sein Schüler und jüngerer Gefährte *Demokrit* seit etwa 450 ihre große Lehrtätigkeit entfalteten. Thrasyllos, der Hofastronom des Kaisers Tiberius, hat diese Schriftenmenge nach Tetralogien – also ähnlich, wie die Dramen angeordnet waren – zusammengestellt und so herausgegeben, mit manchem unechten Stück durchsetzt. Wenn Aristoteles von Demokrit sagt, er habe über alles nachgedacht, so bestätigt das der Reichtum der Titel seiner Schriften[1]; sie umfaßten so gut wie alle Gebiete des menschlichen Geistes: Philosophie und Kunst, Physik und Medizin, Astronomie und Mathematik. Von all dem haben wir nur Bruchstücke; den Lehrer der Atomistik, den Materialisten zum Schweigen zu bringen, schien späterer, christlicher Zeit sogar ein Verdienst. Für uns ist der Verlust unersetzlich, nicht nur aus sachlichen Gründen: wie hoch muß der künstlerische Wert dieser Werke gewesen sein, wenn Cicero und andere ihren Stil für ebenbürtig dem Platonischen hielten! – Von nicht minder großer Vielseitigkeit, freilich ungleich geringeren Geistes war ein anderer, etwas älterer Ionier, *Ion* von Chios, der außer philosophischen Schriften auch ein Geschichtswerk über seine Heimat und fesselnde Memoiren schrieb, ja Dichtungen wie Tragödien (s. S. 219), Elegien, Dithyramben. Aber er hatte im Athen des Perikles und Sophokles statt des Ionischen Attisch zu schreiben gelernt.

In diesem Athen strömten auch aus den verschiedensten Gegenden die Weisheitslehrer zusammen, die

[1] Vgl. Verf., Vorsokratische Denker[2] S. 187.

– keineswegs ursprünglich in tadelndem Sinne – *Sophisten*[1] hießen. Von ihren Lehren wissen wir durch Berichte, Nachahmungen, Kritiken, Parodien; ihre Werke als Ganzes sind uns, außer den beiden erwähnten Reden des Gorgias (S. 283), verlorengegangen. In den Schriften Platons werden wir ihnen wieder begegnen.

Sokrates, wahrlich kein Sophist, sondern ein Philosoph, einer, der die Wahrheit suchte, nicht Ruhm und Reichtum, hat kein Wort geschrieben, so wie Pythagoras und Jesus von Nazareth. Und hier leuchtet uns die Erkenntnis auf, daß die Größten des Geistes eben der Schrift gar nicht bedürfen, um lebendig in der Welt fortzuwirken. Aber ein nie versiegender Strom von Literatur ist sozusagen aus seiner Persönlichkeit hervorgegangen. Allein seine Verteidigungsrede vor Gericht, durch die er einen Teil seiner Mitbürger so erbitterte, daß sie ihn zum Tode verurteilten – weil er ihnen nämlich die Wahrheit sagte –, hat nicht wenige Schriften[2] entstehen lassen, von denen uns vier bekannt sind: um das Jahr 393 schrieb ein Sophist Polykrates eine Rede gegen ihn, danach Lysias wieder eine für ihn, Platon läßt ihn seine eigene Ansprache vor Gericht halten, Xenophons 'Apologie' gibt einen Bericht über die Reden, mit denen Sokrates vor dem Volk und vor den Fremden

[1] Vgl. ebenda S. 213 ff. Besonders ergiebig für das Zeitalter der Sophistik sind die Ausführungen W. Nestles, Vom Mythos zum Logos² (1941) S. 249 ff. – Zu diesem gesamten Fünften Kapitel, welches das Thema Philosophie wie stets vorwiegend nur unter literarischem Gesichtspunkt behandeln kann, vgl. wiederum des Verf. Griechische Philosophie³, S. 111 ff. – [2] Vgl. Wilamowitz, Platon I⁴ 200 ff.

seine Schuldlosigkeit nachwies und seine Stellung zum Tode erklärte. ʻSokratische Gespräche' konnte man schon bald nach dem Tode des Meisters, vielleicht sogar schon zu seinen Lebzeiten lesen, und zwar verfaßt von den verschiedensten Schülern, so von *Aischines* aus Sphettos (einer attischen Gemeinde) solche, die sich durch reizvolle novellistische Erfindung auszeichneten, andere von *Phaidon* aus Elis, nach dem Platons Dialog heißt, wieder andere von Männern, die im Anschluß an Sokrates selbständig philosophische Forschung weitertrieben, wie *Eukleides* aus Megara und *Antisthenes* aus Athen. Erhalten haben sich außer Platons Werken nur die philosophischen Schriften *Xenophons*.

Die wertvollste von ihnen sind zweifellos die ʻErinnerungen an Sokrates', vier Bücher, von denen aber die letzten, wohl viel später als die ersten geschrieben, so nachlässig komponiert sind, daß man sich kaum vorstellen kann, Xenophon habe das Ganze in dieser Form hinausgehen lassen; auch taucht ein Stück der ʻApologie' hier (IV, 8, 4) wieder auf. Doch in den hierin mitgeteilten Sokratischen Dialogen birgt sich kostbares Erinnerungsgut aus den Jahren des Verkehrs mit Sokrates vor 401, da Xenophon aus Athen fortging (s. S. 275), zwar gefärbt durch des Berichterstatters bieder-utilitaristisches, gesetzesfrommes Wesen, aber gewisse Züge des Sokrates gibt er sicher schärfer wieder, als Platon es tut und tun will. Hier stehen ja auch tiefe Worte des frommen Sokrates wie: nur das Gebet gezieme uns, die Götter möchten »das Gute« geben, da sie selbst am besten wüßten, was für den Menschen gut sei (I, 3, 2); und: »Das Größte behalten sich die Götter selbst vor, denn weder ist dem Menschen, der seinen Acker gut bepflanzt, bekannt, wer davon ernten wird, noch dem, der sich ein Haus schön baut, wer darin wohnen wird« (I, 1, 8); sowie: Es ist nicht so, »daß dein Auge zwar viele Stadien weit reichen kann, der Gottheit Auge aber unfähig sei, zugleich alles zu sehen« (I, 4, 17). Wer den echten Sokrates kennenlernen will, darf an diesem Buche nicht vorübergehen.[1] – In der Komposition gelungen, aber in den Gedanken allzu flach ist das 'Symposion', das Xenophon, in fast lächerlicher Überschätzung seiner Fähigkeiten, als Gegenstück zum Platonischen schrieb[2]: das seine läßt er im Hause des reichen Kallias spielen, wo in Gegenwart des Sokrates, Charmides, Antisthenes und anderer ein Pankration- (kombinierter Faust- und Ringkampf-) Sieg des Autolykos am Panathenaienfest gefeiert wird. Auch hier spricht Sokrates über den Eros, doch philosophische Tiefe wird nirgends erreicht. Dafür spielen bei diesem Fest der Spaßmacher und die Gauklerin, der Tänzer und die Tänzerin, der Musikant und die Musikantin eine Rolle, und am Schluß gibt es gar eine Pantomime 'Dionysos und Ariadne' mit Oboenbegleitung, und dieses Spiel ist so anmutig, daß »die Unverheirateten schwuren, sie wollten heiraten, die Verheirateten aber ihre Pferde bestiegen und zu ihren Frauen ritten«. – Ganz frei in der Erfindung scheint der 'Oikonomikos', das Gespräch zwischen Sokrates und Kritobulos über die beste Verwaltung des Hauses, zu sein, worin Xenophon dem diskutierenden und er-

[1] Neue Übersetzungen von R. Preiswerk (1943) und I. Irmscher (1955). — [2] c. 8, 32 scheint uns wie anderen ein Zitat aus Platons Symposion p. 178 zu sein.

zählenden Lehrer seine eigenen praktisch klugen Gedanken in den Mund legt: über die Landwirtschaft, »der anderen Künste Mutter und Nährerin«, der ein warmes, echtes Lob gesungen wird (c. 5), über die Erziehung der Frau zur wahren Hausfrau[1], über die rechte Fürsorge gegenüber den Dienern und Sklaven – ein Büchlein, so gesund in den Anschauungen und so durchsichtig in der Sprache, daß es wie geschaffen ist als Jugendlektüre, als Mittel der »Bildung«, die auch für Xenophon ein ernstes Anliegen war. – In einem andern solcher Dialoge hat Xenophon an die Stelle des Sokrates König Hieron von Syrakus gesetzt, mit dem sich der Dichter Simonides (s. S. 98) über das Leben eines »Tyrannen«, verglichen mit dem eines gewöhnlichen Bürgers, bespricht und die milde Handhabung dieses Herrscheramtes als die beste empfiehlt.

Xenophon und *Platon* waren eine Anzahl Jahre zugleich mit vielen anderen Schüler des Sokrates, aber wenn Xenophon auf Platons Schriften eingeht, so tut dieser das Umgekehrte niemals; es ist, als ob er ihn gar nicht kenne. Am Todestage des Meisters (399) war keiner von beiden zugegen, denn Xenophon war damals schon seit zwei Jahren in der Fremde, Platon aber, wie er selbst berichtet (Phaid. p. 59), krank.

Von *Platons* Leben[2] erzählen uns spätantike Bio-

[1] Xenophon gibt hier von c. 7 an dem Sokrates einen Lehrer (Ischomachos), wie es in Platons Symposion Diotima, in seinem 'Parmenides' dieser selbst, in den nicht erhaltenen Dialogen anderer und in seinem 'Menexenos' Aspasia war (vgl. auch Oikonomikos 3, 14). — [2] Die anschaulichste Darstellung von »Platon dem Menschen« gibt Wilamowitz, Pla-

graphien auf Grund viel älterer Quellen; die wichtigste und ausführlichste ist die in der Philosophengeschichte des Diogenes Laertios (aus dem 3. Jahrhundert n. Chr.). Der Sohn des Ariston und der Periktione wurde 427 in Athen geboren; die Schule feierte später den 7. Thargelion (etwa unserem Mai entsprechend) als seinen Geburtstag. Er stammte aus vornehmer, wohlhabender Familie. Seine zwei älteren Brüder, Adeimantos und Glaukon, hat er im 'Staat' als Mitunterredner lebendig geschildert; den Sohn seiner Schwester Speusippos hat er später sich selbst zum Nachfolger in seiner Schule bestellt. Großen Eindruck muß auf ihn sein Oheim Kritias gemacht haben, jener bedeutende, politisch leidenschaftlich interessierte Mann, der Feind der Demokratie und Freund Spartas, der sich aber auch als Schriftsteller mit staunenswerter Vielseitigkeit betätigt hat; noch lehren Bruchstücke ihn kennen als Dichter von Dramen (s. S. 219) und Elegien, auch als Prosaschriftsteller, der die Staatsverfassungen der Athener, Thessaler, Spartaner vergleichend darstellt und Abhandlungen philosophischer Art schreibt. – Platon selbst hat die beste Bildung erhalten, die das große Athen seiner Zeit geben konnte, geistig und auch körperlich; ein Sieg als Ringkämpfer in den Isthmischen Spielen ist gut bezeugt, auch Dienst als

ton I[4] (1948), II (1919); die am tiefsten dringende Ausdeutung des Wesens Platons und seiner Werke gibt P. Friedländer, Platon I[2], Seinswahrheit und Lebenswirklichkeit (1954), II[2] Die Platonischen Schriften, Erste Periode (1957); Zweite und Dritte Periode (II[1] 294 ff.) steht noch aus. Als Übersetzung wird die Schleiermachersche und die Apeltsche empfohlen, diese auch für Platons Briefe.

Soldat im Kriege, wenngleich die Jahre dieses Dienstes nicht genau feststehen. Früh fühlte er sich selbst als Dichter: Tragödien, Epigramme und anderes wird als sein Werk erwähnt. Lernten wir schon S. 231 das ihm zugewiesene Epigramm auf Aristophanes kennen, so wollen wir hier das auf Sappho hören:

Neun sei die Zahl der Musen, so sagt man. Zuwenig gerechnet!
Hat doch Lesbos dazu Sappho als zehnte gebracht

und das auf einen schönen Knaben[1]:

Zu den Gestirnen schaust du hinauf, mein Stern. Daß ich würde
Selber der Himmel und strahlt' all meine Augen auf dich!

Aber als er in den Kreis des Sokrates eintrat, so heißt es, hat er seine Dramen verbrannt. Freilich, wenn man ein Dichter *ist*, so bleibt man es, auch wenn man seine Verse vernichtet. Etwa acht Jahre lang war er einer derer, die mit Sokrates zusammen lebten. Sie wurden entscheidend für sein ganzes Wesen. Zugleich mit ihm hat er auch den Verzweiflungskampf Athens um seine Machtstellung, die Belagerung und Hungersnot, den Bürgerkrieg zwischen Oligarchen und Demokraten nach Friedensschluß erlebt, in dem Kritias, einer der Dreißig Tyrannen, fiel. Die wiederhergestellte Demokratie raubte ihm in ihrem Wahne, einen Volksverderber zu treffen, den Mann, den er allein verehrte. Nach seinem Tode sammelten sich die Schüler in Megara bei Eukleides. Für die Jahre etwa von Frühjahr 390 bis 388 ist uns

[1] Aus diesem Aster»Stern« ist in Hölderlins Hyperion und Gedichten »Platons Stella« geworden.

eine große Reise Platons bezeugt; zufällig wissen wir (aus Plutarch, Solon c. 2), daß er als Reisegeld eine Ladung attischen Olivenöls mitführte. Diese Fahrt führte ihn nach Ägypten, dem Lande der Wunder und der Weisheit, nach Kyrene zu dem Geometer Theodoros, nach Unteritalien zu den Pythagoreern und nach Sizilien, wo er eine Zeitlang am Hofe Dionys' I. lebte, nicht ohne daß es zu einem schweren Zerwürfnis mit ihm gekommen wäre. Bald nach der Rückkehr, etwa 387, gründete Platon seine Schule, im Norden Athens, nicht weit von dem Gymnasion des Heros Akademos, das wir schon aus Versen des Aristophanes (s. S. 249) kennen. Der seit langem bestehende Plan, die Stätte der Platonischen Akademie wieder auszugraben, hat sein eigentliches Ziel noch nicht erreicht[1]: der heutige Betrachter empfängt nur den Eindruck erschreckender Öde. Es war ein Kultverein, was Platon schuf, ähnlich einer Pythagoreischen Bruderschaft, mit dem Ziele, Männer heranzubilden, die dem Vaterland einstmals anderes Wesen, andere Gestalt geben sollten, als es in der Gegenwart zeigte. Unter den Jünglingen aber fehlten auch die Männer als Gefährten nicht. Der große Astronom Eudoxos von Knidos ist als schon Berühmter in den Kreis eingetreten, und Aristoteles hat ihm zwanzig Jahre lang, bis zum Tode Platons, angehört. Noch zwei andere Reisen hat Platon nach Syrakus unternommen, die eine 366/365, die andere 361/360, beide, um durch eine Einwirkung auf den jüngeren Dionys, den Sohn des I., dessen Staat etwas vom Wesen des Idealstaates zu geben, der ihm selbst vor der Seele stand. Die treibende Kraft war dabei

[1] Vgl. H. Herter, Platons Akademie² (1952) S. 5. 26.

Dion, der Schwager Dionys' I., den Platon schon auf der ersten Reise sich fest verbunden hatte. Aber die Versuche, der Philosophie in Syrakus eine Stätte politischer Wirkung zu verschaffen, endeten nach mannigfaltigen, Platon sogar in Lebensgefahr bringenden Wirren und Kämpfen im Chaos einer Revolution. Dion selbst wurde 353 ermordet. Was Platon von ihm erhofft hatte, wie sehr er ihm in Liebe zugetan gewesen war, spricht nichts schöner aus als das Epigramm, das er niederschrieb, da die Kunde von Dions Tode zu ihm nach Athen drang:

Tränen haben der Fürstin von Ilios samt ihren Frauen
Schon die Moiren bestimmt einstens bei ihrer Geburt.
Doch du hattest den Preis in herrlichen Taten errungen,
Dion, als dir der Gott Fülle der Hoffnung entriß.
Ruhst nun im Vaterlande, dem prächtigen, teuer dem Volke,
Hast in Liebe entflammt, Dion, mein eigenes Herz.

Die Jahre nach der Heimkehr von der dritten Sizilischen Reise waren solche ununterbrochen stiller Forschung und Lehre. Lange blieb Platons letzte Vorlesung 'Über das Gute' in der Erinnerung, die, wie es heißt, stark von der Zahlenlehre der Pythagoreer bestimmt war. Im 81. Lebensjahre (348/347) ist er gestorben. Auf dem Sterbebette soll er sein Geschick gepriesen haben, das ihm bestimmt habe, als Mensch, als Hellene und zu den Zeiten des Sokrates zu leben (Plut., Marius c. 46). Auf sein Grab hat man später mancherlei Epigramme gedichtet. Eins davon lautet (Anthol. Pal. VII, 62 nach Geibel):

Über dem Grab aufsteigender Aar, wes bis du, verkünde,
Der du zum Götterpalast hoch in den Sternen begehrst?
»Sinnbild bin ich der Seele des Platon, die zum Olymp sich
Schwang, doch den irdischen Leib attische Erde bedeckt.«

Nur Ersatz war für Platon das geschriebene Wort, Ersatz für das dialektisch untersuchende Gespräch oder auch den lebendigen Lehrvortrag in der Akademie, diesem damaligen Zentrum echt griechischer Erziehung, der ersten Stätte wissenschaftlicher Schulung im Altertum. Dialogform haben daher auch seine Werke. 'Sokratische Gespräche' verschiedener Form sind sie, denn in allen tritt Sokrates auf; nur im letzten Werk, den 'Gesetzen', nimmt seine Stelle »der Athener« ein. Anregung zu dieser szenischen Prosadichtung – die immer in Athen oder seiner Umgebung, nur einmal, eben in den 'Gesetzen', in Kreta spielt – hat Platon sicherlich in den Werken Epicharms und Sophrons (s. S. 225 f.) gefunden, die er hoch schätzte; ja, Sophrons 'Mimen' hat er selbst aus Sizilien nach Athen mitgebracht und, wie es heißt, unter seinem Kopfkissen gehabt. Auch Platon schreibt Dramata, er »schreibt die Tragödie des Philosophen«, und oft genug klingen auch Töne des komischen Spieles an. Aber seine Dichtung ist zugleich strenge Wissenschaft. Hier gilt das Wort in einem ganz besonderen Sinne, daß er empfing »der Dichtung Schleier aus der Hand der Wahrheit«.

Platons ganzes Werk ist erhalten, nichts ist verlorengegangen, so sorglich hat man es in seiner Schule gehütet; denn als den in der Akademie immer weitergegebenen Besitz kann man dieses Corpus Platonicum – 42 Dialoge, 13 Briefe[1], dazu einige 'Definitionen' – bezeichnen, womit das Corpus Hippocraticum und das Democriteum (s. S. 129 und 302) zu vergleichen ist. Auch hier sind zahlreiche, nicht vom

[1] Die letzte Behandlung des Problems ihrer Echtheit durch P. Friedländer a. O. I² cap. 13.

Meister selbst stammende Schriften mit aufgenommen worden, hat Thrasyllos (s. S. 303), und zwar nach anderen als Vorgängern, eine Tetralogienordnung hergestellt, z. B. als erste Tetralogie die um den Prozeß des Sokrates sich drehenden Dialoge 'Euthyphron', 'Apologie', 'Kriton', 'Phaidon' angesetzt; doch auch Platon selbst hat zuweilen mehrere Werke durch Weiterführung der Gedanken zu einem größeren Ganzen vereint wie 'Theaitetos', 'Sophistes', 'Politikos' oder 'Staat', 'Timaios', 'Kritias'. Die Frage nach der Echtheit oder Unechtheit einzelner Platonischer Werke, die nach ihrer Reihenfolge und nach der Einordnung in die Zeit selbst sind wichtige philologische Probleme. Die Echtheitsfrage ist schon im Altertum erörtert worden, die anderen ganz besonders im 19. und 20. Jahrhundert. Als zweifellos echt zählen wir 27 Dialoge und die Briefe 6–8; eine ganze Anzahl von Dialogen und Briefen ist zweifellos unplatonisch, andere sind umstritten. Im Altertum nie angezweifelt, heute stark umkämpft sind z. B. der 'Große Hippias' und der 'Große Alkibiades'. Wie schwierig diese Probleme sind, erkennt der Leser vielleicht am besten daraus, daß ein Kenner wie Wilamowitz die Dialoge 'Ion' und 'Menexenos' und die drei genannten, besonders inhaltsschweren Briefe lange Jahre für unecht gehalten und dann mit derselben Bestimmtheit für echt erklärt hat. Die Untersuchungen über die Reihenfolge der Platonischen Werke mußten sich ebenso mit ihrem Thema und ihrer Fragestellung wie mit Gesamtform und Stil befassen. Dabei haben auch sehr genaue sprachstatistische Forschungen mitgeholfen, denn die Stilwandlung drückt sich auch in gewissen äußerlichen, von der Statistik erfaßbaren Merkmalen aus. Aufs Große und Ganze gesehen hebt sich eine Gruppe der *Frühdialoge* heraus, die, in der Regel geringeren Umfangs, mehr Einzelfragen erörtern wie der 'Kleine Hippias', 'Ion', 'Laches', 'Charmides', 'Lysis', 'Euthyphron', 'Apologie', 'Kriton'; dann eine Anzahl von *Werken* in einem gewissen *Übergangsstil* wie 'Protagoras'[1], der 'Große Hippias' (wenn er echt Platonisch ist), 'Euthydem', 'Kratylos', 'Menexenos', der 'Große Alkibiades' (wenn Platonisch), 'Gorgias' und 'Menon'; zu dritt aus der Zeit um die Lebensmitte die Zahl der großen *Hauptwerke*, die sich in 'Symposion', 'Phaidon', 'Staat', 'Phaidros' darstellen; und zu viert die Gruppe der *späteren* und *späten Werke*, zu denen 'Parmenides', 'Theaitetos', 'Sophistes', 'Politikos', 'Philebos' und als letzte 'Timaios', 'Kritias' (unvollendet) und 'Gesetze' (denen die letzte Redaktion fehlt) gehören. – Unter den Fragen nach der Festsetzung der Werke auf bestimmte Jahre ist eine der wichtigsten die, ob Platon bereits vor dem Tode des Sokrates zu schreiben begonnen hat. So nahe der Gedanke zu liegen scheint, daß, solange Sokrates wirkte, der Eindruck seiner lebendigen Persönlichkeit den Gedanken, ihn im literarischen Werk darzustellen, gar nicht aufkommen ließ, so spricht doch manches für die entgegengesetzte Ansicht. – Einige der hier genannten philologischen Probleme werden wir im Verlauf der Darstellung noch einmal berühren, nur soviel sei schon jetzt gesagt, daß, solange es wissenschaftliche Forschung, Sokratischen Geist gibt, auch

1 Nach einer anderen, sehr verbreiteten Ansicht ist dieser Dialog einer der frühesten oder sogar der früheste; sprachliche Beobachtungen sprechen dafür.

diese Untersuchungen nie ein Ende erreichen werden.

Es geht nicht an – und ist vielleicht nicht einmal wünschenswert –, hier Platons Werke in ihrer wahrscheinlichen historischen Abfolge einzeln zu besprechen. Vielmehr müssen gewisse Leitgedanken aufgestellt werden, die größere Gruppen zusammenfassen. Wir fragen zuerst, in welchen Werken die reale Persönlichkeit des forschenden und erziehenden *Sokrates* am stärksten nachwirkt.

Sokrates im liebevollen Verkehr mit den Jünglingen Athens, die durch »Klugheit oder Schönheit oder durch beides« ausgezeichnet sind – obschon er selbst versichert: »So gut wie alle, die in diesem Alter stehen, erscheinen mir schön« (Charm. p. 153f.) –, auch wohl einmal im Lehrgespräch mit einem geweckten Sklavenjungen (im 'Menon'), das ist der anmutige Vorwurf manches dieser Dialoge. Da sehen wir sie, den Alten, den unschönen Silen, der das Götterbild nur in der Seele trägt, und die Jungen im Gymnasion, in den Hallen der Palästra zusammen sitzen und gehen und einmal sogar – im Leben des Stadtmenschen Sokrates eine seltene Ausnahme – an einem Sommertage im Schatten der Platane am Ilissos ruhen. Zu den eines ausführlichen Sokratischen Zwiegesprächs Gewürdigten gehören im Platonischen Werk Charmides, Lysis und Menexenos, Alkibiades, Kleinias (dieser im 'Euthydem'), Phaidros. Hier blüht im gestaltenden Wort etwas einmalig Schönes und Zartes auf, wie es das Athen der Zeit in der bildenden Kunst, im Parthenonfries wie in den rotfigurigen Vasenbildern, schuf, die edlen Formen, die das Leben zeigte, noch veredelnd. – Da sind aber ferner alle die großen Sophisten der Zeit, Protagoras, Gorgias, Hippias, Prodikos, mit denen Sokrates sich unterredet oder von deren Lehre doch gehandelt wird, dazu kommen die kleineren wie Euthydem und Dionysiodor, Polos, Kallikles und Thrasymachos, und jene Jünglinge bilden den Umkreis beim Dialoge der Männer. Ja einmal (im 'Protagoras') erleben wir es, wie in einem reichen athenischen Hause gar drei jener berühmten Weisheitslehrer zugleich abgestiegen sind, und sehen schon am frühen Morgen dort Protagoras mit einer ehrfürchtigen Begleiterschar in der Eingangshalle herumwandeln, während Hippias in einem Zimmer sitzend unterrichtet und aus einem andern die Baßstimme des lehrenden Prodikos dröhnend erschallt. Aber viele andere Große der Zeit werden von Platon außerdem im Gespräch mit dem Einzigartigen gezeigt: der Rhapsode Ion und der Priester Euthyphron, der Feldherr Laches und die Dichter Agathon und Aristophanes, der Heraklitschüler Kratylos und sogar er selbst, Parmenides »der Große«, zugleich mit seinem Schüler Zenon. Manche anderen ragen gleichsam von außen noch hinein wie Lysias, von dem eine Rede im 'Phaidros' behandelt wird und der den Gesprächen über den Staat als stummer Zuhörer beiwohnt, auch Isokrates, dem am Schluß desselben 'Phaidros' eine große Zukunft als Redner prophezeit wird: wenn er nur auch die Philosophie in sich ausbilden möchte! Im Sinne Platons hat er es nicht getan. – So ist Sokrates durch Platon hier zu einem Mittelpunkt geworden, zu dem ein weiter Kreis hellenischen Geistes in Beziehung steht. Sein persönliches Wesen wirkt natürlich in den Dialogen am stärksten nach, die zeitlich seinen irdischen Jahren am nächsten oder doch nicht allzu fern stehen.

Unter den Gegenständen dieser zahlreichen Werke vor allem früherer Zeit stehen obenan Versuche der Begriffsbestimmung, wie sie zweifellos ein wesentliches Stück der wirklichen Sokratischen Lehrgespräche gewesen sind, aber die scheinbar nur logische Frage ist zugleich eine ontologische: das Suchen nach dem klaren Begriff ist zugleich das nach dem Wesenhaften, dem Bleibenden, der Veränderung Entrückten. Und die Begriffe, um die es hier vor allem geht, sind Wertbegriffe, die das Fundament aller Erziehung und Bildung ausmachen; diese ist letztlich das Ziel aller Sokratisch-Platonischen Denkarbeit. Da wird nach dem Verhältnis von Wahrheit und Lüge, Wissen und Tun geforscht (im 'Kleinen Hippias'), gefragt, was Mannhaftigkeit und Tapferkeit, was das Schöne, das Rechte und das Nützliche sei (im 'Laches', 'Großen Hippias' und 'Großen Alkibiades'), geforscht nach dem Wesen der Freundschaft, der Besonnenheit oder Sittsamkeit und der Frömmigkeit (im 'Lysis', 'Charmides', 'Euthyphron'). Da wird untersucht, worin Wesen und Wert der Beredsamkeit liege, die, wie wir wissen, im damaligen Athen als vornehmstes Mittel zur Bildung galt (im 'Gorgias', 'Phaidros'), und die eigentliche Kardinalfrage auf diesem Gebiet gestellt, was »Tugend« überhaupt sei und ob sie für lehrbar oder vielmehr für ein angeborenes Gut zu halten sei (im 'Protagoras', 'Menon').

Fragen wir nach den Ergebnissen der hier sich kraftvoll auswirkenden Forschung, so bestehen sie nicht in reinlich abziehbaren Sätzen, vielmehr, wie die

Untersuchung aus der Frage geboren ist, so endet sie nicht selten in der Frage, und die mehr zu ahnende als ausgesprochene Wahrheit ruht in und hinter dem Ganzen, in der Spannung des Ganzen. Es ist immer ein Kampf, den der dialektisch vorgehende, scheinbar nichts wissende Sokrates gegen die führt, die sich im sichern Besitz eines Wissens dünken und dieses nicht selten prunkend zur Schau tragen und in großartiger Rede entfalten. Aber fast nie macht sich Platon diesen Kampf leicht, im Gegenteil, Männern wie Protagoras, Kallikles (im 'Gorgias'), Thrasymachos (im 'Staat') wird eine solche Fähigkeit der Rede, solcher Gedankenreichtum, solche Fülle des Lebens gegeben, und andrerseits muß sich dieser Sokrates zuweilen solcher Kniffe und Fehlschlüsse bedienen, daß der Leser nicht selten in seinem Urteil fast ratlos ist. Kann doch sogar die Gesprächsführung so gehen, daß am Schluß eines Dialogs wie im 'Protagoras' (p. 361) Sokrates und der Sophist beide geradezu geneigt sind, den entgegengesetzten Standpunkt von dem einzunehmen, den sie zuerst vertraten. Probleme geben Sokratische Gespräche, nicht Resultate, »Streben nach Weisheit«, Philosophia, nicht Weisheit, Sophia selbst. Auf dem Ganzen liegt der Schimmer der Ironie, der echten Sokratischen Ironie, die nicht einfach das Gegenteil sagt von dem, was sie meint, sondern zugleich eine hintergründige Wahrheit andeutet. Andrerseits wird die Sokratische Fragestellung, die zunächst etwas Verwirrendes hat, in Wirklichkeit aber stets dem geheimen Ziele der Erkenntnis zusteuert, im 'Euthydem' scharf von der Klopffechterei der Sophisten abgegrenzt, die keinen anderen Zweck kennen als den Gegner zu verblüffen und mattzusetzen, und die allerdings ihr Spiel so großartig treiben, daß nicht nur die Menschen vor Vergnügen klatschen, sondern auch »beinahe die Säulen im Lykeion vor Freude in Beifallslärm ausbrechen« (p. 303). Der Sokrates Platons ist wie der historische ein Erzieher zur Bescheidenheit; er bringt die sicheren Leute, die »Allweisen« zu Fall, damit sie in sich gehen und an die Stelle ihres Hochmutes die dem Menschen geziemende Demut setzen. Und so gütig er gegen die Jungen sich erweist, so scharf geht er gegen die Großen vor und zerstört ihre »lange Rede« durch die ätzende Schärfe seiner Fragen. Gewisse Grundgedanken der Sokratischen Lehre läßt Platon hier immer wieder hervortreten. So die Anschauung, daß das Eingeständnis des Nichtwissens ungleich besser ist als ein Wissen, von dem man keine Rechenschaft ablegen kann; daß jeder Mensch nach Eudämonie strebt, die aber in Wahrheit nicht von äußeren Gütern abhängt, sondern in der Seele selbst ruht; daß »niemand freiwillig fehlt, niemand mit Absicht schlecht ist«, weil ja niemand sein eigenes seelisches Unheil will; daß das Wissen des Rechten das Tun des Rechten mit Notwendigkeit zur Folge hat. Der stark rationalistische Zug des Sokratischen Wesens ist auch im Sokrates Platons hervorstechend. Wie er aber schon in seinen frühesten Schriften den Geist seines Lehrers mit den tiefen Ahnungen und Erkenntnissen der eigenen Seele füllt, das mag uns die Schilderung des Dichters zeigen, die er im 'Ion' Sokrates in den Mund legt (p. 533): »Alle epischen Dichter, soweit sie gut sind, sagen und singen alle ihre schönen Gedichte nicht aus Kunstfertigkeit, sondern weil sie gotterfüllt und besessen sind, und die Liederdichter, die guten, ebenso. So wie die Derwische ohne rechtes Bewußtsein tanzen, so schaffen auch die Liederdichter ohne Bewußtsein ihre schönen Lieder, vielmehr: wenn sie eingetreten sind in den Zwang der Harmonie und des Rhythmus, dann schwärmen sie und sind besessen, und sowie die Bakchen aus den Flüssen Honig und Milch schöpfen, nur wenn sie besessen sind, bei Bewußtsein aber nicht, so macht dies auch die Seele der Liederdichter, wie sie es ja selbst sagen. Denn es sagen uns ja wohl die Dichter, aus honigspendenden Wassern in Musengärten und -tälern holten sie ihre Lieder und brächten sie uns wie die Bienen, auch sie wie diese geflügelt. Und sie sagen Wahres. Ein leichtbeschwingtes Ding ist ja so ein Dichter, ein beflügeltes, heiliges, und nicht eher ist er fähig zu schaffen, als bis er gottbegeistert wird und von Sinnen und der Verstand nicht mehr in ihm wohnt. Solange er dieses Vermögen noch besitzt, ist jeder Mensch unfähig zu dichten und zu wahrsagen.«

Die Persönlichkeit des Mannes, der nichts wußte als sein Nichtwissen, der aber etwas *war*, und zwar sehr viel, das Höchste, sie hat Platon am klarsten in den vier Werken zutage treten lassen, die seinen Prozeß und seinen Tod zum Mittelpunkt haben. Welch tiefe Paradoxie, daß sich im 'Euthyphron' vor der Halle des untersuchenden Richters, des Archon Basileus, der auf Leben und Tod angeklagte Sokrates und der Priester treffen, der gegen seinen eigenen Vater als Kläger wegen fahrlässiger Tötung auftreten will, und daß eben jener Angeklagte diesen Kläger nun darüber aufklären muß, wie wenig deutlich ihm die

Grundbegriffe des »Frommen« und »Heiligen« sind, die ihn doch angeblich zu seinem Vorgehen veranlaßt haben. Und dann die 'Apologie', die Rede vor den 500 Geschworenen, ein Werk Platons, nicht des Sokrates, dem aber die höhere Wahrheit des künstlerisch geformten Porträts statt der niederen des geschichtlich treuen Protokolls zukommt[1] – eins jener Dokumente des menschlichen Geistes, die für die Ewigkeit sind. Hier bewährt sich die unerschütterliche Ruhe seiner Seele vor der Menge der Mitbürger, wie sie sich in den Schlachten bewährte, die Sokrates mitgemacht hat, hier steht der Bekenner in der felsenfesten Sicherheit seiner Überzeugung vor den Richtern, wie vierhundert Jahre später Jesus, wie neunzehnhundert Jahre später Luther vor den seinen. Wir rufen uns die Schlichtheit der Sokratischen Verteidigungsrede, die von dem sonst üblichen Gerichtsredenstil völlig abweicht, und ihre rätselhafte Eindrücklichkeit ins Gedächtnis zurück, indem wir ihre vielleicht markantesten Sätze (p. 29) anführen: »Wenn ihr zu mir sagtet: Sokrates, jetzt lassen wir dich frei, unter der Bedingung jedoch, daß du nicht mehr bei dieser Forschung verbleibst und nicht mehr Philosophie treibst; wenn du aber noch einmal bei dieser Beschäftigung ertappt wirst, mußt du sterben – wenn ihr mich also, wie gesagt, unter dieser Voraussetzung freiließet, so würde ich euch sagen: Ich habe euch, Männer von Athen, von Herzen gern und lieb, gehorchen aber werde ich mehr der Gottheit als euch, und solange ich Atem hole und Kraft habe, werde ich auf keinen Fall aufhören,

[1] Zum folgenden vgl. Verf., Die Frömmigkeit des Sokrates, Theolog. Stud. u. Kritiken N. F. III (1937/8) 265 ff.

Philosophie zu treiben und euch zuzurufen und klarzumachen, auf wen ich auch von euch immer stoße, indem ich meine gewohnten Worte spreche, nämlich: Du bester der Menschen, du bist Athener, gehörst zur Stadt, die am größten und ruhmreichsten ist in Kenntnis und Kraft, und für Schätze zu sorgen schämst du dich nicht, auf daß du möglichst viele erwirbst, auch für Ruhm und Ehre; für Einsicht aber und für Wahrheit und für deine Seele, auf daß sie möglichst gut werde, sorgst und mühst du dich nicht?«

Wie tief die Wirkung sogar dieser Rede ging, die mehr Anklage als Verteidigung war und mehr aufreizte als für sich gewann, zeigt am besten die groteske Tatsache, daß von den 500 Stimmen nur 30 mehr für Sokrates zu fallen brauchten und – er wäre freigesprochen worden.[1] Freilich, sein Sterben offenbart, ja schafft eigentlich erst seine Größe.

In derselben Gefängniszelle spielen 'Kriton' und 'Phaidon', der erste in einer ganz frühen Morgenstunde, der zweite am letzten Tage des Sokrates vom Morgen bis zum Abend, »da die Sonne noch auf den Bergen liegt«. In jenem lehnt er die Flucht aus dem Gefängnis, für die der Freund alles vorbereitet hat,

[1] Hegel hat seine Anschauung von der inneren Notwendigkeit der Thesis und Antithesis im Geschichtsverlauf ebenso wie auf das Verhältnis des Kreon zu Antigone im Sophokleischen Drama, so auf das der Sokratesankläger zu diesem übertragen (vgl. E. Spranger, Sitzungsber. d. Berl. Ak., 1. 12. 1938), beides mit Unrecht: weder Kreon noch Anytos vertritt in Wahrheit einen Standpunkt des Rechts. Zu Hegel vgl. freilich jetzt J. Schmandt, Hegels Ethik aus dem Geist der Religion, Bonner Diss. (1957) S. 164 ff.

mit Ruhe ab; in diesem läßt Platon ihn das Gespräch mit den Schülern, den älteren und den jüngeren, über die Unsterblichkeit der menschlichen Seele führen. Sokrates pflegte, sich selbst ironisierend, zu sagen, er rede nur immer dasselbe über dasselbe: als völlig denselben, der er immer war, zeigt ihn Platon hier auch im Angesicht des Todes. Er folgt nur dem Logos, der in ihm spricht, und darum ist er gefeit gegen alle Furcht und Unruhe, ist auch an diesem Tage fähig zu ruhiger Güte, zum Ertragen jedes Widerspruchs, zu völlig gelassenem Sterben. Er tröstet die anderen, nicht sie ihn. Von der Begegnung mit diesem Sokrates schrieb der junge Goethe: »Da gingen mir die Augen über meine Unwürdigkeit erst auf.« – Nach einem Epigramm des Kallimachos hat ein Mann namens Kleombrotos sich selbst, als er Platons 'Phaidon' gelesen hatte, den Tod gegeben mit dem Rufe: »Helios leb wohl!«: er hat die Warnung des Sokrates vor dem Selbstmord (p. 61) nicht gehört, die Sokratisch-Platonische Weisheit nicht verstanden. Aber von zwei Philosophen unserer Epoche darf das gelten, von denen der eine auf dem Sterbebette zu den Seinen gesagt hat: »Lest den 'Phaidon'!«, und der andere zu sich selbst: »Ja, mit Platon muß es gehen.« –

Die Seele Platons war wie die seines Lehrers von dem Drang erfüllt, die Menschen zu erziehen, in den Seelen der Jünglinge das Gute zu zeugen. Dieses Gefühl hieß er *Eros*, »Drang der Sehnsucht«. Die Schönheit des Leibes half im pädagogisch-philosophischen Bereich den Eros mit entzünden, aber das Erlebnis, das Alkibiades beim 'Symposion' in tiefer Nacht von sich selbst erzählt, hat Bedeutung für die sokratische und die platonische Liebe schlechthin – im Gegensatz zu der im damaligen Athen wie vor allem in dorischen Ländern verbreiteten Form der Knabenliebe –: der ihn liebende Sokrates ruht neben ihm »wie ein Vater«. Zum 'Symposion', dem Hohen Lied des Eros – der von der Agape, der Nächstenliebe, wesensverschieden ist –, wirkt der 'Lysis' wie ein Präludium; der 'Phaidros' gibt dann einen neuen, bedeutsamen Klang hinzu. Die Gespräche im 'Lysis' knüpfen an die Knabenfreundschaft zwischen Lysis und Menexenos an und suchen das Wesen von Freundschaft und Liebe zu klären – beruht sie auf Gleichheit? auf Ungleichheit? –, und unter Führung des Sokrates tauchen schon hier die tieferen Gedanken auf, Eros beruhe auf einem Mangel, sei Verlangen nach Ergänzung und habe zum letzten Ziele das »Vollkommene«. Doch endet dieser erste Versuch, ohne ein Ziel erreicht zu haben, so daß Sokrates selbst sagt (p. 223): »Wir haben uns lächerlich gemacht, ich, der alte Mann, und ihr; denn unsere Zuhörer hier werden im Fortgehen sagen, daß wir zwar glauben, einander Freunde zu sein – denn auch mich rechne ich zu euch –, aber ausfindig zu machen, was der Freund eigentlich sei, noch nicht imstande gewesen sind.«

Das aber ist gerade der Sinn des 'Symposions', dem Rätsel Eros von allen möglichen Seiten her zu nahen, und Platon läßt im Hause Agathons in der zauberhaften Nacht, die dessen ersten Tragödiensieg feiern helfen soll, die verschiedensten Geister die verschiedensten Gedanken darüber äußern, doch so, daß alles in den Worten des Mannes, dem die letzte Rede zum Thema zukommt, aufgenommen und aufgehoben ist. Es trägt jeder von ihnen – unbewußt – etwas zur ganzen Erkenntnis bei.[1] – Aus generationenweit zurückliegender Zeit soll die Kunde von jenem Fest zu uns dringen und dadurch die Bedeutung des Themas noch steigern; denn wenn das Werk um 375 geschrieben ist, so wird nach Platons Willen das Ganze etwa 400 einem Hörerkreis durch einen Erzähler vorgetragen, der selbst nur Kunde von anderen hat; der Sieg Agathons wiederum wurde 416 errungen, und das Gespräch Diotimas mit Sokrates, der eigentliche Kern des Ganzen, soll gar schon zu dessen Jugendzeit stattgefunden haben. Und trotz dieser Schleier, welche die Vergangenheit darüber breitet, wirkt die Eindringlichkeit und Lebendigkeit der Personenzeichnung, die Wiedergabe der Atmosphäre des »strahlenden veilchenbekränzten Athens« wohl in keinem Platonischen Werk so stark wie in diesem, dem Kinde dionysischen Rausches und apollinischer Klarheit. – Über den Eros hält die erste Rede Phaidros, der in feierlicher Hymnensprache den Gott und den Liebenden als gottbegeistertes Wesen preist; der Sophist Pausanias vermag begrifflich etwas Wichtiges zu sagen, indem er den edlen und den unedlen Eros in ihren Wirkungen scheidet; der Naturforscher und Arzt Eryximachos lenkt den Blick in das Kosmische hinein und entwickelt eine auf vorsokratischen Lehren beruhende Theorie vom Eros als der in der belebten und unbelebten Natur, in Wissenschaft und Kunst eigentlich entscheidend wirkenden Kraft; dem tiefen Kenner der mensch-

[1] Vgl. J. Stenzel, Platon der Erzieher (1928) S. 209ff., P. Friedländer a. O. II[1] 300ff.

lichen Seele, dem Komödiendichter Aristophanes[1], ist es vorbehalten, im Mythos Eros als Sehnsucht nach Ergänzung des eigenen Leibes und Wesens zu schildern und die Erschütterung, die das Liebeserlebnis hervorbringt, zum erstenmal im Wort wiederzugeben; Agathons, des Gastgebers, Rede ist der hinreißende Hymnus des Gorgiasschülers, aber seine Zauberklänge enthalten doch auch Gedanken von Wert und von Nachwirkung im Dialog, so den, daß der Blick von den Wirkungen des Eros auf sein eigentliches Wesen zu lenken sei. Die Begeisterung, die seine Rede weckt, zeigt, daß ein Höhepunkt erreicht ist, aber wie immer bei Platon erfolgt auf die Prunkrede ihre Zerstörung durch die Sokratische Dialektik, damit erst ein Grund gewonnen werde, auf dem der Gedankenbau sicher stehen könne. Und seine eigene Lehre vom Eros läßt er Sokrates in der Verhüllung vortragen, daß er sie der hochweisen Priesterin von Mantineia, Diotima, verdanke. Sie ist keine erfundene Person[2], aber die Frau, die hier den jungen Sokrates in das Mysterium des Eros ein-

1 In seinen Komödien hat er nicht nur das leibliche Element der Liebe mit rücksichtsloser Offenheit und kühnem Witz behandelt, sondern er zeigt auch Verständnis für ihre Tiefe. So vergleicht er Lysistr. 589 ff. (Seeger) das Los der Männer und der Frauen im langdauernden Kriege; der Mann findet eine Braut, selbst wenn er als Graukopf heimkehren sollte,

Doch des Weibes Los ist ein flüchtiger Lenz, und verpaßt sie die Tage der Blüte,
Dann begehrt sie kein Mann mehr zur Ehe, sie sitzt und — legt sich auf Traum und Orakel.

2 Vgl. Verf., Hermes LXI (1926) 437 ff.; Die Antike II (1926) 313 ff.

führt, ist doch ganz eine Platonische Gestalt. Sie lehrt: Eros nicht ein großer Gott, d. h. eine Form der Vollkommenheit, sondern ein großer Dämon, als Sohn des Überflusses und der Entbehrung[1] dem großen Gebiet des »Mittleren« zugehörig, das sich zwischen dem Jenseitigen und dem Diesseitigen erstreckt, »so daß dadurch das All in sich selbst zusammengebunden ist« (p. 202). So ist Eros nur Symbol der Sehnsucht nach dem Vollkommenen. Und wie nun das ganze Menschenleben des wahrhaft vom Eros Begnadeten eine Stufenleiter ist aus dem irdischen Bereich zu immer größerer Vervollkommnung und Vergeistigung, bis endlich – kaum im Wort zu fassen – ihm wie ein überirdisches Licht die Idee des Schön-Guten sich offenbart, Schöpferin der »wahren Tugend« in ihm wird, das schildert die Priesterin ihrem jungen, längst verstummten Zögling in gottbegeisterter Rede, die doch zugleich ganz neue psychologische Erkenntnisse enthält. Ist eine Ergänzung der hier verkündeten Wesensschau auch nur denkbar? Die Schöpferkraft Platonischer Phantasie vermag sie zu geben. Mit Alkibiades strömt das Leben selbst in seiner Jugendkraft herein in den geweihten Kreis, und auf den Lehrer, der voll Liebesdrang in ihm selbst das Schön-Gute zeugen möchte, hält er nun, durch den Wein halb berauscht, seine Rede, die uns ebenso die ganz geschlossene, männliche, soldatische Seele des Sokrates wie sein eigenes zerrissenes, haltlos zwischen dem Guten und dem Bösen schwankendes Ich offenbart. Erst im Morgengrauen ist das göttliche Feuer des Geistes in dieser

1 Dieser Mythos ist eine Keimzelle für Hölderlins Hyperion; er kehrt in den verschiedensten Fassungen des Romans wieder.

Gemeinschaft erloschen. Nur Sokrates und der Dichter des tragischen und der des komischen Spieles trinken noch »aus großer Schale rechts herum«, eine Dreiheit, die aber in Sokrates ihren Meister hat; denn er zwingt die beiden zu tieferer Erkenntnis ihrer Kunstgattung, zur Anerkennung der letztlichen Einheit von Tragödie und Komödie (s. S. 223). Und auch das Lebensfest dieses Symposions enthält zugleich etwas vom Geheimnis des Todes. Das hat niemand tiefer gefühlt als C. F. Meyer, der, mit bemerkenswerter Freiheit den von Platon geschilderten Hergang umbildend, das 'Ende des Festes' also wiedergibt:

Da mit Sokrates die Freunde tranken
Und die Häupter auf die Polster sanken,
Kam ein Jüngling, kann ich mich entsinnen,
Mit zwei schlanken Flötenbläserinnen.

Aus den Kelchen schütten wir die Neigen,
Die gesprächesmüden Lippen schweigen,
Um die welken Kränze zieht ein Singen...
Still! des Todes Schlummerflöten klingen!

Schon früher hat Anselm Feuerbach für seine Darstellungen des Symposions, von denen die in Karlsruhe befindliche mit Recht als die edlere gilt, dieselbe Szene gewählt, der Maler aber hat die Platonische Schilderung wieder in sehr anderer Weise umgeformt als der lyrische Dichter.

Es ist der gleiche Phaidros wie im 'Symposion', nur in jüngeren Jahren, der in dem nach ihm genannten Dialog Sokrates in die sommerliche Landschaft hinauslockt zum Nymphenheiligtum am Fluß, zu neuem Gespräch über den Eros. Phaidros ist damals ein

Verehrer des Redners Lysias, und eine künstliche Lysianische Rede mit einer paradoxen Ansicht über die Hingabe liest er Sokrates vor. Aber auch hier schlägt die Philosophie die Rhetorik aus dem Felde. Sokrates besiegt erst den Redner mit dessen eigenen Mitteln, und dann, von der Mittagsstunde bezaubert, zur Ekstase hingerissen – wie es dem wirklichen Sokrates niemals geschehen ist –, hält er seine Rede über die menschliche Seele und den wahren Eros. In dichterischen Gleichnissen muß er sprechen. Unsere Seele, deren Wesen ewige Bewegung ist, hatte ursprünglich Flügel; sie hat sie verloren und ist aus dem göttlichen Bereich herabgestürzt. Wenn sie aber hier unten einer Verkörperung der Schönheit ansichtig wird, dann wachsen sie ihr wieder und wollen sie emportragen, hinauf in das Jenseits, in dem sie einst angesichts der himmlischen, der wahren Schönheit geweilt hat.

> Ach! zu des Geistes Flügeln wird so leicht
> Kein körperlicher Flügel sich gesellen.
> Doch ist es jedem eingeboren,
> Daß sein Gefühl hinauf und vorwärts dringt...

So leben in Fausts Gedanken die Platonischen fort. Und ferner gleicht die menschliche Seele einem Zweigespann, in dem zwei verschiedenartige Flügelrosse vereinigt sind, ein edler Schimmel »Mut«, dem guten Eros vergleichbar, und ein böser Rappe »Gier«, der schlechte erotische Trieb. Der Wagenlenker-Geist muß nun versuchen, durch Besonnenheit das schlimme Tier in der Seele dem guten unterzuordnen. – Entfernt sich die zweite Hälfte des Dialogs von dem Erosthema der ersten, indem sie sich dem durch die Lysiasrede zugleich mit gegebenen Problem: Rhetorik oder Philosophie? zuwendet, so klingt am Schluß im Gebet des Sokrates um seelische Vervollkommnung wieder ganz der Ton des Eingangs. Es lautet: »O geliebter Pan und ihr anderen Götter, so viele ihr hier weilt, gebt mir, schön zu werden in meinem Innern! Was ich aber um und an mir habe, das sei alles mit meinem Inneren in Einklang! Für reich möge ich nur den Weisen halten; und die Menge Goldes, die mir gehört, sei so groß, wie sie niemand davontragen oder mit sich führen kann als – der Besonnene.[1] Bedürfen wir noch etwas anderen, mein Phaidros? Für mich hat das Gebet das rechte Maß.« – »Auch für mich bete das mit; gemeinsam ist ja Freundesgut!« –

Alle »Tugend« bewährt sich erst in der Gemeinschaft, nach griechischer Auffassung in der Polis. Immer zugleich politisch denkt der »Redner« wie der Philosoph der großen griechischen Zeit, und Platon der Dichterphilosoph ist seit den Mannesjahren von dem Drang erfüllt, Gründer einer ganz neuen, vor seinem Geist stehenden *staatlichen Gemeinschaft* zu werden, in seinem Athen, denn als Gesetzgeber (Ges. p. 923) sagt er: »Weder ihr gehört euch selbst noch euer Vermögen, sondern ihr seid beide ein Teil eures gesamten Geschlechts, des früheren wie des zukünftigen, und damit nicht ge-

[1] Der Satz ist oft mißverstanden worden. So wie die Bitte des Sokrates um Schönheit und Reichtum im Gegensatz steht zur üblichen, weil er darunter *seelische* Güter versteht, so wünscht er sich auch seelisches Gold statt des irdischen, aber davon sehr viel, so viel, wie nur ein seelisch Starker sich erobern kann.

nug: dem Staate gehört das ganze Geschlecht und das Vermögen.« In seinem Lebenswerk tritt der politische Gedanke von frühen Schriften an bis zu den spätesten immer wieder hervor. Die echt Sokratische Auffassung dürfen wir im 'Kriton' erkennen:[1] Sokrates, der sich den Dreißig Tyrannen unter Lebensgefahr nicht gefügt hat, beugt sich dem ungerechten, aber gesetzmäßig gefällten Urteil der athenischen Bürgerschaft, deren Glied er siebzig Jahre lang gewesen ist. Die Gehorsamspflicht gegenüber den alten, von den Vätern überkommenen Gesetzen, in denen sein Ich wurzelt, ist geradezu eine Pflicht der Frömmigkeit. Und um seinem alten Freund Kriton ganz eindringlich zu machen, er dürfe nicht aus dem Gefängnis fliehen, weil er dann an seinem Teile die Rechtsfügung der Stadt zerstöre, läßt der Sokrates Platons sogar »die Gesetze« und »das Gemeinwesen« leibhaftig erscheinen, gleichsam in die geöffnete Gefängnistür treten und ihn an seine heilige Pflicht mahnen. – Auf diesem Wege der Anerkennung Athens und seiner Staatsform ist Platon, wie es scheint, sogar noch weiter gegangen; denn in dem Dialog 'Menexenos' (der seinen Namen nach dem uns aus dem 'Lysis' bekannten Jüngling trägt und der auf das Jahr 386 zu datieren ist) läßt er seinen Sokrates am Gedenktag der Gefallenen auf die Größe des geschichtlichen Athens eine Lobrede halten, die mit denen der Politiker – und wir wissen, auch Perikles ist wiederholt als solcher Redner aufgetreten – wetteifern soll. Ja, es wird sogar vorgegeben (p. 236), Aspasia, des Perikles Freundin, habe ihm die Ge-

[1] R. Harders 'Kriton' (1934), griechisch und deutsch, mit Erklärung, sei zur Lektüre empfohlen.

danken zu dieser Feierrede vermittelt. Es ist überaus schwer und gelingt uns eigentlich nicht, diese Schätzung der athenischen Staatsform in die Grundauffassung Platons einzuordnen, der sich sonst immer als Gegner dieser Demokratie bekennt. Und im 'Gorgias' (p. 515 ff.) gar werden eben die größten Staatsmänner Athens, Miltiades, Themistokles, Kimon und Perikles – nicht Aristeides! – verdammt, weil sie die wahre Aufgabe des Staatslenkers, das Volk sittlich zu heben, nicht erfüllt hätten. Hier ist die Rhetorik, auch die politische, eine Afterkunst, die dem Volke schmeicheln will, im Gegensatz zur rechten politischen Kunst, für die Gerechtigkeit und Besonnenheit das Ziel ist; hier ist der Wille zur Macht das Böse, das ausgerottet werden muß, ist Unrecht tun schlimmer als Unrecht erfahren, und gegenüber Kallikles, dem begeisterten Freunde der Macht und des Machtgenusses, läßt Platon Sokrates sogar den Gedanken siegreich vertreten, einen Schlag mit Selbstüberwindung hinzunehmen sei besser als ihn vergelten.– Aus dieser Sphäre völliger Ablehnung und Verurteilung menschlicher Gegebenheiten, aus dieser Art Weltverneinung heraus, die in ihrer Folgerichtigkeit und Wucht erschütternd wirkt, ist nun der Wille Platons emporgewachsen, den wahren Staat zu finden und zu gründen.

Schon im 'Euthydem' heißt die staatsmännische Kunst die »königliche« (p. 291). Nach Diotimas Worten lieben Lykurg und Solon ihre Kinder – ihre Gesetze nämlich – mehr denn leibliche, und der Eros des für die Staatsgemeinde Schaffenden ist seiner höchsten Stufe nicht fern (p. 209). Dem entspricht es, wenn im 'Phaidros' (p. 248) die Lehre von der

Seelenwanderung dem Weisen die höchste Stelle zuweist, die zweite aber »einem gesetzmäßigen König oder Heerführer oder Staatsmann«. Echte Staatskunst und Philosophie sind für Platon nahe verwandt. In seinem Werk vom Staat fallen sie sogar zusammen.

Der Staat der Gerechtigkeit, wie ihn Platon nennt, ist zugleich der des Philosophenkönigtums. Hier steht als Sonne über allem »das Vollkommene«. Von der Idee her ist der Staat empfangen, gestaltet und bis ins Letzte, bis zur Paradoxie, bis zur Güter- und Weibergemeinschaft, durchkonstruiert. Wie ein Lebewesen, ein Einzelmensch wird der Staat hier empfunden und beurteilt, und die höchsten sittlichen Anforderungen, die Sokrates an sich selbst und danach an den anderen stellte, überträgt Platon auf die Polis als Ganzes. Aber darüber hinaus: das Ganze, das dem Platonischen Staat zugleich Hintergrund und Vorbild bedeutet, ist das Weltall, der gesamte »Kosmos«.

Unmöglich, die Bedeutung dieses gigantischen Werkes, das für jedes Zeitalter von einer besonderen Wichtigkeit ist, im Rahmen unserer Literaturgeschichte auch nur andeutend darzustellen. Man studiere es selbst, wozu mancherlei wertvolle Hilfsmittel[1] vorhanden sind! Nur eine recht äußerliche Betrachtung seines Inhalts ist hier gestattet.

Der nach heutiger Einteilung zehn Bücher umfassende Dialog spielt im Piraeus, in dem stattlichen Hause des Polemarchos, des Bruders des Lysias; ihr

[1] Die beste Analyse und zugleich Synthese des Werkes gibt P. Friedländer a. O. II[1] 345ff.; dem Laien hilft weiter O. Apelts Übersetzung (Philosoph. Bibl. 80) mit ihren Anmerkungen.

Vater, der greise Kephalos, eine würdige Figur – »er saß bekränzt auf einem Sessel, mit einem Kissen hinter dem Kopf, denn er hatte gerade auf dem Hofe geopfert« –, eröffnet das Gespräch, an dem außer Sokrates vor allem noch Polemarchos, die beiden Brüder Platons Glaukon und Adeimantos und der Redner Thrasymachos (s. S. 281) teilnehmen. Im ersten Buche verkündet dieser Thrasymachos, ein Geistesverwandter des Kallikles im 'Gorgias', die schrankenlose Macht als das Ideal. Mit Recht sieht man in diesem Buch die Umarbeitung einer ursprünglich als selbständig gedachten, auch in der Lebhaftigkeit des Dialogs von den folgenden Büchern abweichenden Schrift. Bedeutet für Thrasymachos Gerechtigkeit Vorteil des Stärkeren, für seinen Gegner Sokrates aber Tugend und Weisheit, was zugleich Glück bedeutet, so setzt im zweiten Buch ein neuer Versuch, das Wesen der Gerechtigkeit zu bestimmen, ein, zu dem der erste, nur das »Prooimion« (p. 357) war, denn er nun umfaßt im wesentlichen die Bücher II–IV. Gegenüber den Gedanken des Glaukon und Adeimantos macht Sokrates (p. 368) den Vorschlag, die Gerechtigkeit erst am Wesen der Staatsgemeinschaft, dann in der Seele des Einzelnen zu betrachten, und nun wird der erste, vorläufige Aufbau des Staates nach der Idee vorgenommen, wobei der Ursprung des Stadtstaates, die Erziehung seiner Wächter-Krieger in der musischen und gymnastischen Kunst, die Auswahl der Regenten aus ihnen und die Vorschriften für die Lebensweise dieser beiden oberen Stände erörtert werden. Damit kann das Urteil gefällt werden: »So dürfte denn dein Staat, du Sohn des Ariston, gegründet sein« (p. 427). Nach einer Gegenüberstellung der Gerechtigkeit und der drei anderen Kardinaltugenden, der Weisheit, Tapferkeit und Besonnenheit, folgt dann (p. 434) die schon angekündigte Untersuchung der Gerechtigkeit des Einzelmenschen: der gerechte Mann wird sich vom gerechten Staat nicht unterscheiden. Die Bücher V–VII besprechen in den ersten Kapiteln die Frauenfrage, dann mit größter Ausführlichkeit die Herrschaft der Philosophen in dem neuen Staat, im besondern (p. 502–541) ihre eigene Erziehung. Eingebaut in die Darlegung des Bildungszieles ist zu Beginn von Buch VII das sogenannte Höhlengleichnis, das Sinnen- und Ideenwelt gegeneinanderstellt. Der Herrscherphilosoph schöpft seine Gedanken aus der jenseitigen Welt des »Vollkommenen«; er bedarf keiner geschriebenen Gesetze, da ihm die Idee die Kraft zu vollkommenem Wirken gibt. Daher bilden auch in dem Unterricht, den er empfängt, die wissenschaftlichen Disziplinen der Mathematik, Astronomie, Harmonik, Dialektik das Wesentliche. Als Gegenstück zum vollkommenen Staat schildern die Bücher VIII und IX die ungerechten Staatsverfassungen, nämlich die Timokratie, Oligarchie, Demokratie und Tyrannis, und die Menschen unter der Herrschaft dieser staatlichen Formen, zugleich auch mit der Frage nach der Glückseligkeit des gerecht und des ungerecht Lebenden. Im letzten Buch endlich wird die schon früher (p. 392 ff.) ausgesprochene Verurteilung des größten Teiles der Poesie, weil sie nämlich der »Tugend« Abbruch tue, statt sie zu fördern, begründet und der Lohn des Gerechten in seinem Leben und nach dem Tode – dies in der Gestalt des Mythos – dargestellt.

Zwischen der 'Politeia' und den 'Nomoi', den 'Gesetzen', bildet der 'Politikos', bereits ein Alterswerk Platons, ein Verbindungsglied, schon darum, weil in ihm (p. 293 ff.) das Wesen des geschriebenen Gesetzes als eines Notbehelfs gegenüber dem Idealzustand dargestellt wird; da es ungeschrieben in der Seele des Philosophenkönigs ruht, gleicht es nur der »zweitbesten Fahrt« (p. 300) – so sprachen die Schiffer, wenn sie bei fehlendem Fahrwind zu den Rudern greifen mußten. In drei Teile kann man das Werk gliedern, einen ersten (bis p. 277), der den Begriff Politiker durch genaue Abgrenzung und Zergliederung zu bestimmen sucht und den Mythos von den großen Weltperioden enthält, einen zweiten (bis p. 287), der das Wesen solcher begrifflichen Zerspaltung (Diairesis) an dem Beispiel der Webekunst verdeutlicht, und den dritten, der eine neue Begriffsbestimmung des Politikers zugleich mit einer Lehre von den Verfassungsformen und ihrem Wert gibt und der damit schließt, daß auch die Tätigkeit des Staatsmanns als eine Art Webekunst gesehen wird, als die »königliche Kunst«, welche die verschiedenen Menschennaturen zu einem großen, einheitlichen Gewebe zusammenwirken muß.

Der gewaltigste, nur im großen und ganzen, nicht in den Einzelheiten vollendete Dialog der letzten Platonischen Epoche sind die 'Gesetze', als Spätwerk durch den verschlungenen Gedankengang, die Breite der Darlegung, die künstliche, nicht selten schwer verständliche Sprache, aber auch die Fülle und Reife der Erfahrung gekennzeichnet.[1] Das hohe Alter des

1 Auch hier sei besonders auf O. Apelts Übersetzung (Philos. Bibl. 159) mit ihren Anmerkungen verwiesen.

Schreibenden spiegelt sich auch in dem der Dialogpersonen wider, wie das Alter Goethes in Fausts Greisentum am Ende der Tragödie. Drei hochbetagte Freunde, der Kreter Kleinias, der Spartaner Megillos und »der Athener«, machen zusammen einen Gang von Knossos auf Kreta zur Höhe der Zeusgrotte auf dem Idagebirge, vorbei an hohen, schönen Zypressenhainen und an Wiesen, in denen die Alten ruhen und sich unterhalten können. Und das Gespräch dieser drei geht durch zwölf Bücher! Wird der Gedanke auch durchaus festgehalten, daß der Idealstaat in der 'Politeia' aufgerichtet dasteht, während die 'Gesetze' mit den Gegebenheiten des Lebens rechnen und so die schon genannte »zweite Fahrt« des Staatsgründers Platon darstellen – wie er denn auch nach der Überlieferung, ebenso wie einst Parmenides und dann wieder Platons Schüler, von Staaten um Gesetze angegangen worden ist –, so ist doch die Grundüberzeugung der beiden Werke die gleiche: die Idee muß die Herrscherin im Staate sein, durch die von der Vernunft geleitete Erziehung muß das Ganze bis ins Einzelne hinein durchgebildet werden, und die Vollkommenheit der Gemeinschaft, nicht das Glück des Einzelmenschen ist das Maß, mit dem stets gemessen wird. So heißt es z. B. in den strengen Gesetzen über die Ehe – denn der Gedanke der Weiber- und Gütergemeinschaft ist nun als undurchführbar aufgegeben –: »Die beiden jungen Eheleute müssen darauf bedacht sein, dem Staate so schöne und treffliche Kinder wie nur möglich darzubieten« (p. 783). Daß in diesem Gesetzesstaat Gottesdienst und Frömmigkeit als Forderung viel mehr noch hervortreten denn in dem gesetz-

losen Idealstaat, ist natürlich, aber Platons Frömmigkeit ist hier die gleiche wie immer. Das ganze Leben dieser neuen Bürgergemeinde soll geheiligt sein; an Götterfesten soll das Jahr nicht weniger als – 365 bringen (p. 828). – Die große Fülle der einzelnen gesetzlichen Bestimmungen, die dieses Buch zugleich mit den Gesetz»prooimien« (vgl. p. 723), ihren theoretischen Grundlegungen, enthält, mit den in Griechenland, vor allem in Athen selbst herrschenden Gesetzen zu vergleichen, ist eine Aufgabe, die die Altertumswissenschaft erst teilweise gelöst hat.
Der Inhalt der 'Gesetze' gliedert sich folgendermaßen. Die ersten drei Bücher enthalten die große Einleitung, die Vorbereitung für den gesetzgebenden Hauptteil, der alle folgenden umfaßt. Anknüpfend an die Frage nach dem Ursprung der spartanischen Gesetzgebung wird in Buch I nach dem Zweck des Staates geforscht und die Erziehung zur Tugend, im besondern zur Selbstbeherrschung als die erste Sorge aller Gesetzgebung festgestellt. Der Erörterung des Wertes der Musik, der dionysischen und apollinischen, für die Erziehung ist Buch II gewidmet, während Buch III durch eine entwicklungsgeschichtliche Betrachtung des Ursprungs, der Erhaltung und des Verfalls der Staaten die bisherigen Ergebnisse zu bestätigen sucht; am Schluß erklärt der Kreter, er stehe gerade vor der Aufgabe, eine neue Kolonie des Volkes der Magneten auf Kreta zu gründen. Das ist willkommener Anlaß, das Muster einer Gesetzgebung zu entwerfen; sie bildet den genannten Hauptteil mit folgenden Unterteilen. Buch IV: Grundsätzliche Erörterungen über die

neue Staatsform, in der jede Selbstsucht ausgeschlossen sein soll, und über die Form der zu gebenden Gesetze, im besonderen über den »Vorspruch«, der jedesmal ihre Bedeutung darzustellen hat. V: Der feierliche »Gesamtvorspruch«; die Agrarverfassung, Gliederung der Bürgerschaft, Besitzfrage. VI: Die Gliederung der Beamtenschaft; Gesetze über Kultus, Ehe, Sklavenbehandlung, Hausanlage. VII: Die körperliche, musische, wissenschaftliche Erziehung der Jugend. VIII: Die Erziehung der Bürger durch Feste, kriegerische Übungen, gymnastische Wettkämpfe. Ackergesetze, Gesetze für die Handwerke und den Handel. IX: Strafrecht. X. Staat und Religion. XI: Privatrecht[1]. XII: Bestimmungen gegen Vergehen, die unmittelbar oder mittelbar gegen den Staat gerichtet sind, über Fremdenrecht und Aus-

[1] Es sei hier wenigstens ein einziges, kulturhistorisch besonders interessantes Beispiel gegeben, wie der Gesetzgeber Platon empfindet. p. 919 heißt es: »Heutzutage kommt es vor, daß jemand um des Erwerbs willen in einsamer, nach allen Seiten weit abliegender Gegend Gebäude errichtet; dann nimmt er Leute, die in Wegnot sind oder durch wilder Stürme Gewalt gequält werden, in willkommener Herberge auf und gewährt ihnen gefällige Ruhe oder in der Hitze Kühlung. Aber was kommt danach? Nicht etwa wie aufgenommenen Freunden bietet er ihnen Gastgeschenke als Abschluß der Bewirtung dar, sondern wie kriegsgefangene Feinde, die in seine Gewalt geraten sind, gibt er sie nur gegen ein gewaltiges, ungerechtes, unfrommes Lösegeld wieder frei... Gegen solche Übel muß nun der Gesetzgeber sich immer ein Heilmittel verschaffen.« Es gibt Länder, sogar europäische, wo die von Platon als selbstverständlich angesehene Pflicht zur Gastfreundschaft noch heute wirkt.

landsreisen, über Steuereintreibung und Zwangsvollstreckung, endlich über Leichenbegängnisse. Den Abschluß bildet die Gründung des »nächtlichen Rates«, einer Versammlung der erlesensten älteren Männer, die ständig darüber zu wachen haben, daß die Idee des Vollkommenen, des Göttlichen in dieser Gemeinschaft nie verdunkelt werde und auch der folgenden Generation voranleuchte.

Noch ein Nachtrag zu den 'Nomoi', die sogenannte 'Epinomis', ist uns erhalten, in der dieselben drei Alten ihre Besprechung fortsetzen. Eine andere Sprache, die allzu große Abhängigkeit von der Pythagoreischen Zahlenmystik und anderes läßt das Werk als nicht echt Platonisch erscheinen; schon im Altertum schrieb man es Platons Schüler Philippos von Opus zu. – Auf andere unechte Dialoge können wir hier nicht eingehen.

Platons Werke stellen kein philosophisches System dar, sondern seine Philosophie ist ein aus verborgenem Kern lebendig sich entfaltendes Wesen. Dem entspricht, daß es die sogenannte *Ideenlehre* als gültige Schulmeinung gar nicht gibt, sondern auch hier nur eine Grundüberzeugung, die in ihren Ausdrucksformen sich wandelt. Die immer gültige erste Voraussetzung ist der Glaube an die Unsterblichkeit der Einzelseele. Wenn der historische Sokrates sagt (Apol. p. 29), er wüßte nichts über den Tod und bilde sich daher auch nicht ein, über ihn etwas zu wissen, so erklärt der Platonische im 'Phaidon' (p. 114), die Seele sei ganz offenbar ein unsterbliches Wesen, ja, er gibt für diese Ansicht drei sehr ausführliche »Beweisgänge«, die den zweiten Teil des 'Phaidon' ganz füllen. Die Seele, Psyche, was zugleich Leben bedeutet, ist nach Platon unzerstörbar, von ewig her und ewig während. Die unveränderlichen, allgemeingültigen Grundbegriffe ihres Denkens, Platonisch »Eidē«, Formen, oder »Ideai«, Gestalten, sind ihr von vornherein gegeben, was die scholastische und die Kantische Sprache durch das Wort a priori ausdrückt. So lehrt es der 'Menon', in dem Sokrates einem klugen, aber der Mathematik unkundigen Jungen durch Fragen einen mathematischen Lehrsatz entlockt, so der 'Phaidon', der aus der unserer Seele eingeborenen Kenntnis der Verhältnisbegriffe (wie Ähnlich, Gleich), der mathematischen und der ethischen Grundbegriffe ihre Präexistenz erschließt (p. 73). So ist »Lernen« im Grunde »Wiedererinnerung« an die Kenntnis, die aus dem Reich der ewigen Formen, des wahrhaft Seienden stammt. Dieses Reich heißt im 'Phaidros' (p. 247) der »überhimmlische (d. h. transzendente) Ort[1]«, im 'Staat' (p. 517 u. ö.) der »noëtische (d. h. intellegible) Ort«. Er ist jenseits von Raum und Zeit. Das Verlangen nach bildlicher Vorstellung sucht ihn »oben«, in der höchsten Höhe, jenseits der Sternenwelt: so schildert es der 'Phaidros'. Ganz Platonisch denkt auch Schiller. 'Das Reich der Formen' hieß ursprünglich das Gedicht, das jetzt den Namen trägt 'Das Ideal und das Leben'; Phaidrosstimmung spüren wir in den Versen:

Nur der Körper eignet jenen Mächten,
Die das dunkle Schicksal flechten;
Aber frei von jeder Zeitgewalt,
Die Gespielin seliger Naturen,

1 Vgl. O. Apelt, Platonische Aufsätze S. 1 ff. und unter anderem Aspekt P. Friedländer a. O. I² cap. 1 und S. 64 ff.

Wandelt oben in des Lichtes Fluren,
Göttlich unter Göttern die *Gestalt*.
Wollt ihr hoch auf ihren Flügeln schweben,
Werft die Angst des Irdischen von euch!
Fliehet aus dem engen dumpfen Leben
In des Ideales Reich!

Mit großartiger Selbständigkeit des Gedankens verlegt Goethe[1] das Ideenreich, zugleich das der »Mütter«, vielmehr in die Erdentiefe, freilich nicht ohne Mephisto zu dem herabfahrenden Faust sprechen zu lassen: »Versinke denn! Ich könnt' auch sagen: steige! 's ist einerlei.« »Der Gebilde losgebundne Reiche« – »um sie kein Ort, noch weniger eine Zeit« – die Mütter »umschwebt von Bildern aller Kreatur« – »des ewigen Sinnes ewige Unterhaltung«, das sind geheimnisvolle Fingerzeige dafür, wie Goethe die Platonischen Gedanken weiterdenkt.[2] Die Welt der Erscheinung, des Werdens, hat nach Platon (wie nach Goethe) eine innere Beziehung zu den Ideen, dem Seienden. So »macht nichts anderes ein Ding schön als eben jenes Schöne an sich, durch seine Anwesenheit oder Gemeinschaft oder wie auch immer diese Zugehörigkeit zu bezeichnen ist« (Phaid. p. 100). Aber recht verschieden ist die Wertung dieses »mittleren Reiches« zwischen dem der Dinge an sich und dem bloßen Schein. Ist es im 'Phaidros' und 'Symposion' Abglanz des Ewigen, Mittel und Stufe

1 Faust II, 1, Finstere Galerie. Erich Schmidts vorzüglich zusammenfassender Kommentar in der Jubiläumsausgabe bedarf noch der Ergänzung, die das eigentümlich Goethesche innerhalb der antiken Motive aufzuzeigen hätte. – 2 Vgl. Verf., Neue Jahrb. f. Wiss. u. Jugendb. IV (1928) 16. Daselbst weitere Literaturangabe.

auf dem Wege zur seelischen Vollendung, so im 'Staat' (p. 514) das Halbdunkel einer Höhle, in der die Menschen als Gefesselte leben, nur Schattenbilder vor ihren Augen. Werden aber wirklich einem von ihnen die Ketten abgestreift, wird er gezwungen, das Antlitz zu wenden und zum Licht zu sehen, wird er gar hinaufgeschleppt in die obere, die wahre Welt, wo als Sonne das Gute an sich strahlt, so sind das Erlebnisse voll Mühen und Schmerzen. Und für das Glück, das er im Anschauen des Ewigen genossen, haben seine Mitgefangenen kein Verständnis: wenn er ihnen davon berichtet, so meinen sie, er habe sich die Augen verdorben, und wollen den umbringen, der sie den gleichen Weg hinaufführen will. Nicht nur hier hat Platon ergreifend, aus persönlichster Erfahrung heraus die Fremdheit des Philosophen in dieser Welt geschildert: im 'Phaidros' (p. 249) wird er von der Menge als Verrückter gescholten, im 'Theaitet' (p. 173ff.) ausgelacht und verspottet. Daß er selbst sie verachtet, hilft seiner Einsamkeit nicht.

Der Auseinandersetzung über diese Gedanken vom Seienden und Werdenden sind große Dialoge aus Platons späterer Zeit gewidmet, in denen er Gegner oder Lehrer ähnlicher Theorien auftreten läßt. Zu ihnen gehören der 'Kratylos', in dem uns die erste Sprachphilosophie vorliegt, insofern, als hier das Verhältnis der Worte zu den Dingen geprüft wird; Untersuchungen Demokrits und der Sophisten hierüber sind uns nicht erhalten. Im 'Kratylos' diskutiert Sokrates mit einem Parmenideer Hermogenes, der im Wort nur willkürliche Menschensatzung sieht, und dann mit dem Herakliteer Kratylos, für den

Wort und Name zur Natur gehören, die er wie sein Meister im ewigen Flusse sieht. Im 'Parmenides' belehrt dieser Denker selbst den noch jugendlichen Sokrates über die Schwierigkeiten, die seine Auffassung von den Ideen zur Folge hat, und es läßt in die Seele des ringenden Platon blicken, wie er hier die Probleme, vor allem die der Abgrenzung des Ideengutes, die der Beziehung der Ideen zueinander sowie der genaueren Bestimmung des Verhältnisses von Erscheinungswelt zur Ideenwelt aufdeckt. Im zweiten Teil gibt Parmenides für Sokrates das Muster einer dialektischen Unterrichtsstunde, wie er es selbst nennt, ein »sachgewichtiges Spiel« (p. 137); die innere Beziehung dieser beiden Teile zueinander aufzuhellen, ist überaus schwierig und bisher eigentlich nicht gelungen.[1] – Gegen den Sensualismus des Protagoras wendet sich der 'Theaitet', dessen Abfassungszeit mit einiger Sicherheit auf das Jahr 369 zu datieren ist. Hier geht das Gespräch zwischen Sokrates, dem jungen Mathematiker Theaitet (in Wahrheit ein Freund Platons) und dem Mathematiker Theodoros, dem Lehrer Platons und Theaitets,

[1] Die Frage hängt mit der anderen zusammen, inwieweit die Dialektik in Platons Spätzeit frühere Lehren über die Ideen und ihre Beziehung zur Erscheinungswelt ersetzen soll. Zur Einführung in das Problem vgl. man die sehr verschiedenen Ansichten von Wilamowitz, Platon I[4] 402 ff., II 221 ff. und J. Stenzel, Studien zur Entwicklung der Platonischen Dialektik (1917) S. 14 ff. Eine Zusammenschau der beiden Teile wagt P. Friedländer a. O. II[1] cap. 24, mit dem Ergebnis (S. 484): »Syndesmos« — d. i. Zusammenbindung — »des Seins und des Erkennens heißt das Ziel, dem der Parmenides zustrebt.«

über das Erkenntnisproblem, über die Formen der menschlichen Erkenntnis und ihre Stufen, die »sinnliche Wahrnehmung«, die »Vorstellung« oder »bloße Meinung«, die »Meinung mit Wahrheitsgehalt« und dieselbe »verbunden mit der Fähigkeit, davon Rechenschaft abzulegen«; sie steht der Idee verhältnismäßig am nächsten. Eingebettet in diese für die Geschichte der Erkenntnistheorie grundlegenden Untersuchungen ist unter anderem der Vergleich der sokratischen Methode, im Partner die Gedanken zu entwickeln, mit der Maieutik, der Hebammenkunst (p. 149).

Als (äußere) Fortsetzung des Theaitetgesprächs geben sich die Dialoge 'Sophistes' und 'Politikos', die wiederum in sich zusammenhängen, wie schon die Gleichheit der sich unterredenden Personen Sokrates, Theodoros und der »Fremdling aus Elea« zeigt; im 'Politikos' tritt noch der »jüngere Sokrates«, ein Mitglied der Akademie und Mathematiker, auf. Wie im 'Politikos' die Definition des Begriffs Staatsmann gesucht wird (s. S. 326), so im 'Sophistes' die des Weisheitslehrers, und damit auch die seines Gegenpartes, des Philosophen. Hier wird auch die gleiche Methode wie dort ausgeübt, die Diairesis[1], d. h. Begriffsspaltung. Diese aus Sokratischen Zeiten stammende, nun aber aufs höchste gesteigerte dialektische Kunst ist für Platons Spätzeit charakteristisch. Dialektik und Mathematik zeigen, wie die Wahrheit auf logischem Wege zu finden ist. Den Spruch, der nach sehr späten Quellen am Eingang der Platonischen

[1] Zu ihrer Aufklärung hat am meisten die eben angeführte Arbeit von J. Stenzel beigetragen. Zur Bedeutung der Mathematik für Platon s. denselben, Die Antike IX (1933) 142.

Akademie stand, »Niemand trete ein, der nicht geometrisch gebildet!«, hat Goethe richtig gedeutet: »Geometrie ist hier in ihren ersten Elementen gedacht ... Alsdann aber ist sie die vollkommenste Vorbereitung, ja Einleitung in die Philosophie«; »Wenn der Knabe zu begreifen anfängt, daß einem sichtbaren Punkte ein unsichtbarer vorhergehen müsse ..., so ... ist ihm die Quelle alles Denkens aufgeschlossen, Idee und Verwirklichtes ... ist ihm klar geworden« (Jub.-Ausg. IV, 236).

Auch der 'Philebos' gehört zu den späten Schriften dieser Art. Sein Thema ist die Frage nach dem Werte der Lust: Ist sie schlechthin die Glückseligkeit und daher das Ziel des Lebens, oder ist dies vielmehr die Erkenntnis? Beide Lehren wurden damals in sehr einseitiger Form vertreten. Die Antwort, die der 'Philebos' nach langer, gedankenreicher Untersuchung zu geben sucht, ist, daß eine Vereinigung von Lust und Erkenntnis das Gute als Lebensform ist. Über allem aber steht auch hier das »Gute an sich«, das sich in der Dreiheit des »Sittlich-Schönen«, des »Ästhetisch-Ebenmäßigen« und des »Wahren« offenbart (p. 65).

Seit Homers Zeiten redet die hellenische Poesie in *Gleichnissen* und *Vergleichen*, aber auch die frühgriechische Prosa wie die der vorsokratischen Denker hat diese Redeformen weitergeführt, um das Unsagbare dennoch zu sagen. Platons Sprache ist von ihnen[1] ganz durchwirkt. Oft eignet ihnen wunderbare Treffkraft: Sokrates quält und verfolgt die Menschen wie die Bremse, er ist wie der Zitter-

1 Erster Versuch, ihre Bedeutung darzustellen, bei Wilamowitz, Platon II 415.

rochen, der elektrische Schläge austeilt (Apol. p. 30, Men. 80), wie der flötenspielende Satyr Marsyas bezaubert er Mann und Weib (Symp. p. 215), wie ein Brettsteinspieler macht er seine Züge (Gorg. p. 461); der Dichter gleicht einem Magneten, an dem die Ringe in Ketten hängen: so zieht auch er den Vortragenden und dieser wieder die Hörer an (Ion p. 533); der Menschen Seele lebt im Leibe wie die Auster in der Schale (Phaidr. p. 250). Gleichnisse von besonderer Bedeutung sind z. B. auch das, welches die Menschen vergleicht mit Marionetten, einem Spielzeug, aber einem Spielzeug mit freiem Willen begabt, in der Hand Gottes (Gesetze p. 644. 803) – ein Gleichnis, dem große Nachwirkung zuteil wurde – oder die anderen, nach denen der menschliche Geist einer Wachsmasse ähnlich gesehen wird, die ihre »Eindrücke« empfängt (Theait. p. 191), oder einem Taubenschlag, in dem die Tauben die Gedanken sind (p. 197). Oft nehmen die Gleichnisse einen großen Umfang an, werden mit Einzelzügen ausgestattet, die auch die Lust am Spiel verraten, wie das Roßgleichnis im 'Phaidros' (p. 253/54). Im Höhlengleichnis entsprechen sich Bild und Verglichenes mit erstaunlicher Genauigkeit: Zug für Zug gleicht das Erleben des Höhlenbewohners der Entwicklung geistiger Erkenntnis. Hier überall spricht der Dichter Platon. Und er, einst Tragödiendichter, webt auch als Dialogschöpfer noch weiter am Kleide des *Mythos*[1] so wie die Tragödie, spricht in mythischer Form aus, was die Dialektik nicht auszudrücken imstande ist. Der Logos muß hier dem Mythos wei-

[1] Vgl. K. Reinhardt, Platons Mythen (1927); P. Friedländer a. O. I² cap. IX.

chen; dieser enthält, wie Platon selbst sagt (Staat p. 377), zwar Täuschung, zugleich aber auch Wahrheit.

Solche mythischen Erzählungen als in sich geschlossene und doch dem größeren Ganzen eingearbeitete, mit ihm verschmolzene Stücke, kleine und große, enthalten viele Dialoge. Nur einige von ihnen können wir erwähnen. Als Beispiel für die kleineren, dem Gesprächsgang zur Belebung eingefügten nennen wir drei aus dem 'Phaidros': der vom Nordwind Boreas und von der durch ihn entführten Königstochter Oreithyia (p. 229) belebt die Landschaft am Ilissos; der von den Zikaden (p. 259), einst Menschen, die vor Sangeslust Speise und Trank vergaßen und dann in diese Sängerinnen des Sommers verwandelt wurden, läßt uns die Stimmung der Mittagsglut noch stärker empfinden; die Geschichte von dem ägyptischen König Thamuz und dem Gotte Theuth, dem Erfinder der Rechen- und Schreibekunst (p. 274), hilft in der Erörterung des Wertes der Rede beweisen, wie viel wertvoller das lebendige Wort ist als das durch die Niederschrift erstarrte. Große Mythen, die zur eigentlichen Substanz des ganzen Dialoges gehören, gibt es von sehr verschiedenem Inhalt und in verschiedener Form. In der Zeit der Weltschöpfung spielt im 'Protagoras' (p. 320) der von der Erschaffung des Menschen, ein Glanzstück sophistischer Erzählungskunst, dem Protagoras selbst in den Mund gelegt, doch in dieser Form eine Erfindung Platons. In die Urzeit, die des Prometheus und Epimetheus, gehört auch die ebenso phantastisch-lustige wie tiefsinnige Erzählung des Aristophanes (Symp. p. 189) von den Kugelmenschen und ihrer Zerschneidung: nur Hälften noch solcher ursprünglich ganzer Wesen sind wir, und es besteht Gefahr, daß wir noch einmal zerteilt werden! Ein Schöpfungsmythos ist auch der andere von der Erzeugung des Eros im Garten des Zeus am Fest von Aphrodites Geburt (p. 195). Alle drei stehen mitten im Werk und haben auch zentrale Bedeutung für den Fortschritt der Gedanken. Das gleiche gilt von dem Phaidrosmythos, der die Fahrt der göttlichen und menschlichen Seelen hinauf zum überhimmlischen Reiche malt (p. 246), wo sie sich sättigen können am Anblick der ewigen Ideen oder doch – ein wenig kosten von der Schönheit dort droben. Schlußmythen, die also in gewisser Weise das Ziel des Dialogs darstellen, aber zugleich weit darüber hinaus wirken, sind die drei Verkündigungen vom Leben nach dem Tode und dem Totengericht im 'Gorgias', 'Phaidon' und 'Staat'. Der gewaltige Ernst der Predigt des 'Gorgias' wird hier drohende Gestalt, wenn die Seelen vor ihren wahren Richtern stehen, nackt vor den Nackten, »die mit der bloßen Seele die Seele jedes Toten betrachten«. Im 'Phaidon', wo Sokrates, und im 'Staat', wo der Armenier Er, also ein Orientale, den Mythos vom Jenseits vorträgt, ist dieser in einer uns schwer verständlichen Weise mit wissenschaftlich-kosmologischer Darstellung durchsetzt: der erste enthält die Anfänge der Erdkugelgeographie, der zweite betrachtet das All mit seinen Sphären, das erscheint wie die Spindel mit ihren Wirteln.

Zwei Platonische Alterswerke, der 'Timaios', genannt nach der Hauptperson, dem Pythagoreer gleichen Namens, und der 'Kritias', der nach dem Großvater des Tyrannen heißt, sind bis zu dem Grade von mythischer Erzählung – eben durch die beiden Genannten – erfüllt, daß sie als Ganzes Mythos heißen können. Der 'Timaios' gibt die Lehre von der Weltschöpfung durch den Demiurgos, den göttlichen Werkmeister, der im Blick auf die ewigen Formen, die Ideen, den einen beseelten Kosmos schafft. Alles, was nur vorsokratische Philosophie, was nur die alte und die zeitgenössische Medizin an Erkenntnissen über den Aufbau der Welt und der Einzelwesen gefunden hatte, aber auch manches, was außerhellenischer, östlicher Spekulation entstammte, ist von Platon hier nach kritischer Prüfung in seinen einheitlichen Plan, seinen Weltmythos, eingebaut worden. Und so entsteht vor unseren Augen (p. 92) »dieser Kosmos hier, der sterbliche und unsterbliche Lebewesen empfangen hat und von ihnen ganz erfüllt ist, der als sichtbares, lebendiges Wesen das Sichtbare umschließt, göttliches wahrnehmbares Abbild des rein Geistigen, der größte und beste, schönste und vollendetste, einzige, eingeborene Himmelsbau hier vor uns«. Der 'Timaios', von Cicero und von Chalcidius (4. Jahrhundert n. Chr.) ins Lateinische übersetzt, war das Buch, das viele Jahrhunderte lang bis weit ins Mittelalter hinein die kosmologische Spekulation befruchtete, das aber in der Renaissance geradezu wie eine Offenbarung wirkte.[1] Aus dem Timaiosstudium ist eigentlich auch die berühmte Charakteristik Platons durch Goethe hervorgegangen, die in der 'Geschichte der Farbenlehre' steht: »Plato verhält sich zu der Welt wie ein seliger Geist,

[1] Vgl. Verf., Kosmos, Archiv für Begriffsgeschichte II, 2 (1957) S. 174 ff.

dem es beliebt, einige Zeit auf ihr zu herbergen. Es ist ihm nicht sowohl darum zu tun, sie kennenzulernen, weil er sie schon voraussetzt, als ihr dasjenige, was er mitbringt und was ihr so not tut, freundlich mitzuteilen. Er dringt in die Tiefen, mehr um sie mit seinem Wesen auszufüllen, als um sie zu erforschen. Er bewegt sich nach der Höhe, mit Sehnsucht, seines Ursprungs wieder teilhaft zu werden. Alles, was er äußert, bezieht sich auf ein ewig Ganzes, Gutes, Wahres, Schönes, dessen Forderung er in jedem Busen aufzuregen strebt. Was er sich im einzelnen von irdischem Wissen zueignet, schmilzt, ja man kann sagen verdampft in seiner Methode, in seinem Vortrag.«

Der alte Kritias erzählt einen Mythos aus der Geschichte Ur-Athens, den siegreichen Kampf dieser ganz platonisch gedachten Idealstadt gegen die riesige Insel Atlantis, die vom Westen wie später der Perser vom Osten her Hellas, ja ganz Europa und Asien vernichten will, als sie schon von ihrer ursprünglichen, gottgegründeten Vollkommenheit herabgesunken ist. Die beiden Staaten sollten als zwei verschiedene Wesensformen mit verschiedener Geschichte geschildert werden. Aber das Werk bricht mitten im Satz ab und war nie vollendet. Die vier im 'Kritias' auftretenden Personen, die gleichen wie im 'Timaios', nämlich außer den beiden dieses Namens Sokrates und Hermokrates, sollten noch in einem dritten – gar nicht begonnenen – Werk namens 'Hermokrates' erscheinen. Es war also eine große Trilogie beabsichtigt (vgl. S. 345). Der 'Timaios' wiederum wird äußerlich an das Gespräch vom Staat angeknüpft, das »gestern« stattgefunden hat; man ist versucht, mit Mephisto hinzuzusetzen: »— oder ehegestern«. In was für Zusammenhängen denkt Platon, in was für Räumen lebt sein Schöpfergeist! —

Nach dieser Betrachtung der Platonischen Mythen wenden wir uns zum Schluß zu der des *Dialoges* und seiner Form. — »Denken«, heißt es im Theaitet (p. 189), »nenne ich eine Rede, die die Seele bei sich selbst durchgeht über das, was sie betrachten will... Wenn sie denkt, tut sie nichts anderes als sich unterreden, indem sie sich selbst fragt und antwortet, bejaht und verneint.« Dies ein klassisches Zeugnis dafür, wie der Dialog für den Griechen die natürliche Ausdrucksform des Geistes ist und wie Platon, auch wenn er schriftlich philosophieren wollte, gleichsam mit Notwendigkeit Zwiegespräche schaffen mußte. Wunderbar stimmt dazu ein Wort Wilhelm von Humboldts[1]: »Am schönsten... und seelenvollsten tritt die Individualität der Sprache in dem philosophischen Gespräch auf, wo sie die Entdeckung objektiver Wahrheit aus der harmonischen Anregung der edelsten Subjektivität hervorgehen läßt. Die Empfindung nimmt die Ruhe und Milde des Gedankens, der Gedanke die Wärme und die Farbe der Empfindung an, das Ernsteste und Größeste, was den Geist zu ergreifen vermag, ist der Vorwurf und Zweck, und die Beschäftigung damit scheint ein leichtes, nur durch die freiwillige Freude daran fortgesetztes Spiel... Das lebendig ineinander eingreifende, Ideen und Empfindungen wahrhaft umtau-

[1] Über den Nationalcharakter der Sprachen, Ges. Schrift. IV, 434, schon angeführt von Stenzel, Platon der Erzieher S. 325.

schende Wechselgespräch ist schon an sich gleichsam der Mittelpunkt der Sprache, deren Wesen immer nur zugleich als Hall und Gegenhall, Anrede und Erwiderung gedacht werden kann.«

Wie auch das spätere Altertum in Platons Sprache etwas schlechthin Vollkommenes sah, dafür gibt es als Zeugnis das Cicerowort (Plutarch, Cicero c. 24): wenn Zeus sich menschlicher Rede bedienen wollte, so würde er sich Platonisch unterhalten. Diese Sprache umfaßt alle Töne und Klänge des Wortes, die zarten und die kräftigen, die lustigen und die feierlichen, die ironischen und die mystischen; sie weiß ebenso den Stil des sophistischen Redners wie des philosophischen Forschers, des Dialektikers wie des Ekstatikers zu treffen. Sie ist so reich wie das Leben selbst. Allerdings, wenn wir sie als Ganzes betrachten, so verfolgen wir an ihr als einem lebendigen, zwei Generationen hindurch sich entwickelnden Wesen nicht weniger große und nicht unähnliche Wandlungen, wie sie uns die Goethesche zeigt von dem feurigen Überschwang der Jugendsprache bis zur Epoche letzter Abgeklärtheit und feierlicher Zurückhaltung.[1] Zugleich mit dem Sokratesbild, das sich im Laufe der Jahrzehnte umgestaltet und nacheinander erscheint als das des prüfenden Wahrheitssuchers, des Führers zum Ideenreich, des ganz unpersönlichen Lehrers an sich, wandelt sich auch die Form der Sprache. Ist sie in den früheren Epochen natürlichster Ausdruck edler Lebendigkeit, so am Ende von gewollter Dunkelheit und schnörkelhafter Umständlichkeit. Auch das Zwiegespräch als solches verliert in der Spätzeit sehr an Bedeutung: im 'Timaios' und in den 'Ge-

1 Vgl. Wilamowitz, Platon II 411 ff.

setzen' hören wir weit mehr den alten Lehrer Platon in zusammenhängendem Vortrage seine Gedanken entwickeln, als daß noch wie früher das Für und Wider das erregende und belebende Element im Gedankengange wäre.[1]

Die künstlerische Form des Dialogs im ganzen zeigt nicht minder charakteristische Wandlung. In vielen der frühen Schriften wie z. B. 'Ion', 'Euthyphron', 'Kriton', 'Laches' wird das Gespräch rein dramatisch ohne vermittelnden Bericht, ohne erzählende Zwischenreden wie eine Bühnenszene geboten. Das geschieht auch in Werken der Übergangszeit wie 'Kratylos', 'Gorgias', 'Menon'. In all diesen hat der Raum, die Szenerie wenig Bedeutung, läßt das Gespräch an sich in seiner lebendigen Kraft gar nichts neben sich aufkommen.

Dagegen wird in den großen Werken der Mittelepoche, wie 'Euthydem', 'Phaidon', 'Symposion', 'Staat' der ganze Dialog in der Wiedererzählung durch eine Person gegeben, und das 'Symposion' ist sogar eine einzige indirekte Rede, in der die direkten enthalten sind. Hierdurch ist die Möglichkeit gegeben, daß der Erzähler von sich selbst aus mancherlei hinzutut, z. B. über die Wirkung der Worte berichtet, was gerade dem 'Phaidon' seinen so eindrucksvollen, nachhaltigen Ton gibt. Lehrreich ist zu sehen, wie der 'Parmenides' zwar auch mit solcher Wiedererzählung beginnt, aber dieses Motiv

1 Die tieferen Zusammenhänge zwischen der Dialoggestaltung und dem philosophischen Gehalt legt Stenzel in den angeführten 'Studien' S. 45 ff., 123 ff. dar. »Dialog« heißt cap. VIII, »Dialog und Existenz« cap. XII des Friedländerschen Platonwerkes I.

allmählich fallenläßt. Und der 'Theaitet' hat zwar auch ein Vorspiel, wie es die Erzählung durch einen Dritten erfordert, aber dann wird die indirekte Wiedergabe mit ausdrücklicher Begründung, nämlich als zu umständlich, als störend im wissenschaftlichen Gespräch, aufgegeben (p. 143), und es folgt die rein dialogische Form. Sie herrscht dann – allerdings oft nur noch als bloße Form – in allen späteren Werken, deren Geistigkeit der Atmosphäre des Raumes kaum bedarf. Nur im 'Phaidros' ist sie noch wirksam, ja dieser Dialog enthält den wunderbarsten Zusammenklang des landschaftlichen Elements mit der Gedankenwelt. Mit den sich Unterredenden gehen wir sogar von Ort zu Ort und sehen mit ihren Augen die schöne Platane, das klare Wasser der Quelle, das üppige Gras, hören mit ihren Ohren das Schwirren der Zikaden, spüren den Zauber der Sommer-Mittagsstunde, der den Menschen wundersam ergreift. Gerade auch darum hat man lange Zeit den 'Phaidros' für einen Jugenddialog Platons gehalten, was aber ebenso seiner sprachlichen Form wie seinen Gedanken nach unmöglich ist. Das Werk Platons, den die Folgezeit den »göttlichen« nennt, spottet schematischer Einteilung.

Seine eigene Person läßt er ganz zurücktreten; sie verschwindet wie beim dramatischen und epischen Dichter im Werk. Da sind die von ihm erhaltenen *Briefe* (vgl. S. 312f.) wertvolle Ergänzung, selbst wenn nur 6–8 der Sammlung echt sein sollten. Alle überragt der 7. an Bedeutung wie an Umfang. Gerichtet ist er (wie der 8.) an die Verwandten und Freunde Dions nach dessen Ermordung, und der Vierundsiebzigjährige schreibt, von tiefstem Schmerz über den Tod des geliebten Freundes, über den Zusammenbruch der Hoffnung auf Verwirklichung des Idealstaates erfüllt, eine leidenschaftliche Rechtfertigung Dions wie seiner selbst, bestimmt, über die Anhänger Dions hinaus auf ganz Syrakus zu wirken. Er schildert seinen eigenen politischen Entwicklungsgang, seine Erfahrungen in Athen und in Sizilien bei seinem dreimaligen Aufenthalt dort, stellt in Abwehr einer Schrift des Dionys II. das Wesen der Platonischen Lehre von der Erkenntnis dar. Dazwischen steht der »Rat«, den er in der Not der Gegenwart geben kann (p. 334 ff.): nicht Gewaltherrschaft, nur »Gesetze« frommen Sizilien, und man muß dem sittenstrengen Dion nacheifern, seine Pläne zu günstigerer Zeit zu verwirklichen suchen. Eingehendere Vorschläge für die Neuordnung des von Revolution gequälten Syrakus gibt Brief 8. So bestätigen diese Briefe das bewunderungswürdig richtige Urteil Goethes: »Man denke sich das Große der Alten, vorzüglich der Sokratischen Schule, daß sie Quelle und Richtschnur alles Lebens und Tuns vor Augen stellt, nicht zu leerer Spekulation, sondern zu Leben und Tat auffordert« (Jub.-Ausg. IV, 237).

Nicht zuletzt durch dieses sie durchpulsende Leben haben Platons Werke den menschlichen Geist im Rhythmus der Generationen immer wieder entzündet, hat sich seine »Philosophie« nach Phasen der Unwirksamkeit immer von neuem, und zwar bis in die Gegenwart hinein, als wirksam erwiesen.[1]

[1] Hierzu vgl. E. Hoffmann, Platonismus und Mittelalter (Vortr. d. Bibl. Warburg 3, 1923/4); J. Koch, Platonismus im Mittelalter (Köln. Rektoratsreden 4, 1948); M. Land-

Keinen besseren Übergang zu *Aristoteles* können wir gewinnen, als daß wir die Fortsetzung der Goetheschen Charakteristik Platons (s. S. 350 f.) anführen, die so lautet: »Aristoteles dagegen steht zu der Welt wie ein Mann, ein baumeisterlicher. Er ist nun einmal hier und soll hier wirken und schaffen. Er erkundigt sich nach dem Boden, aber nicht weiter, als bis er Grund findet. Von da bis zum Mittelpunkt der Erde ist ihm das übrige gleichgültig. Er umzieht einen ungeheuren Grundkreis für sein Gebäude, schafft Materialien von allen Seiten her, ordnet sie, schichtet sie auf und steigt so in regelmäßiger Form pyramidenartig in die Höhe, wenn Plato, einem Obelisken, ja einer spitzen Flamme gleich, den Himmel sucht.« Man bemerkt leicht, wie diese Gegenüberstellung durch Raffaels 'Schule von Athen' mit gestaltet wurde.

Wir vergegenwärtigen uns die Hauptdaten seines Lebens.

Aristoteles ist wie Miltiades und Thukydides thrakischer Abkunft. In Stageiros (später Stageira) in der Osthälfte der Chalkidike wurde er 384 als Sohn eines Arztes geboren. Zwanzig Jahre lang, von 367 bis 347, war er Schüler und Mitarbeiter Platons in der Akademie, bis zu dessen Tode.

Wie tief muß seine Wirkung auf ihn gewesen sein, wenn er den Wesensverschiedenen, den bald mit

mann, Überwindung und Wiedergeburt des Platonismus im Denken der Neuzeit, Antike und Abendland V (1956) 121 ff., wenn auch sein Thema eine mehr umfassende Behandlung verlangte; vor allem müßte hierfür die Methode der Philosophie N. Hartmanns in ihrer grundlegenden Bedeutung und ihren Ergebnissen dargestellt werden.

eigenen Gedanken Hervortretenden so lange im Banne der Lebens- und Forschungsgemeinschaft hielt!

Die Ehrfurcht vor ihm blieb in Aristoteles lebendig, auch als er in entscheidenden Gedanken sein Gegner geworden war. Von ihm spricht er nach seinem Tode als »dem Manne, den nicht einmal zu loben den Schlechten gestattet ist[1]«, und zu Beginn der 'Nikomachischen Ethik' (I, 4) lesen wir: »Wenn auch beide (Platon und die Wahrheit) Freund sind, so ist es fromm, der Wahrheit den Vorzug zu geben.« Nach Platons Tode, als dessen Neffe Speusippos die Leitung der Akademie übernommen hatte, ging er mit einem anderen Jünger Platons, Xenokrates, nach Assos an der Küste der Troas, wo sie, beschützt von dem Tyrannen Hermeias, dem Freunde des Aristoteles, ihren Studien oblagen; Hermeias gab Aristoteles auch seine Nichte und Adoptivtochter zur Frau. Nach dreijährigem Wirken in Assos (347–45) lehrte Aristoteles in Mytilene auf Lesbos, als ihn 342 der Ruf Philipps von Makedonien traf, der Erzieher seines Sohnes Alexander zu werden. Er nahm an und siedelte nach Mieza am Strymon über, wo Philipp den beiden ein Nymphenheiligtum als Unterrichtsstätte zuwies. 341 wurde Hermeias vom Feldherrn des Perserkönigs gefangengenommen und in Susa grausam hingerichtet. In einem erhaltenen Hymnus an die Areté, die »Tugend«, der Hermeias bis in den Tod getreu blieb, hat Aristoteles seiner bewundernden Liebe zu ihm Ausdruck gegeben. Auf Alexander übte der große Lehrer eine tiefe Wirkung aus. Eine

1 Zur Deutung des Gedichts, in dem das Wort stand, s. W. Jaeger, Aristoteles[2] (1955) S. 107.

von ihm besorgte Iliasausgabe hatte der Jüngling und Mann nach Plutarch (c. 8) ständig unter dem Kopfkissen, und dieser berichtet weiter: »Er bewunderte und liebte Aristoteles zuerst nicht weniger, wie er selbst sagte, als seinen Vater, weil er diesem das Leben, jenem aber das rechte Leben verdanke, später bekam er gegen ihn etwas wie Argwohn ... Aber der leidenschaftliche Drang zur Philosophie, der ihm angeboren und von Anfang mit anerzogen war, schwand nie aus seiner Seele.« Bis zur Thronbesteigung Alexanders blieb Aristoteles in Makedonien, dann kehrte er nach dreizehnjähriger Abwesenheit nach Athen zurück. Dort gründete er nun (335/34) seine eigene philosophische Schule, im Osten der Stadt, im Lykeion, das nach dem Vorbild der Akademie eingerichtet wurde. Hier hat er bis zu Alexanders Tode gelehrt. Dann mußte er vor den athenischen Makedonenfeinden fliehen. Er ging nach Chalkis auf Euboia, wo er bald darauf, im 63. Lebensjahre, gestorben ist. Sein Testament[1], das die Menschen seiner Umgebung liebevoll und sorgfältig bedenkt, ist uns erhalten, nicht die Bestimmungen über die Schule, deren Grund und Boden ihm, dem Fremden, auch nicht persönlich zu eigen war. Aber sein Geist ist noch spürbar in den letztwilligen Bestimmungen seines Nachfolgers Theophrast, der zwar auch nur Metöke war, aber das Grundstück durch Vermittlung des Staatsmanns Demetrios von Phaleron als Eigentum geschenkt erhalten hatte. Da heißt es: »Ich übergebe den Garten und den Peri-

1 Bei Diogenes Laertios V, 11; das Theophrastische Testament ebd. V, 52.

patos[1] sowie die am Garten gelegenen Gebäude alle denen unter den eingeschriebenen Freunden, die jeweils in ihm gemeinschaftlich den Unterricht und die Philosophie pflegen wollen..., wobei sie aber nichts veräußern dürfen und niemand sich etwas aneignen darf, sondern sie sollen es wie ein Heiligtum gemeinsam besitzen und in vertrautem und freundschaftlichem Verkehr miteinander benutzen, so wie es geziemend und gerecht ist.«

Wie Platon hat auch Aristoteles Dialoge geschrieben; sie gehörten fast alle seiner Frühzeit an. Nur Reste sind uns erhalten, und das Bemühen, von diesen Werken eine bis ins einzelne deutliche Vorstellung zu gewinnen, sie den Platonischen vergleichend gegenüberzustellen, hat wenig Ertrag. Denken müssen wir sie uns anders als die spätplatonischen Werke, in denen das Fragen und Antworten nur noch das äußere Kleid des Gedankenganges ist; es scheint, als ob der »wissenschaftliche Diskussionsdialog[2]«, in dem Rede gegen Rede stand, in dem auch Aristoteles selbst das Wort ergriff, die neue Form darstellte. Manche Titel und Motive sind den Platonischen ähnlich wie: 'Symposion', 'Politikos', 'Erotikos', 'Menexenos', 'Sophistes', 'Eudemos oder Über die Seele'; andere bringen einen neuen Ton: 'Vom Gebet', 'Vom Adel', 'Vom Reichtum', 'Alexandros oder Über Kolonisation' (ein späteres Werk, in dem Aristoteles sich in Gegensatz zu der neuen Politik seines ehe-

1 Nach dieser »Wandelhalle« haben die Peripatetiker ihren Namen — wie die Stoiker nach der Stoa, der »Halle« —, nicht nach dem Herumgehen selbst. — 2 Zum Folgenden vgl. Jaeger a. O.[2] S. 27 ff., 53 ff., 125 ff.; die Übersetzung S. 361 f. im Anschluß an ihn S. 167.

maligen Schülers setzte, der Griechen und Nichtgriechen auf gleiche Stufe stellte). Nicht weniger als etwa 20 Titel solcher dialogischen Werke können wir aufzählen. »Für ihre geistige Spannweite spricht es, daß der Schuster Philiskos und der Kyniker Krates in der Werkstatt den Protreptikos zusammen lesen, Zenon und Chrysippos, Kleanthes, Poseidonios, Cicero und Philon religionsphilosophisch stark von diesen Jugendwerken ergriffen sind, Augustin, der den Protreptikos durch Vermittlung des Ciceronischen Hortensius kennenlernt, durch ihn zur Religion und zum Christentum geführt wird« (Jaeger). Dieser 'Protreptikos', d. h. Werbeschrift für die Philosophie, ist noch zu Platons Lebzeiten geschrieben worden, und unter Philosophie ist hier die der Platonischen Schule, ihr Bildungs- und Lebensziel, gemeint; gewidmet wurde er einem König von Zypern, Themison: wieder sehen wir, wie die Verwirklichung der Platonischen Gedanken im politischen Leben, keineswegs rein theoretische Erörterung das Ziel war. Eine besondere Bedeutung kam dem Dialog 'Von der Philosophie' zu, der, wie es scheint, in Assos geschrieben, zum erstenmal vor der Öffentlichkeit eine selbständige, kritische Haltung Platon gegenüber einnahm. Aus ihm hören wir ein kostbares, durch Cicero (de natura deorum II, 37) erhaltenes Stück, das uns ebenso die Abhängigkeit von Platon – nämlich von seinem Höhlengleichnis – wie die Kraft des eigenen Gedankens zeigt: das »obere« Reich ist hier nicht das der Ideen, sondern der Kosmos selbst, wie er sich mit seinen Wundern vor uns ausbreitet: »Wenn es Menschen gäbe, die immer unter der Erde gewohnt hätten in guten, prächtigen Behausungen, die geschmückt sein sollen mit Bildwerken und Gemälden und ausgestattet mit allem Überfluß derer, die man für glücklich hält; diese Menschen wären jedoch niemals auf die Erdoberfläche herausgekommen und hätten nur durch Hörensagen vom Dasein einer höheren, göttlichen Macht vernommen, und sie kämen jetzt irgendeinmal durch die geöffneten Schlünde der Erde aus ihren verborgenen Winkeln heraus und herauf an die Orte, die wir bewohnen; wenn sie dann plötzlich die Erde und die Meere und den Himmel sähen und die Größe der Wolken und die Gewalt der Winde erkennten, und sie erblickten die Sonne und erkennten ihre Größe und Schönheit und ihre machtvolle Wirkung, daß sie den Tag hervorbringt, wenn sie ihr Licht über den ganzen Himmel ausströmt, und sie sähen dann wieder, wenn Nacht die Lande umdunkelt, den ganzen Himmel mit Sternenbildern ausgeziert und geschmückt und den Wechsel des bald wachsenden, bald alternden Mondlichts und all dieser himmlischen Körper Aufgänge und Untergänge und ihre in alle Ewigkeit festen, unveränderlichen Bahnen – wenn sie das sähen, wahrhaftig, da würden sie glauben: es gibt Götter, und diese gewaltigen Werke rühren von Göttern her!«

Diese Dialoge waren bestimmt, in der Öffentlichkeit zu wirken. Dasselbe gilt auch von anderen Werken wie der Sammlung der 158 Verfassungen, welche die Peripatetische Schule vorgenommen hatte – eines der vielen Beispiele, wie es Aristoteles verstand, die wissenschaftliche Arbeit zu organisieren – und die der Meister selbst für die Darstellung bearbeitete. Das läßt wenigstens die 'Verfassung der Athener' erschließen, von der wir auf zwei Papyri seit 1880 und 1891 große Teile besitzen; auch die politischen Gedichte Solons, von denen S. 78 gesprochen wurde, sind uns hier überliefert. Der Stil ist lebendig und schlicht; ein Plutarch fand die Lektüre dieses großen Verfassungswerkes ebenso anziehend wie die der Schriften Herodots und Xenophons. Der Athenerstaat wird uns erst (c. 1–14) geschichtlich geschildert durch eine chronologische Darstellung der Verfassungen von den ältesten Zeiten an bis zur Gegenwart (nach dem Jahre 328), dann (c. 42–63) systematisch durch die Besprechung der staatlichen Organe und ihrer Wirkung. Auch auf anderen Gebieten als dem politischen ließ Aristoteles gewaltiges wissenschaftliches Material sammeln, so z. B. die Urkunden über die Aufführungen der szenischen Spiele in Athen; auf dieser Arbeit beruht letztlich unsere Kenntnis von den Aufführungsdaten, die oben in den Kapiteln 'Tragödie' und 'Komödie' angegeben wurden.

Die eigentlichen Lehrschriften des Aristoteles aber, die aus seiner Meisterzeit stammen, auf denen seine Herrschaft über die Jahrhunderte, über Christentum und Islam eigentlich beruht – sie gehören im wahren Sinne gar nicht zur Literatur, vielmehr stellen sie nur die Grundlage dar für seine Lehrvorträge in der Peripatetischen Schule. Er selbst hat nichts davon veröffentlicht, sondern das geschah erst nach seinem Tode durch seine Schüler. Von diesen Werken gilt Ähnliches wie von manchem des großen Erneuerers der Aristotelischen Philosophie im 19. Jahrhundert[1]: auch Hegels Gedanken kennen

[1] Hier hat sich das Einzigartige ereignet, daß der moderne Philosoph sich zur Bekräftigung seiner Ansicht auf den antiken beruft: am Schluß der 'Enzyklopädie' zitiert er grie-

wir ja z. T. nur durch die Feder seiner Jünger. In einer Geschichte der hellenischen oder gar der europäischen Kultur, des europäischen Geistes, der abendländischen Philosophie wäre das Corpus Aristotelicum einer der wichtigsten Gegenstände: in unserer Literaturgeschichte wäre seine Besprechung fehl am Ort. Nur eine Übersicht über das Erhaltene kann – zum Zwecke der Orientierung – gegeben werden. Die erste wissenschaftliche Ausgabe geschaffen zu haben (von 1831–1870), ist ein Ruhm der Berliner Akademie der Wissenschaften; ihr schloß sich die Herausgabe der großen Zahl der erhaltenen antiken Aristoteleskommentare an.

Sechs verschiedene Kreise umspannen diese Lehrschriften, den größten die *physikalisch-naturwissenschaftlichen.* Zu ihnen gehört vor allem die 'Physikvorlesung' (über die Grundbegriffe zur Erfassung der Natur, also Physik nicht in unserem spezielleren Sinne), dazu die Bücher 'Über den Himmel', d. h. über die Unvergänglichkeit des Weltalls, 'Über Entstehen und Vergehen' und die 'Meteorologie', d. h. die Lehre von den Himmels- und Erderscheinungen. Ferner gehören hierzu die mehr empirisch beschreibenden Werke, vor allem die große Geschichte der Tierwelt, die auf sehr bewunderungswürdiger Beobachtung des Charakters der Tiere und ihrer Lebensweise beruht, wozu kleinere Werke wie die 'Über die Glieder der Tiere' und 'Über die Entstehung der Tiere' treten. Einen zweiten Kreis fül-

chisch Aristoteles, Metaphysik 1072 b 18–30 (Band VII, Abt. 2, S. 469 f. der alten Ausgabe, in Glockners Ausgabe bedauerlicherweise nicht enthalten). Es ist der enthusiastische Preis des »Geistes« (nūs), der mit der Gottheit indentisch ist.

len die vorwiegend *logischen* Schriften, die seit dem späteren Altertum als 'Organon', d. h. Werkzeug (für die philosophische Arbeit) bezeichnet wurden. Hierzu sind zu rechnen die 'Kategorien', d. h. die Grundformen der Aussage; die 'Lehre vom Satz'; die erste und die zweite 'Analytik', d. h. im wesentlichen die Lehre vom Schluß und Beweis und der Möglichkeit des Erkennens überhaupt; die 'Topik', d. h. die Lehre von den allgemeinen Sätzen, den loci communes der Lateiner, als Grundlage des Disputierens; die 'Sophistentrugschlüsse', inhaltlich zur Topik gehörig. Zu dritt seien die *psychologischen* und *metaphysischen* Werke genannt, vor allem die 'Lehre von der Seele' und die 'Metaphysik', was ursprünglich nur die Bücher bezeichnet, die 'Hinter der Physik' zu lesen sind, also ein Ausdruck der Schule; Metaphysik in unserem Sinne als Lehre von den letzten Gründen alles Seienden nennt Aristoteles selbst »erste Philosophie«. Als Werke über *Ethik* sind drei zu nennen: die 'Nikomachische Ethik', d. h. die von seinem Sohne Nikomachos herausgegebene, die 'Eudemische Ethik', eine Bearbeitung der Aristotelischen Lehre durch den Schüler Eudemos von Rhodos, und die sogenannte 'Große (dem Umfang nach kleinere) Ethik', eine kurze Zusammenfassung der Peripatetischen Lehre. Mit der Ethik hängen die acht Bücher der 'Politik' zusammen, die vom historisch-kritischen Standpunkt aus nach der besten Verfassungsform für den Menschen, dieses echte »Gesellschaftswesen«, suchen: sie wird in der Herrschaft mehrerer Bester oder – im Idealfalle – des Einen Allerbesten, an Einsicht und Tugend Vollkommensten gesehen. Zuletzt nennen wir die Schriften über

Rhetorik und *Poetik*. Die 'Rhetorik' behandelt in zwei Büchern den rednerischen Beweis und seine Hauptsätze, in einem dritten den sprachlichen Ausdruck (mit einer Fülle von feinen Beobachtungen an Poesie und Prosa). Die 'Poetik' hat in zwei Büchern systematisch das Wesen der Poesie dargestellt, in Ergänzung eines Frühdialogs 'Von den Dichtern'; erhalten ist uns nur das erste, kleine, aber inhaltsschwere Buch über die Tragödie und das Epos. Hierin stehen jene Lehren vom Wesen und Ziel des Dramas, die seit Lessing in unserer Ästhetik so leidenschaftlich erörtert worden sind, hier auch die Nachrichten über den Ursprung von Tragödie und Komödie und über die Wirkung der Dichter, die wir früher angeführt haben. Seit Aristoteles ist der 'Oidipus' des Sophokles als die eigentlich klassische Tragödie anerkannt. Hier lesen wir auch das Wort (c. 9), die Poesie sei philosophischer als die Geschichte.

Manches kleinere echte Werk haben wir nicht genannt, manche dieser Lehrschriften ist aber auch – wie die Dialoge – verlorengegangen, so daß wir nur noch den Titel kennen oder nur Bruchstücke besitzen. Ja, die Gesamtmasse der Schriften ist einmal verschollen gewesen. Nach glaubhaften Berichten ist der Büchernachlaß Theophrasts, darunter die Aristotelischen Werke, nach Skepsis in der Troas gekommen, dort verborgen gehalten und erst um 100 v. Chr. in einem Gewölbe wieder entdeckt und nach Athen gebracht worden. Nach der Einnahme Athens ließ sie Sulla nach Rom schaffen, und nun setzte ein erneutes Studium ein, das dann die Jahrhunderte andauerte; seinen Niederschlag fand es in hervorragenden Kommentaren der Neuplatoniker und Peripatetiker bis ins 6. Jahrhundert n. Chr. hinein, aber auch in langweiligen Paraphrasen, die gar den echten Text überwucherten. Sogar manches falsche Werk wurde früher oder später unter den großen Namen des Meisters gestellt und hat noch jetzt dort seinen Platz. Und wie Aristoteles zugleich mit seinem Schüler Alexander eine Gestalt romanhafter Wundererzählung wurde, so lassen ihn einige dieser untergeschobenen Bücher geradezu als Zauberer erscheinen.

Aber schon die ganz äußerliche Betrachtung dessen, was die Arbeitskraft dieses Mannes geleistet hat, läßt verstehen, warum ehrfürchtige antike Kommentatoren ihn – im Gegensatz zu dem »göttlichen« Platon – den »dämonischen«, d. h. den Unbegreiflichen, nannten. Für Dante[1] war er schlechthin »der Meister derer, welche wissen«.[2] Er schaut ihn in der Vorhölle, dort, wo die Edelsten unter den Ungetauften wohnen, und Aristoteles ordnen sich sogar dessen Lehrer und Lehrers Lehrer unter. So lesen wir im vierten Gesang der Göttlichen Komödie V. 130 (mit Gildemeister):

> Als ich die Stirn erhob und weiter sah,
> Schaut' ich den Meister derer, welche wissen;
> Im Philosophenkreise saß er da,

[1] Zur Nachwirkung des Aristoteles im Mittelalter s. außer der eine gewaltige Stoffülle bietenden Geschichte der patristischen und scholastischen Philosophie von B. Geyer (Überwegs Grundriß II. Neudruck 1951) auch die kleine Schrift von A. Grant, Aristoteles, deutsch von Imelmann (1878). – [2] Das ist Dantische Übersetzung der Worte magister sapientium, welche die Scholastik – außer philosophus – aus Ehrfurcht statt des Namens Aristoteles verwendet.

> Ein jeder ehrt ihn, lauscht wie hingerissen.
> Und Plato sah ich, sah den Sokrates
> Vor allen übrigen um ihn beflissen.

Unsere Betrachtung der klassischen Epoche der Griechischen Literatur hat ihr Ende gefunden; denn die späteren literarischen Werke der Akademie und des Peripatos können ihr nicht mehr eingeordnet werden. Wir scheiden von ihr mit einem Wort Plutarchs. Was er von den Bauten der Perikleischen Epoche sagt (Perikl. c. 13), das gilt auch von den literarischen Werken jenes Zeitalters wie schlechthin der ganzen klassischen Zeit: »Es liegt auf ihnen etwas wie die Frische einer Blüte, die ihre Schönheit unberührt von der Zeit bewahrt, als ob sie einen ewig lebendigen Atem und eine nie alternde Seele mitbekommen hätten.«

III. DIE NACHKLASSISCHE ZEIT

A. HELLENISTISCHE ZEIT

Die göttliche Natur gibt infolge einer einfachen Bewegung des Nächsten ihre Wirkungskraft an das Darauffolgende weiter und von diesem wieder an das Fernere, bis sie das Ganze durchdrungen hat.

Pseudoaristoteles, Über den Kosmos

Die Bezeichnung Hellenismus für die mit dem Siegeszug Alexanders des Großen[1] anbrechende neue Epoche der griechischen Geschichte stammt erst von dem deutschen Historiker und Aristophanesübersetzer Joh. Gust. Droysen (1808–84), der 1836 und 1843 die beiden Bände seiner ‘Geschichte des Hellenismus’ herausgab. Sie ist allgemein angenommen worden, weil sie vorzüglich die Erweiterung des Stadtstaates zum Weltregiment, die Umwandlung der Kultur von einer polisgebundenen zur völkerumspannenden bezeichnet. Ein Punkt, gefüllt mit gewaltiger Kraft, zerdehnte sich zum Kreis, dessen Umfang ins Unermeßliche wuchs. Drei Jahrhun-

[1] Zu seiner Epoche vgl. A. Heuss, Alexander der Große und die politische Ideologie des Altertums, Antike und Abendland IV (1954) 65 ff.

derte rund umfaßte diese Epoche, vom Ende des 4. bis zu dem des 1. Jahrhunderts v. Chr. Sie ist überreich an politischen Ereignissen, reich auch an Kraft zu innerer und formaler Wandlung. Und doch ist sie eine Einheit, denn in ihr flutet der eine hellenische Geist, der sich die Welt untertan macht vom Indus bis ins Herz des römischen Reiches. Auch der Besieger Griechenlands hat sich ja dem Besiegten gebeugt, wie Horaz es sagt.

Der Geist ist zugleich Sprache: Logos bedeutet beides. *Eine* hellenische Sprache bildet sich jetzt aus, die den Namen trägt »die allgemeine«; sie wird die Weltsprache, auf der Grundlage des Ionischen, unter Einwirkung des Attischen. Sie muß jeder lernen, der ein Buch lesen oder Handel treiben will, der Makedone wie der Syrer, der Ägypter wie der Etrusker und der Römer.

Auch die Kunstgeschichte umgreift diese große Epoche als eine Einheit, so stark sich auch in ihrem langen Verlauf die Züge wandeln und so widersprechende Züge sogar dasselbe Zeitalter aufweist. »Die Marmorhallen der Königspaläste, die Riesentempel von Didyma und der Rhodische Koloß haben neben sich den Freundschaftsgarten Epikurs, die koischen Landhäuser, in denen Theokrit verkehrt, das Studierzimmer, in dem Kallimachos dichtet, Archimedes forscht. Dem entspricht der rauschende Stil, der am liebsten über die ganze Welt hintönen will, und die Schlichtheit, die von der Wahrheit, um die sie ringt, einem empfänglichen Freunde... berichtet, und das Raffinement des ganz intimen Kunstwerkes. In Wahrheit wurzelt beides in der befreiten *Individualität*, die sich gemäß den sehr verschiedenen Lebenszielen gibt, wie sie ist oder scheinen will« (Wilamowitz). Das hellenistische Porträt ist dafür der sprechendste Zeuge. Von der berühmten Periklesbüste des Kresilas – uns nur durch verschiedenartige Wiederholungen bekannt – urteilte noch die antike Kunstgeschichte (Plinius XXXIV 74): »Besonders wird an dieser Art Kunst bewundert, daß der Künstler edle Männer noch edler dargestellt hat«, d. h. idealisiert hat; die Porträts der hellenistischen Epoche aber können uns mit einer Lebendigkeit der Einzelzüge anblicken, daß wir geradezu erschrecken. Und wenn sich so das Individuelle stürmisch Bahn bricht, so ist das zugleich ein neues Streben nach *Wahrheit*. »Die Frage, ob etwas 'schön' sei – im Sinne des Vollkommenen und Fehlerfreien, wie es der klassische Geschmack verlangt –, gibt es für die Kunst des Hellenismus nicht. Sie hält die Fackel der *Wahrheit* in der Hand, und alles, was in ihrem Glanze erstrahlt, verdient es auch gesehen zu werden. Und deshalb will sie von dem Vorurteil nichts wissen, daß nur die Wohlgestalt der künstlerischen Wiedergabe würdig sei, sie öffnet auch dem Siechen und Bettler ihre Pforten, und nun zieht das Leben, wie es wirklich ist, mit seinem Schimmer und mit seinen Schatten... in die so lange Zeit dem Kult des Reinen und Schönen allein geweihten Räume ein« (v. Salis).

Doch in dieser Zeit hat das Hellenentum auch durch das Nichthellenische, mit dem es sich auseinandersetzen mußte – anderen Kulturen, anderen Göttern –, eine Ausweitung erfahren, die seinem Wesen zwar noch nicht gefährlich wurde, aber die Stoffe der literarischen und der bildenden Kunst stark beeinflußte. Der Orient und Ägypten, früher Randbezirke der Anschauung, fernliegende Quelle der Erkenntnis, jetzt waren sie nahegerückt. Siebzig neue griechische Städte soll schon Alexander in diesen fremden Ländern gegründet haben, fünfundsiebzig Seleukos I. Neue gewaltige Sonderreiche bildeten sich nach Alexanders Tode im Osten und Süden unter hellenischen Fürsten. Das Zentrum der Kultur erfuhr mehr und mehr eine Verlagerung.

Athens Versuch, nach dem Tode Alexanders die Freiheit wiederzugewinnen, war nach Anfangserfolgen bald gescheitert: eine makedonische Besatzung zog in Munichia ein. Spätere Versuche ähnlicher Art mißglückten ebenso. Der Staat blieb unter Makedoniens Oberhoheit. Aber noch war seine geistige Bedeutung groß: es schenkte der Welt die »neue« Komödie, und es spendete in seinen vier Philosophenschulen den Bildungsuchenden seine Weisheit. Ja später, unter dem Schutze Roms, nach dem Ende des 3. Makedonischen Krieges (168) bis zum Aufstand in der Zeit Sullas, der die Stadt 86 belagert und erobert, ist Athens Bedeutung als Stätte der Bildung sogar wieder gestiegen. Dann tritt der Freistaat *Rhodos* an seine Stelle.

Aber der Mittelpunkt der hellenischen Kultur wie des Handels der Welt wurde durch die ersten Ptolemaier *Alexandreia*[1]. Der Turm auf der Insel Pharos, der dann als Leuchtturm ausgebaut wurde, der Ahnherr nicht nur aller späteren Leuchttürme, sondern, wie es scheint, auch der Minaretts und der Kirchtürme, wies Schiffen aus allen Himmelsgegenden den Weg in den Hafen Alexandreias, und wenn diese

[1] Vgl. E. Bethe, Tausend Jahre altgriechischen Lebens S. 107 ff., Wilamowitz, Hellenistische Dichtung (1924) I 152 ff.

Stadt griechisch war nach der herrschenden Sprache, der ganz einheitlichen, neuen Anlage und dem Stil der öffentlichen und der Bürgerhäuser, so war im Hafenviertel ein Gewimmel von Menschen aller möglichen Rassen und Sprachen zu sehen. Diese größte Stadt des Mittelmeergebietes war keine Polis mehr im alten Sinne; sie hatte etwas Übernationales. Durch die Berufung bedeutender Männer aus anderen griechischen Ländern wurde sie Stätte der Wissenschaft und der Poesie, und wie in Athen Akademie und Peripatos, so vereinte hier die erlesenen Geister das »Museion«, die neu geschaffene Gebäudeanlage einer dem Musendienst gewidmeten Kultgemeinde. Die große Bibliothek, schon unter Ptolemaios I. geplant, wurde unter Ptolemaios II. gegründet; sie sollte die gesamte nationale griechische Literatur vereinen. An Bücherrollen zählte man schon unter den Ptolemaiern allein in der eigentlichen Hauptbibliothek 490 000, in einer Nebenbibliothek 42 800. Der Buchhandel entwickelte sich sehr, die Buchherstellung wurde vervollkommnet. Aus Ägypten stammte ja schon das Material, der Papyrus [1], aus dem das haltbarste Papier hergestellt wurde, das die Welt bisher besessen hat. In dieser Zeit kamen auch illustrierte Bücher auf. In den neuen schwierigen mathematischen, medizinischen, botanischen Abhandlungen wurden Abbildungen eine Notwendigkeit, Dichtungen wurden sie ein Schmuck.

Auch *Antiocheia* in Syrien, die Hauptstadt des Seleukidenreiches, wurde ein Mittelpunkt hellenischer Kultur, wenn auch von weit geringerer Bedeutung. Die Attaliden machten *Pergamon* zum geistigen

[1] Vgl. den Anhang unseres Buches S. 553 f.

Zentrum Kleinasiens; schon der Zeusaltar, der »Satans Stuhl« der Offenbarung Johannis (2, 13), gibt von der Macht und Pracht der Stadt, von der Leidenschaft ihres künstlerischen Wollens eine Vorstellung. Die deutschen Ausgrabungen haben dort eine Welt von Schönheit und Klugheit in der baulichen Ausgestaltung der Stadt erschlossen. Im Wetteifer mit Alexandreia wurde auch eine große Bibliothek gegründet und wissenschaftliche Arbeit gepflegt. Bibliotheken kleinerer Art werden bald viele Städte besessen haben.

Literatur, bildende Kunst und Wissenschaft aber blühen in diesem Zeitalter nicht als der natürliche Ausdruck der Kraft des Volkes; sie werden vielmehr entscheidend gefördert, ja erhalten und getragen durch den Willen bestimmter Einzelpersönlichkeiten, der Fürsten, und die Sphäre des Hofes ist die Luft, wo diese Arbeit nun am besten gedeiht. Die Könige sind es, die die vorbildlichen Bibliotheken gründen, der Wissenschaft eine Stätte ruhigen Gedeihens bereiten, Wissenschaftlern und Dichtern ein sorgenfreies Leben verschaffen. Sie lassen bauen, nach einheitlichem, großzügigem Plan, und statten die Feste aus, in noch weit prächtigeren Formen als einst Athen.

Damit ist aber auch zugleich gesagt, daß die Leistung des Geistes nicht mehr im Volke selbst wurzelte. Wohl fesselten Tragödie und Komödie wie die gymnischen Agone nach wie vor die Gesamtheit der Bürger, aber die für diese Epoche charakteristischen Werke wendeten sich gerade nicht an das Volk, sie wären der großen Menge gar nicht verständlich gewesen. Eine beklagenswerte, ungesunde, ja gefähr-

liche Scheidung trat ein zwischen den »Gebildeten« und den »Nichtgebildeten« – die aber alle lesen und schreiben lernten! Ein »gebildeter« Dichter schrieb für einen gebildeten Hörer. Und diese Kluft wurde nur immer breiter: es konnte ein Ruhm werden, für einen möglichst kleinen Kreis zu schaffen. Umgekehrt suchten und fanden die Leute des Volkes Freude an Werken, die der Oberschicht abgeschmackt scheinen mußten. So ist hier eigentlich das zerstört, worauf die geheimnisvolle Größe der geistigen Leistung hellenischer Frühzeit und klassischer Epoche beruht: die Einheit des Geistes im Volk, die Einheit von Natur und Kunst im Werk.
Größe haben die literarischen Werke der hellenistischen Zeit – von den wissenschaftlichen jetzt abgesehen – kaum. Das Land mit den ragenden Hochgipfeln – unter denen die höchsten sind und bleiben: Homer, die attische Tragödie und Platon – liegt weit hinter uns. Reiche Eigenart aber und reizvoller Klang, Schönheit der Form und Tiefe des Gedankens fehlen auch den Werken dieser Epoche nicht. Doch es bedarf eines geduldigen Sinnes und eines feinen Ohres, um davon noch heute etwas zu verspüren.

1. DICHTUNG DRAMATISCHER ART

In der dramatischen Kunst ist der Zusammenhang der hellenistischen mit der klassischen Zeit am engsten. Euripides blieb Herr der Bühne auch jetzt noch, er wurde auf den großen, schönen Theatern weitergespielt, die wir z. B. noch in Epidaurus, Priene, Pergamon, Milet bewundern können. Aber der Zahl nach standen die Euripideischen Stücke – und die anderen, die als »alte« wieder aufgeführt wurden – weit zurück hinter den neu gedichteten, deren Zahl auf viele Hunderte anzusetzen ist. Uns gestattet die Überlieferung nicht, von ihnen eine deutliche Vorstellung zu gewinnen.[1] Sicher aber ist, daß man außer den alten und auch neu aufgesuchten Stoffen des Mythos jetzt auch zuweilen geschichtliche darstellte, selbst solche aus jüngst vergangener Zeit. Von vier solchen Tragödien wissen wir: von der 'Mausolos' genannten des Theodektes, die am Hofe der Karischen Königinwitwe Artemisia aufgeführt wurde – es ist derselbe Mausolos, dem sie das Mausoleum errichten ließ –, ferner von den Tragödien des Moschion 'Themistokles' und 'Die Leute von Pherai' – hierin war der Tod des Tyrannen Alexander von Pherai in Thessalien dargestellt –; endlich wissen wir von den 'Kassandreern' des Lykophron von Chalkis auf Euboia. Dieser gehörte zu der sogenannten Plejade, dem Siebengestirn tragischer Dichter, die am Hofe des Ptolemaios II. Philadelphos (285–247) wirkten. Ihr Ruhm war groß; aber das ist ungefähr auch alles, was wir zu sagen wissen. Nicht einmal die Namen der Sieben sind einhellig überliefert; ein Urteil über ihre Kunst ist uns völlig verwehrt, nur einige Rückschlüsse auf ihren Stil sind gestattet, z. B. aus der hellenistischen Poetik, wie sie uns vor allem in der römischen Bearbeitung des Horaz, in der sogenannten Ars poetica, vorliegt. Es war eine seltsame Frucht der Gelehrsamkeit, als man

1 Über die schwierigen Fragen des hellenistischen Dramas unterrichtet am besten der Artikel Tragoedia von K. Ziegler in Pauly-Wissowas Realencyklopädie der classischen Altertumswissenschaft.

den Namen Plejade in Frankreich auf Ronsard (gest. 1585) und seine Dichtergefährten übertrug.

Der Tragiker *Lykophron* aber hat nicht nur, im Bunde mit anderen, dem alten Satyrspiel, dem Schlußstück der attischen Tragödienaufführung, neue Kraft einzuflößen sich bemüht, z. B. dadurch, daß er es mit persönlichem Spott in der Art der alten Komödie würzte, sondern auch ein großes, weitgeschwungenes Einzelgedicht in tragischen Trimetern geschaffen, das zu den seltsamsten Werken der Weltliteratur gehört.[1] Es heißt 'Alexandra', d. i. Kassandra, so wie ihr Bruder Paris auch Alexander genannt wird, und enthält einen Botenbericht an ihren Vater Priamos über die Weissagungen, die sie am ersten Tage von Troias, aber auch von Hellas' Unglück, nämlich dem der Abreise des Paris nach Sparta, »der Kehle lorbeerduft'gem Schlund entsandte«. So wie die Orakelsprüche Delphis und die Sibyllinischen Weissagungen ihr Geheimnis nur andeutend kundtun, so redet auch hier Kassandra in dunklen Umschreibungen, mit ganz entlegenen Worten, unter Verwendung der seltensten geographischen und mythologischen Kenntnisse. So ist das Ganze eine einzige Scharade, an der der Leser seine Geisteskraft erproben, seinen Witz üben soll. Unter den vielen Prophezeiungen sind auch die von der Gründung Roms und der Herrschaft der Römer, der Nachkommen Troias, über Italien, von Alexanders Eroberungszug und der endlichen Beilegung des uralten Zwistes

1 Vollständige Übersetzung von C. v. Holzinger in seiner Ausgabe. Hierzu vgl. wie zu dem gesamten Gebiet der alexandrinischen Dichtung Wilamowitzens Hellenistische Dichtung I. II und A. Körtes Die Hellenistische Dichtung (1925).

zwischen Asien und Europa. Und der Dichter hat mit seinem Rätselwerk erreicht, was er wollte: es ist lange Zeit hindurch, sogar in der Schule, gelesen worden und so auch uns erhalten geblieben.

Ein Gebiet lebendiger, reicher dramatischer Kunst betreten wir erst, wenn wir uns zur Komödie wenden. »Alte« und »neue« Komödie stellen die antiken Theoretiker als die entscheidenden gegensätzlichen Formen hin; die von manchen dazu angesetzte »mittlere« (s. S. 252) bildet nur den Übergang zu der neuen Stilgattung.
Diese neue Komödie ist wirklich in Athen beheimatet, wenn dies auch eine Stadt sehr anderen Geistes ist als die des 5. und die der ersten beiden Drittel des 4. Jahrhunderts. Hier wird sie gedichtet, hier gespielt, ehe die Wanderung durch die hellenische Welt beginnt. Der größte ihrer Dichter, Menander, ist sogar dem Rufe des Königs Ptolemaios, Alexandreia statt Athen als Wohnsitz zu wählen, nicht gefolgt. Dieses Lustspiel ist wirklich »attisches Salz«.
Drei Namen von Dichtern der neuen Komödie überstrahlen den Ruhm vieler anderer: *Menander* (ca. 342 bis ca. 293), *Philemon* (361–263?) und *Diphilos* (geb. vor 350, gest. nach Menander). Zusammen zählte man von ihnen etwa 300 aufgeführte Stücke, so rasch und leicht ging die Produktion, so fest war die Technik. Philemon hatte zu seinen Lebzeiten den größten Erfolg von den dreien, später wuchs der Menanders weit über den seinen hinaus. Menander war ein Schüler Theophrasts, des Nachfolgers des Aristoteles, ein Jugendfreund des Philosophen Epikur.
Ein vollständiges Stück dieser Literaturgattung be-

sitzen wir noch nicht; aber die mühsamen Versuche, aus den römischen Bearbeitungen des Plautus und Terenz und aus einer Fülle winziger Bruchstücke ein Bild des Originals wiederzugewinnen, haben seit einigen Jahrzehnten Papyrusfunde in eine reizvolle und lohnende Aufgabe verwandelt. Seit 1898 haben wir eine ganze Anzahl von Menanderpapyri erhalten. Dank sei vor allem einem Justitiar von Aphroditopolis in Ägypten, der in der Zeit Justins II. einen großen Topf mit Urkunden dadurch geschützt hat, daß er makulierte Bücher, darunter eine Menanderausgabe, darauflegte! So ist es auch gelungen, wenigstens von einem Stück, dem 'Schiedsgericht', etwa zwei Drittel wiederzugewinnen.[1]

Philemon und Menander waren begeisterte Anhänger des Euripides. In einem Stück Philemons (130)[2] kamen die Verse vor:

> Wenn denn in Wahrheit, so wie manche sagen,
> Die Abgestorbnen noch Empfindung hätten,
> Hängt ich mich auf, Euripides zu sehn.

Und Diphilos (60) nennt ihn einmal den »goldenen« Euripides. Eine Nachfahrin zugleich der alten Komödie und der späteuripideischen Tragödie ist die-

1 Verdeutscht von A. Körte und F. v. Oppeln-Bronikowski; vgl. auch R. Harder, Die Antike XV (1939) 51. Noch in diesem Jahre aber steht uns nach Mitteilung im Gnomon 29 (1957) 560 die Veröffentlichung einer vollständigen Komödie Menanders, des Jugendstückes Dyskolos, d. h. der Griesgram, aufgeführt 317/6, bevor. — Hierzu vgl. aber jetzt den Nachtrag S. 561! — 2 Die Zahlen bedeuten die Fragmentzahlen in der Sammlung von Kock, für Menander die in der Ausgabe von Körte-Thierfelder (1953). Später bezeichnen die Zahlen ohne weiteren Zusatz Menanderverse.

ses Spiel, und wenn wir sahen, daß bei Euripides das Tragische zuletzt gar ins Komische übergeht, so hat umgekehrt dieses Lustspiel durchaus ernsthafte Szenen. Der jauchzende dionysische Überschwang der alten Zeit ist gar sehr gedämpft. Wir lächeln mehr, als daß wir lachen, und mehr als eine Person rührt uns sogar durch ihre Tränen. »Die Trauer hat als Frucht die Träne, wie die Bäume die ihre«, sagt Philemon (73). Gesetz ist nur, daß das Ende heiter ist und der Bösewicht seine Strafe bekommt.
An bestimmten, oft wiederkehrenden Motiven wird der Einfluß der Euripideischen Kunst besonders deutlich. Da ist die Liebe mit ihrem Leid und ihrem Glück, ihren Intrigen und Händeln, die immer wieder anklingt, und eben seit dieser Komödie ist sie im Lustspiel Europas so recht heimisch. Überraschende Wiedererkennung verloren Geglaubter, ausgesetzter Kinder durch ihre Eltern, geliebter Mädchen durch den liebenden Jüngling, ist auch ein besonders häufiges, von Euripides stammendes Einzelmotiv. Es ist sogar beobachtet worden, daß Menander eine ganze, wichtige Szene – die Schiedsgerichtszene in dem danach genannten Stück – auf Grund einer Euripideischen gedichtet hat. Zu den Menschen der späteuripideischen Welt wie dem Bauer der 'Elektra', dem Phryger des 'Orest', dem Vater (Agamemnon) der 'Aulischen Iphigenie' finden wir hier Parallelgestalten. Und schon jetzt sei auch auf die allgemeinen Gedanken, Gnomen genannt, hingewiesen, die diese Komödie, der ernsteren Schwester folgend, zu Schmuck und Vertiefung sparsam zwar – viel sparsamer, als wir früher nach den antiken Zitaten annehmen mußten –, aber sehr wirkungsvoll einwebt.

Bereits diese Andeutungen zeigen, daß die Kunst dieses Spiels einen bestimmten gesellschaftlichen Kreis darstellt. In der Tat handelt es sich allermeist um Familienangelegenheiten von Kleinbürgern. Die leidenschaftliche Teilnahme am öffentlichen Leben, Kern und Kraft der alten Komödie, ist nun längst geschwunden; dann und wann gibt es noch eine bissige Bemerkung gegen eine Stadtgröße, aber der Wellenschlag der großen Politik flutet nicht hinein in diesen wohlgeschützten kleinen Hafen. Es ist auch oft eine recht unerfreuliche Gesellschaft, deren Abenteuer wir mit durchleben: junge Männer, die Bürgertöchter vergewaltigen, Söldner und fremde Offiziere, die in Athen ihr Beutegeld verzehren, Hetären und ihr Anhang, Kuppler und Parasiten. Die Atmosphäre ist etwas stickig, trotz der Wohlanständigkeit der Worte. Aber die Handlung als solche ist dem Dichter wenig wichtig, was sich schon in der häufigen Wiederholung derselben Motive zeigt; ja, bestimmte Männer- und Frauennamen haben geradezu typische Bedeutung für gewisse Rollen, und es gab sogar Komödien von fast gleicher Handlung. »Menander«, sagt Terenz im Prolog zu seiner 'Andria', »hat das 'Mädchen aus Andros' und das 'Mädchen aus Perinthos' gedichtet; wer eins von beiden Stücken richtig kennt, kennt beide, so gleich sind sie an Inhalt, aber ungleich ausgeführt in Sprache und Stil.« Das ist die immer wieder neue Kunst dieser Dichter: reizvolle Abwechslung bei ähnlichem Stoffe, feine Zeichnung der Menschen in ihrem liebe- oder haßvollen Verkehr miteinander, in ihren kleinen und ihnen doch so groß dünkenden Schicksalen. Scharfe Beobachtung individueller Züge ist die Voraussetzung dafür. Der Dichter kann das Beobachtete zum Typus steigern, wie es der Philosoph Theophrast auf seine Weise getan hat. Solche Typen dieser Komödie sind z. B. der Geizhals und der Schmeichler, der Leichtfuß und die Hetäre, der Söldner und der verschmitzte Sklave (dieser schon eine Lieblingsfigur der alten Komödie), der Koch und der Parasit. Den Hintergrund der menschlichen Beziehungen aber bilden allgemeine Gedanken, Gesellschaftsprobleme, wie sie die Sophistik aufgeworfen und Euripides im mythischen Gewande hat erscheinen lassen, wie das Verhältnis der Väter zu den Söhnen, des Reichen zum Armen, des Herrn zum Sklaven; Fragen nach dem Wert der Ehe; Reflexionen über Stadt- und Landleben, über Hellenen- und Barbarentum. Nicht wenige dieser Themen, dieser Gestalten leben im französischen und italienischen Lustspiel vergangener Zeiten, ja ganz allgemein im Lustspiel der Gegenwart fort.

Die Umsetzung der Handlung und der Personen aus der Sphäre des Phantastischen, in der die alte Komödie lebte, in die der Bürgerlichkeit hatte auch zur Folge, daß das Kostüm des Schauspielers sich der Tracht des täglichen Lebens anpaßte, die Groteskmaske nur noch für wenige Rollen verwendet und die Mitwirkung des Chores nun durchgehend darauf beschränkt wurde, Zwischenaktmusik zu machen. Die Versmaße der Schauspieler sind, soweit wir sehen, fast nur iambische Trimeter[1] und gelegent-

[1] Mit Recht vertritt Körte den Standpunkt, daß für Menanders flüssigen Vers im Deutschen am geeignetsten der Blankvers steht; nur im Ausnahmefall haben wir den Trimeter beibehalten.

lich trochäische Tetrameter; musikalische Begleitung wird es ganz selten gegeben haben. Aber auch diese Sprechverse sind Musik, sie rauschen leicht und sanft dahin, doch spritzen sie auch wie die Wellen, und ganz rasch kann Rede und Gegenrede, zuweilen nur aus *einem* Wort bestehend, aufeinander folgen. Oft fließt der Gedanke über das Versende hinüber, als sei da gar keine Grenze. Die Sprache ist ganz mühelos zu verstehen, es ist Umgangssprache, aber adlig in der Form, durchsichtig wie Kristall. So hat die Muse noch einmal, ein letztes Mal, Athen vergönnt, etwas zu schaffen, in dem Natur und Kunst ganz vereint waren.

Diese allgemeinen Gedanken über den Geist der neuen Komödie versuchen wir nun durch ausgewählte Versbeispiele noch zu verdeutlichen.

Die Götter waren der alten Komödie zwar auch ein Gegenstand derben Spottes, aber sie stehen doch als bedeutende Macht hinter dem Spiel, das ihren Kult verherrlicht. Auch jetzt noch sind die Komödien Schmuck des Dionysosfestes, doch die Göttermacht hat sich nur allzusehr verflüchtigt. Bezeichnend ist die Unterhaltung zwischen dem alten Smikrines und dem kecken Sklaven Onesimos im 'Schiedsgericht' (V. 543ff. mit Körte):

Smikrines:

Bei Göttern und Dämonen –

Onesimos:

Meinst du denn,
Die Götter hätten so viel Zeit, daß sie
Tagtäglich Leid und Glück dem einzelnen
Zuteilen, Smikrines?

Smikrines:

Was schwatzt du da?

Onesimos:

Ich will es dir erklären. Städte gibt's
Im ganzen Rund wohl tausend. Eine jede
Bewohnen an die dreißigtausend Menschen.
Und jeden einzelnen von diesen sollen
Die Götter schirmen oder strafen? Wie?
Dann führen sie ein arg geplagtes Leben.
— So kümmern sie sich gar nicht um die Menschen?
Wirst du nun fragen. — Doch; sie fügen jedem
Als Kommandanten den Charakter ein.
Der bringt zu Fall den einen, ist er bös;
Den andern schützt er. Das ist unser Gott.
Er trägt die Schuld dran, ob es einem gut,
Ob es ihm schlecht ergeht. Ihn gut zu stimmen,
Vermeide alles Schlechte, alles Dumme,
Dann wird dir's wohlergehen.

Zu diesem Urteil über die Götter, die hier gesehen werden etwa wie die ohnmächtigen Gestalten der Epikureischen Philosophie, stimmt es, daß diese Komödie immer wieder das launische Spiel der Tyche, die unberechenbaren Wechselfälle des Lebens, den »automatischen« Verlauf des Ganzen hervorhebt, zuweilen geradezu in einem leidenschaftlichen Tone. Und wenn einmal ein echt religiöses Gefühl hervorbricht, so sind es nicht die alten göttlichen Gestalten, welche die Andacht wecken, sondern die Natur, die Elemente. Menander (416) läßt einmal versichern:

Wer ist der Glücklichste? Ich will's dir sagen:
Wer ohne Leid die hehren Elemente
Geschaut und — dorthin eilt, woher er kam:
Die Sonne, allen freundlich, Sterne, Wasser,

Die Wolken, Feuer. Magst du hundert Jahre
Auch leben, mögen es ganz wen'ge sein,
Nie wirst du Heiligeres sehn als dies,
Das deinem Blicke ständig dar sich bietet.

Wie ähnlich ist der Gedanke jenem Aristotelischen von den Maulwurfsmenschen, die zum erstenmal die Herrlichkeit des Kosmos schauen (s. S. 361 f.), und doch im Grunde wie verschieden von ihm: dort wurde die Natur als der lebendige Beweis für das Dasein der Götter als ihrer Schöpfer gepriesen, und die Verehrung hatte den Klang beglückter Lebensbejahung, hier läßt sie nur die alte düstere Weisheit aufklingen, daß der frühe Tod der beste ist. Menander (111) ist es ja auch, der den allberühmten Vers geprägt hat:

Wen lieb die Götter haben, der stirbt jung.

Das innere Wesen des einzelnen Menschen, wie wir schon hörten, sein »Charakter« (d. h. Prägung), »der aus seiner Rede kenntlich wird« (66), seine »Art und Weise«, wie es oft heißt, bringt ihm sein Geschick, ist ihm sein Dämon. So hatte einst orakelhaft-dunkel schon Heraklit gesprochen (Fr. 119), nun klingt es wie etwas Allbekanntes (714):

Jedwedem Menschen tritt, wenn er geboren,
Ein Dämon an die Seite, guter Führer
Für ihn durch das Geheimnis dieses Lebens.

Gerade seine Eigentümlichkeit ist dem Menschen im Unterschied von den Tieren seine Lust und seine Qual; denn »wenn man 30 000 Füchse zusammenbringt, so wird man an allen insgesamt nur eine Art und Weise wahrnehmen; bei uns dagegen: soviel Personen an Zahl, so viele Arten kann man im einzelnen sehen« (Phil. 89). Eine berühmte Komödie Menanders, die Terenz bearbeitet hat, heißt bezeichnenderweise 'Der Selbstquäler'. Hören wir aus dem 'Schiedsgericht' die Vorwürfe, die sich ein junger Mann macht, weil er einen (vermeintlichen) Fehltritt seiner Gattin im Gegensatz zu einem eigenen hart beurteilt hat (V. 487 ff. mit Körte):

Charisios:

Ich war so einer von den Tugendstolzen,
Ich untersuchte, was das Gute sei
Und was das Böse, war im Leben selbst
Ganz ohne Fehl' und Tadel; da hat mir
Die Gottheit gut den Kopf zurechtgesetzt.
Sie führt mir zu Gemüt: Ein Mensch bist du,
Unseliger, und doch blähst du dich auf
Und redest große Worte. Deines Weibes
Unschuldig Unglück willst du nicht ertragen;
Nun zeigt sich, daß du selbst gefallen bist,
Genau wie sie. Doch sie läßt Milde walten,
Und du beschimpftest sie. Bald wird es klar,
Daß du nicht unglücklich geworden nur,
Nein, töricht auch und schlecht. — Sprach sie etwa
Zum Vater so, wie du zu ihr gesprochen?
Sie sei gekommen, sagt sie, als Genossin
Fürs ganze Leben, nimmer dürfe sie
Im Unglück ihren Gatten feig' verlassen.
Doch du, der du voll Hochmut stets gewesen ... —

Liebesnot, die schlaflose Nächte bringt, bis zur Verzweiflung, ja bis zum Gedanken an Selbstmord führen kann, Neid und Mißgunst sehen wir hier ebenso aus dem Innern der Menschen emporquellen wie Übermut, Spott und Schadenfreude – die wir allerdings durch Einzelbeispiele nicht so sichtbar machen können.

So ist nicht mehr der altattische Bürger, der fest mit beiden Füßen auf dem Heimatboden steht, dem das Geschick seiner Polis auch das eigene Leben gestaltet, die Person des Spieles, sondern der Mensch schlechthin. Dieses Wort »Mensch« klingt uns jetzt immer wieder entgegen. Einige bezeichnende Beispiele von sehr vielen:

> Was für ein artig Ding der Mensch, wenn Mensch
> er ist. (484)
>
> Ein Mensch bin ich. Nichts dünkt mich fremd,
> was menschlich ist[1].
> Ich fehlte als ein Mensch; kein Wunder ist's. (432)
> Ich traure freilich bis zum Übermaß
> Bei dem Gescheh'nen. Doch in meiner Trauer
> Regt sich zugleich der Geist. Das ist es, was
> Mich aufrecht hält und mich zum Menschen
> macht. (Phil. 135)
>
> Den Menschen ist das Wort der Leiden Arzt. (782)

Aber:

> Alles, was Gott tut, schweigend führt er's aus. (462)

Bei solcher Wertung des rein Menschlichen ist es kein Wunder, daß an den Sklaven oft der gleiche Maßstab angelegt wird wie an den Freien, ja fein hat man beobachtet, wie Menander in seinem 'He-

[1] Uns nur aus Terenz, Heaut. V. 77 bekannt, von Wilamowitz, Reden und Vorträge II[4] 181[1], doch wohl nicht richtig beurteilt. Gewiß dient der Vers im Stück zur Entschuldigung einer unpassenden Neugierde, aber die Bedeutung eines solchen Wortes liegt doch gerade in seinem Doppelsinn: es kommt ihm eben auch die allgemeine Bedeutung zu, daß alles Menschliche unsere Teilnahme weckt. Der Neugierige zitiert sozusagen.

ros' einen jungen Sklaven einführt, dessen reine Liebe weit höher steht als die trübe Leidenschaft manches jener Herrensöhnchen. Überhaupt hat der Sklave hier nicht geringe Bedeutung im Bürgerhaus, ebenso für die Aufziehung der kleinen Kinder wie für die Erziehung des Jünglings.

Freundschaft und Menschenfreundlichkeit, Philanthropia genannt, gelten viel unter diesen Menschen.

> Wenn wir uns alle stets zu Hilfe kämen,
> Keinem, der Mensch ist, fehlte es an Glück,

heißt es (467); ja dieses sich gegenseitig Unterstützen wird sogar »etwas Unvergängliches« genannt (116). Aber die weltschmerzliche Stimmung, die wir schon kennen, findet wiederholt in dem Gedanken Ausdruck, daß das rein instinktmäßig lebende Tier es eigentlich besser hat als der Mensch (620; Phil. 88. 93). Wenn der alten Seelenwanderungslehre Tiere und Pflanzen untergeordnete Formen waren, so meint der Kraton der Menandrischen 'Prophetin': Wenn ein Gott mir sagte: »Du kannst werden, was du willst, Hund, Schaf, Bock, Mensch, Pferd; denn du mußt zweimal leben, das ist Bestimmung; nun wähle, was du willst!«, so würde ich wohl sofort sagen: »Mach mich zu allem lieber als zum Menschen![1]«

Die lyrisch-heitere Stimmung früherer Lustspielchorgesänge umfängt uns nun nicht mehr; sondern wir hören nicht selten den Ausdruck etwas müder, reifer Weisheit und Menschenkenntnis. Gerade aber die Allgemeingültigkeit der Gedanken, das Fehlen eines besonderen Stadtkolorits half der Verbreitung

[1] Vgl. oben S. 174[1].

dieser Komödie und ihrer Wirkungsdauer. Wie die Aufführungen viele Jahrhunderte hindurch stattfanden, so hat man aus den Stücken auch vielbenutzte Blütenlesen, ähnlich einer Sprichwortsammlung, hergestellt. Den Römern wurde die neue Komödie durch lateinische Bearbeitung vertraut: Plautus verwandelte sie in eine andere, den Römern seiner Generation gemäße Stilgattung[1], Terenz schmiegte sich dem Original weit mehr an. Freilich die gebildeten, des Griechischen kundigen Römer haben wiederholt den Abstand dieser und der anderen lateinischen Dichter von den hellenischen beklagt; im günstigsten Falle war Terenz für Cäsar ein »halbierter Menander«. Trotzdem geht die Wirkung der Griechen eben durch Plautus und Terenz auf das Abendland weiter. Cäsar hat zwar nicht, wie gesagt wurde, den entscheidenden Übergang über den Rubikon mit einem Menanderzitat begleitet – vielmehr ist das »Der Würfel sei hochgeworfen!« ein sprichwörtlicher griechischer Ausdruck[2]–, aber Augustus hat wirklich auf dem Sterbebette Verse der neuen Komödie zitiert, welche die Summe seines Lebens ziehen sollten: »Da das Spiel gut gelungen, so klatscht Beifall und gebt alle uns freundschaftlich Geleit!« Gerade dies war nämlich ein mehrfach von dieser Komödie wie von der Stoa ausgeführtes Bild, daß das Leben einem Schauspiele

[1] Das typisch Römische im Unterschied vom Hellenistischen zeigt in dieser Kunstform E. Fraenkels Werk Plautinisches im Plautus (1922). — [2] Das hat gegenüber der Auffassung von Wilamowitz, ein neuer Papyrusfund gezeigt. Schon Kritias hat das Wort, und zwar in der der römischen genau entsprechenden Form, am Versschluß vgl. Fragm. d. Vorsokr. II[8] 427, 45.

gleiche, in dem jeder die ihm vom Schicksal zugewiesene Rolle so gut wie möglich zu spielen habe; es gebe freilich auch Statistenrollen (153, vgl. Adesp. 245 und unten S. 533). – Shakespeares »Wenn die Musik der Liebe Nahrung ist...« ist ein Gedanke Menanders.[1] Goethe hat in den Zahmen Xenien[2] einmal Menander frei wiedergegeben:

Die Axt erklingt, da blinkt schon jedes Beil;
Die Eiche fällt, und jeder holzt sein Teil.

Seine – in ähnlichem Sinne oft geäußerten – Worte: »Wie kann man sich selbst kennenlernen? Durch Betrachten niemals, wohl aber durch Handeln. Versuche, deine Pflicht zu tun, und du weißt gleich, was an dir ist« sind wie eine Umschreibung der Menanderverse (I p. 121):

Dich selbst erkenne! Ja, du wirst's, weißt du,
Was dein Geschäft ist und was du zu tun,

und über seine Selbstbiographie setzte er – auf griechisch! – den als Menanderwort überlieferten Vers

Wer nicht geschunden wird, wird nicht erzogen.

Zur dramatischen Dichtung im weiteren Sinne kann man auch die stellen, welche *Mimus*[3] hieß, die einst der Syrakusaner Sophron (s. S. 226) so meisterhaft gepflegt haben soll; und mimetische Dichtung, wiederum im weiteren Sinne, umfaßt ein großes Gebiet. Freilich wurde sie nie wie ein Theaterstück

1 Vgl. Wilamowitz, Reden aus der Kriegszeit (1915) S. 135[1].
2 I, 50; doch ist die Zuweisung an Menander nicht sicher.
3 Bahnbrechend auf diesem Gebiet das Buch von H. Reich, Der Mimus (1903), das freilich so gut wie alle Literatur in »Mimus« verwandelt.

gespielt, sondern immer nur von *einem* Künstler, offenbar unter Nachahmung der verschiedenen Stimmen, vor kleinerem oder größerem Kreis vorgetragen. Das meiste davon blieb unterhalb der eigentlichen Literatur. Diese burlesken Vorträge und karikierenden Stegreifstücke haben gerade im Westen Griechenlands, auf sizilisch-italischem Gebiet, besonders geblüht, dort, wo auch eine aus Tarent stammende Posse mit Göttertravestie, das Spiel der Rüpel mit dem Namen »Phlyaken«, lebte, dem Rhinthon (um 300) literarische Form gab, und sie haben sich die Jahrhunderte hindurch in immer neuer Gestalt gezeigt. In ununterbrochener Kette geht dieser Formenwandel des Mimus bis in unsere Tage hinein. Selbst der Moritatensänger und der Zirkusclown sind noch Nachfahren jener alten Vortragskünstler.

Hellenistische Mimen literarischer Art haben uns wieder Papyrusfunde kennen gelehrt. Den alten am nächsten stehen die Mimiamben des Herondas – auch die Namensform Herodas, selbst Herodes ist denkbar –, der Versmaß und Sprache des Ioniers Hipponax (s. S. 72) wiederaufleben ließ. Von dem Dichter wissen wir nichts Sicheres. Die Gedichte weisen in den Osten Griechenlands, z. B. nach der Insel Kos. Eine Erwähnung des Königs Ptolemaios III. Euergetes (247–221) ist sicher. Seine Hinkiamben schildern in grob realistischer Kürze Szenen aus dem täglichen Leben; in einem uns schwer begreiflichen Gegensatz dazu steht die altertümliche ionische Sprache, die nur der Kenner zu würdigen wußte. Wie sehr die »Wahrheit« das letzte Ziel seiner Vortragsstücke ist, das sagt uns ein begeistertes Lob des großen Malers Apelles, das er zwei Frauen bei der Betrachtung von Kunstschätze eines Asklepiostempels anstimmen läßt[1]:

Phile:

Den nackten Jungen hier wenn ich den kneife,
Kriegt der nicht blaue Flecke, Kynno? Denn
Die Fleischpartien auf dem Bilde sehn doch aus
Wie warm pulsierend! Und das silberne
Opfergerät, wenn das Myellos oder
Pataikiskos sieht, der Sohn des Lamprion,
Schaun die sich nicht die Augen aus dem Kopf,
Weil sie's für echte Silberarbeit halten?
Der Ochs dann und sein Treiber, samt dem Weibe,
Das mitgeht, und der mit der Geierfratze
Und der Kerl mit der stumpfen Nase da —
Blickt ihnen allen nicht das helle Leben
Aus ihren Augen? Meint' ich nicht, es wäre
Unschicklich für ein Weib, laut schrie ich auf:
Der Ochse, Kynnis, tut mir noch ein Leids an,
So schielt er mit dem einen Aug' herüber!

Kynno:

Ja, Phile, *wahr* ist, was des Ephesiers
Apelles Hand erschuf, in jedem Stücke;
Man kann nicht sagen: »Dieser Mann besaß
Für's eine Blick, doch andres lag ihm fern.«
Nein, was ihm in den Sinn kam, darin konnt' er
Sich selbst mit Göttern messen.

Das ist zugleich ein bedeutsames Zeugnis nicht nur für den »Verismus« der hellenistischen Malerei, sondern auch für den Geschmack des Publikums. Wir vergleichen die Worte mit der bekannten Ge-

[1] Diese u. d. folg. Übersetzung nach Crusius-Herzog, Die Mimiamb. d. H. (1926) u. Körte a. O. S. 274ff.

schichte von den Malern Zeuxis und Parrhasios, die schon um die Wende des 5. und 4. Jahrhunderts wirkten (Plinius XXXV 65): »Mit Zeuxis soll sich Parrhasios in einen Wettkampf eingelassen haben, und als Zeuxis so treffend gemalte Trauben ausstellte, daß die Vögel zur Bühne geflogen kamen, soll er selbst einen Vorhang ausgestellt haben, der einem wirklichen so täuschend ähnlich sah, daß Zeuxis unwirsch ausrief, er solle doch endlich den Vorhang entfernen und sein Gemälde zeigen. Schließlich ward er seinen Irrtum gewahr, und mit aufrichtiger Beschämung erkannte er Parrhasios den Preis zu, weil er nur Vögel, Parrhasios aber ihn selbst, einen Künstler, hinters Licht geführt habe.« Wie einfach dieser Vorwurf und diese Erzählung verglichen mit der raffinierten hellenistischen Darstellung!

Im Sinne seines Apelles gibt nun Herondas Dialogszenen, die wie hier im Tempel, so auch vor Gericht spielen oder im Hause eines Lehrers – die Mutter bringt ihren faulen, nichtsnutzigen Jungen, um ihn durchprügeln zu lassen, »bis die Sonne untergeht« –, im Heim einer verlassenen jungen Frau, die eine Kupplerin für einen anderen Mann gewinnen will, im Schusterladen und sonstwo. Häßliches und Gemeines tritt unverhüllt hervor. Eine kulturgeschichtlich lehrreiche Schilderung von Alexandreia gibt jene Kupplerin, indem sie von dem verschwundenen Mann erzählt:

Seit Mandris nach Ägypten fuhr, ging ja
Der zehnte Monat schon ins Land, und er
Schickt dir nicht einen Strich, nein, hat dich ganz
Vergessen: neuer Becher gibt ihm Trank.

Dort aber ist der Göttin Heim; denn alles,
Was irgend auf der Erde ist und wird,
Ist in Ägypten: Reichtum, Ringschulen,
Macht, heitrer Himmel, Ruhm, Schaustellungen,
Philosophen, Goldgeschmeide, junge Männer,
Der Geschwistergötter Tempel, der brave König[1],
Das Museum, Wein — kurz, alles Gute, was man
Nur wünschen mag, und Frauen erst, so viel,
Daß selbst der Himmel — bei der Hadesbraut! —
So vieler Sterne sich nicht rühmen kann.

Noch ein dramatisches Vortragsstück sehr anderer Art, das von einem uns Unbekannten gedichtet ist, kennen wir seit einiger Zeit, das Lied[2] eines verlassenen Mädchens, von einem Sänger, als Frau gekleidet, oder auch einer Sängerin mit Instrumentalbegleitung vorgetragen, in freien Strophenformen. Der leidenschaftliche Ton, die demütige Gesinnung der Betrogenen, die wir uns nachts zum Hause des festefeiernden Geliebten gehend denken müssen, trifft uns noch heute mit eigentümlicher Kraft:

Frei wählten wir beide das feste Band,
Und Liebeswonne folgte der Neigung.
Wie packt mich der Schmerz, denke ich dran,
Daß er mich küßte schon im Gedanken,
Mich zu verraten,
Unseres Zankes list'ger Erfinder.
Mich aber schlug Eros in Banden,
Er, der die Neigung zum Ziele führte.
Nein, ich leugne nicht: ihn nur trag' ich im Herzen.

[1] Die Geschwistergötter sind die verewigten Ptolemaios II. Philadelphos und Arsinoe; dann muß (nach Wilamowitz) der brave König Euergetes sein. — [2] Vgl. Wilamowitz, Des Mädchens Klage, Nachr. d. Gött. Gesellsch. d. Wissenschaften 1896.

Ihr Sterne, ihr lieben, und hehre Nacht, meiner Sehnsucht
Gefährtin,
Führt mich auch jetzt zu ihm,
Wohin Liebesgöttin und Eros der starke Bezwinger
Mich Wehrlose treiben.
Zum Mitgeleiter hab' ich das mächtige Feuer,
Das in der Seele mir brennt.
Aber das kränket mich, aber das schmerzet mich:
Er, der Seelenbetörer,
Der so stolz es verneinte, daß Liebesgenuß
Das Ziel seines Sehnens, er hat nicht ertragen
Den kleinen Verdruß!

(Vor der Tür des Geliebten:)

Mich packt Wahnsinn an, Eifersucht hat mich ganz,
Mich brennt Liebesglut, ach, die Verlassene.
Doch das gewähre mir: wirf mir die Kränze zu,
Daß ich in Einsamkeit sie an die Brust mir press'!

Jag' mich nicht fort, o Herr, nimm die Verstoßene
In deinem Hause auf! Will deine Sklavin sein.

(Keine Antwort; das Folgende zu sich:)

Rasende Leidenschaft immer nur Schmerzen schafft,
Banne die Eifersucht, halte geduldig aus!

Aber wenn *einem* nur du dich in Liebe gibst,
Bist eine Törin du; das bringt den Wahnsinn dir.

(Wieder zum Geliebten:)

Doch wisse:
Voll Kraft ist mein Herz, wenn die Rachsucht es faßt.
Ich rase, wenn des ich gedenke,
Daß ich vereinsamt liegen muß
Und du enteilst zu andrem Lieb.

Sind wir auch jetzt entzweit, so müssen wir gleich
Uns wieder versöhnen.

Wir haben ja Freunde; die sollen entscheiden
Wessen die Schuld...

Die dann folgenden Worte sind nicht mehr verständlich. – Solche Arien hat Plautus in seine Komödien umgeformt übernommen, und sie tragen nicht am wenigsten dazu bei, daß seine Spiele eine so buntscheckige, von der neuen Komödie stark abweichende Form haben.

Mimetische Dichtungen in einer weit feineren Form als die bisher besprochenen, solche in epischer Stilisierung, lernen wir in den Gedichten *Theokrits* kennen. Daß sie uns erhalten geblieben sind, verdanken wir vor allem einer Sammlung des Grammatikers Artemidor aus Sullanischer Zeit. 'Bukolische Musen' nannte er sie, weil sie vornehmlich Hirtengesänge verschiedener hellenistischer Dichter enthielt. Einige weitere Theokritische Gedichte sind uns noch aus anderer Quelle bekannt. Ihre Zahl war einst viel größer, ihre Form sehr verschieden, doch waren alle Werke der Kleinkunst.

Am Ende des 4. Jahrhunderts, etwa 305, ist Theokrit in Syrakus, wie er selbst in einem für eine Ausgabe seiner Gedichte verfertigten Begleitepigramm sagt, geboren. Einen – gemilderten – dorisch-syrakusanischen Dialekt sprechen seine Hirten, während er in anderen Gedichten die epische und die aiolische Sprache anwendet; stets aber ist die Ausdrucksweise sehr gewählt, zuweilen künstlich, so daß sie sich dem Verständnis nicht leicht erschließt. In Sizilien hat er um die Gunst Hierons, des späteren Königs von Syrakus, geworben. Davon zeugen seine 'Chariten', die bescheidentlich um gastliche Aufnahme bitten und über den Geiz der Menschen und den

Mangel an Kunstverständnis in der Welt bittere Klage führen; diese Reichen sagen nur immer: »Mir ist näher das Knie als das Schienbein.« Wir sehen Theokrit aber auch auf der Insel Kos und in Alexandreia wirken. Auf Kos spielen einige Gedichte, und dort hat er im Kreise von Freunden, wie dem Dichter und Astronomen Arat und dem Arzt Nikias, die beide in seinen Gedichten angeredet werden, wohl seine glücklichste Zeit verlebt. Nikias ist der, den Goethe – Amyntas anredet in jener Elegie:

Nikias, trefflicher Mann, du Arzt des Leibs und der Seele!
Krank, ich bin es fürwahr; aber dein Mittel ist hart.

Von Alexandreia gibt es kein farbenprächtigeres Bild als das, welches Theokrit in seinen 'Frauen am Adonisfest' entworfen hat, und Ptolemaios Philadelphos hat er im Gedicht so umworben wie früher Hieron. Sein weiteres Leben ist kaum zu erkennen.

»Eidyllion«, d. i. »Kleine Einzelform«, nannte man diese Werkchen innerhalb des ganzen Buches; von unserer »Idylle« liegt gar nichts darin. Theokrits Hirten sind zwar durchaus in gewissem Sinne verklärte Gestalten, sie können durchweg schön singen und auf der Hirtenflöte spielen draußen bei ihren Herden – nur nicht in der Mittagsstunde[1]:

Ja nicht um Mittag, Schäfer, die Syrinx blasen! Um Mittag
Nicht! Pan fürchten wir da! Denn er pflegt, vom Jagen ermüdet,
Um *die* Stunde ja immer des Schlafs, –

[1] Hier und im folgenden sind die trefflichen Übersetzungen Mörikes verwendet, die nur an wenigen Stellen einer Berichtigung bedürfen.

aber gesunde Empfindung, nicht süßliche Sentimentalität ist ihnen eigen, selbst wenn sie Töne der Trauer anschlagen müssen. Da trägt ein Rinderhirt einem Ziegenhirten, den er im Bergwald getroffen hat, einen Kuhreigen vor, das schwermütige Volkslied vom Tode des schönen, reinen Jünglings Daphnis, des von Aphrodite vergeblich geliebten und darum mit verderblicher Liebe geschlagenen, hier in kunstvolle epische Form gefaßt[1]; da singt der Ziegenhirt eine Art Ständchen für seine Amaryllis in der Grotte, die ihn jetzt verschmäht:

Dünkt dir die Nase zu platt an mir, in der Nähe gesehen,
Mädchen? Zu lang mein Bart?...

Da unterhalten sich in dramatischer Form zwei Rinderhirten über ihre Tiere, ihre Herren, ihre Geliebten, zwei Schnitter singen zur Morgenarbeit, der eine ein starker Mann »mit prächtigem Schnauzbart«, der andere ein verliebter junger Bursch, der vom Älteren ausgelacht wird. Oder der Dichter erzählt selbst und teilt dabei zwei verschiedene Hirtenlieder über die Liebe des Riesenhirten Polyphem zu Galateia mit,

Sieger jedoch war keiner, denn fehllos sangen sie beide.

Solches Wettsingen war volkstümlich, hatten es doch schon in anderer Form die beiden Urväter der Poesie, Homer und Hesiod, geübt (s. S. 53). Hier ist es zu einem bestimmten künstlerischen Motiv geworden. Die kräftigen Töne Theokritischer Landschaftsmale-

[1] In Wilamowitzens Daphnis, Reden und Vorträge I[4] 273 ff. übersetzt und erläutert.

rei läßt uns am eindrücklichsten Theokrits 'Erntefest' sehen. Das feiern an einem heißen Sommertage einige Hirten, wie einer selbst erzählt, auf einem Herrenhofe, aber hier sind die Hirtennamen wirklich Deck- und Necknamen für Theokrit selbst und seine koischen Freunde: ein bedenkliches Motiv, denn solches Verkleidungsspiel ist dann später zur Maskerade der Schäferpoesie ausgeartet, die sonst dem echt Theokritischen Wesen ganz fern steht. Der Schluß des Gedichts, in dem es auch wieder einen Wettgesang gibt, lautet[1]:

Da nahmen wir Platz auf schwellendem Lager
Von duftigem Kalmus und frischen Reben.
Zu Häupten rauschten Pappeln und Rüstern;
Aus naher Grotte rieselte plätschernd
Das himmlische Naß des Nymphenbornes.
Im Schatten der Büsche übten ihr Zirpen
Geschäftig die Grillen, die Sonnenkinder.
Fern in den Dornen quakte der Laubfrosch,
Sangen ihr Lied Lerchen und Finken,
Die Taube gurrte. Über den Spiegel
Des Wässerchens huschten die braunen Bienen.
Und über allem der Duft des Sommers,
Des Erntesegens, in Flur und Garten.
Äpfel und Birnen rollten in Fülle
Zur Rechten und Linken; fruchtbeladen
Hingen zu Boden die Schlehenzweige,
Und eine Flasche war angebrochen
Von einem Weinchen, vier Jahre gelagert.
Ihr Nymphen seid ja zu Haus bei Apollons
Kastalischem Borne, nicht wahr, ihr Nymphen:

[1] Nach der Übertragung von Wilamowitz a. O. S. 283, die den Hexameter in diesen Balladenvers umsetzt, wodurch der Charakter des Gedichts freilich verändert wird.

Die Sorte war es, die der alte Chiron
Dem Herakles in der Felsengrotte
Der Pholoe auftrug? Dieser Nektar
Bezwang auch den wüsten sizilischen Hirten,
Den Polyphem, der mit ganzen Bergen
Nach dem Schiffe warf; in der Hürde mußte
Der Riese zum Tanz seine Beine recken.
So köstlichen Trank hat euer Wasser,
Ihr Nymphen, damals neben Demeters
Altar gekühlt. Auf ihrer Tenne
Möcht' ich noch einmal die schwere Schaufel
In den hohen Haufen des Kornes stecken,
Daß gnädigen Auges die Göttin grüßte,
In beiden Händen Ähren und Mohn.

Wir gedenken der Sommerlandschaft, die uns Platons 'Phaidros' spüren ließ: da wurde die Stimmung nur durch leise andeutendes Wort des Dichters gegeben, der es unserer eigenen Phantasie überließ, ein Bild zu schauen. Hier schaffen die sorgsam ausgewählten Einzelzüge den Gesamteindruck.

Seltsame Schicksale können dem antiken Werk in seinem Nachleben widerfahren. Das einmal glücklich gefundene Motiv wird immer wieder bearbeitet, aber Stimmung und Geschmack der Epoche gibt ihm stets einen anderen Ausdruck. Jener Artemidor nahm in seine Sammlung Hirtenpoesie auch Werke späterer Bukoliker, des *Moschos* aus Syrakus (2. Jahrhundert v. Chr.) und *Bion* von Smyrna (2./1. Jahrhundert), auf. Einen starken Eindruck von Bions eigenartiger stilistischer Kunst gibt uns sein Klagelied auf den Tod des Adonis, des von Aphrodite geliebten, Daphnis ähnlichen, jugendlichen Frühlingsgottes, der alljährlich in der Glut des Sommers dahinsterben muß oder, wie der Mythos sagt, weil ein Untier im Walde ihn vernichtet. Hören wir den Eingang des Gedichts[1]:

Ich klag' um Adonis: »Adonis ist tot,
Adonis, der holde Knabe.«
»Adonis ist tot, der holde Knab'«,
Klagen mit mir die Eroten.

Schläfst du noch, Kypris, auf purpurnem Pfühl?
Wach auf, nimm Trauerflöre,
Schlage die Brüste, allen es sag':
»Tot ist Adonis, der holde.«

Ich klag' um Adonis; und immer zugleich
Klagen mit mir die Eroten.

Der holde Adonis liegt droben im Wald,
Zerfleischt sind seine Weichen,
Die weißen, von weißem Eberzahn;
Nun liegt er da, verscheidend,
Zu Kypris' Kummer. Den Schnee der Haut
Das schwarze Blut berieselt,
Unter den Brauen der Blick erstarrt,
Es welken der Lippen Rosen,
Und mit den Rosen welkt der Kuß,
Nie mehr gewinnt ihn sich Kypris.
Ist auch süß ihr der tote Kuß,
Der Sterbende fühlt kein Küssen.

Ich klag' um Adonis; und immer zugleich
Klagen mit mir die Eroten.

In einzelnen Bildern wird nun der rasenden Aphrodite Daherfahrt geschildert, ihre leidenschaftliche Klage am Leichnam des Jünglings, seine Aufbah-

[1] Nach Wilamowitz, Reden und Vorträge I⁴ 292; auch hier ist der Hexameter von ihm in einen zweigeteilten Vers umgewandelt worden.

rung auf dem Purpurpfühl, alles durchwebt von jenem einförmig trostlosen Refrainklagevers. Vielleicht zeigen schon die wenigen mitgeteilten Verse des in weichen Hexametern dahinfließenden Gedichts, worauf es dem Dichter und Vortragskünstler ankam: durch Farben unsere Sinne zu reizen – wie stark wirken schon in diesen Eingangsversen die purpurnen und rosenroten und dunklen und weißen Farbtöne! –, durch süße Klänge unser Herz halb zu berauschen, halb zu ermüden, uns in die schwüle Trauerstimmung zu versenken, die um den Tod dieser, einst orientalischen, göttlichen Gestalt wogt.

Und so viel Blut Adonis vergießt,
Vergießet Kypris Zähren,
Und Blumen entsprießen, Rosen dem Blut,
Den Zähren Anemonen. –

Nur zwei Generationen jünger als Bion war Vergil[1]. In der Friedenssehnsucht der römischen Revolutionszeit hat er wie andere sich in Theokrits Hirtenwelt versetzt und seine Gedichte in wohllautende römische Verse übertragen. Aber nun sollen die Hirten nur noch Masken sein für andere Gestalten, haben die Schilderungen noch einen Neben- und Hintersinn. Und diesem Reis ist die große, weitverzweigte Literaturgattung der Hirten- und Schäferpoesie entwachsen, der der Geist der Renaissance, des Barock und des Rokoko wieder ihre unter sich sehr verschiedenen Formen gab. Ja, auch St. George hat 'Bücher der Hirten und Preisgedichte, der Sagen und Sänge und der Hängenden Gärten' geschrieben.

1 Zum folgenden vgl. z.B. Wilamowitz a.O. S. 279 f.

Zurück noch einmal zu Theokrit! So wie man in Sophrons Kunst 'Männer-' und 'Frauenmimen' unterschied, so kann man dies auch in Theokrits Gedichten – während man sie nach dem Ort ihrer Handlung in ländliche und städtische scheiden könnte. Zu den 'Männlichen Mimen', die nicht in der Hirtenwelt spielen, gehört z. B. auch das Gespräch zweier Freunde, von denen der eine die Untreue des Mädchens durch eine Reise in die Ferne überwinden will: das ist ein bewährtes Mittel, auch

Simos, der vordem Epichalkos' Tochter geliebt hat,
Ging ja zu Schiff und kehrte gesund, mein Jugendgenosse.

Die beiden erhaltenen 'Weiblichen Mimen' aber nehmen uns noch heute durch ihre innere Kraft ganz und gar gefangen, so daß mancher sie für die vollkommensten Gedichte Theokrits halten wird. Es sind dies die 'Zauberinnen' und die 'Frauen am Adonisfest'. Die Zauberin ist ein Mädchen, das mit Hilfe einer bejahrten Dienerin nach uraltem, noch heute verbreitetem Volksglauben den untreuen Geliebten, den schönen Delphis, durch Beschwörung wiedergewinnen will (vgl. S. 226). Da muß mancherlei mithelfen, auf daß der Zauber kräftig wirke: ein flackerndes Feuer in der Nacht, magische Mittel verschiedener Art, der Schimmer des Mondscheins[1]:

O leuchte Selene,
Hold! Ich rufe zu dir in leisen Gesängen, o Göttin!

[1] Wir geben auch diese Verse in der Übertragung Mörikes. R. Wünsch (Hessische Blätter für Volkskunde VIII 115 ff.) bringt außer einem sachkundigen Kommentar eine Übertragung in fünffüßigen Trochäen, die wirkungsvoll ist, aber den epischen Klang und die von Theokrit gewollte strenge Strophenbildung nicht beibehalten kann.

Rufe zur chthonischen Hekate auch, dem Schrecken der Hunde,
Wann durch Grüfte der Toten und dunkeles Blut sie dahergeht.
Hekate! Heil, du Schreckliche! Komm und hilf mir vollbringen!
Laß unkräftiger nicht mein Werk sein als wie der Kirke
Ihres, Medeias auch und als Perimedes[1] der blonden.
Roll, o Kreisel, und zieh in das Haus mir wieder den Jüngling!

Mehl muß erst in der Flamme verzehrt sein! Testylis, hurtig,
Streue mir doch! Wo ist dein Verstand, du Törin, geblieben?
Bin ich, Verwünschte, vielleicht auch dir zum Spotte geworden?
Streu und sage dazu: »Hier streu' ich Delphis' Gebeine!«
Roll, o Kreisel, und zieh in das Haus mir wieder den Jüngling!

Mich hat Delphis gequält, so verbrenn' ich auf Delphis den Lorbeer.
Wie sich jetzo das Reis mit lautem Geknatter entzündet,
Plötzlich sodann aufflammt und selbst nicht Asche zurückläßt,
Also müsse das Fleisch in der Lohe verstäuben dem Delphis.
Roll, o Kreisel, und zieh in das Haus mir wieder den Jüngling!

Wie ich schmelze dies wächserne Bild mit Hilfe der Gottheit,
Also schmelze vor Liebe sogleich der Myndier Delphis;
Und wie die eherne Rolle sich umdreht durch Aphrodita,
Also drehe sich jener herum nach unserer Pforte.

[1] Perimede, eine berühmte Zauberin, Parallelgestalt zu Medea.

Roll, o Kreisel, und zieh in das Haus mir wieder den Jüngling!

Der unheimlich zuckende und schnurrende Kreiselvers – der Zauberkreisel war ursprünglich der Zaubervogel Wendehals –, der zehnmal als Refrainvers erklingt, überträgt auf uns die quälende Unruhe des Mädchens, das im zweiten Teil seines langen Monologs der Mondgöttin die Geschichte seiner Liebe erzählt. Hier ertönt strophenabschließend zwölfmal der Refrainruf:

Sieh, o Göttin Selene, woher mir die Liebe gekommen!

So erregt der Verlassenen Herz, so ruhig die nächtliche Natur:

Siehe, wie still! Nun schweiget das Meer, und es schweigen die Winde,
Aber es schweigt mir nicht im innersten Busen der Jammer.

Doch am Ende sinkt das Feuer der leidenschaftlichen Beschwörung in sich selbst zusammen; müde und traurig klingt das Abschiedswort zu Selene empor:

Lebe nun wohl und hinab zum Okeanos lenke die Rosse,
Himmlische! Meinen Kummer, den werd' ich fürder noch tragen.
Schimmernde Göttin, gehabe dich wohl! Fahrt wohl auch, ihr andern
Sterne, so viele der ruhigen Nacht den Wagen begleiten!

Dagegen erlebt das Getümmel der königlichen Haupt- und Residenzstadt Alexandreia, wer den Mimos 'Die Frauen am Adonisfest' liest oder vielmehr im Sinne des Dichters: in künstlerischer Rezitation vorgetragen hört. Zwei dort wohnende Syrakusanerinnen, also Landsmänninnen, führt der

Dichter ein; den natürlich-lebhaften Ton ihrer Unterhaltung zeigt gleich der Eingang[1]:

Gorgo:

Ist Praxinoa drinnen?

Praxinoa:

Gorgo, endlich! Bin drinnen.
Wirklich! du bist *schon* hier? – Nun, Eunoa, stell ihr den Sessel;
Leg auch ein Polster darauf!

Gorgo:

Es ist gut so.

Praxinoa:

Setze dich, Liebe!

Gorgo:

Ach! halbtot, Praxinoa, bin ich! Lebensgefahren
Stand ich aus bei der Menge des Volks und der Menge der Wagen!
Stiefel und überall Stiefel, und nichts als Krieger in Mänteln!
Dann der unendliche Weg! Du wohnst auch gar zu entfernt mir.

Praxinoa:

Ja, da hat nun der Querkopf hier ganz am Ende der Erde
Solch ein Loch, nicht ein Haus, mir genommen, damit wir doch ja nicht
Nachbarn würden; nur mir zum Tort, mein ewiger Quälgeist!

1 Wir wählen wieder Mörikes Übertragung, aber mit Recht sagt Wilamowitz a. O. S. 285 1, der Übersetzer müsse eigentlich dem Original entsprechend ganz verschiedene Dialekte für die im Gedichtverlauf sprechenden Personen wählen, etwa »Plattdeutsch, Missingsch und Hochdeutsch« (»Missingsch« sagt Reuter für Halbplatt).

Gorgo:

Sprich doch, Beste, nicht so von deinem Dinon! Der Kleine
Ist ja dabei. Sieh, Weib, wie der Junge verwundert dich
anguckt!
Lustig, Zopyrion, herziges Kind! Sie meinet Papa nicht.

Praxinoa:

Heilige du! Ja, er merkt es, der Bube.

Gorgo:

Der liebe Papa der!

Praxinoa:

Jener Papa ging neulich (wir sprechen ja immer von neulich),
Schmink' und Salpeter für mich aus dem Krämerladen zu
holen,
Und kam wieder mit — Salz, der dreizehnellige Dummkopf

Gorgo:

Grade so macht es der meine, der Geldverschleiß
Diokleidas!
Sieben Drachmen bezahlt' er für fünf Schafsfelle noch
gestern:
Hundshaar, schäbiger Abfall! Nur Schmutz, nur Arbeit auf
Arbeit! —
Aber nun lege den Mantel doch an und das Kleid mit den
Spangen!
Komm zur Burg Ptolemaios', des hochgesegneten Königs,
Dort den Adonis zu sehn. Etwas Prachtmäßiges, hör' ich,
Gebe die Königin dort.

Praxinoa:

Reich macht bei den Reichen sich alles.

Gorgo:

Wer was gesehn, kann dem und jenem erzählen, der nichts
sah.
Komm, es ist Zeit, daß wir gehn.

Praxinoa:

Sei's! Stets hat der Müßige Festtag.

Adonisfest also ist heute, das aus dem Orient stammende, nun längst gräzisierte Frühlingsfest, das die Ptolemaier besonders prachtvoll ausstatteten – und es ist sehr bezeichnend, daß die Adonisgestalt gerade in der hellenistischen Dichtung häufig begegnet. Nachdem die Hausfrau Toilette gemacht, ein neues Kleid angezogen und auch dabei das Dienstmädchen tüchtig ausgescholten hat, machen sich die beiden Frauen, von je einer Magd begleitet, auf den Weg zum inneren Schloßhof; das Kind, das mit will, bleibt trotz seines Weinens zu Haus. Durch ihre bloße Unterhaltung erleben wir ihre kleinen Abenteuer unterwegs mit: das Gedränge der Menschen; beinahe überreitet sie einer von der königlichen Garde; Begegnung mit einer ihnen bekannten Alten, die schon zurückkommt; ein Fremder hilft im Gewühl, das dem Mantel der einen Frau übel bekommt; Bewunderung des Adonis auf seiner Bahre; Zusammenstoß mit einem zweiten Fremden, dem das Geplauder der Frauen, auch ihr fremder Dialekt, auf die Nerven fällt; endlich Ruhe: die berühmte Sängerin beginnt mit dem Adonislied, hier aus dem Kultgesang in epische Verse umgesetzt. Aber dann heißt es nach Haus gehen, damit der Mann nicht auf das Essen zu warten braucht.

Von den rein erzählenden Gedichten Theokrits werden wir später zu sprechen haben. Nicht vergessen wollen wir, darauf hinzuweisen, daß er auch als der Vater hübscher Spielereien, Technopägnien genannt, d. h. Verskunststücke, gilt. Er ließ eine Versinschrift auf einer Syrinx entsprechend den verschiedenen Pfeifenlängen auch im Buche wieder ebenso abbilden, und so besteht das Gedicht nun aus zwanzig immer kleiner werdenden Verszeilen. Aus späterer Zeit haben wir dann solche Werkchen in Form eines Altars, eines Beiles, eines Eies, zweier Flügel. Um die letzte Jahrhundertwende hat es auch bei uns solche poetischen Spiele gegeben, von Chr. Morgenstern zum Beispiel. Man könnte sie mit gewissen Orgelkunststücken der Barockzeit vergleichen.

2. HYMNUS, ELEGIE, EPIGRAMM

Götterhymnen trug schon der homerische Rhapsode vor, sie blieben als Schmuckstück des Festes erhalten; andere im gleichen Stile wurden dazu gebildet. Die hellenistische Zeit hat unter Beibehaltung der altepischen Form etwas Neues geschaffen.
Sechs solcher Hymnen sind uns von *Kallimachos* erhalten. Er wurde gegen 300 v. Chr. in Kyrene geboren, und wir können sein Wirken bis nach 245 verfolgen. Sohn des Battos nennt er sich selbst: der Vatersname war zugleich der des mythischen Stadtgründers, Kallimachos gehörte also zum alten Adel; doch war die Familie arm. Nach dem Studium in Athen lebte er in der Vorstadt Alexandreias, die Ptolemaios nach dem dort gegründeten Demetertempel Eleusis nannte, später in Alexandreia selbst. Ihm fiel die große Aufgabe zu, den wissenschaftlichen Katalog der Bibliothek herzustellen, der wiederum 120 Bücher stark gewesen sein soll und die Grundlage aller späteren antiken Literaturforschung wurde. Dem königlichen Hofe des Ptolemaios II.

und III. fühlte sich Kallimachos eng verbunden. Er war zugleich Gelehrter und Dichter – eine neue, für die Zeit des Hellenismus bezeichnende Vereinigung widerstrebender Fähigkeiten; doch hat er selbst es gelegentlich als »ein Unglück« bezeichnet, »zuviel zu wissen«. Sein Dichterruhm hat bis in den Ausgang des Altertums geglänzt; er gründete sich vor allem auf seine Elegien, Epigramme, epischen Kurzerzählungen. Tief hat Kallimachos auf die römische Dichtung eingewirkt.

Wollen wir diesen Dichter recht verstehen, so müssen wir seine eigenen Zeugnisse über seinen literarischen Geschmack beherzigen. Eins von ihnen, in einem Epigramm auf einen Knaben erhalten, lautet:

Widerlich ist mir das breite Gedicht; nicht freut mich die Straße,
Welche die Vielen zugleich hierhin und dorthin bewegt.
Abscheu weckt mir die Liebe, die wandert, und aus der Zisterne
Trinke ich nicht; was beliebt, alles das ekelt mich an.

Also das Kleine, das Feine, das Ungewöhnliche ist es, was er liebt. Höchste technische Vollkommenheit ist das Ziel seiner Verskunst; so ist der Hexameter durch ihn gegenüber dem homerischen in dem Grade feiner und klangschöner ausgebildet worden, daß die ersten drei Iliasverse in seinem Sinne bereits – sieben Fehler enthielten! Von den erhaltenen Hymnen zeigt nur der fünfte die elegische Form, alle andern die hexametrische; diese feiern Zeus, Apollon, Artemis, Delos und Demeter; jener erzählt das Bad der Pallas Athene und die Blendung des Teiresias, der die Göttin ohne seinen Willen im Bade geschaut hat.

Schon die ersten Verse des Zeushymnus lassen uns von dem künstlerischen Wollen des Kallimachos etwas ahnen:

Zeus—was gäbe es andres zur Spende des Weins zu besingen,
Besseres als den Gott selbst, den ewig erhabenen Herrscher,
Ihn, der 'Lehmgebornen' Verjager, Rechtswalter im Himmel?
Wie aber soll ich ihn nennen? Diktaios oder Lykaios?
Ja, es zweifelt der Geist, denn seine Geburt ist umstritten.
Zeus, du seiest, so sagt man, in Idas Bergen geboren,
Zeus, in Arkadien seist du's. Ach Vater, wer hat da gelogen?
»Kreter immerdar Lügner!« Ein Grab auch, Herrscher, für dich gar
Kreter, sie haben's gezimmert! Doch starbst du nicht, denn du bist ewig.

Der Dichter trägt den Hymnus vor Freunden beim Symposion vor, oder er erfindet doch dieses Motiv. Und sie sind Gelehrte wie er, die es freut, dem Spiel des Gedankens zu folgen. So sind die »Lehmgeborenen« die Giganten als die Erdsöhne – wenn denn Kallimachos diese mit dem verschieden überlieferten Wort gemeint hat –, Diktaios ist der vom Berge Dikte auf Kreta, Lykaios der vom Lykaion in Arkadien Stammende. Der Anruf des ewigen Vaters, er solle selbst entscheiden, wo er geboren sei, hat etwas Schalkhaftes. »Kreter immerdar Lügner«, das uns aus Paulus' Brief an Titus c. 1 bekannte Wort, ist ein Zitat aus dem alten orphischen Dichter Epimenides (der selbst ein Kreter war!). Auf sein Zeugnis hin und da die Kreter sogar von einem Grabe des Ewigen fabeln, entscheidet sich also Kallimachos hier für die Geburt in Arkadien, und das war gerade eine besondere Überraschung, stand es doch im Widerspruch zu der herrschenden, von Hesiod begründeten Meinung. – In dieser gelehrten und doch beinahe witzigen, kritischen und doch anmutigen Form, die rätselhafterweise eigentlich niemals des hohen Gegenstandes unwürdig wirkt, wird nun die Geburt des Gottes, seine früheste Kindheit in Kreta, wohin er vom Festland gebracht ist, der Antritt des Weltregiments erzählt, dann der Übergang zu einem Preise des jungen Fürsten Ptolemaios Philadelphos gewonnen.

Wollen wir uns den Gegensatz eines solchen Götterhymnus zu einem aus echter Andacht, aus tiefem religiösem Gefühl entsprungenen deutlich machen, so bietet uns die Überlieferung ein herrliches Stück in dem Zeushymnus des Stoischen Philosophen Kleanthes, eines Zeitgenossen des Kallimachos. Ihm, Heraklits spätem Schüler, ist freilich Zeus nicht der Gott des Mythos und des Volksglaubens, sondern der Walter des geistigen und zugleich körperlichen Feuers, das der ganzen Welt innewohnt, des Weltgesetzes, das alles zur Einheit zusammenbindet. So lautet sein Preislied[1], ein Stück des Stoischen Gottesdienstes:

Hehrster der Himmlischen, Namenreicher, ewig Allmächt'ger,
Zeus, Urahn der Natur, der du alles steuerst nach Satzung,
Sei mir gegrüßt! An dich das Wort ist uns allen verstattet:
Wir sind deines Geschlechts[2], vom All ein kleineres Abbild,

[1] Eine andre Übersetzung, in freieren Rhythmen, gibt Wilamowitz, Reden und Vorträge I[4] 325. – [2] Zitiert von Arat (s. S. 432) und danach von Paulus, Apostelgeschichte c. 17.

Wir allein von den Wesen, die leben und weben auf Erden.
Darum will ich dich preisen, und ewig besing' ich dein Zepter.

—

Ja, dir folget der Weltbau im kreisenden Schwung um die Erde,
So wie du führst. Mit Willen gehorcht er deinem Gebote.
Aber du hältst auch in unbesiegten Händen den Helfer,
Ihn, den spitzigen, feurigen, ewig lebendigen Blitzstrahl.
Schlägt er herab, so beben im All die Wesen und schaudern,
Und mit dem Blitz regierst du den Geist, der alles durchwandelt,
Der als Feuer den großen und kleineren Leuchten gesellt ist,
Der in Höhen und Tiefen des Weltbaus atmend dahinströmt.
Also bist du der größeste, oberste König von allem.
Kein Werk hier auf der Erde geschieht je ohne dich, Daimon,
Keins am göttlichen Himmelsgewölbe, keines im Meere,
Nur was die Schlechten vollführen in ihrer eignen Verblendung.
Aber das Krumme sogar, du weißt es gradezurichten,
Ungefüges zu fügen; was unlieb, dir ist es liebsam.
Hast du doch alles in eins gefüget, Edles und Schlechtes,
Daß ein einziger Sinn, ein ewiger, allen gemein sei.
Vor ihm fliehen die Schlechten der Sterblichen, wollen ihn meiden,
Toren, die immer nur Sehnsucht fühlen nach irdischen Gütern,
Aber des Gotts allgültig Gesetz nicht sehen, nicht hören.
Folgten sie ihm, sie hätten ein Leben sinnvoll und edel.
Sinnlos aber streben sie selbst zu mancherlei Übel:
Diese eifern um Ruhm in Böses wirkendem Ehrgeiz,
Jene wollen Gewinn und kennen nicht Ordnung und Fügung,
Andre geben sich hin des Körpers süßen Gelüsten.

Frieden erlangt nicht einer und streben doch hierhin und dorthin,
Ja, ihr Bemühn, es findet als Lohn das, was sie *nicht* wollen.

—

Zeus, Allspender, mit dunkler Wolke, mit leuchtendem Blitze,
Rette das Menschengeschlecht aus grauser Geistesverblendung,
Vater, scheuche sie fort von der Seele! Laß sie erkennen
Deine Vernunft, in der du alles steuerst mit Rechtssinn.
Also geehrt, wir wollen die Ehre dir wieder vergelten,
Deine Werke nur immerdar preisen, sowie es geziemet
Sterblichem Manne; denn Menschen und Göttern ist größestes Vorrecht,
Weltensatzung—die *eine*—nach Würdigkeit ewig zu preisen.

Solch strengem Ernst gegenüber ist des Kallimachos Hymnos ein leichtes Spiel. Aber seine meisterhafte Kunst weiß die verschiedensten Töne zu treffen, auch den der religiösen Erregung und Verehrung. So läßt er die Hörer und Leser zu Beginn seines hochberühmten Apollonhymnus [1] die Epiphanie, das Erscheinen dieses Stadtgottes seiner Vaterstadt miterleben: der Lorbeer erzittert, die Palme nickt, der Tempel bebt, gegen das Tor stößt dröhnend der Fuß des Gottes, sein heiliger Vogel, der Schwan, erhebt die Stimme; »fliehe, fliehe, wer unrein!« Da öffnet sich

[1] Auf Th. Mann hat der Eingang des Hymnus solchen Eindruck gemacht, daß er ihn im Dr. Faustus (S. 599) zu einem schönen Romanmotiv gestaltet, wobei er die beiden ersten Verse »ungefähr wie folgt« wiedergibt:

Welch ein Beben durchfuhr den Lorbeerbusch des Apollon!
Beben das ganze Gebälk! Unheilige, fliehet! Entweichet!

von selbst die Tempelpforte: Apollon ist da, und die Knaben ehren ihn mit Reigentanz und Gesang. – In Bildern von fast dramatischer Wirkung wird uns auch die Prozession des Demeterfestes geschildert: die erwartungsvolle Stimmung der Frauen und Mädchen, ehe der Abendstern erscheint und der Zug kommt mit dem heiligen Korbe, worin die geheimnisvollen Symbole der Göttin liegen, und mit den Tempelschätzen, die Mädchen in Getreideschwingen tragen. Mittlerweile wird eine lehrreiche Geschichte von Demeters Macht als der Beschützerin des heiligen Waldes erzählt. Endlich naht der heilige Wagen, von vier Schimmeln gezogen. Unter Wünschen und Gebeten schließen sich die Wartenden an, der Zug geht bis zum Rathaus; bis in den Tempel dürfen nur die »Geweihten« mitziehen, und ihnen wird dort in der Nacht das Mysterium des Korbes enthüllt, ein sakramentales Schauspiel vorgeführt. Auf volkstümlichen Ton hat Kallimachos diese Volksfestdarstellung gestimmt, indem er hier – wie übrigens auch im fünften Hymnus – seinen heimischen, dorisch-kyrenaischen Dialekt zugrunde legt, ihn nur der epischen Sprache anähnelt. – Wieder anderen Klang stimmt er im Artemishymnus an. Da klettert das kleine Götterkind dem Vater auf die Knie und erbittet sich schmeichelnd alles das, was ihm der Mythos später zugewiesen hat: ewige Jungfrauenschaft, Köcher, Bogen und Pfeile – doch nein, die braucht sie von Zeus sich nicht zu erbetteln, die werden ihr sogleich die Kyklopen kunstvoll schmieden! –, aber Jagdkleid und Fackel, eine Fülle göttlicher Gespielinnen, »alle im neunten Jahr«, Berge und auch eine Stadt. Und lachend gewährt der Vater dies seinem Töchterchen und noch viel Größeres. So wird die leicht scherzende Weise, die späthomerische Poesie wie der Hermeshymnus anschlug, hier, gewürzt durch einen ironischen Nebenton, zu einem fast pikanten Kontrast zwischen altepischer Form und sehr moderner Gesinnung.[1]

Von anderen Hymnendichtungen hellenistischer Zeit seien hier nur noch solche erwähnt, die an den heiligen Orten selbst inschriftlich gefunden worden sind: im Asklepiosheiligtum von Epidauros von dem Lokaldichter *Isyllos* (um 280) unter anderem ein Paian, den beiden Heilgöttern Apollon und Asklepios gewidmet, in »ionischen« Metren (Grundformen ◡◡ – – und – – ◡◡) gehalten; in Delphi ein Paian auf Dionysos – der schon seit dem 5. Jahrhundert dort neben dem göttlichen Bruder Apollon Verehrung fand –, gedichtet um 330 vom Lokrer *Philodamos*, und zwei Paiane auf Apollon, davon der eine von *Aristonoos*, aus der Zeit gegen 200 v. Chr., besonders bemerkenswert dadurch, daß über dem Text auch die Noten stehen. Alle diese Gedichte waren für den Kultgebrauch bestimmt; in Stein wurden sie gehauen, damit ihre Fortdauer gesichert werde.

Das Gedicht in *elegischer* Form, das in seinem Wechsel von Hexameter und Pentameter (s. S. 69) reiche Abwechslung in Versverknüpfung und -abrundung ermöglichte, war in hellenistischer Zeit besonders beliebt, nun auch als Liebesgedicht. Wenn schon der alte Mimnermos (S. 79) in solcher Gedichtform ein Mädchen mit dem asiatischen Namen Nanno ge-

1 Übersetzungen von Hymnen und Hymnenteilen mit kundiger Erläuterung geben Wilamowitz a. O. S. 237 ff., Körte a. O. S. 87 ff.

feiert hatte, so pries Antimachos (S. 134) um die Wende des 5. und 4. Jahrhunderts eine Lyde, d. h. Lyderin, in einem Elegienbuch, das ihm zugleich Trost über sein Unglück in der Liebe spenden sollte; eine Fülle von Liebesgeschichten aus der Sage war darin mit behandelt. Uns gestattet die Überlieferung kein Urteil über diesen epischen und elegischen Dichter, aber Platon hat ihn geschätzt, vielleicht wegen eines didaktischen Zuges, und Antimachos ist es, der sich über Mißachtung mit dem bekannten Wort getröstet hat: »Der eine Platon gilt mir soviel wie Tausende«, Umbildung des alten Heraklitwortes: »Einer: mir zehntausend, wenn er sehr trefflich ist«. Einzelne benannte Frauen zum Mittelpunkt solcher Elegien und Elegienkreise zu machen, wurde auch in hellenistischer Dichtung Sitte, und durch die von ihr angeregten römischen Dichter Properz, Tibull, Ovid ist auch unsere Dichtung des 18. Jahrhunderts davon beeinflußt worden. *Philitas* von Kos, Theokrits Lehrer, zugleich Dichter und Gelehrter, eine Zeitlang Erzieher des späteren Königs Philadelphos, wird von Properz und Ovid sehr gepriesen; doch uns ist von seinen Liebesgedichten, die er an seine spätere Gattin Bittis gerichtet hat, nichts erhalten. Sonderbar, daß A. W. v. Schlegel gerade an einem langen, gezierten Elegiestück eines Freundes des Philitas, *Hermesianax*, so großes Gefallen fand: er hat es ganz übersetzt.

Aber der »Fürst der Elegie« ist den Römern *Kallimachos*. Papyrusfunde haben uns wenigstens kleine Reste solcher Dichtung von ihm geschenkt. Sein berühmtestes Werk waren die vier Elegienbücher umfassenden ʻAitia', d. h. Ursachen, Ursprünge von festlichen Bräuchen, Heiligtümern, Städten, also Ergebnisse volkskundlicher Forschung, aber vorgetragen in geistreich plauderndem Tone. Von der einen Erzählung gleitet der Dichter hinüber in die andere, etwa wie Ovid in den 'Metamorphosen', doch so, daß er überdies seine eigenen, persönlichen Erlebnisse als Forscher erzählt. Als solches gab er auch das Prooimion des ganzen Werks: er sei im Traum auf den Helikon entrückt worden und habe dort, ähnlich wie einst Hesiod, von den Musen selbst den Auftrag erhalten, heilige Geschichten zu erzählen; diesen erhabenen Eingang kennen wir aber im wesentlichen nur aus den Nachbildungen durch Ennius und Properz. Als Beispiel seiner Erzählungen sei eine gerade durch ihn besonders bekanntgewordene Sage angeführt. Die naxische Jungfrau Kydippe soll sich vermählen; aber dreimal überfällt sie vor dem angesetzten Hochzeitstage schwere Krankheit. Endlich fährt der Vater nach Delphi, um den Gott zu befragen. Ihm wird der Bescheid: sie dürfe niemanden heiraten als den schönen Jüngling Akontios von der Insel Keos. Aber kennen sich denn die beiden? Ja, einst hat Akontios Kydippe im Artemistempel zu Delos gesehen und sich sogleich in sie verliebt. Listigerweise ritzte er in einen Quittapfel die Worte: »Bei Artemis, ich will Akontios heiraten!«, ließ ihn fallen, das Mädchen hob ihn auf, las ahnungslos die Worte – laut, wie man es im Altertum tat – und war nun durch den Schwur gebunden. Da wurde Akontios nach Naxos geholt, und es gab eine glückliche Hochzeit. Man sieht, das ist ein richtiges Märchen, aber Kallimachos hat es so erzählt, daß er dabei allerlei seltsame Kultgebräuche erklärt, andere Geschichten streift, sprichwörtliche Redensarten anführt, und erst diese Zutaten machten den Stoff für den gelehrten Dichter wie seine Hörer reizvoll. Die große Elegie über die Locke der Berenike, die wir in klarer Nacht am Sternenhimmel schauen können, ist uns als Ganzes nur durch die Übersetzung Catulls bekannt. Sie beginnt[1]:

Der weise Mann, der alle Himmelslichter
Und aller Sterne Auf- und Niedergang,
Wie sich der Sonnenscheibe Glanz verfinstert,
In steter Bahn die Sternenbilder kreisen,
Und wie Selenes wechselnd Licht verschwindet,
Wenn sie vom Äther in das Grottendüster
Hinabsteigt zu Endymion:

Der weise Mann, der alles dies erforscht hat,
Konon, er hat auch mich am Firmamente
Entdeckt, ein Sternbild jetzt von hellem Glanze,
Einst eine Locke auf Berenikes Scheitel,
Die allen Himmelsherrn zum Weihgeschenke
Die königliche Trägerin gelobte,
Erhoben ihren Lilienarm.

Also die sterngewordene Locke führt selbst das Wort. Und sie erzählt davon, wie die junge Königin Berenike sie für die glückliche Heimkehr ihres Gatten Ptolemaios Euergetes aus dem Kriege gelobt und dann auch, wie versprochen, geopfert habe, wie sie aber durch linden Westwind[2] aus dem Tempel ent

1 In Wilamowitzens Übersetzung, Reden und Vorträge I⁴ 213, die freilich die elegischen Distichen aufgibt. Erst Wilamowitz wird das Verständnis des Gedichts verdankt. — 2 Der Leser findet in der Wilamowitzschen Übersetzung dafür den Vogel Strauß, aber der 1929 auf Papyrus gefundene originale Vers zeigt, daß Kallimachos mit seinem umschreibenden Wort vielmehr den Zephyros gemeint hat.

führt und – unbegreiflicherweise – an den Himmel versetzt sei, was der Hofastronom Konon bestätige.

Und meinen Platz fand ich im Bilderkreise,
Der Neuling, feucht auftauchend aus der See,
Neben Arkadiens Bärin; links berühr' ich
Den grimmen Löwen, rechts die hehre Jungfrau;
So wandl' ich ewiglich zum Niedergange
Voran dem langsamen Arktur, der spät
  Und selten in die Fluten taucht.

Die graziöseste Huldigung, die je ein Dichter seiner Fürstin dargebracht hat! Aber er übertrifft sich selbst am Schluß. Denn was läßt er dort die Locke ihrer Herrin gestehen?

Und du, wenn du zum Himmel, meine Fürstin,
Aufblickst im Nachtfest der Arsinoe,
So denke mein, die einst die deine war,
Und spende reichlich mir von deinem Öle –
Nein, stürzt ihr Himmel, Sterne tauscht die Plätze,
Zum Drachen steig' Orion: laßt mich wieder
  Hinab zu meiner Königin!

Die von Kallimachos zuletzt erwähnte Arsinoe ist die Schwester-Gemahlin des Philadelphos. Ein leidenschaftlich erregtes Klagelied des Dichters auf ihren Tod, in anapästischen Versen mit iambischem Ausgang, ist in Resten auf uns gekommen; diesen Papyrus besitzt das Berliner Museum. Ein anderer in englischem Besitz hat uns 250 Verse in Hinkiamben gebracht, für die Kallimachos selbst sich zu Beginn auf Hipponax (s. S. 72) als Meister beruft: darin wird uns z. B. eine Geschichte der Sieben Weisen und die Fabel vom Streit des Lorbeers mit dem Ölbaum erzählt, doch narren uns die Verse durch den schlechten Erhaltungszustand zuweilen mehr, als daß sie uns Freude bringen. Aber für mancherlei Gattung der Kallimacheischen Dichtung ist aus neuen Papyrusfunden wertvolle Erkenntnis gewonnen worden und auf weitere ist zu hoffen.

Unter den übrigen Dichtern von Elegien sei hier nur noch *Parthenios* erwähnt, der im Mithridatischen Kriege (73 v. Chr.) als Kriegsgefangener nach Rom kam. Von seinen Elegien besitzen wir nur ganz dürftige Reste, aber er wurde Lehrer Vergils und Freund des Dichters Cornelius Gallus, und so stellt er in Person die Verbindung zwischen der griechischen und der römischen Dichtung dieser Zeit dar.

Epigramme[1] sind von uns in dieser Darstellung schon öfter angeführt worden. So haben wir einige der herben, das Gefühl mehr verbergenden als ausdrückenden Grabinschriften des 5. Jahrhunderts kennengelernt (S. 124. 194), auch eine gedankenreiche aus späterer Zeit (S. 311), dazu auch die knappe, bittere Inschrift einer Statue (S. 301). Platon war das Epigramm die Form für anmutiges Spiel, aber nicht minder für den Ausdruck sehnsüchtigen und schmerzlichsten Gefühls (S. 309 ff.). Für die Grabepigramme der hellenistischen Zeit ist gerade dies bezeichnend, daß in ihnen das Herz des Trauernden sich öffnet, die Liebe zum Toten frei ausströmt, die Worte viel reichlicher quellen als früher. Unter den Hunderten, die wir kennen, sind viele von erlesener Schönheit, deren Verfasser jedoch nicht bekannt sind. Wenigstens drei Beispiele seien genannt, eins von einem Gefallenengrab, die anderen von Einzelgräbern.

1 Vgl. die ausführlichere Darstellung Körtes a. O. S. 290 ff.

Jener militärisch knappen Meldung, die der Fremde von den dreihundert Spartiaten der Thermopylen nach Sparta bringen soll (S. 124), stellen wir die Grabinschrift für die bei Chaironeia Gefallenen gegenüber[1]: nun wird dem Zeitgott die Botschaft übertragen, die Ewigkeit beschworen, und wir fühlen uns an das große Pathos manches hellenistischen Bildwerks erinnert:

Zeit, du überschauest alles Menschenschicksal, Freud' und Leid,
Das Geschick, dem wir erlagen, künde du der Ewigkeit!
Auf Boiotiens Schlachtfeld sanken wir, gefällt vom Feindesspeere;
Was wir wollten, war, zu wahren uns'res heil'gen Hellas Ehre.

Symmachos, Simons Sohn, aus Chios starb hochbetagt in Athen. Unter seinen Namen wurden gleich zwei Grabinschriften mit parallelem Gedankengang gesetzt; dic zweite lautet:

Sie, die im Laubschmuck prangt des traubenspendenden Weinstocks,
Chios, die Insel, hat dich, Symmachos, einstens erzeugt.
Sie, die den Göttern und Menschen am liebsten, die Stätte Athenes,
Hat dich geborgen zuletzt mütterlich in ihrem Schoß.

1 In der Übersetzung von Wilamowitz. Es wird sie so leicht niemand besser machen, doch hat die Umsetzung der Distichen in gereimte Verse zwei Zusätze (»gefällt vom Feindesspeere« und »Ehre«) nötig gemacht, von denen namentlich der zweite einen dem Original fremden Ton bringt: ihr heiliges Land selbst wollten sie schützen.

Ein fleißiger, alter Landmann erhielt folgendes Grabgedicht[1]:

Erde, du freundliche, nimm den alten Amyntichos gnädig
In deinen Schoß, zum Lohn für sein Bemühen um dich.
Dir hat er eingepflanzt den immergrünenden Ölbaum
Ach wie so oft, hat geschmückt dich mit den Ranken des Weins.
Füllte die Flur mit Demeters Gabe, tränkte den Boden,
Und so gab er dir Grün, gab dir die herbstliche Frucht.
Nun vergilt ihm sein Mühn, sanft decke die Schläfe des Alten,
Und wenn es Frühling wird, laß ihm hier Blumen erblühn!

Zwei Hauptquellen haben wir für unsere Kenntnis solcher epigrammatischen Gedichte: die Steine selbst, auf die man sie einst schrieb, und antike Sammlungen. So ist auch von den soeben angeführten das zweite auf Stein, das dritte in einer Anthologie, das erste aber auf beide Weisen überliefert. Die erste große Epigrammsammlung des Altertums ist der 'Kranz' des Meleager gewesen, der um 100 v. Chr. siebenundvierzig ältere Dichter und Dichterinnen vereinte, dazu noch jüngere stellte und — sich selbst. Weitere Sammlungen brachten die folgenden Jahrhunderte. Die große uns handschriftlich überlieferte Anthologie[2] stammt in der Hauptsache aus dem An-

[1] Auch Herder hat das Gedicht übersetzt, richtiger, wie er selbst sagt, »nachgedichtet«; im 26. Bande der Suphanschen Ausgabe findet man viele, auch recht gute solcher Nachdichtungen von ihm. Vgl. auch A. Oehler, Der Kranz d. Meleagros (1920). — [2] Aus dieser Anthologia Palatina sind hier folgende Stücke übersetzt: V, 64. 145; VI, 211; VII, 245. 321; IX, 144. 435, außerdem aus Kaibels Sammlung der Steinepigramme Nr. 88.

fang des 10. Jahrhunderts und ist von dem Byzantiner Kephalas hergestellt worden, der 917 Protopapas, d. h. erster Priester, am Hofe von Byzanz war. Sie umfaßt in fünfzehn Büchern etwa 4000 Epigramme. Unsere aus dem 11. Jahrhundert stammende Handschrift, der codex Palatinus, d. h. Pfälzer (Heidelberger) Handschrift, hat eine Geschichte, die von der großen Politik mitbestimmt wurde: im Dreißigjährigen Krieg (1623) wurde sie dem Papst zum Geschenk gemacht; 1797 ließ Napoleon sie, in zwei Teile zerlegt, von Rom nach Paris bringen; nach dem Pariser Frieden 1816 kam der vordere, die Bücher 1–13 umfassende Teil nach Heidelberg zurück, der Rest verblieb den Parisern. Da die Anthologie des Kephalas auch noch zeitgenössische Stücke enthält, so hat man mit Recht gesagt, daß die Epigrammdichtung also in Griechenland 1500 Jahre ununterbrochen fortgelebt hat; so stark war diese »geprägte Form«.

Der größte Meister des Epigramms ist *Kallimachos.* Aber durch Übersetzung eine Vorstellung von seiner Kunst zu geben, hat Wilamowitz mit Recht für unmöglich erklärt, auch das oben S. 410 mitgeteilte Epigramm wirkt recht matt, und die beiden letzten Verse gar mußten als völlig unübersetzbar übergangen werden. Der Gedankenreichtum, der spielende Witz, die Stimmung des Gemütes, die Kallimachos in seine wenigen, nur ausnahmsweise mehr als sechs zählenden Epigrammverse zusammendrängt, erschließt sich nur lang verweilender Betrachtung des Originals, dessen feste Kraft und zierliche Schlankheit dabei immer mehr entzückt. Nicht wenige seiner Sinngedichte – um mit Lessing zu sprechen –

sind wie die anderer Dichter für den praktischen Zweck geschaffen worden, vor allem als Grab- und als Weihepigramme; andere waren zum Vortrag beim Symposion bestimmt. Aber der Kreis dieser epigrammatischen Dichtung im ganzen ist sehr weit geworden: jedes äußere oder innere Erlebnis, jede Stimmung kann sich in diesem Gedicht Ausdruck suchen; in ihm sprechen die Liebe und der Haß, die Verehrung und der Spott, die Hingabe an die Natur und die Bewunderung eines Kunstwerks; auch literarische Themen fehlen nicht, wie das Epigramm auf Homer, das schon früher (S. 25) mitgeteilt wurde, zeigt. Aber in der großen Anthologie liegt auch viel nichtiger Tand ausgebreitet.

Eine Anzahl von Epigrammdichterinnen ist uns schon aus der Zeit um 300 bekannt, so *Anyte* aus Tegea in Boiotien. Wie weiß sie die Stimmung einer Landschaft zu treffen:

Kypris gehört dieser Ort. Denn ihr beliebt es zu schauen
 Von der Küste hinaus immer aufs strahlende Meer,
Daß sie den Schiffen erleichtre die Fahrt. Doch der Ozean ringsum
 Schauert, wenn er erblickt dieses ihr leuchtendes Bild.

Gibt sich dieses Epigramm als eine Inschrift im heiligen Bezirk, so andere als Weihung eines Hirten an Pan und die Nymphen oder als Rede einer Quellnymphe selbst: dann ist es der Genius loci, dessen wortlose Sprache die Dichterin erlauscht hat. Auch Epigramme auf verstorbene Tiere, denen sie ihr Mitleid zuwendet, sind uns mehrere erhalten. Ähnliche aus späterer Zeit stammende wirken oft wie törichte Spielerei.

Alle vorher genannten Elegiendichter haben auch Epigramme gedichtet; das Epigramm ist ja die Schwester der Elegie. *Theokrit* hat, wie es scheint, vornehmlich wirkliche Aufschriften gefertigt, sehr schöne und auch lustige. So dichtete er für den Wechslertisch des Kaikos (eines Nichtgriechen) – solche Wechslertische, freilich ohne poetische Inschriften, haben noch bis zu unseren Tagen in den Straßen der griechischen Städte fortgelebt –:

Städter und Fremde bedient mein Wechslertisch, wie es gerecht ist.
So wie du gibst, du empfängst ganz, was die Rechnung besagt.
Mag auch ein anderer Ausrede bringen, aber Kaikos
Wechselt euch ausländisch Geld, wünschet ihr's, gar in der Nacht.

Zwei bedeutende Epigrammdichter haben in der ersten Hälfte des 3. Jahrhunderts gewirkt, deren verschiedener Stil uns sehr deutlich wird: *Asklepiades* von Samos, der Preiser der Liebe und des Genusses, und *Leonidas* von Tarent, der Liebhaber des gesuchten Wortes und des bombastischen Ausdrucks. Zwei Liebesgedichte des Asklepiades sollen uns von seiner Weise eine Ahnung geben:

Hier an den Flügeln der Tür bleibt hangen, ihr Kränze, verweilet,
Mit voreiligem Sinn reget die Blätter mir nicht,
Die ich mit Tränen benetzt – viel weinen der Liebenden Augen –;
Aber erblicket ihr *ihn* in der geöffneten Tür,
Schüttet über sein Haupt die reichen Tropfen des Regens,
Und sein blondes Gelock trinke die Tränen von mir.

Die fast barocke Erfindung läßt doch das echte Gefühl emporquellen. Aber der Sturm seines Herzens weht mächtig in einem anderen, das A. Körte so übersetzt hat:

Scheine nur, hagle, verdunkle die Welt, laß flammen die Blitze,
Schütt' auf die Erde herab all deiner Wolken Gebraus!
Tötest du mich, so hör' ich wohl auf, doch läßt du mich leben,
Schwärm' ich im Komos einher, selbst wenn mir's schlimmer noch geht.
Denn es treibt mich der Gott, der *mich* beherrscht und auch *dich*, Zeus,
Der einst rieseln dich ließ, golden, durch Mauern von Erz.

Eros der Bezwinger der Menschen und Götter! Die Erinnerung an den Besuch des Zeus bei Danae in Gestalt des goldenen Regens wirkt hier wie eine Belebung des uralten Mythos, der sich dahinter birgt: die Hochzeit von Himmel und Erde.

Dagegen nun ein Weihepigramm des Leonidas, dem er einmal iambische Form gegeben hat, wie denn überhaupt auch andere Kurzformen mit dem Distichon wechseln:

Hier diesen Liebesgott aus Silber und das Band
Für ihre Knöchel, auch von Purpur das Gewind
Fürs Haupt nach Lesbos' Art, der Brust glasfarben Halt,
Den erznen Spiegel, aber auch den breiten Kamm
Aus Buchsbaum, ihrer Haaresfülle fischend Netz —
Sie hat ihr Ziel erreicht, o Kypris, Kreterin,
Drum Kallikleia legt's in deiner Halle hin.

So läßt sich die Geschichte des Epigramms durch die Generationen verfolgen. Namen häufen wir hier nicht. In der Zeit von 130–60 v. Chr. zeigt sich eine besondere Phönizische Schule, zu der auch Meleager, jener Verfasser des 'Kranzes', gehörte. Sie hat in Rhodos und in Rom nachgewirkt. Doch die frische Originalität der Empfindung und des Ausdrucks früherer Zeiten sind selten. Am echtesten klingen unter ihnen die erotischen Gedichte.

Nicht wenige dieser Epigramme würden wir ein »lyrisches Gedicht« nennen; nicht so die Alten, da doch eben die Lyra zum Vortrage hier fehlte. Solche lyrabegleiteten Gedichte, Chorgesänge, Dithyramben genannt, auch mit eingelegten Soli, und Einzellieder, wie es des 'Mädchens Klage' war, sind immer weiter gedichtet, immer wieder in Aufführungen gesungen worden, doch wissen wir davon wenig einzelnes.

3. EPOS

In der Frage, ob es noch an der Zeit sei, das Heldenepos zu pflegen, entstand zwischen den führenden Geistern der hellenistischen Literatur eine Meinungsverschiedenheit, die in einem heftigen Kampf ausgefochten wurde. Wir hörten schon S. 410, wie Kallimachos das »breite Gedicht«, wörtlich übersetzt, »das kyklische Epos«, ablehnte. Zu diesem Zeugnis stellen sich andere. Ihm wird das Wort »Ein großes Buch, ein großes Übel« in den Mund gelegt; und am Ende seines Apollonhymnus läßt er den Neid in Person Apollon ins Ohr flüstern: Nicht kann ich einen Sänger bewundern, dessen Lied nicht mindestens so groß wie das Meer ist; doch der Gott verjagt ihn mit einem Fußtritt und dem Wort: Der

Euphrat ist groß, aber viel Schmutz und Schlamm wälzt er mit, nur Wasser aus reiner Quelle taugt zum Gottesdienst. Theokrit, der Schüler des Kallimachos, denkt wie sein Lehrer (7,45): Verhaßt ist mir, wer sich mit Homer in einen Sängerwettstreit einlassen will – ein eitles Bemühen! Gegen wen richten sich diese Urteile? Gegen Apollonios, der den Beinamen der Rhodier trägt, der in Alexandreia geboren war, dort die Bibliothek geleitet, auch den späteren Ptolemaios III. Euergetes erzogen hatte, aber dann Alexandreia vor seinen Gegnern räumte und nach Rhodos übersiedelte. Er hat sich in Epigramm und epischem Vers verteidigt und gerächt, und so bietet sich uns hier zum ersten Male das unerfreuliche Schauspiel eines Literatenkampfes dar, in dem der sachliche Gegensatz zu persönlicher Feindschaft wurde. Nur zu oft hat sich seitdem in Wissenschaft und Kunst Ähnliches abgespielt. Mit welcher Gehässigkeit hier gestritten wurde, zeigt das Kallimacheische – nicht erhaltene, von Ovid nachgebildete – Gedicht 'Ibis', das in dunklen Wendungen und ohne den Gegner mit Namen zu nennen, ihn doch dem Vogel gleichsetzte, der im eigenen Schmutz wühle.

Nicht gegen die poetische Erzählung an sich wendeten sich *Kallimachos* und seine Schule. Wir sahen schon, wieviel Erzählung ihre eigenen Elegien und Hymnen enthielten. Und es gab von ihnen auch kleine epische Stücke, die nur Erzählung sein wollten, aber sie hatten eben einen anderen Stil als den homerischen. Dazu gehörten vom Meister selbst das kleine Epos 'Hekale', von der Mit- und Nachwelt sehr gepriesen, uns nur in kümmerlichen Fragmenten erhalten, obwohl ein neuer Papyrusfund uns Beträchtliches hinzugeschenkt hat. Da stand eine kaum bekannte attische Dorfsage im Mittelpunkt: die Einkehr des Helden Theseus bei dem alten guten Weibe Hekale auf dem Wege nach Marathon, wo der böse Stier bezwungen werden mußte; und die Geschichte der gastfrei-bescheidenen Bewirtung lebt, wie man erkannt hat, nicht nur in Ovids Erzählung von Philemon und Baukis weiter, sondern selbst der Eingang des V. Aktes vom Zweiten Teil des Faust bringt noch einen Widerschein davon.[1] Zu diesem Kleinepos stellt sich von *Theokrit* 'Der kleine Herakles', ein Gedicht von 140 Versen, ein Idyll in unserem Sinne. Es wird uns geschildert, wie die Mutter den zehn Monate alten Herakles und seinen kleinen Stiefbruder Iphikles sorglich ins Bett bringt (freilich in der Wölbung eines großen Schildes!), und wir hören von ihr das bekannte: Nun schlaft wohl und wacht gesund auf! Da ringeln sich um Mitternacht die beiden Schlangenungeheuer, von Hera gesandt, herein, züngelnd, mit feurigen Augen. Die Kinder erwachen, Iphikles kreischt auf, strampelt die Decke ab, will davon. Aber Herakles erwürgt die Tiere mit seiner winzigen Hand. Die Eltern eilen aus dem Schlaf aufgeschreckt herbei, das Gesinde kommt hinzu: Herakles zeigt jauchzend dem Vater die beiden toten Riesentiere. Und während die Mutter sich um das andere Kind bemüht, steckt der Vater den Helden wieder unter die Decke, und er selbst – legt sich schlafen, als sei nichts geschehen. Von der Deutung

1 I. Wiesinger-Maggi hat in ihrem sechs Gesänge umfassenden Epyllion (Kleinepos) 'Theseus der Jüngling' (Zürich 1953) dem alten Stoff neuen Geist eingehaucht.

dieses Wunders durch Teiresias und der weiteren Erziehung des Jungen handelt, z. T. recht gelehrt, der zweite Teil des Gedichts. So ist es wie in den Elegien: auch alte Sage wird wiedergegeben, aber in neuem, zierlichem Gewande. Bezeichnend ist auch, daß wir hier wieder einen Blick in die echte Welt des Kindes tun; der »Knabe mit der Gans« ist ein menschlicher Bruder dieses Götterkindes. – Später hat vor allem *Euphorion* (geb. 276 v. Chr.) aus Chalkis, also ein Landsmann Lykophrons, den Antiochos der Große zur Leitung der Bibliothek in Antiocheia berief, ebenso in Elegien wie in kleinen Epen im Stile des Kallimachos und Lykophron sehr fernliegende Sagenstoffe behandelt, so daß oft kurze Erzählungen in bunter Reihenfolge einander ablösten. Aber die Bruchstücke, die wir besitzen, schrecken uns durch ihre Künstlichkeit ab. Die römischen Dichter des 1. Jahrhunderts v. Chr. um Cornelius Gallus und Catull waren von ihnen entzückt, Cicero weniger, und die Augusteische Zeit mußte sie verwerfen.[1]

Auch gegen das große Epos in Form des Lehrgedichts hatte Kallimachos nichts einzuwenden, wenn es nur neuen Stoff und zierlich reizvolle Einzelgestaltung brachte, ja wir besitzen noch ein Epigramm von ihm, in dem er ein neu erschienenes Lehrgedicht freudig begrüßte: die »feinen Aussprüche, die Frucht durchwachter Nächte *Arats*«. Arat stammte aus Soloi

[1] Übersetzungsproben aus der 'Hekale', dem 'Herakliskos' und dem 'Becherdieb' des Euphorion, ferner aus dem Kleinepos 'Europa' des Moschos (vgl. S. 400) gibt Körte a. O. S. 133 ff. Vgl. auch Griech. Gedichte, zus. v. H. Rüdiger² (1936) S. 239 ff.

in Kilikien, wo er etwa 315 geboren ist. In Athen studierte er bei Zenon, dem Begründer der Stoa; auch der Astronomie hat er sich früh gewidmet. König Antigonos von Makedonien (276–239), der sich auch zur Stoischen Lehre bekannte, berief ihn an seinen Hof, und in seinem Auftrage ist, wie es heißt, das große Werk, die 'Phainomena', d. h. (Himmels)erscheinungen, entstanden. Erschienen ist es in den sechziger Jahren. Wir hören den Zeushymnos, den Arat an den Anfang gestellt hat, und vergleichen ihn mit dem des Kleanthes und dem des Kallimachos (S. 411 ff.):

Lasset mit Zeus uns beginnen! Ihn wollen wir nimmer, ihr Männer,
Ungenannt lassen. Von Zeus erfüllt sind alle die Wege,
Alle Märkte der Menschen, erfüllt von ihm ist das Meer auch
Sowie die Häfen. Des Zeus bedürfen wir alle in allem.
Sind wir doch seines Geschlechts.[1] Er aber, freundlich den Menschen,
Gibt ihnen richtige Weisung und wecket die Leute zur Arbeit,
Mahnt sie, des Brots zu gedenken. Er sagt, wann die Scholle am besten
Pflug und Hacke zerteilen; er sagt, wann die richtigen Stunden,
Pflanzen zu lockern im Grund und alle Samen zu streuen.
Selbst ja hat er am Himmel die Sternenbilder befestigt,
Sorglich gesondert, bedacht, daß nimmer im Jahre die Sterne
Fehlten, welche die Zeichen am allertrefflichsten gäben,
Daß den Menschen die Früchte gediehen zur sicheren Stunde.
Darum feiern sie ihn auf ewig als ersten und letzten.

[1] Vgl. S. 412, Anmerkung. Zu Arats Nachwirkung s. Fr. Boll, Sphaera (1903).

Vater, ich grüße dich, großes Wunder und Labsal den Menschen,
Du und das Göttergeschlecht. Seid auch gegrüßet, ihr Musen,
Alle so gütig gesinnt! Ich möchte die Sterne benennen,
Wie es sich ziemt: dem ganzen Gesang gebt gnädig Geleite!

Eine schwere, langdauernde Arbeit hat sich der Dichter vorgenommen, darum seine Bitte, die Musen möchten bei ihm ausharren. Sein Prooimion ist von der Verehrung des Stoischen Allgottes eingegeben, findet jedoch nicht den erhabenen Ton des Kleanthischen Hymnos. Dieser Zeus ist vor allem der Herr der Sternbilder. Ihnen ist der Sinn des Dichters schon hier zugewandt, und er handelt von ihnen nun in 1154 Hexametern, in einem 732 Verse umfassenden Hauptteile, der den Sternen und einzelnen Sternsagen gewidmet ist, und einem zweiten, der die Wetterzeichen bespricht, auch solche aus dem Tierleben und von menschlichen Gebrauchsgegenständen gewonnene. Zugrunde gelegt hat er seiner Arbeit die Sternkarte des Astronomen Eudoxos (s. S. 310), der sich unter Platon der Akademie anschloß. Aber wissenschaftliche Astronomie wollte Arat nicht lehren, von den Bewegungen der Himmelskörper handelt er eigentlich nicht, und die Bahnen der Planeten zu beschreiben, getraut er sich gar nicht, wie er selbst ausdrücklich sagt. Sein Buch will vielmehr in feiner Sprache, in ehrfürchtigem Sinne den Wissensdurstigen und den des praktischen Rats Bedürftigen Lehren vom gestirnten Himmel geben, wie sie einst altertümliche Gedichte aus der Zeit des Hesiod und Thales vorgetragen hatten. Gerade um des Neuartigen willen hieß Kallimachos das Gedicht so willkommen. Die Beschreibung ist zwar nicht fehlerfrei, wie man schon im Altertum bald erkannt hat, aber schlicht, knapp und klar. Und so fern uns heute ein Lehrgedicht über die Sternenwelt liegt, so gewaltig ist der Erfolg Arats gewesen: anderthalb Jahrtausende lang hat die Menschheit des Abendlandes ihre astronomische Belehrung aus ihm geschöpft; immer wieder ist er übersetzt worden – so von Cicero in seiner Jugend, von Cäsar Germanicus, von Avienus (im 4. Jahrhundert) –, die Kommentare über ihn gehen bis in die Merowingerzeit und machen heute einen dicken Band aus; selbst in Holzschnitten des 16. Jahrhunderts hat man Abbildungen einer spätantiken Aratausgabe erkannt. Noch Wilhelm von Humboldt hat sich um eine Übersetzung bemüht. Ja, wer heute auf seiner Sternkarte die eingezeichneten Gestalten betrachtet und dann den Blick zum Nachthimmel emporrichtet – dessen Glanz die irdische Lichtfülle freilich jetzt nur zu oft erstickt, zum Schaden der Menschheit –, der sieht immer noch die Sternbilder mit den Augen des Eudoxos und seines Schülers Arat.

Nun aber ist es Zeit, daß wir uns der epischen Kunst zuwenden, welche die Kallimacheische Schule ablehnte, zu der des *Apollonios Rhodios*[1]. Von seinen epischen Gedichten über die Gründung von Städten wie Alexandreia und Rhodos, die wir uns sehr mythologisch denken müssen, sind nur wenige Hexameter, von einem anderen über einen Korinthischen

[1] Wertvolle Anleitung zum Verständnis der Kunst des Apollonios auf Grund der neueren Forschung gibt H. Herters Jahresbericht über die Fortschritte der klassischen Altertumswissenschaft (Bursian Band 285; 1956).

Tempel in Kanobos (an der Mündung des westlichsten Nilarmes) nur drei Hinkiambenverse erhalten, aber ganz besitzen wir, als ein im Altertum lange Zeit gelesenes und kommentiertes Epos, die 'Argonautika' (um 260 veröffentlicht). Es ist eine Tetralogie von Büchern, von Apollonios selbst so eingeteilt; das zeigen schon die kurzen Prooimien: das erste, an Phoibos und die Musen (I, 22) gerichtete, gilt nur den beiden ersten Büchern, das zweite, das Erato anruft, wünscht deren Hilfe für das dritte Buch; »die Muse« endlich soll dem Dichter Unterstützung für das letzte Buch gewähren. Dem entspricht die Gliederung des Inhalts. Die beiden ersten Gesänge erzählen zunächst in wenigen Worten den Anlaß der Argonautenfahrt, den Auftrag des Pelias an seinen Neffen Iason, das Goldene Vlies aus dem Kolcherlande am Kaukasos zu holen, nennen die Teilnehmer der Fahrt, darunter Herakles und Orpheus, der hier wie im alten Epos durch sein Saitenspiel die Zauberkraft des Sirenengesanges bricht, und schildern ihre Erlebnisse auf der Fahrt – unter ihnen das Abenteuer mit den Frauen auf Lemnos, das Ausscheiden des Herakles in Mysien, wo sein geliebter junger Freund Hylas von einer Quellnymphe zu ihr ins Element gezogen wird, und die Einkehr bei dem von den Harpyen gequälten Phineus am Hellespont – bis zur heimlichen Landung in Kolchis. Das Buch Erato's – danach nannte auch Goethe den entsprechenden Siebenten Gesang in Hermann und Dorothea – zeigt das Wirken des Eros, dem die Königstochter, die zauberkundige Medea, erliegt: sie verhilft dem Fremden gegen den Willen des Vaters zu dem kostbaren Goldvlies und folgt dem Geliebten aufs Schiff. Überreich an Ereignissen ist das letzte Buch, das die Heimkehr der Argo erzählt. Ältere Lieder und Epen hatten dafür sehr verschiedene Fahrten angegeben, das älteste die Fahrt durch den Istros, die Donau, ins mythische Nordmeer und dann durch die Säulen des Herakles, die Straße von Gibraltar, wieder ins Mittelmeer. Apollonios dagegen läßt – neue, halb richtige, halb falsche geographische Kenntnisse verwertend – seine Argonauten durch einen sagenhaften Donauarm in den Nordteil der Adria, dann weiter durch den Po in die Rhone gelangen, die man sich verbunden dachte, und so ins Mittelländische Meer. Noch waren eben jene Gegenden den Männern des östlichen Griechenlands wenig bekannt; aber nicht ohne beträchtliches Staunen lesen wir, daß die Argofahrer hierbei die Seen Oberitaliens und der Schweiz (IV, 633) kennenlernen, daß sie sogar versehentlich in den Rhein nach Norden weitergefahren wären, wenn nicht Hera vom »Hercynischen Felsen« d. h. dem Abhang des Schwarzwaldes aus, sie mit gewaltigem Rufe gewarnt hätte. – Die Zahl der Abenteuer entspricht dieser phantastischen Fahrt. Die Kolcher verfolgen sie. Eine Schar unter Medeas Bruder Apsyrtos schneidet ihnen in der Adria den Weg ab. Sie locken ihn zu sich, und es folgt seine grausige Ermordung durch Iason im Vorraum eines Tempels; sein Blut bespritzt Mantel und Schleier der Schwester. Von dieser Tat der beiden sagt der Dichter:

Scharf erspähte mit lauerndem Blick ihr gräßliches Wirken
Sie, die alle bezwingt, die mitleidslose Erinys.

Auf der Phaiakeninsel, hier Korfu, vermählen sich Iason und Medea, und, da sie ihm nun rechtlich zugehört, verweigert König Alkinoos ihre Auslieferung der zweiten Kolcherschar. Nach vielen anderen Abenteuern – so werden die schon der Peloponnes Nahenden durch einen Nordsturm an die afrikanische Küste verschlagen, und sie müssen dort an der Syrte ihr Schiff zwölf Tage und Nächte über Land tragen – erreichen sie endlich die Insel Aigina, wo der Dichter seine Helden entlassen kann.

In Homers Bahnen geht Apollonios[1]. Das alte, schon der Odyssee vorliegende Argonautenepos war zwar damals verschollen, aber homerischer Stil wird doch stark von ihm angestrebt. Gleich der erste Vers sagt es vernehmlich: »Ruhmestaten der Männer« will der Dichter besingen, und das tut ja auch der Achill Homers (IX, 189). Den Bau der Argo beschreibt Apollonios nicht, weil davon »immer noch die früheren Sänger künden« (I, 18); also sie hat er im Blick. Sein über 200 Verse umfassender Heldenkatalog entspricht dem Schiffskatalog der Ilias. Die Gleichnisse sind von homerischer Form. Dies und vieles andere zeigt, daß die – im weiteren Sinne – klassische Kunst ihm Vorbild ist; er will gerade nicht modern sein wie die »Alexandriner«. Aber Nachbildung des Klassischen ergibt immer das Klassizistische, und so wirkt auch dieses Epos. Weite Strecken sind kahl und nüchtern; kühles Wasser, nicht Wein glaubt der Leser zu trinken. Und zudem: man bleibt das Kind sei-

1 Vgl. die Einführung in seinen Stil durch Wilamowitz, Hellen. Dicht. I 206, II 164 ff. und Körte a. O. S. 151 ff. Eine Übersetzung gibt Th. v. Scheffer, Sammlung Dieterich Band 90.

ner Zeit auch gegen seinen Willen. Gerade das Eigentümliche des Apollonios, und oft das Bessere, ist das Hellenistische an ihm. Ja, man hat sogar in seinem Werk Abhängigkeit von Kallimachos und Arat in Sprache, Metrik, Motiven nachgewiesen. Schon daß die 'Argonautika' so reiche geographische und sagengeschichtliche Belehrung geben, macht sie den Werken jener Gegner verwandt.

Die Menschen des Apollonios sind nicht von der einfachen Natürlichkeit der homerischen. Iason verrichtet zwar Taten der Kraft, aber er muß nur zu oft im Schatten Medeas stehen. Die Wirkung, die von seiner Schönheit ausgeht, ist fast stärker als die seines Heldentums. Medea ist ganz das Geschöpf dieses Dichters, wenn ihm auch die Sage die Handlung, Euripides die tragische Gestalt darbot. Zwar macht auch er von dem homerischen Mittel Gebrauch, ihre Liebe durch äußere göttliche Einwirkung, einen Pfeilschuß des Eros, zu erregen, aber wie nun das im Herzen verwundete jungfräuliche Mädchen schwankt und zaudert, mit dem Schamgefühl ringt, bis es dem Manne seine Hilfe anbietet, diese eindringliche Darstellung entstammt der Seelenkunde des hellenistischen Zeitalters. Mit dem Augenblick, wo sie Vater und Heimat preisgibt, ist sie eine andere: die Schuld, die ihr schon vorher zu schaffen machte, lastet nun schwer auf ihr; die Jungfrau ist unter den Männern allein, keiner schwesterlichen Seele kann sie ihre Brust öffnen; die überlange Dauer der Fahrt verstärkt ihre Einsamkeit, der Mord am Bruder versenkt sie noch tiefer in Schuld. Es ist kein freudiges Hochzeitsfest, das in Kerkyra gefeiert wird.

Fehlt es diesem Epos an Spannung, an innerem Zusammenhalt der Teile, so liegen seine Vorzüge wie die der hellenistischen Poesie schlechthin eben in der Ausgestaltung der Einzelszenen, in der Feinheit der Einzelzüge. Eros soll seinen verhängnisvollen Schuß abgeben, aber er spielt gerade mit Ganymed das Knöchelspiel (III, 117), wobei er gewinnt, wie es scheint auf unredliche Weise; wenigstens denkt so seine Mutter Aphrodite, die ihn deshalb ausschilt. Um ihn zu seiner Tat zu bringen, muß sie ihm erst Versprechungen machen (III, 132 ff. mit Körte):

Und dann schenk' ich dir wohl des Zeus entzückendes Spielzeug –
Jenes, das ihm Amaltheia, die liebe Amme, verfertigt
In der Idäischen Grotte, als er noch ein törichtes Kind war –
Einen hurtigen Ball; eine schönere Gabe als diese
Könntest du selbst aus der Hand des Hephaistos schwerlich erwerben.
Denn von Gold sind die Ringe gefertigt, und um einen jeden
Schlingen im Kreise herum sich doppelte Bögen, die Nähte
Sind versteckt, eine Ranke von dunkelem Blau überdeckt sie.
Aber wenn du ihn hoch mit deinen Händen emporwirfst,
Zieht er gleich einem Stern seine glänzende Bahn durch die Lüfte.

Solcher malerischen Einzelszenen gibt es viele. Das Erlebnis der Argonauten auf Lemnos, wo sie die liebebedürftigen Frauen der Insel in ihren Bann ziehen, die ihre Männer vor einem Jahr aus Eifersucht getötet haben, ist in der Einfädelung, der Durchführung und dem Abschluß des artigen Abenteuers ein anmutiges Gedicht geworden. Demgegenüber ist die Hochzeit Iasons und Medeas fast eine schaurige Szene (IV, 1137). Wohl liegt auf dem

Brautbett in der Grotte das Goldene Vlies, spielt Orpheus auf der Lyra, und die Nymphen singen den Hymenaios, aber Bräutigam und Braut denken an die schwere Zukunft:

Niemals werden wir Scharen der wehsalleidenden Menschen
Wirklich des Glückes teilhaftig, des ganzen und vollen;
denn immer
Ist auch dem heiteren Sinn ein bittrer Kummer gesellet.

Sind die zahlreichen Gleichnisse des Apollonios auch homerisch in ihrem Bau und oft sogar in ihrem Motiv, so tragen doch auch sie sehr individuelle Züge. Möge das wenigstens eins zeigen, das man sein berühmtestes nennen kann (III, 754), hat es doch auch eine Nachbildung durch Vergil (VIII, 22) gefunden[1]: das Herz der jungfräulichen Medea bebt und zittert ihr in der Brust, wie der Sonnenstrahl, der von einem mit Wasser gefüllten Gefäß an die Zimmerwand geworfen wird und dort flimmernd hin und her zuckt. Die Feinheit der Beobachtung in diesen Gleichnissen geht manchmal bis ins Raffinierte, ihr Stimmungsgehalt ist oft von eigentümlichster Art.

Vergil hat von diesem hellenistischen Epos für sein sehr andersartiges römisches Nationalepos manche Anregung empfangen. Wie Varro Atacinus (1. Jahrhundert v. Chr.) hat auch der begabte Valerius Flaccus (1. Jahrhundert n. Chr.) eine freie Bearbeitung von ihm hergestellt, diese – unvollendete – besitzen

[1] Dagegen hat das Sonnengleichnis am Eingang des 7. Gesanges von Hermann u. Dorothea durchaus selbständigen Charakter und ist nicht, wie man gesagt hat, von dem des Apollonios abhängig.

wir und können sie mit ihrem Vorbild vergleichen. So lebte nicht nur im griechischen Osten, sondern auch im lateinischen Westen das Werk des Apollonios bis zum Mittelalter fort.

Wie der Hellenismus Tragödien mit historischem Stoffe schuf, so auch Epen mit einem Inhalt, der geschichtlich war oder den man doch dafür hielt. Wenigstens eins sei genannt, die 'Messenischen Geschichten' des *Rhianos* aus Kreta (zweite Hälfte des 3. Jahrhunderts): da war Held Aristomenes der Achill; aber wir kennen nur den Gang der Handlung, die im sogenannten Zweiten Messenischen Kriege spielte und spannende Kampf- und Liebesszenen brachte.

Hier folge die Erwähnung höchst sonderbarer epischer Werke des Dichters und Grammatikers *Nikander* von Kolophon (wahrscheinlich 3. Jahrhundert v. Chr.), in denen man die alexandrinische Richtung wiedererkennt. Von seinen zahlreichen poetischen und prosaischen Schriften sind zwei Lehrgedichte erhalten, eins in 958 Hexametern, die 'Theriaka', die Mittel gegen den Biß giftiger Tiere behandeln, und ein anderes, um ein Drittel kürzeres, die 'Alexipharmaka', die Mittel gegen Vergiftung durch Speisen aufführen, beide im engen Anschluß an die Lehre eines Arztes. Ein anderer Geschmack als der unsre hat sich einst an diesen abstrusen Dingen erfreut.

Den Beschluß dieses Kapitels bilde der Hinweis auf eine Anzahl humoristischer und satirischer Epen hellenistischer Zeit. Noch ihrem Anfang wird der schon früher (S. 50) erwähnte '*Froschmäusekrieg*' angehören, ein unscheinbares Werk, dessen Text auch von den alexandrinischen Gelehrten gar nicht für eine Ausgabe bearbeitet worden ist, so daß er uns in merkwürdig voneinander abweichenden Formen vorliegt, das aber doch eine ganz lustige, harmlose Verspottung des hohen Epos ist. Nicht wie im Reineke Fuchs handeln hier die Tiere zugleich menschlich und ihrem eigenen Charakter gemäß, sondern in Namen und Gebaren treten diese Mäuse und Frösche wie homerische Helden auf. Ihr Streit rührt daher, daß der Mausprinz Bröseldieb ertrinkt, als er vom Froschkönig Pausback, Sohn des Peleus, auf dessen Einladung hin übers Wasser getragen wird. Zeus beendet den heroischen Kampf wie auch gelegentlich im Homer durch einen Blitzstrahl und schickt obendrein das Krebsheer gegen das rabiate Mausvolk. An solchen Tierepen haben Mittelalter und Reformationszeit unbändige Freude gehabt.

Auf schärferen Ton waren andere Gedichte gestimmt. Wenn *Sotades* in seinen beißenden und lasziven ionischen Versen sogar König Ptolemaios Philadelphos angriff, so hat im Mutterland der Philosoph *Timon* aus Phleius (3. Jahrhundert), ein Skeptiker, unter vielen anderen Werken Spottepen über seine philosophischen Vorgänger verfertigt, in homerischem Stil. Ein großes Netz, wurde erzählt, fing im Teich die Philosophenfische ein, die dann ergötzlich beschrieben wurden; auch eine Nekyia gab es: da konnte man die Geistesgrößen im Schattenreich belauschen, ein Motiv, das Schiller und Goethe aufgegriffen haben. Die uns erhaltenen Hexameter zeigen nicht nur ein großes sprachschöpferisches Vermögen und treffenden Witz, sondern diese verzerrten Philosophenbilder sagen uns sogar allerlei über die Lehre der Männer, deren Werke wir nur in Bruchstücken

besitzen. Andere kritische Geister wie *Krates* und *Bion* setzten diese Weise fort (vgl. S. 361). »Gespräche in Bions Manier« nennt Horaz seine Satiren.
In Sizilien stand die Kochkunst hoch in Ehren. Ein Platon hatte das – im 7. Brief – zu tadeln. Anderer Ansicht war *Archestratos* von Gela (zweite Hälfte des 4. Jahrhunderts), und so dichtete er ein lustiges Loblied auf die Gastronomie. Die feinsten Delikatessen in der ganzen Welt wurden in epischem Stil behandelt, vor allem, scheint es, die Fische, wie uns beträchtliche Reste seines Gedichts lehren; die besten Rezepte fehlen nicht. Auch andere solcher kulinarischen Werke gab es. Der römische Dichter Ennius hat Archestratos hundert Jahre später ins Lateinische übertragen.

4. GESCHICHTSSCHREIBUNG

In der künstlerischen Prosa dieser Epoche ist die Staatsrede nicht mehr zu finden; mit der Freiheit ist sie verschwunden. Zwar bildete der prosaische Hymnus einen Teil der Festprogramme, der berufsmäßige Redner half auch überall weiter vor Gericht, aber die Bedeutung der Beredsamkeit ist entfernt nicht mehr die gleiche wie im 4. Jahrhundert. Erst in dem aufblühenden demokratischen Rhodos des 2. Jahrhunderts hat sich eine neue Rhetorik gebildet, doch ist ihr Wesen fast nur aus späteren Berichten und dem großen Einfluß zu erschließen, den sie auf die römische Beredsamkeit ausgeübt hat.
Nicht die Rhetorik, die Geschichtsschreibung vielmehr nimmt in dieser Zeit der gewaltigen Taten die erste Stelle innerhalb der Kunstprosa ein. Der Große

König selbst hatte auf seinen Zügen im Stabe nicht nur Gelehrte, Geographen und Naturwissenschaftler, sondern auch Historiker wie *Anaximenes* (s. S. 296[1]) und *Kallisthenes*, den Neffen des Aristoteles. Von diesem im besonderen wissen wir, daß er Alexanders Taten begeistert beschrieb; dann aber entzweite er sich mit dem König, und schon 327, auf dem Indischen Feldzuge, fand er, vielleicht gewaltsam, sein Ende. Zwei Typen der Alexandergeschichte sind im folgenden zu erkennen. Den einen stellen die der Erforschung der Wahrheit dienenden Werke dar. Zu ihnen hat man die des *Aristobulos* (schrieb nach 285) zu rechnen, der den Zug selbst als Nichtsoldat mitgemacht hatte, vor allem aber die Bearbeitung, die Ptolemaios I. in hohem Alter den in seinem Besitz befindlichen Akten des königlichen Hauptquartiers zuteil werden ließ: in Arrians Geschichte Alexanders werden wir ihr wieder begegnen. Den anderen Typus stellen die mehr romanhaften Darstellungen dar. Dazu gehört in gewissem Sinne schon das Werk des *Kleitarchos* (um 300), den wir in Diodors 17. Buch und im Curtius Rufus umgeformt wiederfinden; denn er ging ganz darauf aus, durch glänzende Darstellung und bunteste Stoffülle ein möglichst eindrucksvolles Bild seines Helden zu geben. Dann wird die Alexandergeschichte, je größer der zeitliche Abstand, um so phantastischer, bis der Held ganz zum orientalischen Märchenfürsten wird. Dafür ist uns der Alexanderroman des *Pseudokallisthenes*, etwa aus dem 3. Jahrhundert n. Chr., ein Beispiel. Er fand ungemeine Verbreitung, wurde nicht nur mehrfach ins Lateinische, sondern auch ins Syrische, Armenische, Äthiopische und Slawische übersetzt und lebte bis weit ins Mittelalter hinein fort.[1]

Das 3. Jahrhundert v. Chr. hat auch – als Ganzes nicht erhaltene – Geschichtswerke von großem Umfang und hohem Stil hervorgebracht. Zu ihnen gehört das des *Duris* von Samos, eines Schülers Theophrasts, also Enkelschülers des Aristoteles, dessen 27 Bücher umfassende Schrift die Zeit von 370–281 behandelte, wozu u. a. ein Werk über die Geschichte des Tyrannen Agathokles von Syrakus kam; bei Plutarch und Diodor finden wir Auszüge aus ihm. »Tragische Historie« heißt seine Art; wie die Tragödie wollte er packen, Schrecken und Mitleid erregen, wie Euripides den Menschen psychologisch erfassen, auch durch Kleinmalerei fesseln; das Tatsächliche rein und treu herauszuarbeiten, war ihm weniger wichtig. Ähnlicher Art war das ebenso umfangreiche Werk des zwei Generationen jüngeren *Phylarchos*, das die Jahre von 272–220 umspannte, auch eine Quelle für Plutarch. Etwas sehr anderes dagegen muß die Diadochengeschichte (mindestens bis zum Ende des König Pyrrhus) des *Hieronymos* von Kardia in Thrakien gewesen sein, den Duris schon benutzte und den wir auch wieder durch Diodor und Plutarch kennenlernen. Hieronymos war hoher Offizier und Staatsmann, erst ein Freund des Eumenes, dann im Dienste des Königs Antigonos Gonatas, der ihm auch den Auftrag erteilte, mit Be-

[1] Vgl. A. Ausfeld, Der griech. Alexanderroman (1907); A. Hübner, Die Antike IX (1933) 32; H. J. Mette, Dr. Faustus und Alexander, Deutsche Vierteljahrsschr. für Literaturw. u. Geistesgeschichte XXV (1951) 27; R. Merkelbach, Die Quellen d. griech. Alexanderromans (1954).

nutzung des makedonischen Archivs als Diener der Wahrheit zu schreiben. Damit war auch ein anderer, nüchterner Stil gefordert, als jene »Tragiker« ihn anwandten.

Nun aber denke man sich zu diesen großen historischen Werken eine unübersehbare Menge kleiner hinzu, vor allem lokal- und heimatgeschichtlicher Art, denn das historische Interesse hatte sich jetzt stark verbreitet; doch heute haben sie nur für den Fachmann Bedeutung. Wie natürlich wandte sich dieses Interesse auch den neu gewonnenen oder doch entdeckten Ländern zu. Alexanders Admiral *Nearch*, der im Auftrage des Königs einen Seeweg zwischen Indus und Euphrat fand, gab darüber einen Bericht heraus, von dessen Vorzüglichkeit noch Arrian Kunde gibt. Als Beauftragter von Seleukos I. besuchte *Megasthenes* wiederholt in Gesandtschaftsangelegenheiten Indien und veröffentlichte eine eingehende Beschreibung des Landes, darin zum ersten Male genaue Nachrichten über das Kastenwesen; wir hören davon vor allem durch die Vermittlung Diodors, Strabons, Arrians. Über die alte Geschichte, Religion und Kultur Ägyptens schrieb, gute Kenntnisse mit romanhaftem Beiwerk verbrämend, *Hekataios* von Abdera unter Ptolemaios I., auch eine Quelle Diodors. Ja, auf griechisch schrieben jetzt auch Fremde über die Geschichte ihres Landes, nicht ohne Benutzung alter Urkunden, so der Baalpriester *Berossos* über die Babyloniens, der Priester von Heliopolis *Manethos* über die Religion und Geschichte Ägyptens. Auch der Römer Fabius Pictor hat um 200 die Geschichte Roms griechisch niedergeschrieben.

Wir wenden uns dem Westen des Mittelmeergebiets

zu, den Alexander mit dem Osten vereint hätte, wenn ihm ein Dezennium weiteren Lebens vergönnt gewesen wäre.

Massalia (Marseille) wurde im letzten Drittel des 4. Jahrhunderts der Ausgangspunkt großer Entdeckungsfahrten. Von hier fuhr *Pytheas* durch die Straße von Gibraltar über die Bretagne bis zu den Inseln nördlich Englands – England selbst hieß ihm »Albion« –, ja, wie es scheint, bis in unser Wattenmeer hinein. Der Germanist Karl Müllenhoff hat einst in seiner Deutschen Altertumskunde die Berichte hierüber geprüft. Das Buch des Pytheas hieß 'Vom Ozean'.

Ein gewaltiges Geschichtswerk über Sizilien hat *Timaios* von Tauromenion, jetzt Taormina, verfaßt, der von etwa 345 bis etwa 250 gelebt hat, davon 50 Jahre in Athen, denn die vom Vater als Herrschaftsgebiet ererbte Stadt mußte er an den Tyrannen Agathokles abtreten. Auch dieses Werk kennen wir nur durch die Benutzung und die Kritik Späterer. Es war eine Geschichte zugleich Italiens und Karthagos von den Anfängen bis auf seine Zeit. Ihr Verlust wiegt sehr schwer. Denn da wurde eine sehr ausführliche Geographie des Westens, darunter auch die Nachrichten über Pytheas, geboten; viele Mythen, wie die Sage von Äneas und Dido und die über Roms Gründung, wurden mitgeteilt; Urkunden, auch karthagisch-phönizische, waren sorgfältig benutzt; das Leben der großen Weisen Pythagoras und Empedokles wurde ausführlich geschildert – davon hallt noch etwas nach bis in Hölderlins Empedoklestragödie – und vor allem die große, abenteuerreiche Geschichte Siziliens unter seinen Tyrannen spannend erzählt. Freilich war das Ganze rhetorisch aufgeputzt: Cicero (Brutus 325) nennt seinen Stil »asianisch«; darunter versteht er hier einen von der griechischen Rhetorik Kleinasiens, besonders von *Hegesias* aus Magnesia am Sipylos gegen Ende des 4. Jahrhunderts ausgebildeten Stil, dessen Ideal das geistreich-zierliche Spiel des Gedankens, die pointenreiche Sprache war. Viele große, auch, wie es heißt, wenig passende Reden legte Timaios seinen Helden in den Mund. Man tadelte seine kleinliche Polemik. Wie sich Polybios zu ihm stellte, werden wir sehen.

In *Polybios*[1] (etwa 200–120) haben wir einen Historiker vor uns, der bei manchem großen Ereignis seiner Zeit selbst zugegen, sogar selbst politisch tätig war. Sein Leben spiegelt ein Stück Geschichte wider, aber römische Geschichte. Er war der Sohn des führenden Strategen des Achäischen Bundes und hat selbst als politischer und militärischer Führer seinem Vater zur Seite gestanden, bis die Römer durch den Sieg bei Pydna 168 die Herren Griechenlands wurden. Nun war Polybios einer der 1000 Achäer, die als Geiseln nach Italien geführt wurden; sie mußten dort sechzehn Jahre aushalten. Aber der Sieger von Pydna, L. Aemilius Paullus, hatte erkannt, was für ein bedeutender Geist dieser Mann war, und so bestellte er ihn zum Lehrer seiner Söhne Q. Fabius (eines Adoptivsohnes) und P. Scipio, des künftigen Eroberers Karthagos. Hier geben wir nun Polybios selbst das Wort, wie eines Tages zwischen dem jun-

[1] Man vergleiche die verschiedenen Darstellungen in Mommsens Röm. Gesch. II[9] 449 ff., F. Leos Geschichte der röm. Literat. I 316 ff. 325 ff. und E. Schwartzens Charakterköpfen aus der ant. Lit. I[5] 68 ff. (1919).

gen Scipio und ihm ein Bund geschlossen wurde, der das ganze Leben hindurch fest blieb. Seine Erzählung (XXXII 9) wird uns ebenso griechische pädagogische Weisheit und Liebe wie edle römische Art enthüllen; sie lautet:

»Daß der Anfang der Bekanntschaft (mit den Söhnen des Aemilius Paullus) aus einer gemeinschaftlichen Lektüre und dem Gespräch darüber entstand, habe ich bereits dargestellt. Der Verkehr entwickelte sich weiter, und als die nach Rom Berufenen[1] in die Landstädte verschickt wurden, verwendeten sich Fabius und Scipio, die jungen Söhne des Lucius, beim Prätor dafür, daß Polybios in Rom verbleiben dürfe. Das geschah, und der Umgang wurde noch viel vertrauter. Da ereignete sich folgendes. Sie gingen einmal alle zugleich aus dem Hause des Fabius heraus, dann bog Fabius zum Forum ab, Polybios aber mit Scipio nach der anderen Seite. Während sie so weitergingen, sagte Publius (Scipio) mit einemmal ruhig und mit freundlicher Stimme, wobei er deutlich errötete: ʿPolybios, wir sind doch zwei; warum aber unterhältst du dich immerfort nur mit meinem Bruder und richtest alle Fragen und Antworten an ihn, mich aber übergehst du ganz? Offenbar hast du von mir dieselbe Auffassung, die, wie ich höre, auch meine Mitbürger haben. Alle glauben nämlich, ich sei ein stiller, ja träger Mensch, wie ich höre, und weit entfernt von der römischen Richtung und Art, weil ich nicht dafür bin, Prozeßreden zu halten. Das Haus aber, aus dem ich hervorgehe, verlange, sagt man, nicht solch einen Führer,

1 Das war die offizielle Bezeichnung für die internierten Achaier.

nein ganz im Gegenteil; das bekümmert mich ganz besonders.' Polybios wurde durch diese ersten Worte des Jünglings überrascht – er war damals nicht mehr als achtzehn Jahre alt – und sagte: 'Bei den Göttern, Scipio, sage das nicht, laß es dir überhaupt nicht in den Sinn kommen! Nicht weil ich dich geringschätze oder dich übergehen will, handele ich so, durchaus nicht, sondern weil dein Bruder älter ist, beginne ich in den Unterhaltungen mit ihm, wie ich bei ihm aufhöre, und halte mich in den Antworten und Ratschlägen an ihn, wobei ich aber meine, daß du dieselbe Gesinnung hast wie er. Von dir aber erstaunt es mich jetzt zu hören, daß du dir weniger tatkräftig vorkommst, als es für die Männer dieses Hauses Pflicht ist; denn dadurch zeigst du gerade deinen Stolz. Ich möchte schon gern mich dir ganz ergeben und dir ein Helfer werden, daß du im Reden und Handeln der Vorfahren wert wirst. Denn in den Wissenschaften, um die ich euch jetzt so eifrig bemüht sehe, werdet ihr an bereitwilligen Mitarbeitern keinen Mangel haben, du sowenig wie dein Bruder; eine große Schar solcher Männer sehe ich ja zur Zeit aus Griechenland hierher strömen. Aber für das, was dich jetzt bekümmert, wie du sagst, glaube ich, keinen geeigneteren Mitstreiter und Mitarbeiter finden zu können als mich selbst.' Noch während Polybios das sagte, griff Scipio mit beiden Händen nach seiner Rechten, drückte sie leidenschaftlich und sagte: 'Wenn ich doch den Tag sähe, an dem du alles andere hintansetzest und nur auf mich achtest und mit mir zusammenlebst. Denn von da an werde ich mich sogleich für wert meines Hauses und meiner Ahnen halten.' Polybios freute sich wohl, als er den Eifer und das Vertrauen des Jünglings wahrnahm, doch fühlte er sich auch in einer gewissen Verlegenheit, wenn er die hohe Stellung des Hauses und den Reichtum des Geschlechts bedachte. Indessen von diesem gegenseitigen Versprechen an trennte sich der Jüngling von Polybios nicht mehr, und nichts war ihm so wichtig wie der Umgang mit ihm.«

Polybios hat dann später mit Scipio zusammen Oberitalien, Gallien und Spanien besucht. Im Jahre 150 ist er in die Heimat zurückgekehrt. Scipio rief ihn wieder zu sich, als der Dritte Punische Krieg ausbrach. Er erlebte den Brand Karthagos mit. Nach der Zerstörung Korinths half er seiner Heimat in ihrem Verhältnis zu Rom. Viele Ehren sind ihm dafür zuteil geworden; in Olympia hat sich die Basis eines Ehrendenkmals gefunden mit der Inschrift »Der Staat der Eleer ehrt Polybios des Lykortas Sohn aus Megalopolis«. Auch vor Numantia war er im Gefolge Scipios, hat dann Spanien und Gallien bereist, wie er vorher, wohl auch mit Scipio zusammen, Ägypten gesehen hat. Durch einen Sturz vom Pferde hat der 82jährige den Tod gefunden.

Die Bewunderung Roms, seiner militärischen Leistung und seiner Verfassung, hat den Staatsmann zum Historiker gemacht. Er hat selbst in einem ganzen Buche seines Werks (VI 3 ff.) nach der im Anschluß an griechische Philosophie gegebenen Darlegung, daß sich die Staatsverfassungen in einem Kreislauf auseinander entwickeln, die Verfassung des römischen Volkes geschildert und sie in ihrer Mischung aus Monarchie, Aristokratie und Demokratie als die schlechthin beste bezeichnet; den Tatsachenbeweis lieferte ihm die Kraft dieses Staates, die selbst die Niederlage von Cannae nicht brach. Auch denkt er sich vor allem Römer als die Leser seines Werkes (XXXI 22). Vor der Erkenntnis, daß Rom zum Herrn des Mittelmeers bestimmt sei, verblaßte seine nationalhellenische Gesinnung.

Sein Werk hat 40 Bücher umfaßt, von denen uns aber nur die ersten fünf vollständig erhalten sind, dazu umfangreiche Reste durch Exzerpte, auch Stückchen auf Papyrus. Über die Anlage seines Werks hat sich Polybios selbst zu Beginn und am Schluß, auch am Anfang des dritten Buches ausgesprochen. Die ersten zwei Bücher enthalten als Einleitung die Geschichte Roms und Karthagos von 266–221, knüpfen also an Timaios an, mit dem dritten wird das eigentliche Thema angeschlagen: »Wie, wann und aus welcher Ursache die bekannten Teile der bewohnten Welt unter die Macht der Römer kamen«. So wurden in den Büchern III–XXIX die großen Kriege mit Hannibal, Philipp V. von Makedonien, Antiochos III. von Syrien, Perseus von Makedonien geschildert, also die Zeit bis 168 v. Chr. Aber die fortschreitende Geschichte führte zu großen Ergänzungen und Nachträgen: in den Büchern XXX–XXXIII wurde gezeigt, daß innere Notwendigkeit die Entwicklung des römischen Reichs bestimmte und wie sehr sich die römische Herrschaft in den darauffolgenden anderthalb Jahrzehnten bewährte; und während das ganze Buch XXXIV geographischen Fragen gewidmet war, brachten die letzten den großen Endkampf mit Karthago, die Vernichtung Korinths, die Kämpfe in Spanien bis zum Jahre 144. So war das Ganze denn wirklich das

Abbild der Größe Roms geworden. Wie natürlich zeigen sich in dem während langer Zeitläufte entstandenen Werk gewisse Widersprüche, aber moderne Versuche, es in Schichten aufzuspalten, sind als gescheitert zu betrachten. Nicht überhören darf man freilich, wie die schweren Schäden der späteren römischen Provinzialverwaltung und das Gracchische Revolutionszeitalter Polybios zu sorgenvollen Betrachtungen führten, ob wirklich der Gang der Geschichte gerecht und ob Roms Staat unzerstörbar sei. Das hat er bei Überarbeitung des Werks dem Leser nicht vorenthalten wollen.

Etwas vom Thukydideischen Geist wird im Werk des Polybios wieder lebendig, nur daß hier die Persönlichkeit des Schreibenden stark hervortritt. Das Streben, die Wahrheit zu ergründen, ist auch ihm Grundvoraussetzung, »denn wie ein Wesen ganz unbrauchbar wird, wenn man es des Augenlichts beraubt, so wird, wenn man der Geschichtsschreibung die Wahrheit nimmt, der Rest von ihr eine ganz unnütze Erzählung« (I 14). Gerade dieser »Nutzen« wird als ihr eigentlicher Wert auch von Polybios wiederholt hervorgehoben, im Gegensatz zur bloßen auf Unterhaltung bedachten Geschichtserzählung. Die seine soll »pragmatisch« sein (IX 2), nichts von Mythen, Stammbäumen, Gründungsgeschichten bringen – wie sie Timaios so reichlich gab –, sondern die Pragmata, d. h. die Ereignisse und Taten, und die Gründe und Überlegungen, die zu ihnen führten. Damit stellt sich seine Betrachtungsweise auch in Gegensatz zu allen idealistischen Konstruktionen, die sich zum Staat der Wirklichkeit doch nur verhielten wie ein Kunstwerk zum lebendigen

Menschen (VI 47 u. ö.). Gerade der Staat ist es, und das heißt eben der römische Staat, der ihm als Maßstab für seine Betrachtung dient: »Für die wichtigste Ursache des Gelingens und seines Gegenteils muß man bei jeder Sache den Zustand des Staates halten; denn aus ihm kommen in der Regel nicht nur wie aus einer Quelle alle Pläne und Anschläge zu den Taten hervor, sondern sie bekommen auch durch ihn ihre Vollendung« (VI 1). Eigentlich, sagt er, sollten nur Staatsmänner Geschichte schreiben (XII 28). Im Rahmen des Staates sind die Männer gesehen, welche die Geschichte machen, und von ihnen wird auch Persönliches genug gegeben, das sich im Laufe der Darstellung zu einem Gesamtbilde zusammenschließt. Dazu diente auch die eben wiedergegebene Erzählung von Scipio als Jüngling; Erzählungen von seiner Uneigennützigkeit und großen Gesinnung gab Polybios bei vielen anderen Gelegenheiten. Durch ihn lernten die späteren Römer den Mann kennen, der einer ihrer Edelsten war und der Römer- und Hellenentum in vorbildlicher Weise in sich vereinte. Durch ihn erfahren noch wir die Wahrheit über römischen Ahnenkult, über Hannibals Alpenübergang und die Schlacht bei Cannae.

Polybios war durch Stoische Philosophen gebildet worden; wahrscheinlich durch ihn ist auch der große Stoiker Panaitios von Rhodos in das Haus des Scipio gekommen, wohl bald nach 146, der dann auch sein Freund wurde. Stoische Gesinnung ist auch im Geschichtswerk des Polybios spürbar. So spricht er einmal von denen, »die das allein für den Prüfstein des echten Mannes halten, den völligen Umschlag des

Glücks mit großer Seele und edlem Mute tragen zu können« (VI 1). In der Lehre des Panaitios war das streng Dogmatische der älteren Stoa abgestreift, und seine Sätze von der Pflicht, recht und gerecht zu handeln, der Gemeinschaft zu dienen, für den Staat sich aufzuopfern, entsprachen so sehr römischem Empfinden, daß die Staatsmänner, die bei dem Stoiker in die Schule gingen, glaubten, hier die theoretische Begründung für ihr Handeln und ihr Leben zu erhalten. In Ciceros Schrift De officiis wird die Lehre des Panaitios wiedergegeben, und wenn Cicero den Polybios »den unsern« nennt (De re p. II 14), so meint er diese Übereinstimmung im Grundsätzlichen, die zwischen der Geschichtsauffassung des Polybios und der der Römer besteht. Freilich hängt mit der Stoischen Lehre auch in gewisser Weise der platte Rationalismus zusammen, den Polybios in seinen Äußerungen über die Religion zeigt: sie ist ihm eigentlich nur das Mittel, die Menge in Zucht und Ordnung zu halten; der wahre Mann bedarf ihrer nicht. Dennoch ist auch dieser Rationalist Kind des Hellenismus genug, um die unheimliche Macht der Tyche, d. i. zugleich Glück und Zufall, anzuerkennen[1]. Und hier ist ein Mangel an Folgerichtigkeit ebenso bemerkenswert wie verständlich. Zwar bezeichnet er es gelegentlich als »unziemlich«, von der Tyche statt von der inneren Ursache zu reden (wie II 38), aber dann lesen wir doch wieder Worte wie ein berühmtes Zitat aus der

[1] Tyche ist ursprünglich »Trefferglück«, worin durchaus auch die menschliche Aktivität mitgewertet wird; erst in hellenistischer Zeit überwiegt darin der Ton des launisch, unverständlich Zufälligen.

Schrift des Theophrastschülers und Staatsmannes *Demetrios* von Phaleron, der von 317–307 Athen segensreich verwaltete; es lautet (XXIX 21): »Oft denke ich an des Phalereers Demetrios Wort. In seiner Schrift 'Über den Zufall' will er den Menschen das Wandelbare des Glücks deutlich zeigen. Dazu nimmt er sich die Geschicke Alexanders vor, als er das Perserreich vernichtete, und sagt folgendes: 'Wenn ihr euch einmal – nicht etwa die unendliche Zeit oder viele Geschlechter, sondern nur die letzten fünfzig Jahre vor uns vergegenwärtigt, so werdet ihr erkennen, was Glück und Zufall für ein folgenschweres Ding sind. Meint ihr denn, vor fünfzig Jahren hätten die Perser oder der Perserkönig, die Makedonen oder der Makedonenkönig einem Gott geglaubt, der ihnen die Zukunft prophezeit hätte: zur heutigen Zeit würde von den Persern nicht einmal der Name übrigbleiben, die doch Herren fast der ganzen Erde waren, die Makedonen dagegen würden sich der Welt bemächtigen, von denen doch früher nicht einmal der Name bekannt war? Und doch, der Zufall, der mit unserem Leben keinen Vertrag schließen will, der alles entgegen unserer Berechnung neu macht und seine Macht gerade im Unerwarteten offenbart, zeigt, wie mir scheint, auch jetzt allen Menschen, da er doch die Makedonen in der Herrlichkeit der Perser angesiedelt hat, daß er auch ihnen diese Güter einmal verliehen hat – bis er wieder etwas anderes über sie beschließt.'« Diese letzte Voraussage – setzt Polybios hinzu – habe geradezu etwas Übernatürliches, denn 150 Jahre später habe sie sich in der Vernichtung des Perseus von Makedonien erfüllt. Und bei Polybios war auch zu lesen, er habe Scipio beim Brande Karthagos weinen sehen und den Homervers vor sich hinsagen hören:

Einst wird kommen der Tag, da die heilige Ilios hinsinkt.

Auf die Frage nach dem Sinn dieses Wortes habe er die Antwort erhalten, er denke an den Wechsel alles Irdischen und an das eigene Vaterland.

Zu seinem Vorgänger Timaios, der damals allgemein anerkannt war, fühlte sich Polybios, wie wir sahen, im Gegensatz. Er bekämpft ihn sogar in erregtem Ton, ihn und andere; und seine Zurechtweisungen wirken nicht selten wie Schulmeisterhochmut. Sogar über die höchst wertvolle, die Anfänge ergründende Urkundenforschung des Timaios macht er sich lustig. Es wiederholt sich hier etwas von der Gegensätzlichkeit zwischen Thukydides und Herodot. Vor allem war aber auch der Stil des Polybianischen Werkes grundverschieden von dem des Timaios: der »pragmatischen« Geschichtsschreibung war aller rhetorische Putz, alles Geistreicheln unangemessen. Auch die Pracht der Reden zu entfalten war nicht der Ort; die Reden des Timaios muteten ihn wie »Schüleraufsätze« an. Sachlichkeit, Nüchternheit waren der rechte Ausdruck für die hier waltende Gesinnung. Dabei sind aber die oft langen Perioden sehr sorgfältig, z. B. unter peinlicher Vermeidung des Hiatus zwischen zwei Worten, stilisiert. Polybios ist nicht leicht und gar nicht kurzweilig zu lesen. Der Wirkung abträglich ist sein annalistisches Prinzip, das ein häufiges Zerreißen der fortlaufenden Erzählung und Wechseln des Schauplatzes erzwingt. Livius, der ihm sachlich viel verdankt, ja, der ihm sachlich weit nachsteht, war ein ganz anderer: ein Künstler. Aber der berufene Künder von Roms größter Zeit blieb der Grieche Polybios.

Nur noch einen großen Historiker hat die hellenistische Epoche gehabt: den Philosophen *Poseidonios*, von dessen Forschung wir aber erst im nächsten Abschnitt sprechen werden.

Das sehr umfangreiche, 40 Bücher umfassende Werk *Diodors* aus Agyrion in Sizilien, der bis in die Augusteische Zeit hinein gelebt hat, führt den Titel 'Historische Bibliothek'. Es ist nur eine kundig hergestellte Kompilation; die benutzten Quellen – von denen einige schon oben genannt wurden – treten oft ganz deutlich zutage. Eine Weltgeschichte wird uns hier geboten entsprechend der Ausdehnung, die das Römerreich inzwischen genommen hat. Erst wird die Vorgeschichte der Ägypter, die der Völker des ferneren Ostens und die der Nordafrikaner behandelt; dann die mythische Zeit der Europäer. Die eigentliche Geschichte umfaßt als ersten Teil die Jahre vom Troischen Krieg bis auf Alexanders des Großen Tod, als zweiten die von dort bis zu Cäsars Zug nach Britannien. Nicht viel mehr als ein Drittel ist uns im Original vollständig erhalten; das übrige kennen wir nur in Bruchstücken und durch Exzerpte. Wert hat das Werk heute nur für den Quellenforscher.

5. PHILOSOPHIE[1]

Mutterstadt und Pflegerin der Philosophie blieb auch in diesen Jahrhunderten Athen. Lehrer und Lernende kamen von weither, um sich einer der dort

[1] Vgl. Verf., Griechische Philosophie[3] S. 266 ff.

bestehenden Schulen anzuschließen. In den schönen Gärten und Hallen der Gymnasien brannte das Feuer des Geistes weiter, das einst Sokrates entzündet hatte. Im Wetteifer, aber auch in eifersüchtigem Streit miteinander bemühten sich die Schulen um Anhänger.

Die älteste und darum vornehmste dieser Schulen war Platons Akademie. Aber sie entwickelte die Lehre stark in der Richtung des Kritizismus und Skeptizismus weiter. Die beiden bedeutendsten Schulhäupter waren *Arkesilaos* (etwa 315–241) und *Karneades* (214–129). Beide haben aber nichts selbst veröffentlicht, sondern beschränkten sich auf mündlichen Vortrag und dialektische Erörterung. Karneades gehörte auch zu der berühmten Philosophengesandtschaft, die Athen 155 nach Rom schickte, um dort vor dem Senat seine Sache vertreten zu lassen. Aber als er in öffentlichen Vorträgen einmal die Gründe für die Bedeutung der Gerechtigkeit entwickelte und am nächsten Tage die für die Berechtigung des Eigennutzes dagegenstellte, hätte beinahe, auf Veranlassung des alten Cato, die Polizei eingegriffen.

Den Peripatos leitete *Theophrast* (s. S. 359) nach dem Tode des Meisters in dessen Sinne weiter, vierunddreißig Jahre lang (322–287). Die historischen, rhetorischen und naturwissenschaftlichen Arbeiten wurden in großzügiger Weise fortgeführt. Auf Theophrasts Werk 'Die Ansichten der Naturphilosophen', das wir aus Bruchstücken und späteren Exzerpten teilweise wiederherstellen können, beruht im wesentlichen unsere Kenntnis der vorsokratischen Philosophie. Die Kenner bewundern noch heute seine

Botanik, die nicht nur ein System der Pflanzen, sondern auch Pflanzengeographie und -physiologie umfaßt. Von allgemeinerer Bedeutung ist sein Büchlein 'Charaktere' (wohl 319 niedergeschrieben), dreißig Schilderungen menschlicher Charaktertypen, in ihren komisch wirkenden Schwächen erfaßt; die Beziehung zum gleichzeitigen Lustspiel (vgl. S. 381) ist deutlich, daher wohl auch eine gewisse Derbheit, ja Grobheit. Die Schärfe der Beobachtung des Menschlich-Allzumenschlichen und die Zusammenfügung der Einzelzüge zu einem Bild von allgemeinerer Bedeutung ist bemerkenswert; der Stil zeigt, daß das kleine Buch nicht zur Veröffentlichung bestimmt, sondern nur Material für Vorträge oder ein umfassenderes Werk war.[1] – Unter dem Nachfolger Theophrasts *Straton* wurde die Weite des Peripatetischen Arbeitsfeldes eingeengt; er war ein großer Physiker; seine geistreiche Lehre vom Vakuum lesen wir noch bei Heron (vgl. S. 480). Die Bedeutung des späteren Peripatos liegt in der Spezialarbeit, auch auf literargeschichtlichem und biographischem Gebiet. Wie die Peripatetische Forschung schon seit Theophrast sich des Orients bemächtigte, ist überzeugend dargestellt worden.[2]

Die Kyniker, die sich nach *Diogenes*[3] »dem Hunde« nannten, beanspruchten für sich das Recht der größten Schärfe in der Beurteilung des Menschlichen und des beißendsten Witzes. Eine Schule bildeten sie nicht; sie waren Einzelgänger, aber von Wirkung

[1] Übersetzt und erläutert von H. Rüdiger, Sammlung Dieterich Band 34. — [2] Von Fr. Dirlmeier, Die Antike XIV (1938) 120. — [3] Vgl. Ed. Schwartz, Charakterköpfe aus d. ant. Lit. II[3] 1.

auf das große Publikum. Kynische – keineswegs zynische! – Witzworte flogen von Mund zu Mund, gefürchtet war die Kynische Predigt (Diatribe) mit selbstgemachten Einwürfen und Antworten; Diogenes hat sogar (Lese-)Tragödien geschrieben wie nach ihm andere. Jener *Krates*, Theophrasts Zeitgenosse, von dem schon (S. 443) die Rede war, gehörte zu den Kynikern, und auch er machte Ernst mit der Lehre von der Bedürfnislosigkeit als dem Ideal und von der menschlichen Zivilisation als einer Torheit: er überließ sein großes Vermögen seinen thebanischen Mitbürgern, nahm Mantel und Stab und zog in die Welt; ein edles, charakterstarkes Mädchen vermählte sich ihm und zog mit, die Menschen zu vermahnen und sie vom Zwang des Herkommens zu befreien. Um seiner Nachwirkung willen sei hier auch der Kyniker *Menippos* aus Gadara in Palästina (um 280) erwähnt, ein Sklave, der sich freikaufte und der eine neue Literaturgattung schuf: die aus Prosa und Vers gemischte Satire, eine Stillosigkeit im Sinne des streng hellenischen Geschmacks, deren zündende Kraft aber noch in Lukian zu spüren ist; der Orient freilich kannte solchen Wechsel von Vers und Prosa seit alter Zeit. Die Ziele der Pfeile Menipps waren besonders die Epikureer, aber auch andere Schulphilosophen, und gewiß die Menschen schlechthin.

Ganz anders sind die Töne, die uns aus dem stillen »Garten des *Epikur*« entgegenklingen. Die Sphäre der Freundschaft umschließt alle Glieder des Kreises; der heitere gemeinschaftliche Genuß geistiger Freuden ist das höchste Gut. Für Epikur (341–271)[1],

[1] Vgl. Ed. Schwartz a. O. II³ 2.

der, als Sohn eines Atheners in Samos geboren, sich 306 für die Dauer in Athen niederließ, war das atomistische System Demokrits die Grundlage seiner gesamten Lehre; nur in Unwesentlichem erweiterte er sie. Dem Lebensideal, seiner theoretischen Begründung wie seiner praktischen Bewährung, war die eigentliche Arbeit des Epikureischen Freundeskreises zugewandt. Epikur selbst hat eine große Zahl Schriften verfaßt, deren Formlosigkeit getadelt wurde; wir haben von ihnen nur Bruchstücke, dazu einige persönlich oder sachlich sehr wichtige Briefe. Aus ihnen spricht eine wunderbare Abgeklärtheit des Gemüts, eine vollkommene Ruhe der Seele, wie sie schon einige Teile aus dem großen Lehrbriefe an Menoikeus ahnen lassen (Diog. Laert. X 122 ff.). Er beginnt so: »Als junger Mensch soll man nicht säumen, Philosophie zu treiben, als alter Mann dessen nicht müde werden. Denn unreif oder überreif ist niemand, wenn es sich um die Gesundheit der Seele handelt. Wer aber sagt, die Stunde zum Philosophieren sei noch nicht gekommen oder sie sei schon vergangen, der gleicht einem, der sagt, für die Glückseligkeit sei die Stunde noch nicht da oder nicht mehr da. Daher: Philosophie treibe der Junge und der Alte, der eine, auf daß er sich trotz seines Alters durch die Güter verjünge in dankbarer Erinnerung an das Vergangene, der andere, auf daß er trotz seiner Jugend zugleich reif sei in der Furchtlosigkeit gegenüber dem Zukünftigen. Üben soll man also das, was die Glückseligkeit schafft, da wir ja, wenn sie zugegen ist, alles haben, wenn sie aber fehlt, alles tun, um sie zu haben. –

Mach dich vertraut mit dem Gedanken, daß der Tod

uns nichts angeht; denn alles Gute und Schlimme liegt in der Empfindung, der Tod aber ist Verlust der Empfindung. Daher macht die rechte Erkenntnis, daß der Tod uns nichts angeht, dieses vergängliche Leben erst erfreulich, weil sie nicht eine grenzenlose Zeit noch hinzulegt, vielmehr das Verlangen nach Unsterblichkeit tilgt. Denn es ist im Leben nichts Furchtbares für den, der richtig begriffen hat, daß im Nichtleben nichts Furchtbares liegt. Also ist ein Tor, wer sagt, er habe Furcht vor dem Tode, nicht weil seine Gegenwart Leid erregen werde, sondern weil schon sein Bevorstehen Leid errege. Denn was, gegenwärtig, nicht bekümmert, erregt doch, bloß erwartet, grundlos Leid. Das schaurigste aller Übel, der Tod, geht uns also gar nichts an, da ja, wenn wir sind, der Tod nicht da ist, wenn aber der Tod da ist, dann wir nicht sind. Also geht er weder die Lebenden noch die Toten etwas an, denn für die einen ist er nicht, die andern sind aber selbst nicht mehr.«

In solchen Gedankengängen fand der Römer Lukrez den Halt für sein von Stürmen der Angst bedrohtes Leben, sie hat er in seinem Lehrgedicht 'Vom Wesen der Dinge' wiedergegeben[1], ein begeisterter Schüler Epikurs, der für ihn die »Zierde des griechischen Volkes«, der »Entdecker der Wahrheit«, der »Vater« war.

Das eigentliche Gut war für Epikur die Lust. Darüber schreibt er an Menoikeus Worte, die fast genauso im englischen Utilitarismus Benthams wiederkehren: »Jede Lust ist ihrem eigentümlichen Wesen

[1] Zur Einführung besonders geeignet die Übersetzung von H. Diels (1924).

nach ein Gut, nicht jede aber ist zu wählen; ebenso ist auch jeder Schmerz ein Übel, aber nicht jeder ist stets zu meiden. Vielmehr geziemt es, all dies unter sorgfältigem Abwägen und Betrachten des Zuträglichen und Abträglichen zu beurteilen. Denn das Gut wird für uns zu manchen Zeiten ein Übel und umgekehrt wieder das Übel ein Gut. Auch die Genügsamkeit halten wir für ein großes Gut, nicht um uns auf jeden Fall auf das Wenige zu beschränken, sondern damit wir, wenn wir das Viele nicht haben, uns mit dem Wenigen begnügen, in der echten Überzeugung, daß die den größten Genuß von großem Aufwand haben, die dessen am wenigsten bedürfen, und daß alles Natürliche leicht zu beschaffen ist, alles Eitle aber schwer. Denn einfache Speisen bereiten denselben Genuß wie ein kostspieliges Mahl, wenn nur der im Entbehren liegende Schmerz ganz aufgehoben wird, und Brot und Wasser gewähren den höchsten Genuß, wenn man sie mit leerem Magen zu sich nimmt... Wenn wir also sagen, die Lust sei das Lebensziel, so meinen wir nicht die Lüste der Schwelger und die, welche im letzten Auskosten bestehen – wie manche meinen, die uns nicht kennen und daher gegen uns auftreten oder böswillig sind –, sondern daß man frei ist von Schmerz des Körpers und von Ruhelosigkeit der Seele.« Hier aber hat Goethe Epikur recht in das Herz gesehen, wenn er sagt: »Man hat den Epikur, der ein armer Hund war wie ich, sehr mißverstanden, wenn er das Höchste in die Schmerzlosigkeit legte.« Und Nietzsche stimmt zu: »Solch ein Glück (wie das Epikurs) hat nur ein fortwährend Leidender erfinden können.«

Bewährt hat Epikur seine Lehre auch in schwerster

Krankheit, auch auf dem Totenbette. Das zeigt ein Brief aus seinen letzten Stunden an seinen Schüler Idomeneus: »An meinem letzten Tage, der so selig ist wie mein Leben, schreibe ich dir dies. Harnzwang und Ruhr stellten sich ein, so schmerzhaft, daß sie eine Steigerung nicht erfahren können. Aber das Gleichgewicht hält all diesem die Freude in der Seele bei der Erinnerung an unsere gemeinsamen Untersuchungen. Du aber sorge entsprechend deiner von Jugend auf bewährten Liebe zu mir und der Philosophie für die Kinder Metrodors[1].«

Man kann Epikur zwar nicht egozentrisch nennen, aber schon seine im Altertum sprichwörtlich gewordenen Grundsätze »Lebe in stiller Verborgenheit!« und »Der Weise wird sich am öffentlichen Leben nicht beteiligen« zeigen die Abkehr vom Staat, an dessen Stelle vielmehr die kleine Gemeinschaft des »Gartens« tritt. Das ist eine Verfallserscheinung, nun gar gegenüber der großen hellenischen Zeit, da Solon und Parmenides ihrer Vaterstadt die Gesetze gaben. Aber diese Gemeinschaft war doch in ihrer Fügung so fest, daß sie bis ins 4. Jahrhundert n. Chr. dauerte. Bekannt ist aus Ciceros Zeit der Epikureische Vielschreiber *Philodem* – auch ein Dichter höchst eleganter Epigramme, vor allem von Liebesgedichten –, dessen philosophische Werke ein Liebhaber in Herculaneum besaß. Der Inhalt der stark verkohlten, z. T. noch im Bücherschrank gefundenen Rollen ist aber nur philosophiegeschichtlich wichtig.

Epikur leugnete die Götter nicht, doch waren sie ihm nur vollkommenere Atomverbindungen als die Menschen und gänzlich ohne Bedeutung für das Welt-

[1] Sie waren verwaist; Epikur vertrat Vaterstelle.

geschehen. *Euhemeros* »der Gottesleugner«, etwa sein Zeitgenosse, bewies seinen Mitmenschen sogar, daß die Götter einst Menschen gewesen seien, die dann nur wegen ihrer Verdienste göttliche Verehrung erhalten hätten, und diese platte Mythendeutung, die er in einer 'Heiligen Schrift' vertrat, hat nicht nur auf Römer wie den Dichter Ennius stark gewirkt, sondern auch auf die Rationalisten des 18. Jahrhunderts, die sogar den Begriff des Euhemerismus eingeführt haben.

In unerbittlich strengen Sätzen legte die Stoische[1], nach der »Bunten Halle« am Markt von Athen genannte Schule ihre Lehre nieder. Diese Schule hat *Zenon* nach 310 begründet; er war etwa 336 in Kition auf Cypern geboren, wohl halbsemitischer Abstammung. Zu jenen Grundsätzen gehörte: »Das Lebensziel: im inneren Einklang leben« – hier fügte Kleanthes, Zenons Nachfolger in der Schulleitung, hinzu »(im inneren Einklang) mit der Natur«; »Das Gut ist nur die Tugend, alles andere ist gleichgültig«; »Allein der Weise ist reich und frei«; »Das Gerechte ist von Natur, nicht durch Menschensatzung«. Der Mensch steht nach Zenon innerhalb konzentrischer Pflichtkreise, die Familie, Staat und Menschengeschlecht darstellen. »Der vielbewunderte Staat Zenons, des Stifters der Stoischen Schule«, sagt Plutarch in seiner Schrift über Alexanders des Großen Glück (I 6), »zielt auf den einen Hauptpunkt: wir sollen nicht nach Staaten oder Gemeinden leben, abgetrennt voneinander durch Sonderrechte, vielmehr alle Menschen für Gemeindegenossen und Mit-

1 Vgl. M. Pohlenz, Stoa und Stoiker. Die Gründer; Panaitios; Poseidonios (1950).

bürger halten, und eine einzige Lebensordnung soll sein, wie wenn eine Herde auf derselben Weide in einheitlicher Weise aufgezogen wird.« Und Plutarch fährt fort: »Zenons Schrift hat das gewissermaßen als ein Traumbild oder eine Idealform der Gesellschaftsordnung und Verfassung gestaltet, Alexander aber hat zur Theorie die Praxis geliefert.« Die Einheit der Weltordnung wird durch die Lehre von dem einen, alles durchwaltenden göttlichen Logos und dem unabänderlichen Schicksalsverlauf seines Wirkens zu einem festen Gefüge, in dem der Zufall keinen Platz hat. Stoisch denkt Nietzsche, wenn er sagt:

> So wie jeder Sieger spricht,
> Sprachst du: »Zufall gibt es nicht!«

Nur aus Bruchstücken und späteren Bearbeitungen können wir die Stoische Lehre in ihren inneren Wandlungen von Zenon über Kleanthes und Chrysippos (aus Kilikien) bis auf Panaitios (aus Rhodos) verfolgen, dessen Einfluß auf die großen Römer der Zeit wir schon erwähnt haben (S. 454). Wie die Erkenntnis des Kosmos als einer Einheit zu tiefer religiöser Verehrung des einen Gottes werden konnte, hat uns der Hymnus des Kleanthes gelehrt (S. 412). Schüler des Panaitios war *Poseidonios*[1] (etwa 135 bis 50), ein universaler Geist, in seinem mächtigen Erkenntnisdrang und seinem umfassenden Wissen Repräsentant des hellenistischen Zeitalters, so wie Platon und Aristoteles Repräsentanten verschiedener

[1] K. Reinhardts Poseidonios (1921) gibt die nachdrücklichste Darstellung vom Wesen und von der Bedeutung des Mannes; die wichtigsten griechischen Texte findet man dort übertragen.

klassischer Epochen sind. Gerade darum gibt unser Buch auch sein Bildnis wieder. Er stammte aus Apameia in Syrien, damals einer Großstadt, in deren Leben natürlich der orientalische Einschlag stark war. Aber seine eigentliche Bildung empfing er in Athen und Rhodos, und Rhodos wurde ihm neue Heimat, zu jener Zeit »der Hauptsitz der Freiheit und der Wissenschaft«. Auf Forschungsreisen lernte er Spanien, Gallien und Germanien kennen. Einen ganzen Monat verblieb er in Cadiz, um Nachrichten über den Ozean und die ihn umgebenden Länder zu sammeln. In Rom ist er 87/6 als Gesandter von Rhodos gewesen. Er stand mit den römischen Optimaten in enger Verbindung. Viele junge Römer hörten in Rhodos Vorlesungen bei ihm, auch Pompeius der Große. Cicero wurde im Jahre 78 dort sein Schüler und blieb es sein Leben lang. Stoiker der Grundrichtung seines Geistes nach, verharrte Poseidonios nicht im engen Schulgleise, sondern er strebte danach, den Kosmos in allen seinen Gliedern, den leiblichen und geistigen, zu umfassen, in wissenschaftlicher Forschung und religiöser Verehrung, in scharfer Beobachtung und dichterischem Vergleich. Er war Erforscher des Himmels und der Erde in ihrem Werden und Gewordensein, aber ebenso der Geschichte des Menschen und seiner Kultur; er durchforschte die Höhen und Tiefen der menschlichen Seele, und auch Mantik und Astrologie waren ihm wichtig. Alles, was ist, war ihm Äußerung derselben göttlich-geistigen Kraft, alles gottgewollt. Pompeius hat dem Cicero erzählt (Tuscul. II 61), wie der von Schmerzen gepeinigte Poseidonios ihm trotzdem einen Vortrag hielt, wobei er sich öfters mit dem

Wort unterbrach: »Du schaffst nichts, Schmerz! So lästig du bist, niemals werde ich zugeben, daß du ein Übel bist!«

Seine Werke sind, von Bruchstücken abgesehen, nicht im Original erhalten; aus Nach- und Umbildungen eines Cicero und Seneca, Diodor, Strabon, Plutarch u. a. hat sie die Philologie des 19./20. Jahrhunderts in ihren Grundzügen wiedergewonnen.

Gegenüber anderen Deutungen der Philosophie und ihrer Teile »forderte Poseidonios, man solle die Philosophie vielmehr einem lebendigen Wesen vergleichen, und zwar seinem Blut und Fleisch die Physik (Lehre vom Körper), seinen Knochen und Sehnen die Logik, seiner Seele die Ethik«. Schon dieses kurze Wort eines späteren Berichts (Sextus Empir. VII 19) zeigt, wie Poseidonios ein gewaltiges Wissenschaftsgebiet als innere Einheit begriffen haben wollte. In diesem Sinne hat er über die Affekte, die Güterlehre und das Lebensziel, über die Tugenden und die Pflicht geschrieben.

Sein großes Geschichtswerk hat etwa die Jahre vom Dritten Punischen Kriege bis auf Sullas Zeit umfaßt; äußerlich setzte es also den Polybios fort, und es war dessen Werk auch gleichgesinnt in der Anerkennung der Herrschaft Roms als einer heilsamen Notwendigkeit, trotz der Schäden des späteren Regiments. Aber die Kunst der Darstellung und das Ziel waren sehr verschieden. Hier schrieb ein Philosoph Geschichte. Masse und Einzelpersönlichkeit traten – nach den wenigen erhaltenen größeren Bruchstücken zu urteilen – scharf heraus, ergänzten sich aber zu höherer Einheit; im Geschehen ward auch die Schuld gesehen, und das plastische Bild konnte ebenso Züge des Komischen wie des Tragischen enthalten. Die Geschichte war zugleich Kulturgeschichte, das Auge des Forschers erkannte überall verschiedene Formen der einen menschlichen Art. So erzählte er von der Einberufung des römischen Volkes zur Abstimmung über die Gracchischen Gesetze (Diodor XXXIV 6): »Es strömten die Mengen vom Lande in Rom zusammen, wie Ströme im Meer, das ja alles in sich aufnehmen kann. Und diese Mengen waren voll freudiger Erwartung, einander zu helfen: sie hatten ein Gesetz als Führer und Bundesgenossen und als Beschützer einen Herrn, der weder Sklave der Gunst noch der Furcht war, der vielmehr bis zum letzten Atemzug entschlossen war, jede Mühe und Gefahr auf sich zu nehmen, um das Land für das Volk wiederzugewinnen.« »Auch dem Sklaven ist das Gefühl für gerechte Wiedervergeltung von Freundlichkeiten oder Härte eingeboren«, dieser Satz kam in der Schilderung des Sklavenkrieges vor (eb. 40). »Der Stoiker Poseidonios hat in seiner Geschichte, keineswegs im Widerspruch mit der von ihm vertretenen Philosophie, viele Sitten und Gebräuche bei vielen Völkern aufgezeichnet«, sagt ein später Exzerptor (Athenaios IV 151). Er zuerst hat Kelten und Germanen geschieden, die Nachrichten über die keltischen Barden mit ihrem Gesang, die Druiden mit ihrer Philosophie gebracht, und noch sind uns unübertrefflich charakteristische Sittenschilderungen erhalten: »Die Kelten halten ihre Mahlzeiten auf einem Lager von Heu und an hölzernen Tischen ab, die sich nicht viel über den Erdboden erheben. Die Nahrung besteht aus wenig Brot, aber viel Fleisch, das im Suppentopf und, wenn gebraten, auf den

POSEIDONIOS

Kohlenpfannen oder an den Bratspießen aufgetragen wird. Sie nehmen das reinlich zu sich, aber nach Löwenart: mit beiden Händen heben sie ganze Glieder hoch und nagen sie ab; wenn aber etwas schwer abzureißen ist, so schneiden sie es mit einem kleinen Messer ab, das an der Schwertscheide in einer besonderen Tasche hängt... Wenn mehrere gemeinschaftlich essen, so sitzen sie im Kreis, in der Mitte der Höchste – wie der Führer eines Chores –, der sich von den anderen durch Geschicklichkeit im Kampf, Abkunft oder Reichtum auszeichnet; wer ihm folgt, liegt neben ihm, dann immer der nächste zu beiden Seiten entsprechend Rang und Würde...«

Kosmologie und Geologie trieb Poseidonios zugleich in kühner Konstruktion und wissenschaftlicher Genauigkeit. Er hat es gewagt, Größe und Entfernung der Sonne zu berechnen, im Gegensatz zu früheren bloßen Spekulationen, und ein meteorologisches System aufgebaut; er hat zuerst die Perioden von Ebbe und Flut und deren Zusammenhang mit den Mondbewegungen endgültig festgestellt. Die Länge des größten Kreises der Erdkugel ist von ihm berechnet und die Möglichkeit der Umschiffung Afrikas von ihm überdacht worden. Prachtvoll lebendige Beschreibungen von Ländern in ihrem Gesamtcharakter, mit Erdreich, Pflanzen und Tieren, wie z. B. von Arabien, hat er gegeben und im Gegensatz zu Polybios die Nachrichten des Pytheas über England wissenschaftlich verwendet.

Alle Wissenschaft aber war ihm aufgehoben in der Religion, in der Verehrung Gottes, wie er sich in der Natur offenbart.

Von Gedanken des Poseidonios lebt die – populär

gehaltene – Schrift ‘Über den Kosmos’, die unter die Werke des Aristoteles gestellt worden ist, wie sie denn auch Aristotelisches (und Platonisches) enthält. Ihr Preis der Einheit und Schönheit des Kosmos und des einen Schöpfergottes ist der Ausdruck des echten Monotheismus, wie ihm die stoisch Gebildeten der Zeit um und nach Christi Geburt huldigten. Voraussetzung dieser Weltanschauung war die auch von den Stoikern anerkannte Lehre, daß die Erde der ruhende Mittelpunkt des Universums sei; als gefährlich falsch mußten die Hypothesen des Platonschülers Herakleides aus Herakleia am Pontos und des Astronomen Aristarchos von Samos (erste Hälfte des 3. Jahrhunderts) gelten, die vielmehr die Sonne für dieses Zentrum erklärten. Die Wirkung der Schrift war groß; wir besitzen noch eine lateinische Bearbeitung aus dem 2. Jahrhundert n. Chr. (von Apuleius) und eine armenische Übersetzung. Die christliche Kirche hat die hier wiedergegebene Lehre in ihrem sachlichen Gehalt wie ihrem Ethos übernommen. Wir hören die dem Motto unseres Kapitels (S. 369) vorausgehenden Sätze: »Gottes Heiligkeit und Würde ist es in Wahrheit entsprechend, daß er selbst in allerhöchster Höhe thront, seine Macht aber durch den ganzen Kosmos dringt und so Sonne und Mond bewegt und den ganzen Himmel im Schwung erhält, ebenso aber auch Urheber der Erhaltung für die Wesen auf Erden wird. Denn er bedarf keiner Beihilfe und Unterstützung von anderen, so wie die Herrscher in unserer Welt einer Menge von Händen wegen ihrer eigenen Unzulänglichkeit bedürfen. Vielmehr das ist das eigentlich Göttliche, mit Leichtigkeit und einfacher Bewegung mannigfaltige Formen und Erscheinungen hervorzurufen, gerade so wie es die Techniker machen, die durch ein einziges Seil einer (Wurf)maschine viele verschiedene Wirkungen hervorrufen können. Ebenso bewirken auch die Marionettenspieler durch das Anziehen einer einzigen Schnur, daß sich Nacken und Hand ihrer Puppe bewegen, auch Schulter und Auge, zuweilen sogar alle Glieder, in einem gewissen Takt.« (Hier folgt das genannte Zitat; später heißt es:) »Die Seele, durch die wir leben und Häuser und Städte besitzen, ist unsichtbar, aber sie wird eben durch ihre Taten sichtbar; denn die gesamte Lebensordnung ist von ihr gefunden und geordnet und wird durch sie zusammengehalten: der Erde Beackern und Bepflanzen, die Erfindungen der Technik, der Gebrauch der Gesetze, die Ordnung des Staates, Gemeindeangelegenheiten, auswärtiger Krieg, Frieden. Entsprechend muß man auch von Gott denken, der an Macht der Gewaltigste, an Schönheit der Würdigste, an Lebenskraft unsterblich, an Vollkommenheit der Höchste ist: jedem sterblichen Wesen ist er unerkennbar, aber aus seinen Werken wird er erkannt. Denn alle Vorgänge droben in der Luft, auf Erden und im Wasser könnte man in Wahrheit Gottes Werke nennen, der den Kosmos erhält. Durch ihn geschieht – nach dem Naturforscher Empedokles –

Alles, was war, was ist und was da sein wird in Zukunft...«

6. FACHWISSENSCHAFTLICHES

Auf dem Gebiete der wissenschaftlichen und technischen Fachliteratur sind zweifellos sehr bedeutende Leistungen des Hellenismus erwachsen. Den in ihnen wirkenden Geist meinte man nicht zum wenigsten, wenn man jene Epoche mit dem 19./20. Jahrhundert verglichen und ihr den Namen »Die griechische Moderne« gegeben hat.

Wenn die Geschichte der Literatur der europäischen Völker im allgemeinen, wie man mit Recht gesagt hat, nur Geschichte der Dichtung ist, so ziehen wir in der antiken den Rahmen erheblich weiter; doch leuchtet ein, daß auch in ihr gerade den Spezialwissenschaften nur wenig Raum gewidmet werden kann.[1] Die Gebiete, deren Schrifttum kurz betrachtet werden soll, sind Philologie, Medizin, Erdkunde, Mathematik und Technik.

Grammatik bedeutet ursprünglich die »Kunst des Lesens und Schreibens«. Schon in der Sophistenzeit aber begann man auch, die Sprache wissenschaftlich zu betrachten. So hat z. B. Protagoras zuerst die Modi des Verbs unterschieden; von den Deklinationskasus wissen wir zufällig, daß man sie schon zu Anakreons Zeiten, also im 6. Jahrhundert, zusammengestellt hat. Aristoteles und seine Schule, auch die Stoiker, haben systematisch Sprachwissenschaft getrieben. Das eigentliche Grundbuch der Grammatik in unserem Sinne, Grundbuch nicht nur für das Altertum, sondern auch für die spätere Zeit Europas bis in die Gegenwart, ist das Lehrbuch des Alexandriners *Dionysios* mit dem Beinamen »der Thra-

[1] Vgl. Wilamowitz, Hellenist. Dicht. I 160 ff.

ker«. Er hat es, die Ergebnisse der alexandrinischen grammatischen Forschung zusammenfassend, gegen Ende des 2. Jahrhunderts v. Chr. auf Rhodos geschrieben. Es ist ein Elementarbuch für den Schulunterricht, das mit der Erklärung beginnt: »Grammatik ist durch Erfahrung gewonnene Kenntnis der bei Dichtern und Prosaschriftstellern üblichen Redeweise.« Dann wird uns eine systematische Terminologie und Formenlehre gegeben. Die römische (und damit auch unsere) Grammatik ist durchaus von dieser alexandrinischen abhängig; sie hat die griechischen Ausdrücke übersetzt, oft wenig treffend, zuweilen falsch, wie denn z. B. der Akkusativ, der »Anklagekasus«, seine Existenz nur einem Mißverständnis des griechischen Wortes verdankt, das vielmehr »Verursachungskasus«, d. h. der des (bewirkten) Objekts, bedeutet, wie in dem Beispiel »Ich mache einen Tisch«; »Ich schreibe einen Brief«.

»Alexandriner« ist mindestens seit Nietzsche so gut wie ein Scheltwort, im Sinne des nicht schöpferischen, epigonenhaften Menschen, des Gelehrten, dessen Auge nur der Vergangenheit zugewendet ist. Aber diesen Alexandrinern verdanken wir es ja gerade, als den Bewahrern eines hohen Erbes, daß die Werke der großen Zeit auch nur erhalten sind; ohne ihre sammelnde, sichtende Kritiker- und Herausgebertätigkeit wäre die Literatur der Vergangenheit verflattert und verlorengegangen. Der erste, der sich einen Philologen genannt hat, war *Eratosthenes* aus Kyrene (etwa 275–200), aber in einem weiteren als dem heute üblichen Wortsinne, nämlich als »Liebhaber des Geistes« in seinen verschiedensten Erscheinungsformen. Und seine Arbeit entspricht diesem

Ehrennamen. Von Ptolemaios III. zum Vorsteher der Bibliothek als Nachfolger des Apollonios (Rhodios) berufen, wie neuere Papyrusfunde lehren, hat er seine wissenschaftliche Arbeit der Erdkunde und Mathematik, der Chronologie und der Philologie (in unserem Sinne) gewidmet. Auf diesem Gebiet ist vor allem das große Werk über die alte Komödie zu nennen, die der Erklärung ja so sehr bedurfte; doch viel mehr als sein sehr umfassendes Arbeitsprogramm kennen wir davon nicht. Aber Eratosthenes war zugleich selbst Dichter, und daß der große Gelehrte den Satz vertrat: »Jeder Dichter strebt danach, auf die Seele einzuwirken, nicht zu belehren« (Strabon p. 7) und danach in seiner Homererklärung verfuhr, daran hätte ein Lessing Freude gehabt. Wir haben freilich kein Urteil über seine Gedichte, unter denen ein astronomisches Lehrgedicht 'Hermes' und eine sehr gerühmte Elegie 'Erigone' war; sie endete mit der Verwandlung des Atheners Ikarios in den Stern Bootes (Arktur), seiner Tochter Erigone in die Jungfrau und des treuen Hundes in den Hundsstern.

Schon vor Eratosthenes hatte sein Oheim *Kallimachos* (s. S. 409) weitgreifende literargeschichtliche und sprachliche Untersuchungen veranlaßt, wie er denn selbst durch seine Arbeit für den Katalog recht eigentlich der Schöpfer der Literaturgeschichte schlechthin geworden ist. Auch die ersten Wörterbücher entstanden damals. Denken wir uns diese Arbeiten in den folgenden Jahrzehnten von vielen Köpfen und Händen fortgesetzt! Biographische, auch kulturgeschichtliche Forschung hatte schon der Peripatos gepflegt; Alexandreia nahm sie auf und führte sie fort, freilich versandete sie nicht selten in Klatschgeschichte, wovon z. B. die Biographien der drei großen Tragiker Zeugnis ablegen.

Die kritische Tätigkeit der alexandrinischen Philologen stellt sich uns heute noch am eindrucksvollsten am Homer dar. Wer im Lesesaal der Venezianischen Bibliothek von St. Marco um codex 454 bittet, der sieht in der zierlich geschriebenen Handschrift des 11. Jahrhunderts neben den Homerversen noch die kritischen Zeichen, die der Grammatiker *Aristarch* (um 180) in seiner Ausgabe angewendet hatte, und sieht die Ränder der Seiten, ja die Zeilenzwischenräume, mit sachlichen, sprachlichen, ästhetischen Erklärungen (Scholien) beschrieben, die, wie sie selbst sagen, vor allem auf Grammatiker des 1. vor- bis zum 3. nachchristlichen Jahrhundert zurückgehen, durch sie hindurch aber auf die alexandrinische Schule. Sogar die Ausgabe des Lehrers Aristarchs, des *Aristophanes* von Byzanz (um 220), und darüber hinaus die des zeitlich ersten alexandrinischen Philologen *Zenodot* (um 290) werden mit herangezogen. Als diese Scholien 1788 durch den französischen Philologen Villoison zum ersten Male bekanntgemacht wurden, eröffnete sich der Wissenschaft eine neue Welt, und unsere eigene Homerforschung begann.

Eine philologische Leistung besonderer Art war die Übersetzung des Alten Testaments ins Griechische, die sogenannte Septuaginta. Der Pentateuch wurde bereits unter Ptolemaios Philadelphos übertragen, nach der Überlieferung der Kirchengeschichte des Eusebios sogar auf seine Anregung hin, wenn auch die Erzählung von den 72 Gelehrten in den 72 Einzelhäusern Fabel ist. Wir wollen nicht vergessen, daß Melanchthon der erste Herausgeber der Septuaginta gewesen ist (1545).

Auch in der Heilkunde ist Alexandreia die Nachfolgerin der Peripatetiker geworden. *Diokles*[1] von Karystos auf Euboia, den das Altertum einen zweiten Hippokrates nannte, war wahrscheinlich ein Jünger des Aristoteles. Nur Bruchstücke, Auszüge späterer Ärzte, besitzen wir noch von seinen das Gesamtgebiet der Medizin behandelnden Werken. Mit besonderem Gewinn lesen wir seine Theorien der Körperpflege und Gesundheitslehre, der heutige Anschauungen verwandt sind. Die beiden größten alexandrinischen Ärzte waren *Herophilos* (um 300), ein großer Anatom, Begründer der Nervenlehre, Förderer der Pulslehre, und *Erasistratos* (3. Jahrhundert), auch er besonders Anatom, der seine Entdeckungen der Vivisektion verdankte. Wenn er auch den Blutkreislauf noch nicht entdeckt hat, so war er doch davon nicht mehr weit entfernt. Beide sind die Begründer viele Generationen lang bestehender Schulen, die, ebenso wie ihre Gegner, uns die Nachrichten über sie vermitteln.

Die seit Jahrhunderten lebendigen Bemühungen der Griechen um wissenschaftliche Erdkunde erreichten einen Höhepunkt in *Eratosthenes*[2], dem Schöpfer des Netzes von Längen- und Breitengraden, der auch eine Erdmessung vorgenommen und eine kritische Geschichte der Geographie geschrieben hat. Hierüber unterrichtet vor allem Strabon (s. S. 487), der

[1] Vgl. W. Jaeger, Diokles von Karystos (1938). — [2] Man lese H. Berger, Geschichte der wissensch. Erdk. d. Griech.[2] (1903) S. 384 ff.

auch sagt (p. 66): »Am Schluß seiner Schrift mißbilligt Eratosthenes die, welche die ganze Menschheit in Hellenen und Barbaren zerteilen ..., besser sei die Sonderung nach Gut und Schlecht; denn viele Hellenen seien schlecht und viele Barbaren zivilisiert, wie die Inder und Iranier, auch die Römer und Karthager, die eine so bewundernswerte Verfassung hätten.« Seine Erdkarte lehnte als zu hypothetisch ab der Astronom *Hipparch* aus Nikaia in Bithynien (etwa 190–120), besonders auch in Rhodos tätig, dessen größte Ruhmestaten vielleicht die Entdekkung der Praecession der Tag- und Nachtgleichen und ein Fixsternkatalog von 850 Sternen waren. Im Original erhalten ist von ihm nur ein Jugendwerk, ein Kommentar zu Arat und Eudoxos. Welche besondere Prägung die erdkundliche Forschung durch *Poseidonios* erhielt, wurde schon angedeutet.

Mathematik verlangt scharf sachliche Sprache und einen in sich geschlossenen Gedankenaufbau. Diese hat das frühere Ergebnisse mitverarbeitende Lehrbuch des *Euklid*[1] (um 300) so vollkommen gegeben, daß es noch heute in England als Grundlage des Schulunterrichts dient; »Euklidische Geometrie« – und ihr Gegenteil – ist zum festen Begriff geworden. Er hat in Alexandreia unter Ptolemaios I. gewirkt; doch einen »Weg zur Mathematik für Könige«

1 Zum folgenden vgl. J. Heiberg, Naturw. u. Math. i. kl. Altert. (1912). Die von Archimedes erhaltenen Werke liegen in einer mustergültigen Ausgabe mit deutscher Übersetzung dieses dänischen Philologen vor (1910 ff.). Vgl. auch die Geschichte der Mathematik von O. Becker und Jos. E. Hofmann (1951) sowie O. Beckers Schrift Das mathematische Denken der Antike (1957).

konnte er ihm nicht weisen. In Alexandreia hat auch *Archimedes* (etwa 287–212) studiert, der dann nach Syrakus zurückkehrte, aber im Gedankenaustausch mit den alexandrinischen Gelehrten blieb. In dorischem Dialekt, seiner Heimatsprache, entwickelte er, »der genialste Mathematiker des Altertums und den größten der neueren ebenbürtig« (Heiberg), seine zahlreichen großen Entdeckungen auf dem Gebiete der Geometrie, Arithmetik, Stereometrie, Mechanik. Die Erstürmung seiner Vaterstadt durch die Römer, die seine technische Kunst mit hatte verteidigen helfen, brachte Archimedes den Tod. Als der bedeutendste antike Geometer vom Fach wird heute *Apollonios* von Perge in Pamphylien (gest. 170) bezeichnet, in jungen Jahren Euklids Schüler, der dann vor allem in Pergamon wirkte und sein Werk über die Kegelschnitte Attalos I. widmete.

Schon Alexandreias Wahrzeichen, der gewaltige Turm auf Pharos, ist Symbol dafür, wie hoch die Technik dort in Achtung stand. Die (bei Athenaios V 206) erhaltene Beschreibung des Pracht- und Riesenschiffes ʻAlexandrisʼ, das Hieron von Syrakus, »der Römerfreund«, dem Ptolemaios III. nach Alexandreia sandte und das so groß wie 60 gewöhnliche Trieren war, zeigt, daß man zum mindesten im Schiffsinnenbau damals ähnliche Ziele hatte wie heute. Die Namen der großen Theoretiker und Praktiker der Mechanik sind *Philon* von Byzanz (3. Jahrhundert) und *Heron* von Alexandreia (wohl 2. Jahrhundert)[1]. Noch können wir bei ihnen selbst oder in

[1] Seine Zeit und Bedeutung sind nicht leicht zu bestimmen; wir folgen E. Hoppe im Hermes LXII (1927) 79; zum Gesamtthema s. H. Diels, Antike Technik[3] (1924).

griechischen oder anderssprachigen Bearbeitungen lesen und sehen, wie sie Geschütze für den Krieg, Apparate für den täglichen Gebrauch, z. B. Automaten, Feuerspritzen, Ölpressen, und solche zu allerlei Belustigung konstruierten, geistreiche Spiele, die in der Renaissance der Anfang einer neuen Physik wurden. Ja, es liegt uns eine Beschreibung vor, wie man ein Stück 'Nauplios' – das Lykophron (s. S. 377) nach anderen als Drama gestaltet hatte – nun auch im »automatischen Theater« dargestellt hat, in fünf Einzelszenen wie: Herrichtung der Schiffe für die Abfahrt von Troia; glückliche Fahrt; Gewitter und Untergang, den Nauplios durch falsches Leuchtfeuer herbeiführte, weil er den Tod seines Sohnes Palamedes rächen wollte. So ist die göttliche Tragödie des Dionysos durch den Geist des Hellenismus umgewandelt worden in ein leeres technisches Spiel.

B. ZEIT NACH CHRISTI GEBURT

Untergehend sogar ist's immer die nämliche Sonne.
Straton (in Goethes Übersetzung)

»Es begab sich aber in jenen Tagen, daß ein Gebot vom Kaiser Augustus ausging, daß die ganze Welt geschätzet (wörtlich: eingeschrieben) würde, und dies war die erste Schätzung und geschah zu der Zeit, da Cyrenius Landpfleger Syriens war.« Dieser Satz des Lukasevangeliums, so ungenau auch seine geschichtlichen Angaben sind, eröffne unser Kapitel, denn er zeigt, wie die ganze Oikumene nun befriedet unter Roms Herrschaft liegt; aber er lenkt auch zugleich den Blick auf das Land, von dem aus dereinst das römische Kaiserreich seine innere Umgestaltung erfahren sollte. Zudem stellt die Sprache der Evangelien in ganz besonderer Weise die Umgangssprache der Zeit dar: hier wird so volkstümlich geredet wie nirgends in der griechischen Literatur, zugleich oft so eindringlich, daß man einen bisher nie vernommenen Ton zu hören glaubt. Einer Geschichte wie der von der Verleugnung Jesu durch Petrus in ihrer erschütternden Schlichtheit und Wucht wäre wohl kaum etwas aus der älteren Literatur an die Seite zu stellen. Es ist eben der neue Geist, der hier zu Worte kommt. Allerdings: göttliche Verehrung ist seit Alexanders Zeiten – nicht früher – manchem hellenischen Fürsten, dann auch den Friedensbringern Cäsar und Augustus zuteil geworden; der Begriff der Sünde und der Verderbtheit der Welt, die Sehnsucht nach Erlösung und die Lehre vom Totengericht ist bereits der orphisch-pythagoreischen Religion eigen; Entsagung und Bedürfnislosigkeit hat mancher griechische Philosoph gepredigt; daß man einen Schlag nicht wiedervergelten solle, lehrt schon, wie wir erfahren haben, der Sokrates des Platonischen 'Gorgias'. Aber das Gebot: »Liebet eure Feinde ... auf daß ihr Kinder seid eures Vaters im Himmel; denn er läßt seine Sonne aufgehen über die Bösen und über die Guten und läßt regnen über Gerechte und Ungerechte«, diese Grundforderung des Christentums hatte kein Hellene je gestellt. Die Bergpredigt fährt fort: »So ihr nur zu euren Brüdern freundlich seid, was tut ihr Sonderliches? Tun nicht die Heiden auch also?« In der Tat, bei diesen Heiden, das sind vornehmlich die Griechen der Zeit, stand die Philanthropia in hohem Rang – wir erinnern an die Menandrische Komödie –, und von der Freundschaft hat Nietzsche mit Recht gesagt: wenn man die philosophischen Stimmen der Alten über sie sammelte, so gäbe es »einen Klang wie von hundert verschiedenen Glocken«. Aber Jesu Gesinnung und Forderung ging darüber eben weit, weit hinaus. Freilich war die Zeit, da das Christentum in der großen Öffentlichkeit wirkte, noch lange nicht gekommen. Nur in der Stille lebte zuerst die »frohe Botschaft« von der Gotteskindschaft und der Gnade. Doch wir dürfen, wenn wir die griechische Literatur der Zeit nach Christi Geburt betrachten, diese vorläufig noch unterirdische Strömung nicht vergessen.

Hier erinnern wir auch an eine weit bekannte Geschichte, die Plutarch (Vom Aufhör. d. Orak. c. 17) erzählt. Zur Zeit des Kaisers Tiberius sei ein gebildeter Mann auf einem Handelsschiff nach Italien gefahren. Da habe er abends in der Nähe Korfus bei Windstille gehört, wie von einer Insel eine Stimme dreimal den Namen des Steuermanns gerufen habe. Beim dritten Male aber habe sie hinzugefügt, er solle an einem bestimmten Ort in der Nähe melden: »Der Große Pan ist tot!« Das sei geschehen, und als Antwort sei ein wundersames Seufzen vieler rätselhafter Stimmen erschollen. Sogar dem Kaiser habe der Steuermann bald danach diese Geschichte erzählen müssen. So lebte schon damals eine Ahnung, daß die Macht der althellenischen Götter im Sinken sei.

Aber noch war die Zeit eigentümlicher Leistung des griechischen Geistes nicht vorüber. Im Augusteischen Zeitalter kam in der Literatur sogar eine Bewegung zu Macht und Sieg, die sich gegen die hellenistische Moderne wandte und die Rückkehr zum altklassischen Stil forderte. Die Epoche des Augustus ist ja dem aufbauenden Willen des Kaisers und der Nation entsprechend von der Sehnsucht erfüllt, neue klassische Größe zu schaffen. Die bildende Kunst – besonders das erhabene Denkmal des »Friedensaltares« – und die Literatur – Vergil und Horaz vor allem – künden davon in gleicher Weise. Dabei sind die Werke der klassischen hellenischen Zeit das Vorzeitigen, in seinen Leistungen viel bescheideneren bild. »Attizismus« ist auch die Losung des gleichgriechischen Schrifttums.

Wie dieser neue klassische Stil bis in das Leben des Bürgers drang, möge ein Pompeianisches Wandgemälde zeigen, das heute so gut wie zerstört ist, von dem aber eine alte, hier abgebildete Kopie[1] noch eine eindrucksvolle Vorstellung gibt: Paris der Fremdling bezaubert durch seine Musik Helena die Schöne im Palaste zu Sparta – das uralte Kyprienmotiv (s. S. 18f.), zwar ins Genrehafte umstilisiert, aber doch in seiner edlen Komposition vom Hauche des klassischen Geistes beseelt. Das Bild entstammt der Augusteischen Zeit.

1. GESCHICHTSSCHREIBUNG, ERDKUNDE, NATURWISSENSCHAFT

Die Stilwandlung, die wir eben erwähnten, drückte sich vor allem in der Sprache aus. Der »Attizismus« erklärte im Gegensatz zum »Asianismus«, den in Kleinasien ausgebildeten Stilformen – sie verlangten geistreiches Wort- und Gedankenspiel oder pathetischen Schwulst –, vor allem aber im Gegensatz zur lebendigen Sprache die der altattischen Meister allein als Norm, und dadurch schraubte er die Sprachentwicklung um Jahrhunderte zurück. Diese beklagenswerte Reaktion hatte vollen Erfolg. Fortan standen sich die Sprache des Lebens und die der Literatur mit einem sich immer mehr erweiternden Abstand gegenüber, die Befruchtung des Schrifttums durch die Umgangssprache hörte auf, die Schule der Grammatiker lehrte durch Unterricht und Wörterbuch,

[1] Vgl. die Erläuterung im Verzeichnis der Abb. S. 558.

wie man zu schreiben habe, und allem Geschriebenen haftete fortan etwas Künstliches an.
Zuerst tritt uns der neue Stil in den Werken des Historikers und Rhetors *Dionys* entgegen, der, aus Herodots Vaterstadt Halikarnaß stammend, im Jahre 30 v. Chr. nach Rom ging und dort Jahrzehnte weilte. Wie er Unterricht in der Redekunst erteilte, so hat er mancherlei rhetorisch-ästhetische Schriften verfaßt, die uns z. T. erhalten sind; sein höchstes Stilideal ist Demosthenes. Durchaus rhetorischen Charakters ist auch seine 'Altrömische Geschichte', die in 20 Büchern die Zeit von Roms Anfängen bis zum Beginn der Punischen Kriege darstellte; wir besitzen davon die Behandlung der Zeit bis zu den Dezemvirn, von Späterem Bruchstücke. Auf Grund der sehr unkritischen annalistischen Geschichtsschreibung der Römer wird hier mit breitem Pathos, in moralisierendem Tone erzählt; unbekümmert werden die Verhältnisse späterer Epochen in die dunklen älteren hineinprojiziert. Aber darum kann die Analyse gerade für die jüngeren Zeiten etwas daraus gewinnen. Z. B. schildert Dionys in Wahrheit den Klassenkampf der Gracchenzeit, wenn er in der Zeit des alten Ständekampfes des 5. Jahrhunderts die Menschen so sprechen läßt (VI 36): »Wir haben uns ... in zwei Staaten zerspalten, von denen der eine von Armut und Elend beherrscht wird, der andere von Überfluß und Übermut. Ehrfurcht, Ordnung und Recht, auf denen das Heil jeder staatlichen Gemeinschaft beruht, finden sich bei keinem der beiden Staaten. Darum suchen wir schon mit der Faust gegenseitig unser Recht, und das größte Recht finden wir in der größten Gewalt; wie die wilden Tiere wollen wir

PARIS UND HELENA

Pompejanisches Wandbild

lieber unseren Gegner zu unserem eigenen Schaden vernichten als zu unserem Heil mit ihm zusammen am Leben bleiben.« »Die Begierden der Unvernünftigen«, sagen die Besitzenden (V 67), »würden doch nicht gestillt, wenn ihnen ihre Bitte erfüllt würde, sondern sofort wollten sie anderes, Größeres haben, und das gehe fort bis ins Unendliche«; dagegen »zeigten« die Plebejer bei der Aushebung (VI 27) »denen, die sie zur Verteidigung des Vaterlandes aufforderten, ihre Ketten und Fesseln und fragten höhnisch, ob sie, um diese herrlichen Güter zu schützen, in den Krieg ziehen sollten.«

Etwa gleichzeitig mit Dionys ist ein anderer Grieche aus dem fernen Osten nach Rom gekommen, *Strabon* aus Amaseia in der Provinz Pontos, aber er war ein Mann sehr anderen Geistes. Das würde sich besonders deutlich zeigen, wenn sein Geschichtswerk erhalten wäre, eine Jugendarbeit, die die Zeit vor Polybios kurz, die nach ihm bis zur Gegenwart sehr ausführlich behandelt hat. Wir besitzen von ihm als Frucht langjähriger Arbeit das etwa 19 n. Chr. abgeschlossene geographische Werk. Die Geographie war ihm als Stoiker wie früher dem Poseidonios ein Teil der Philosophie, der Kulturgeschichte. Sein Vorwort sagt: »Das reiche Wissen, mit dessen Hilfe allein man dieses Werk unternehmen kann, ist keines andern Mannes Sache als dessen, der das Göttliche wie das Menschliche im Blick hat.« Dieses Wissen freilich verdankt er viel weniger eigener Anschauung als seinen vorzüglichen Quellen, wie z. B. dem alexandrinischen, aus Athen stammenden Gelehrten *Apollodor* (2. Jahrhundert v. Chr.) für Griechenland, dem Polybios und Poseidonios für andere

Gebiete. Von sich selbst berichtet er zwar (p. 117), er sei von Armenien bis nach Sardinien und vom Schwarzen Meer bis zu den Grenzen Äthiopiens gekommen, aber er hält zugleich eine Rechtfertigung für nötig, daß er es überhaupt wage, eine Gesamtgeographie zu geben, übrigens mit reichen Exkursen und für Griechenland mit stärkster Berücksichtigung der Angaben Homers, der fast wie ein Geograph betrachtet wird. Die Gesamtgliederung ist so, daß die beiden ersten Bücher die physikalisch-mathematische Geographie behandeln, Buch III-X Europa vom Westen nach dem Osten, XI–XVI Asien, XVII Afrika. So breitet sich vor uns die gesamte Oikumene aus, und wir erhalten in einer vom Attizismus der Zeit durchaus noch nicht beeinflußten, sachlich-natürlichen Sprache ethnographische und geographische Schilderungen, die ebenso kenntnisreich wie anschaulich sind. Da wird uns (nach Poseidonios) das Keltenland mit seinen Bewohnern gezeigt, auch das große, vortrefflich streng verwaltete Marseille, damals eine Heimstätte der Philosophie, so daß »gegenwärtig die angesehensten Römer in ihrem Wissensdurst lieber dorthin gehen als nach Athen« (p. 181). Wir schauen Rom und durchwandern die moderne Großstadt Alexandreia mit ihren Parks, dem riesigen Schloß, den Tempeln und Häfen; wir kommen nach Tarsos, der Geburtsstadt des Paulus, mit ihren Philosophen- und Rhetorenschulen. »Gerade Rom kann über die Menge der aus dieser Stadt hervorgegangenen Gelehrten unterrichten: es ist selbst voll von solchen aus Tarsos und Alexandreia« (p. 675). Wir werden über die Sitten der Araber unterrichtet und sehen auf den Schneeabhängen des Kaukasus die Menschen mit Steigeisen und Schneereifen hinaufklettern und mit ihren Lasten zu Tal fahren. – Der nüchterne Fleiß Strabons hat ein überaus belehrendes Lesebuch zusammengestellt.

Noch ganz dem 1. nachchristlichen Jahrhundert gehört der in griechischer Sprache schreibende jüdische Historiker *Josephus* an. Geschichte und Kultur der Juden hatte der Peripatos schon früh in den Kreis seiner Forschung einbezogen; hellenistische Geschichtsschreibung hatte das Thema aufgegriffen. Am Hofe des Herodes I. lebte lange Jahre der Grieche *Nikolaos* aus Damaskos, der unter manchem andern eine Weltgeschichte ähnlich der Diodors geschrieben hat. Sie war für *Josephus* eine Quelle; aus ihr stammt z.B. die Geschichte von Herodes und Mariamne. Dieser Mann aus priesterlichem Geschlecht hat in der Geschichte seines Volkes tätig mitgewirkt. Im Jahre 64 hat er in Rom einige seiner Volksgenossen erfolgreich verteidigt, dann war er im Kampfe der Juden gegen die Römer Befehlshaber, schloß sich aber, in Gefangenschaft geraten, ihnen an; seine Haltung suchte er in einer besonderen Schrift zu verteidigen. Später hat er in Rom gelebt. Das wertvollste seiner Werke ist nicht die umfangreiche 'Altjüdische Geschichte', sondern der 'Jüdische Krieg', in dem er nach einer bis auf die Seleukiden zurückgreifenden Einleitung die Geschichte der Jahre 66–70 n. Chr. erzählt, er, ein Augenzeuge der wichtigsten Ereignisse, auch der furchtbaren Kämpfe um Jerusalem und seiner Zerstörung. In einem verlorenen Werk hat bald danach ein Gegner des Josephus, *Justus* von Tiberias, noch einmal die Geschichte des jüdischen Volkes geschrieben.

Wenn Spiegelberg Karl Moor die Lektüre des Josephus empfiehlt[1], so hören wir aus dessen Munde vielmehr die Worte: »Mir ekelt vor diesem tintenklecksenden Säkulum, wenn ich in meinem *Plutarch* lese von großen Menschen.« Und der junge Schiller hat selbst so eifrig Plutarch – in der Übersetzung – gelesen, daß man z. B. gerade in den 'Räubern' die Nachwirkung der Brutusbiographie hat nachweisen können. Plutarch ist eine der interessantesten und wichtigsten Schriftstellerpersönlichkeiten der nachchristlichen griechischen Zeit.

Plutarchos[2], des Autobulos Sohn, ist etwa 46 n. Chr. in Chaironeia in Boiotien geboren, und noch heute lebt in diesem Dorfe sein Andenken fort, wie er denn selbst ein ganz starkes Heimatsgefühl gehabt hat. In Athen als Schüler der Akademie ausgebildet, machte er später wiederholt Reisen nach Rom und trat mit vornehmen Römern, auch mit Kaiser Traian, in enge Verbindung. Er erhielt auch das römische Bürgerrecht und hieß dann Mestrius Plutarchus. In seiner kleinen Vaterstadt führte er ein glückliches Leben, im Dienste für die Gemeinde, im Kreise seiner zahlreichen Familie und seiner Freunde und Schüler, auch in enger Beziehung zu Athen und Delphi, zu dessen lebenslänglichem Priester er, wie uns delphische Inschriften lehren, nach 95 ernannt wurde. Doch blieb er in Chaironeia wohnen, wo er

1 So in Schillers Räubern I, 2. — 2 Vgl. K. Ziegler, Plutarchos v. Chaironeia (1949); Wilamowitz, Reden und Vorträge II[4] 247 und die Übersetzung von W. Ax, Sammlung Dieterich Band 47.

viele Gäste, Griechen und Römer, bei sich empfangen hat. Sein Leben erstreckte sich bis über das Jahr 120 hinaus.
Als Schriftsteller war er ungemein fruchtbar. Aus noch viel größerer Zahl sind uns über 150 Einzelschriften und Aufsätze erhalten, die die verschiedensten Themen umspannen. Wir wenden uns zunächst seinen historischen Werken zu.
Plutarch hatte schon allerlei Einzelbiographien geschrieben, z. B. die uns erhaltenen der Kaiser Galba und Otho, als er in der Regierungszeit Traians den Plan entwarf, Lebensbilder bedeutender Griechen und Römer in Parallelbiographien zu geben, wie solche Vergleiche vor ihm schon andere gezogen hatten; gerade der Zeit Traians erschienen beide Nationen als von gleich hohem Rang. Plutarchs, freilich nicht sehr große, Lateinkenntnisse waren für dieses Thema förderlich. Gewidmet hat er das Werk, von dem zweimal 23 Biographien erhalten sind, darunter auch ein Paar Doppelbiographien – die Spartanerkönige Agis-Kleomenes und die Gracchenbrüder – dem Staatsmann und Freunde Traians Sosius Senecio. Die von Plutarch ausgewählten Griechen haben in der Zeit zwischen »Theseus« und dem Heerführer Philopoimen (gest. 183 v. Chr.), dem Landsmann des Polybios, gelebt, die Römer in der zwischen »Romulus« und Mark Anton. Also jahrhunderteweit geht der Blick zurück. Nur die alte Zeit hat für diesen Mann Größe, und wenn die Gegenwart hineinspielt, was nicht oft geschieht, so nur, weil sie noch von der Vergangenheit Zeugnis ablegt: in diesem Sinne spricht er von den Bauten auf der Akropolis, die »noch heutigen Tages frisch

und wie neu geschaffen sind« (Perikl. c. 13, vgl. S. 368), erwähnt er das Schlachtfeld von Orchomenos, von dem es heißt, »noch heute, ungefähr 200 Jahre nach der Schlacht (zwischen Sulla und dem Heer des Mithridates, Sulla c. 21), finden sich dort viele Bogen, Helme, Schwerter und Reste eiserner Rüstungen.« Oft ist die Zusammenstellung der Griechen und Römer so passend, daß man glauben könnte, die Natur selbst habe sie – trotz aller Gegensätze – verbunden, wie bei Lykurg und Numa Pompilius, Demosthenes und Cicero, Alexander und Cäsar, oft aber auch nur sehr äußerlich, wie bei Perikles und Fabius Cunctator, Agesilaos und Pompeius. Wenn ein Schlußwort den Vergleich erst eigentlich recht durchführen will, so wirkt das freilich nicht selten gar zu oberflächlich.

Was das Werk soll, sagt sein Verfasser an mehreren Stellen selbst. »Große Naturen« will er schildern, die sich durch »große Leistungen ausgezeichnet haben«, »damit wir selbst nach dem Besseren streben«, aber auch andere, entgegengesetzter Art, die durch große Fehler hervorragen (Demetr. c. 1). Nicht »unnütze Historie« ist sein Thema, sondern die, welche »zur Erkenntnis des Charakters und der Art der Menschen dient« (Nik. c. 1) – man ahnt, woher Nietzsche die Anregung zu seiner Abhandlung Vom Nutzen und Nachteil der Historie für das Leben empfangen hat. In der Geschichte hält Plutarch uns selbst gewissermaßen einen »Spiegel« vor (Tim. c. 1). Also nicht kritisch-wissenschaftliche Geschichtsschreibung dürfen wir hier erwarten, die die Wahrheit sucht im Sinne des »Wie es eigentlich gewesen ist« – wer das erwartet, den enttäuscht Plutarch nur zu sehr –, sondern das große Menschliche soll sich offenbaren. Das gerade fand auch Goethe in ihm, den er oft, besonders im Alter, wochenlang gelesen oder sich hat vorlesen lassen. So setzte er sich ja mit seinen Freunden auseinander:

»Was hat dich nur von uns entfernt?«
Hab' immer den Plutarch gelesen.
»Was hast du denn dabei gelernt?«
Sind eben alles Menschen gewesen.

Das Leben jener Großen hat etwas wahrhaft Dramatisches, Tragik und Komik können sich mischen, »Leidenschaften« wirken sich aus, hineinspielt auch »das Wesen, das man Zufall oder Vergeltung oder notwendigen Ablauf der Dinge« nennen kann (Mar. c. 23). Allerlei Wunderzeichen verkündeten Glück oder Unglück. Der Mensch steht, kämpfend und leidend, inmitten großer Mächte, auch inmitten von Dämonen. Bios heißt hier nicht Lebenslauf, sondern Art und Form, wie man sein Leben führt.

Über seine Methode hat uns Plutarch nicht minder selbst unterrichtet. So lesen wir in der Einleitung der Alexanderbiographie: »Weder schreiben wir geschichtliche Darstellungen – vielmehr Lebensschilderungen –, noch offenbaren die auffälligsten Taten schlechthin immer die Vollkommenheit oder Schlechtigkeit, nein, ein kleines Geschehnis, ein Wort, ein Scherz läßt den Charakter oft deutlicher erscheinen als Schlachten mit Tausenden von Toten, riesige Heeresreihen und Belagerungen von Städten.« Solche kleinen und kleinsten Züge herrschen denn auch in diesen Bioi vor. Zahllose Anekdoten – die Plutarch offenbar systematisch gesammelt hat –, ebenso viele » Man sagt« – über die der kritische Leser sich nicht selten ärgert – sind Steine in diesem Mosaik. Aber es ist mehr als Mosaik, was da geboten wird. Alkibiades in seiner verhängnisvollen Genialität, der alte Cato in seiner herben, harten Größe, Marius in seiner titanenhaften Furchtbarkeit, Cicero in seiner so eigentümlich-menschlichen Größe und – Schwäche: da schließt sich alles zu *einem* großen Eindruck zusammen. Und immer wird im großen Stil gelebt und gestorben. Dieses Ethos verdankt Plutarch nicht seinen zahlreichen Quellen – unter denen wir Ephoros und Theopomp, Duris und Hieronymos von Kardia, Polybios und Poseidonios wiederfinden –, sondern er ist eben selbst ergriffen von den Schicksalen, den Erfolgen und Mißerfolgen seiner Menschen, von dem heroischen Kampf, den jeder in seiner Zeit geführt hat. Ihm ist ein für alles Menschliche empfängliches Herz beschieden gewesen. Wenn er im allgemeinen mit seiner eigenen Person bescheiden im Hintergrund bleibt und seinen Helden eine Zensur erspart, so macht er es doch Cato Censorius zu schwerem Vorwurf, daß er die alten, unbrauchbaren Sklaven zu verkaufen pflegte: »Ich selbst würde doch nicht einmal einen Arbeitsochsen wegen seines Alters verkaufen, geschweige einen älteren Menschen, der da von dem vertrauten Ort und aus einer Lebensgemeinschaft wie aus dem Vaterlande für ein bißchen Scheidemünze weggegeben wird« (c. 5).

Und den Plutarchischen Helden ist die größte Nachwirkung zuteil geworden. Dieser Coriolan und Brutus hat Shakespeare, dieser Alexander und Cäsar hat Friedrich den Großen und Napoleon begeistert;

diese beiden edlen idealistischen Spartanerkönige Agis und Kleomenes hat Hölderlin geliebt. Plutarch ist, vor allem im 17. und 18. Jahrhundert, geradezu einer der Erzieher Europas gewesen. Dem historistischen 19. Jahrhundert fehlte das rechte Verständnis für ihn; aber Nietzsche wagte es, seiner Zeit zuzurufen – frei nach Karl Moor –, mit einem Hundert durch Plutarch erzogener Menschen sei »die ganze lärmende Afterbildung dieser Zeit zum ewigen Schweigen zu bringen«. Es ist Tatsache, daß vor dem Ersten Weltkrieg bei uns der Sinn für Bodenreform und Heimstättengründung durch Plutarchs 'Gracchen' gestärkt worden ist. Daß der Bios der Größten doch nicht in seiner eigentlichen, ganzen Größe erscheint, kann niemand leugnen; aber daß wir heute vom Perikleischen Zeitalter reden, geht doch, wie man mit Recht gesagt hat, eben auf Plutarchs Darstellung zurück. Er war freilich Romantiker; aber mußte er es im Schatten dieser Vergangenheit nicht werden?

Zu den geschichtlich gerichteten Schriften Plutarchs gehören auch Sammlungen von Aussprüchen berühmter Männer, von Taten großer Frauen, eine Abhandlung gegen Herodot, den er der Parteilichkeit, vor allem gegen Plutarchs Landsleute, die Boioter, und der Schmähsucht beschuldigt – ohne Erfolg, nur Irrtümer kann er ihm nachweisen –, ferner Schriften darüber, ob Alexander und ob die Römer ihre Erfolge mehr dem Glück oder der Tüchtigkeit verdankten, und andere.

Die zahlreichen philosophischen Abhandlungen Plutarchs geben keine neue Lehre, aber er kredenzt seine vielen Lesefrüchte in anmutiger Form, bald als

Lehrvortrag, bald in Dialogen, die freilich oft wenig lebendig sind. Wenn er kämpfen oder gar angreifen muß, so ist doch der Ton im allgemeinen ohne Schärfe. Hinter allem steht seine harmonische, gütige Persönlichkeit. Ihr entspricht auch der Stil: meist redet er in wohlgerundeten, hiatusfreien Perioden, die auch schöne Bilder zieren.

Die Themen umspannen einen sehr weiten Kreis. Da gibt es solche pädagogischer Art wie die 'Erziehung der Kinder' vom Säuglingsalter an – ein früher besonders viel in Übersetzung gedrucktes und gelesenes Buch, das aber wahrscheinlich einem Plutarchschüler angehört – oder 'Wie der Jüngling Gedichte anhören (wir würden sagen: lesen) soll'; andere Schriften behandeln die wahre Freundschaft oder geben kluge Gedanken über die Ehe; auch einen warmen Trostbrief an seine Gattin nach dem Verlust ihres Töchterchens lesen wir und eine Ansprache an den Freund über die Verbannung, als er aus der Heimat vertrieben worden ist. Der Philosoph stellt auch Erörterungen an über einzelne Tugenden wie die Seelenruhe und Fehler wie Geschwätzigkeit, Gehässigkeit oder Neugierde. Als Schüler der alten Akademie schreibt er über das Daimonion des Sokrates, verteidigt und erläutert den Platon und bekämpft ebenso den Rigorismus der Stoiker wie die Laxheit und Unverfrorenheit späterer Epikureer.

Physikalische Schriften fehlen nicht. Die wichtigste von ihnen ist die, welche, an 'das Gesicht im Monde' anknüpfend, astronomische Fragen behandelt. Hier lesen wir auch (c. 6), daß der Stoiker Kleanthes (s. S. 412) Aristarch von Samos der Gottlosigkeit beschuldigte, weil er die Erde, »den Herd des Kosmos«, bewege und nicht nur ihre Achsendrehung, sondern auch ihre Bahn um die Sonne lehre. Kepler hat zu dieser Schrift einen Kommentar verfaßt.

Der Platoniker Plutarch schrieb auch Symposiaka, nicht nur als Erneuerung einer alten Novelle ein heiter scherzendes 'Gastmahl der Sieben Weisen', an dem auch der Fabeldichter Aisop und zwei Frauen teilnehmen, sondern ein großes, nicht weniger als neun Bücher, umfassendes, etwas ungefüges Werk, dessen Tischgespräche bald in Athen, bald in Rom spielen. Gewidmet ist es wie die Biographien dem Sosius Senecio. Die Gespräche aber gehen über alles nur Mögliche, über Großes und Kleines, Geistiges und Körperliches, Menschliches und Tierisches, Hellenisches und Außerhellenisches, so daß eine Frage nach der andern abgehandelt wird: das Ganze wirkt wie ein anmutiges Konversationslexikon. Noch viel umfangreicher freilich, aber auch noch weniger geformt ist das von Plutarch abhängige 'Sophistenmahl' des *Athenaios* aus Naukratis (um 200), für uns eine Fundgrube erlesener literarischer Zeugnisse, wie wir es denn auch selbst schon einige Male angeführt haben. Auch unsere Kenntnis des Archestratos (S. 443) stammt aus ihm.

Plutarch war eine religiöse Natur. Davon zeugen viele seiner Schriften. Gegen den »Aberglauben« schreibt er ebenso wie gegen den »Unglauben«. Charakteristisch für ihn der Gedanke: wenn die Gottheit oft erst so spät den Frevler strafe, so sei doch schon das Bewußtsein der Freveltat eine Qual; das schreibt er in seiner Schrift von der 'späten Vergeltung'. Als Schüler der Akademie ist ihm Gott nicht wie den Stoikern der Welt immanent, auch nicht wie den Epikureern ein Wesen ohne Bedeutung, sondern eine transzendente geistige Kraft, die das All nach ihrem Plane lenkt. Im Alter hat sich Plutarch, der, wie wir hörten, Priester des Delphischen Gottes wurde, mehr der Mystik und dem Dämonenglauben hingegeben, auch fremde Religion, wie den Isis- und Osirisdienst, in seine Spekulation einbezogen, aber gerade in der Schrift über diese beiden Götter finden wir auch Zeugnisse reiner Religiosität wie das Wort (c. 67): »... An Götter glauben wir, doch nicht an verschiedene bei verschiedenen Völkern, auch nicht an Barbaren- und Hellenengötter oder solche des Südens und Nordens; sondern wie Sonne, Mond, Himmel, Erde und Meere allen gemeinsam sind, nur von den einen so, von den andern anders benannt werden, so durchwaltet dies auch *ein* Geist, lenkt es *eine* Vorsehung, sind überallhin die dienenden Kräfte beordert; verschieden sind bei den verschiedenen Völkern entsprechend ihrem Brauch nur die Ehrenbezeugungen und Bezeichnungen.«

Der Zeit Hadrians, den Plutarch noch erlebt hat, und der Antonine sowie den ersten Jahrzehnten des 3. Jahrhunderts werden wichtige historische und geographische Werke verdankt. Die drei bedeutendsten Geschichtswerke stammen von Griechen aus Kleinasien oder Alexandreia, die als Beamte im Reichsdienst tätig gewesen sind. Ihre Namen lauten Flavios *Arrianos* aus Nikomedien in Bithynien, der Offizier und hoher Verwaltungsbeamter wurde, aber nach dem Tode Hadrians (138) seinen Abschied nahm und in Athen als Schriftsteller lebte, ferner *Appianos* aus Alexandreia, der um 160 zu schreiben begann, und *Cassius Dio* aus Nikaia in Bithynien:

er kam 180 nach Rom und erlangte sogar zweimal das Konsulat, das zweitemal 229 unter Kaiser Alexander Severus. Arrian schrieb vor allem griechische Geschichte, Appian und Dio römische.

Was für seltsame Früchte brachte der Attizismus hervor, von dem wir sprachen und der in Hadrians Zeit sich gar zum Archaismus steigerte! Der erfolgreiche römische Beamte *Arrian* hat den schriftstellerischen Ehrgeiz, als zweiter Herodot und neuer Xenophon aufzutreten und schreibt daher – unter manchem andern – in ganz künstlicher Sprache auf ionisch eine Indike, eine Schilderung Indiens auf Grund alter Quellen, und auf xenophontisch eine Anabasis, aber Alexanders des Großen.[1] Doch wäre es ganz falsch, aus dieser Künstelei, die uns ein Zeichen von Unwahrhaftigkeit dünkt, den entsprechenden Schluß auf den Inhalt zu ziehen. Im Gegenteil: diese Geschichte Alexanders ist von höchstem Wert, da sie im Gegensatz zu den romanhaften Darstellungen gerade auf die ältesten, wahrheitsgetreuen Zeugnisse zurückgeht, von denen früher (S. 444) die Rede war. Und sie ist auch von der stärksten Wirkung: gerade in dieser nüchternen, unrhetorischen Erzählung tritt das Bild des genialen Heerführers, des kühnen Schlachtengewinners, des großmütigen Siegers, des Eroberers der Welt klar heraus, aber auch das des in Schuld sich verstrickenden, leidenschaftlichen Mannes. Dies ist der Alexander, dessen dämonisches Wesen wir bewundern wie Arrian selbst. Das ganze Werk ist aus einem Guß, und auch das trägt zu seiner Wirkung nicht wenig bei.

[1] Vgl. die Übersetzung nebst Einleitung und Kommentar von W. Capelle, Bibliothek der Alten Welt, 1950.

Appian gibt seine römische Geschichte, die von den Anfängen bis auf Traians Kriege ging, nach einem neuen Einteilungs- und Darstellungsprinzip: die annalistische Erzählungsweise verwirft er, weil sie das Zusammengehörige oft zerreißen muß – wie dies das Polybianische Werk tat –, überhaupt legt er auf die Chronologie wenig Wert. Dafür faßt er die Landschaften zusammen und behandelt in einzelnen Büchern, wie die Länder Teile des Reiches wurden. Diese Bücher haben demgemäß eine gewisse Selbständigkeit, führen auch Sondertitel wie 'Keltische', 'Sizilische', 'Spanische Geschichte', oder auch 'Hannibals Geschichte', 'Mithridatischer Krieg', 'Bürgerkriege'. Doch nicht die Hälfte des Ganzen besitzen wir. Ganz und gar von seinen literarischen Quellen abhängig, ist Appian ein großer Erzähler. Das zeigt uns seine Darstellung der Bürgerkriege, und in ihr ist wieder besonders eindrücklich die der Gracchischen Bewegung.[1] Seine eigentümlich präzise, sachliche Art kann vielleicht die Einleitung zu diesem Abschnitt verdeutlichen. Da heißt es (I 7): »Als die Römer Italien Stück für Stück im Kriege unterwarfen, nahmen sie immer ein Teil Land und gründeten Städte darin oder wählten für die schon früher bestehenden aus ihren Reihen Kolonisten aus. Dies sollte, so dachten sie, Festungen ersetzen; von dem Land aber, das sie jedesmal erbeuteten, verteilten sie den bebauten Teil sogleich unter die Bewohner oder verkauften oder verpachteten ihn, den Teil jedoch, der infolge des Krieges damals wüst lag – und das war bei weitem der überwiegende – nahm man sich

1 Vgl. das gleichnamige geschichtliche Quellenheft des Verf. (Teubners Quellensammlg. II, 9) S. 2.

nicht Zeit zu verteilen, vielmehr überließ man ihn durch Edikt jedem, der Lust hatte, bis auf weiteres zur Bebauung, unter der Verpflichtung einer Abgabe von den jährlichen Erträgen, und zwar des zehnten Teiles der Saat-, des fünften der Baumfrüchte. Aber auch für die, welche nur ihr Vieh dort weiden ließen, war eine Abgabe von größeren und kleineren Tieren festgesetzt. So handelten sie, um den italischen Stamm, der ihnen besonders ausdauernd schien, zu vermehren, damit sie Bundesgenossen aus dem eigenen Lande zur Verfügung hätten. Jedoch gerade das Gegenteil trat im Laufe der Zeit für sie ein. Denn die Reichen, die den größten Teil dieses nicht verteilten Landes in Besitz genommen hatten und mit der Zeit der Überzeugung lebten, niemand werde ihnen das noch einmal fortnehmen, kauften teils die benachbarten und sonstigen kleinen Stücke der Unbemittelten auf, indem sie ihnen gut zuredeten, teils nahmen sie sie mit Gewalt, und so wurden es Latifundien statt Bauerngüter, die sie bebauten. Und dazu bedienten sie sich gekaufter Ackersleute und Hirten, denn sie wollten verhindern, daß Freie von der Landarbeit zum Heeresdienst abgerufen würden; zudem brachte ihnen auch dieser Besitz großen Gewinn, der aus dem Kinderreichtum der Sklaven entstand, da deren Zahl wegen der Befreiung von der Dienstpflicht stetig zunahm. Infolgedessen war die herrschende Klasse sehr reich, und die Zahl der Sklaven nahm auf dem Lande überhand, der Italiker aber bemächtigte sich Verödung und Erschlaffung, da sie durch Armut, Steuern und Militärdienst aufgerieben wurden. Und wenn sie hiervon auch frei waren, so waren sie doch zur Untätigkeit verurteilt, da das Land im Besitz der Reichen war, die sich Sklaven statt Freier zur Landarbeit bedienten.« Daran schließt dann die Darstellung der Geschichte des Tiberius Sempronius Gracchus, des »hervorragenden, auffällig ehrgeizigen Mannes und mächtigen Redners«, dessen »Plan nicht auf die Erhöhung des Wohlstandes, sondern auf die der Volkskraft ging«.

Cassius Dio ist in seinem Roms Gesamtgeschichte bis auf die Zeit des Alexander Severus behandelnden Werk zum annalistischen Prinzip zurückgekehrt. Es war überaus umfangreich, umfaßte 80 Bücher, ist uns aber nur teilweise erhalten, vor allem die Darstellung der Jahre 69–10 v. Chr. und die der Jahre 9 v. Chr. bis 46 n. Chr., diese freilich verkürzt. Dio war für die späteren Griechen das, was Livius für das Augusteische Rom war. Aber so wichtig uns die Überlieferung des Tatsächlichen ist – das er für die frühere Zeit nur aus Nacherzählung, nicht durch Quellenstudium kennt –, so ist die Darstellung doch wenig lebendig, wenig plastisch; es bleibt von der Lektüre nichts recht haften, so ernst es dieser Historiker gemeint hat. Stärkster Gegensatz zu ihm: Tacitus, der »größte Maler des Altertums«, aber zugleich der unerbittlichste Richter, der doch zum Teil die gleiche Zeit geschildert hat.

Von Cassius Dio stammt das letzte große erhaltene Geschichtswerk des eigentlich griechischen Altertums. Denn *Prokop* aus Caesarea in Palästina (gest. nach 550), den wir zu den Historikern der deutschen Vorzeit rechnen können, ist schon durchaus ein Repräsentant der byzantinischen Epoche. Er war der Begleiter und Beirat Belisars auf dessen Feldzügen. Als solcher hat er Kaiser Justinians Kriege gegen die

Vandalen, die Goten in Italien und die Perser beschrieben, und dieses acht Bücher umfassende Geschichtswerk ist uns vollständig erhalten, durch seine Nachrichten für uns von einzigartigem Wert. Zwei andere Schriften von ihm, eine Anklage- und Schmähschrift gegen Justinian und seine Gattin, und dann wieder eine Preisrede auf dessen Bautätigkeit, führen uns tief in die Wirren und Ränke des byzantinischen Hoflebens.

In den Zeiten der Antonine (um 180) ist die 'Rundreise durch Hellas' des *Pausanias*[1] erschienen, ein Buch, das ebensoviel benutzt wie gescholten wird, das noch heute jeder Gelehrte auf seine Griechenlandfahrt mitnimmt und das ihm doch durch seinen verzwickt künstlichen Stil ebenso mißfällt wie durch unrichtige Angaben. Von dem Verfasser selbst wissen wir so gut wie nichts. Benutzt hat er für das Buch zahlreiche eigene Erkundungen an Ort und Stelle, aber auch vorhandene Lokalgeschichten und Reisebeschreibungen, fraglich allerdings ob auch die des *Polemon* von Ilion, der schon um 200 v. Chr. vielerorts in Griechenland und Italien seine kulturhistorischen Studien gemacht hatte. Auch kunstgeschichtliche Quellen hat Pausanias reichlich verwendet; sein eigener Geschmack bevorzugt die ältere griechische Kunst. – Mit Attika und dem Athenatempel auf Sunion beginnt das Werk; dann folgt die Peloponnes, und zwar nacheinander der Nordosten und Lakonien, Messenien – und hier benutzt er in

1 Eine neue, objektive Bewertung des Werkes des Pausanias hat O. Regenbogen in Pauly-Wissowas Realencyklopädie d. class. Altertumsw. Suppl. VIII Sp. 1008 ff. gegeben.

seinem Bericht über die alte Geschichte auch den Dichter Rhianos (s. S. 441) –, Elis, Achaia, Arkadien; Boiotien und Phokis behandeln die letzten Bücher. Das Ganze ist so recht eine Sammlung von »Interessantem« der verschiedensten Art. Da gibt es in buntestem Wechsel geographische und historische Bemerkungen, ausführliche Beschreibungen von berühmten Örtlichkeiten wie Athen, Delphi und Olympia und von zahllosen Einzelkunstwerken, Angaben über Inschriften, Erwähnungen von Sagen und Kultgebräuchen und Zitate aus alten Dichtern. Die zahlreichen Fehler, die man Pausanias nachgewiesen hat, namentlich auch das Übergehen vieler wichtiger Denkmäler, von deren einstigem Vorhandensein wir wissen oder die wir selbst noch kennen, hat man wohl richtig damit erklärt, daß er zuweilen an allzu Bekanntem vorübergeht, vor allem aber damit, daß das Ganze ja erst nach Abschluß der Reisen im Studierzimmer niedergeschrieben worden ist. Auch ist das Werk als Buch zu Lektüre und Belehrung und nicht etwa als Reiseführer gedacht. Pausanias will »einige Teilnahme und einiges Verständnis wecken für das alte, allmählich verödende Griechenland... Er will damit auch einer Zeitströmung dienen, die von römischen Kaisern seit Hadrian und von römisch-griechischen Vornehmen eingeleitet worden ist« (Regenbogen). Und wer von uns will vergessen, daß Schliemann nur auf Grund eines kurzen Pausaniaswortes (II 16) die Fürstengräber von Mykenai gefunden hat? Wer ist Pausanias nicht dankbar, wenn er vom Schlachtfeld Marathons berichtet (I 32): »Das Grab der Athener ist in der Ebene; auf ihm stehen Pfeiler, die die Namen der Gefallenen, nach

Phylen geordnet, enthalten; ein anderes ist da für die boiotischen Plataier und die Sklaven... Für einen Mann ist ein Denkmal besonders gebaut, für Miltiades, Kimons Sohn, der erst später sein Ende fand... Dort kann man jede Nacht Rosse wiehern und Männer kämpfen hören... Die Leute von Marathon verehren die in der Schlacht Gefallenen als Heroen...« Und den Zeus des Pheidias in Olympia schildert er so (V 11): »Es sitzt der Gott, aus Gold und Elfenbein gebildet, auf einem Thron, ein Kranz aus künstlichen Ölbaumzweigen ruht auf seinem Haupte. In der Rechten hält er die Siegesgöttin, auch sie aus Gold und Elfenbein; auf dem Kopfe trägt sie eine Binde und einen Kranz. In der Linken des Gottes ruht das Zepter, mit allerlei Arten Metall verziert; der Vogel, der auf dem Zepter sitzt, ist der Adler. Aus Gold sind auch die Sandalen des Gottes, aus Gold auch der Mantel, nur sind in ihn Figürchen und Blumen, nämlich Lilien, eingelegt. Der Thron ist aus Gold, Edelsteinen, Ebenholz und Elfenbein bunt zusammengesetzt; auch sind an ihm Figuren in Malerei dargestellt und plastische Werke daran angebracht... Die Höhen- und Breitenmaße... hat man, wie ich wohl weiß, aufgezeichnet, aber ich kann es nicht loben, daß man hier gemessen hat, da selbst die genannten Maße weit hinter dem Eindruck zurückbleiben, den der Beschauer empfängt. Soll doch Zeus selbst für die Kunst des Pheidias Zeugnis abgelegt haben. Denn als das Bild schon völlig vollendet war, hat Pheidias, so heißt es, gebetet, der Gott möge ein Zeichen geben, wenn das Werk nach seinem Sinne sei, und sogleich sei ein Blitz vom Himmel herabgefahren, in die Stelle des Bodens, wo noch zu meinen Zeiten als Andenken die bronzene Hydria stand.«

Periploi, 'Umfahrten'[1] um Küstenstriche mit Angabe der Fahrtzeiten und anderen wichtigen Beobachtungen, hat es in Ionien seit frühen Tagen gegeben. Aus dem 4. Jahrhundert v. Chr. besitzen wir solche für die Küste von der Rhone- bis zur Pomündung und von Gades nach Osten. Von der Entdeckungsfahrt des Admirals Nearch haben wir schon S. 446 gehört. Arrian hat dem Kaiser Hadrian über eine Fahrt an der Küste des Pontos berichtet; mit diesem Periplus hat man schon bald einen anderen, etwas älteren verbunden, in dem ein unbekannter Kaufmann die Fahrt durch das Rote Meer nach Indien beschreibt. Im antiken Schulunterricht wurde die 'Umwanderung der Erde' in 1185 Hexametern eines gewissen Dionysios verwendet, der wohl unter Hadrian geschrieben hat. Noch mehrere andere solcher geographischen Beschreibungen verschiedener Gegenden besitzen wir, darunter die besonders anschauliche eines »Byzantiner Dionysios«, der eine Fahrt durch den Bosporus beschreibt.

Bis zum Anbruch der Neuzeit hat im Orient und Okzident als der größte Geograph und Astronom schlechthin Klaudios *Ptolemaios* aus Oberägypten gegolten, der in Alexandreia während der ersten Hälfte des 2. Jahrhunderts n. Chr. gewirkt hat und etwa 160 gestorben ist. Er legt davon Zeugnis ab, wie auf der von den Ptolemaiern gegründeten Sternwarte ununterbrochen weitergearbeitet wurde, wenn uns auch darüber im einzelnen nichts bekannt ist.

[1] Vgl. hierzu u. z. folg. H. Berger, Gesch. d. Erdkunde d. Griech.[2] (1903) S. 250 ff. 572. 616 ff.

Denn seine Werke sind viel mehr die Zusammenfassung großer gesammelter Erkenntnismassen als das Ergebnis selbständiger neuer Forschung. Abgesehen von seiner umfassenden Harmonielehre, die im Anschluß an die Pythagoreer gegeben wird, und der Optik, die wir nur durch die in normannischer Zeit angefertigte lateinische Bearbeitung einer arabischen Übersetzung kennen, sind es vor allem zwei Werke, auf die der Ruhm des Ptolemaios sich gegründet hat. Als erstes nennen wir die 'Anleitung zum Kartenzeichnen' in acht Büchern, d. i. ein Kommentar zu einer Weltkarte mit Längen- und Breitenangaben für etwa 8000 Orte, bezogen auf den Meridian der Kanarischen Inseln (Ferro). Das zweite aber ist der 'Almagest': so bezeichneten die Araber im Gegensatz zu einem kleineren astronomischen Werk die Syntaxis megiste, d. h. 'Große Zusammenfassung (der Astronomie)', im Sinne des Ptolemaios selbst richtiger 'Mathematik' genannt. Diese enthält das gesamte System der Astronomie, eben das »Ptolemäische System«, das dann doch einmal dem Kopernikanischen, d. h. in Wahrheit dem des Aristarch von Samos, weichen mußte. Unter den übrigen astronomischen Schriften des Ptolemaios sind auch eine Astrologie, die sogenannte 'Tetrabiblos', d. h. 'Vierbuch', das später als klassisch galt, und astronomische Handtafeln, die lange im Gebrauch geblieben sind. In welchem Sinne aber Ptolemaios seiner Wissenschaft diente, das sagt er uns selbst in einem Epigramm, das sich glücklicherweise in der Palatinischen Sammlung (IX, 577) erhalten hat:

Sterblich bin ich – ich weiß –, ein Eintagswesen; doch droben,

Wenn ich der Sterne Bahn suche im stetigen Kreis,
Nicht mehr berührt der Fuß mir die Erde, nein, bei ihm selber
Bin ich zu Gast, bei Zeus, lab' mich an göttlichem Brot.

Um ihrer Nachwirkung willen müssen wenigstens auch zwei Vertreter der Heilkunde dieser Zeiten genannt werden, deren Autorität bis ins 16. Jahrhundert unerschüttert blieb. Zuerst *Dioskurides* aus Kilikien, der unter Kaiser Claudius Militärarzt war und unter Nero in Rom lebte, Verfasser eines umfangreichen Werkes über Arzneistoffe, darunter 600 Pflanzen. Zu diesen sind uns noch schöne Illustrationen erhalten, die auf ein älteres Herbarium, das des *Krateuas*, Leibarztes Mithridates des Großen (111–63 v. Chr.), zurückgehen. Der andere Mann ist *Galenos* aus Pergamon (129–199); seit 169 hat er dauernd in Rom gelebt. Er war neben seiner Tätigkeit als Arzt ein Schriftsteller von fast unheimlicher Fruchtbarkeit. »Galen«, sagt Athenaios (1e) »hat so viele philosophische und ärztliche Schriften herausgegeben, daß er alle seine Vorgänger übertrifft, und im Stil steht er an Können hinter keinem der alten Klassiker zurück.« Ja, er hat sogar über seine eigene Schriftstellerei wiederum zwei Bücher verfaßt. Sein Meister war Hippokrates. Dessen Schriften hat er kommentiert, vor allem aber eine Menge ärztlicher Werke selbst verfaßt, welche die Ergebnisse der Hippokratischen und der alexandrinischen Medizin in Handbuchform zusammenfaßten. Schöner Stil war ihm dabei wie bei jedem Stoff Voraussetzung. Wie Dioskurides ist Galen ins Lateinische und Arabische übersetzt worden.

2. RHETORIK UND SOPHISTIK

In dem Streben, ein vollkommener Redner zu werden, begnügte sich Cicero nicht damit, in Rom bei dem gefeierten, asianischem Pathos (s. S. 448) huldigenden Anwalt Q. Hortensius in die Schule zu gehen, sondern er studierte wie mancher andere in Athen, Kleinasien und Rhodos zwei Jahre lang Rhetorik und Philosophie, und er bekannte, durch den Einfluß des rhodischen Redners Molon nicht nur »geübter, sondern sogar beinahe verwandelt« worden zu sein; nun wurde sein Stil gemäßigter, er kam dem attischen immerhin näher, den ein Mann wie Marcus Brutus in extremer Form als Ideal pries und in seinen Reden anwandte. Dieser Kampf der beiden Richtungen ging in Theorie und Praxis weiter. Dionys von Halikarnaß (s. S. 486) hat sich daran beteiligt. Gegen einen besonders fanatischen Anhänger des Attizismus, den Redner Kaikilios aus Augusteischer Zeit, der gegenüber dem Stile des Lysias nicht einmal den Platons gelten lassen wollte, gegen die Überschätzung der Regel überhaupt wendet sich die bedeutende *Schrift vom Erhabenen*[1] eines unbekannten Verfassers (um 40 n. Chr.), die, von Boileau übersetzt, zu dessen Zeit eine große Wirkung ausgeübt hat. Dem haben dann Kant und Schiller ihre eigenen Gedanken vom Erhabenen gegenübergestellt. Worin seiner Meinung nach das Erhabene besteht, welches seine Erscheinungsformen sind, wie sich Genie und Regel zueinander verhalten, das ent-

1 Wertvolle Verdeutschung und Erläuterung von H. F. Müller (1911); neuerer Übertragungsversuch von R. v. Scheliha (1938).

wickelt jener Unbekannte mit großer Feinheit, Gründlichkeit und Gelehrsamkeit. Manches Dichterwort lernen wir durch ihn kennen, so die griechische Fassung des von Catull teilweise übersetzten Sapphogedichts *Ille mi par esse deo videtur*. Mit Staunen lesen wir auch eine – sehr freie – Wiedergabe einer Stelle der Septuaginta (c. 9): »Auch der Gesetzgeber der Juden war kein gewöhnlicher Mann; denn die Macht des göttlichen Wesens hat er nach dessen Würdigkeit gefaßt und ausgedrückt, als er gleich am Eingang seiner Gesetze schrieb: ʻGott sprach – was?

Es werde Licht, und es ward;
Er werde Land, und es ward.'«

Aber über seine eigene Zeit klagt der Verfasser am Schluß, es würden zwar Menschen mit Talent geboren, doch kaum noch »erhabene, alles überragende Naturen«, und er gibt dort eine ergreifende Schilderung der knechtischen Gesinnung und der Oberflächlichkeit und Sittenlosigkeit seiner Generation.

Die Lehrer der Beredsamkeit hielten den seit Isokrates verkündeten Anspruch aufrecht, nicht nur zur vollkommenen Beherrschung des Wortes im mündlichen und schriftlichen Ausdruck zu verhelfen, sondern auch zu einer »allgemeinen Bildung«. Das war auch das Programm der Sophistik gewesen, und in der Tat hat sich in den Jahrhunderten nach Christus eine besondere sophistische Rhetorik ausgebildet. Aber auch zur Philosophie konnte sie die Brücke schlagen. Das bezeugt uns *Dion*[1] von Prusa (Bursa), den man später Chrysostomos, »mit dem goldenen

[1] Vgl. H. v. Arnim, Leben u. Werke d. Dion v. Pr. (1898).

Munde«, nannte. Denn dieser Mann, der als Redner am Hofe des Kaisers Titus glänzte, den aber Domitian verbannte, hat dann in bescheidener Armut gelebt, und, als Nerva und Traian ihn wieder zu Ehren kommen ließen, da hatte er inzwischen ein neues Lebensziel gefunden: als kynischer Prediger zu wirken, die Menschen aus der Raffiniertheit der Zivilisation wieder zu Einfachheit und Natürlichkeit zu führen. Davon gibt uns heute die eindrucksvollste Vorstellung eine Rede, in der er sein Erlebnis mit zwei Jägerfamilien auf Euboia wie eine Novelle erzählt. Dorthin war er, wie er sagt, durch Schiffbruch verschlagen, und nun wird uns das Leben dieser schlichten, sittenreinen Menschen geschildert im Gegensatz zu dem verdorbenen Stadtleben. Aber nicht weniger als 79 solcher Reden und Aufsätze sind uns von Dion erhalten, auch dialogische, und sie stammen aus den verschiedenen Perioden seines Lebens, die sie widerspiegeln; seinem auf Wahrheit gerichteten Sinn entspricht die im wesentlichen gleichbleibende Klarheit seiner attizisierenden Sprache. Zu den Bürgern vieler griechischer Städte hat er gesprochen, sie zur Einigkeit ermahnt, sie vor dem Genußleben gewarnt. Vier Reden über die 'Königsherrschaft' hat er für Traian bestimmt und in ihnen das Herrscherideal gezeichnet. In seiner 'Olympischen Rede' hat er ein Gespräch mit Pheidias erfunden und diesem selbst eine Deutung seiner Zeusstatue in den Mund gelegt. Wenn wir oben S. 505 Pausanias über sie reden hörten, so sollen uns nun einige Worte Dions von der Innigkeit seines Empfindens Zeugnis ablegen. Wir hören da (XII 50): »Wenn jemand zu Pheidias spräche: 'Bester, herrlichster aller Künstler, was für ein schönes, ergreifendes Bild, welche Quelle unsäglichen Genusses hast du für alle Griechen und Fremden geschaffen, so viele Menschen hierher auch schon jemals gekommen sind!', dann würde niemand widersprechen... Ja, ich meine, wenn eines Menschen Seele ganz beladen wäre von Kummer, wenn er so viel Unglück und Trauer in seinem Leben erfahren hätte, daß nicht einmal lindernder Schlaf sich auf seine Lider mehr senkte, hier, vor diesem Bilde, würde er alles vergessen, was es im menschlichen Leben Furchtbares und Schlimmes zu tragen gibt. Ein solches Bild hast du, Pheidias, ersonnen und erschaffen; hier treffen des Dichters Worte zu:

> Schmerz und Kummer vergeht, vergessen sind Mühen
> und Leiden.«

Das waren die Höhepunkte im Leben des Rhetors, wenn er nicht in der Schule, in kleinem Kreise, oder nur formal mit einer Rede, in Wahrheit durch den literarischen Aufsatz zu den Menschen sprach, sondern in der großen Versammlung des Götter- und Volksfestes, womöglich in Anwesenheit des Kaisers. Namentlich Hadrian, der begeisterte Griechenfreund, förderte diese festliche Beredsamkeit, die in Erinnerungen an die vergangenen Ruhmeszeiten schwelgte. Zu solchen Rhetoren gehörte auch *Herodes* mit dem Beinamen *Attikos*. Der Besucher Athens kennt ihn von den Ruinen des Theaters her, das er der Stadt geschenkt hat; so hat er vielerorts Teile seines gewaltigen Vermögens in Bauten zu seiner Erinnerung verwandelt. – Den Gipfel der rhetorischen Vollkommenheit hat nach seiner eigenen Meinung *Ailios Aristeides* (etwa 130–190) erreicht. Seine Kunst ist für ihn alles. Eine Rede am Panathenaien- oder Isthmienfest oder eine Preisrede auf Rom erscheint ihm als eine Leistung der klassischen Kunst ebenbürtig; aber die seine ist nur formal, ihre Wirkung mit dem Hall vergangen. Zu seinen Hörern hatte dieser Mann, der Platon und Demosthenes in einer Person zu sein glaubte, freilich auch den ernsten Mark Aurel. Aristeides war lange Jahre sehr krank. Dem Glauben an die heilende Kraft des Asklepios, die er selbst erfahren zu haben meinte, hat er sich ganz hingegeben, und dieser Glaube hat ihn auch zu poetischen Hymnen begeistert: im Asklepieion zu Pergamon hat man auf einer Marmorplatte das Bruchstück eines solchen Gedichts von ihm entdeckt.

Ein von Grund auf anderes Wesen zeigt ein Zeitgenosse des Aristeides, ein noch heute berühmter Mann: *Lukian* aus Samosata am oberen Euphrat, vielleicht semitischer Abstammung. Griechisch hat er erst als Jüngling gelernt, dann wurde auch er Wanderredner, aber die Hohlheit der Rhetorik lernte er verachten. Er ward Satiriker, und in Athen, Olympia, Rom machte er seine Witze über die Menschen. Als alter Mann hat er noch in Ägypten eine Beamtenstelle angenommen, dort ist er nach 180 gestorben, nachdem er zuletzt doch wieder auch der Rhetorik gehuldigt hat.

Der fleißige Wieland hat Lukian ganz übersetzt und auch erläutert; er lag ihm besonders gut, denn die beiden haben einen verwandten Zug. Aber Lukian ist viel schärfer, verletzender, ein mephistophelischer Schalk, eine Art Sophist im engeren Sinne des Wortes; und auf diesen Titel war er sogar stolz. In seinen wie die Aristeidesreden attizistisch geformten Schriften erneuerte er die kynische Satire, von der wir S. 461 sprachen, auch in der Form, daß sich der Vers in die Prosa drängte. Besonders passender Ausdruck für seine zwiespältigen Scherze war der Dialog, dem er ebenso Anmut wie Schärfe geben konnte. Er verspottet alle Berufe, den Philosophen und den Rhetor, den Historiker und den Romanschreiber, den Dichter und gelegentlich sogar sich selbst. Aber es gibt von ihm auch ernsthafter gemeinte Abhandlungen wie die über den in Rom lebenden Platoniker Nigrinos oder über Werke der bildenden Kunst, so über die »Verleumdung« des Apelles. Von der »wunderbaren Lehre der Christianer in Palästina« (Peregrin. 11) berichtet er nicht unrichtig. Seine Phantasie scheint unerschöpflich; er hieß »Prometheus in der Rede«. Da werden die Philosophen wie auf dem Sklavenmarkt ausgerufen und zum Kauf angeboten, oder es fängt sie ein »Fischer« mit einem Köder aus Gold, oder Anhänger verschiedener Schulen haben ein Symposion, das aber in einen Kampf wie den der Lapithen mit den Kentauren ausartet, wobei Blut fließt und dem Epikureer zwei Zähne ausgeschlagen werden. Träume werden uns erzählt; Hetären unterhalten sich; Timon, der große Menschenhasser, für seine frühere Menschenfreundlichkeit von Zeus mit einem Goldklumpen belohnt, muß diesen gegen die nahenden Schmarotzer verteidigen. Und seine 'Wahren Erzählungen' übertrumpfen die üblichen Lügenmärchen der Reisenden so, daß Groteskeres gar nicht mehr möglich scheint – nur Rabelais hat es zu geben vermocht. Wir glauben dem Erzähler

Lukian schließlich alles; einen Brief des Odysseus an die ferne Kalypso als echt anzusehen, macht uns gar keine Schwierigkeit mehr. Sein Menipp (s. S. 461) baut sich einen Flugapparat aus Adler- und Geierfedern, da »es als völlig unmöglich erschien, sich selbst Federn wachsen zu lassen« – aber einen Apparat ohne Wachs, damit es ihm nicht erginge wie Ikaros. Mit ihm legt er in sorgfältigem Training immer größere Strecken zurück: erst fliegt er von der Akropolis bis ins Dionysostheater herab, dann vom Hymettos bis zum Isthmos, von dort hinauf nach Akrokorinth, schließlich vom Olymp in den Himmel. Auf dem Monde wird Rast gemacht, und die schöne Aussicht auf die Erde entschädigt für die Anstrengung. Droben erreicht er es, an einem Göttersymposion teilzunehmen, wenn er auch nur einen Platz neben den »zweifelhaften Göttern« wie Pan und Sabazios erhält. In der Götterversammlung am nächsten Tage beschließt Zeus zur Freude Menipps, das Philosophengezücht mit dem Blitz zu zerschmettern, und alle Götter fallen ein: »Ja, triff sie mit dem Donnerkeil, verbrenne, vernichte sie! Wirf sie in den Abgrund, in den Tartaros wie die Giganten!« – ‘Göttergespräche’ im Himmel hat Lukian sehr viele wiedergegeben, dazu kommen auch noch 15 ‘auf dem Meere’. Aber mit besonderer Lust führt er uns in die Unterwelt, denn »wenn dir hier droben das Lachen noch etwas zweifelhaft war«, läßt er einen Toten sagen (Dial. 1), »und man häufig das Wort hörte: ‘Wer weiß denn genau Bescheid über das, was nach dem Leben kommt?’, so wirst du hier unten sicherlich zu lachen nicht aufhören.« Da vernehmen wir nun im Hadesschatten die Unterhaltungen der großen und kleinen dahingegangenen Menschen; Hermes, Pluton, Charon, Kerberos und andere Unterweltsbewohner beteiligen sich. Goethes 'Götter, Helden und Wieland' ist ein rechtes Lukianisches Totengespräch. Doch der Ruhm, der Lukian im 18. Jahrhundert noch umstrahlte[1], ist heute nicht mehr so hell. Wir werden seiner Art gar zu leicht müde.

Der Goethe-Leser entsinnt sich auch einer umfangreichen Abhandlung, die Goethe benannt hat 'Philostrats Gemälde und Antik und Modern' (1818). Wie er 1804/05 mit Meyer zusammen 'Polygnots Gemälde in der Lesche zu Delphi' nach der Beschreibung des Pausanias erklärt und gedeutet hatte, so legte er hier eine freie Bearbeitung der 'Eikones', d. h. 'Gemälde', des Sophisten *Philostratos* vor. Wir kennen mehrere dieses Namens. Ein älterer Philostrat hat kurz nach 229 'Lebensbeschreibungen der Sophisten' geschrieben, solcher der alten Zeit und berühmter Männer der letzten Vergangenheit und der Gegenwart, weshalb man auch oft die Zeit von den Flaviern bis Septimius Severus als die zweite Sophistik bezeichnet. Vielleicht stammt von ihm auch die 'Rede über Gymnastik', für uns unschätzbar durch ihre Nachrichten über den antiken Sport. Jene 'Gemälde' nun, die sich als Beschreibung einer Galerie von 64 Bildern in Neapel geben, sind das Werk eines um eine Generation jüngeren Philostrat; dessen Enkel hat dann noch eine Reihe solcher Bildbeschreibungen hinzugefügt. Nicht um der Kunstwerke willen werden nach Philostrats eigenen Wor-

1 Zum Nachleben Lukians s. R. Helm, Lucian u. Menipp (1906) S. 1 ff.

ten diese »Ekphraseis« – wie der antike Name für solche Beschreibungen lautet – gegeben, sondern als rhetorische Musterstücke, noch dazu in erlesener attischer Sprache, an denen die Jugend sich bilden, an denen sie guten sprachlichen Ausdruck und treffliche Gedankenverbindung lernen soll.

Im 4. Jahrhundert hat die sophistische Rhetorik noch einmal eine große Blüte gehabt, die vor allem durch die Namen *Libanios* (314–393) und seinen Zeitgenossen *Themistios* bezeichnet wird. Für uns von ungleich größerer Bedeutung ist indessen der Mann, der sich einen Schüler des Libanios nannte: Kaiser *Julian*[1], den die Christen den Abtrünnigen oder den Verfluchten hießen. Eine Gestalt voller Rätsel, deren Wesen und Schicksal den Historiker, den Erforscher der Religionen und den Dichter mit gleicher Stärke anzieht. Ibsens 'Kaiser und Galiläer', für die Aufführung ungeeignet, ist doch ein grandioses Zeitbild mit den Zügen der Wahrheit.

Seitdem Konstantin Alleinherrscher geworden war, seit 323, war das Christentum vom Staate anerkannt; kurz vor seinem Ende 337 ließ der kranke Kaiser sich selbst taufen. Auch Julian, ein Neffe Konstantins, der 332 geboren war, wurde getauft, wenn er auch nach seinem eigenen Wort von Jugend auf vor allem in Helios die Offenbarung Gottes gesehen hatte. Als sein Vetter Konstantius den Thron bestieg, wurde Julians Vater erschlagen, auch andere nahe Verwandte von ihm verloren ihr Leben, und er selbst mußte immer vor dem Kaiser auf der Hut sein. Nach

[1] Vgl. J. Geffcken, Kaiser Julianus (1914); J. Bidez, La Vie de l'Empereur Julien (1930); R. Herzog, Trierer Zeitschr. für Gesch. u. Kunst XII (1937) 121.

mannigfachen gefährlichen Wirren, denen auch sein Bruder zum Opfer fiel, erwirkte ihm die Kaiserin Urlaub zum Studium in Athen. Aber schon bald danach (355) wurde er vom Kaiser als Cäsar nach Gallien geschickt, und nun erwies sich der Philosophen- und Rhetorenschüler als glänzender Feldherr und Staatsmann, der die Schlacht von Straßburg gewann und Gallien reorganisierte. Schon jetzt scheint er sich offen als Gegner des Christentums bekannt zu haben. 360 riefen ihn seine Soldaten in Paris zum Augustus aus, wie er sagt, gegen seinen Willen. Konstantius starb, als die beiden mit Heeresmacht gegeneinander zogen. Nun war Julian der Herr der Welt – für zwei Jahre, denn schon 363 fiel er in dem gegen die Parther unternommenen Kriege. Aber diese kurze Frist ist zu einer denkwürdigen und unvergessenen Epoche geworden: die alten Götter erwachten zu neuem Leben, die verschlossenen Tempel öffneten sich, zerstörte wurden wiederaufgebaut, Opfer wurden so üppig dargebracht, als wolle man das Versäumte nachholen, und die prachtvollsten Götterfeste gefeiert. Mit Julians Tode war das alles wieder vorbei.

Unter Julians Werken sind ein paar hübsche Gedichte. Ein Epigramm feiert das neue Instrument »mit den Pfeifen aus Erz, das ein mutiger Mann mit flinken Händen spielt«, also die Orgel. In unseren Gegenden erregte mancherlei sein Mißfallen. Der Gesang der »Barbaren jenseits des Rheins«, d. h. der Germanen, galt ihm als »wilde Lieder ähnlich dem Gekrächz rauh schreiender Vögel, an denen jene nur selbst Freude haben« (Mis. 337), aber noch mehr ärgerte ihn – das Bier, das man ihm vorsetzte. Er machte seiner Stimmung in folgendem Epigramm Luft:

Wer und woher bist du, Dionys? Beim wirklichen Bakchos,
Ich erkenne dich nicht, weiß nur vom Sohne des Zeus.
Jener duftet nach Nektar, du nach dem Bocke. Die Kelten,
Traubenarm, haben dich, ach, gar aus den Ähren gemacht.
Sohn der Demeter muß man dich nennen und nicht Dionysos,
Weizengebor'nes *Gebrau*, nimmer den '*Brausenden* Gott'!

Vor nicht langer Zeit ist auch in Trier ein hexametrisches Gedicht Julians, etwa aus dem Jahre 360, gefunden worden, in dem er Hermes, »dem Stiller der Leiden«, einen mit Edelsteinen gezierten Gürtel geweiht hat.

Auch eine ganze Anzahl Briefe hat sich von ihm erhalten, sehr persönliche an Freunde, Philosophen, Rhetoren wie Libanios und den Leibarzt Oreibasios, sowie offizielle an Städte und Völkerschaften. Seinem Lehrer Themistios, der ihm zu seinem Regierungsantritt dargelegt hatte, was die Nichtchristen nun von ihm erhofften, öffnete er ganz sein Herz: er legte ihm seine Besorgnis dar, ob er wohl auch den Erwartungen entsprechen werde.

Und dieses eigentümliche Schwanken zeigen nun auch seine größeren Werke. Sind die schmeichelnden Lobreden auf Kaiser Konstantius und Kaiserin Eusebia nur kluge Maßnahmen, sich das Leben zu sichern? In der Form der Menippischen Satire läßt Julian die schon vergotteten Kaiser alle am Saturnalienfest zu einem Symposion im Himmel geladen werden, und der bittre Witz ihres Nachfolgers umspielt sie. Er war ein Nachtarbeiter: in *einer* Nacht schrieb er als Kaiser seine Preisrede auf die Göttermutter, in drei Nächten die auf seinen König Helios; diese widmete er zum 25. Dezember 362 seinem Freunde Sallustios. Aber welch Bild innerer Zerrissenheit zeigt er uns in der Abhandlung mit dem seltsamen Titel 'Der Hasser des (Philosophen)bartes' – um dieses Bartes willen hatte man ihn selbst verspottet! Da gibt er zugleich als Ankläger und Verteidiger eine Darstellung seines eigenen Wesens und seiner Geschichte (darin auch eine anschauliche Schilderung des damaligen, schon so heiteren, kunstliebenden Paris, wo er residiert hatte). Von der einst drei Bücher umfassenden Schrift gegen die Christen hat sich das erste aus der Gegenschrift des Bischofs Kyrill im großen und ganzen wiederherstellen lassen. Es beginnt mit den Worten: »Schön erscheint es mir, allen Menschen die Gründe auseinanderzusetzen, die mich davon überzeugt haben, daß die eifrige Lehre der Galiläer ein Gebilde von Menschen ist, aus Lust am Betrug hergestellt. Sie hat nichts Göttliches in sich; vielmehr mißbraucht sie den mythenliebenden, kindischen, vernunftlosen Teil unserer Seele und will der Rede von Wundern die Zuverlässigkeit der Wahrheit verschaffen.« In dem Erhaltenen erhebt Julian gegen die Christen den Vorwurf, sie seien ebenso vom Alten Testament wie vom Hellenentum abgefallen. Diese Schrift hat er auf dem Feldzuge gegen die Parther verfaßt, der ihm das Leben nahm. Im Andenken der Nichtchristen lebte er bewundert weiter, aber die Christen haben ihn fanatisch gehaßt, als einen Bundesgenossen des Satans.

3. ROMAN, FABEL- UND ANDERE SAMMLUNGEN

Novelle und Roman[1], wie wir sie heute besitzen und lieben, als in sich geschlossenes Kunstwerk von besonderer seelischer Tiefe, hat die Antike so wenig gekannt wie die Jahrhunderte vor Goethe, es sei denn den Roman des Cervantes *Quijote*. Nur gewisse Vorstufen dazu können wir finden. Als eine Art kulturhistorischer Novelle kann man Dion von Prusas 'Jäger' bezeichnen (s. S. 511). Von dem phantastischen Alexanderroman war schon die Rede (S. 444). Lukians 'Wahre Erzählungen' waren ein Reiseroman eigener Art; er verspottete Reiseerzählungen wie die (nicht erhaltene) des Antonios Diogenes (1. Jahrhundert n. Chr.), der in nicht weniger als 24 Büchern die 'Wunder jenseits Thule' behandelt hat. Unter Lukians Werken steht auch der 'Lukios oder der Esel', d. h. die abenteuerliche Geschichte des in einen Esel verzauberten Lukios; aber ob sie ihm selbst gehört, ist zweifelhaft. Eine ganz ähnliche Geschichte gibt der Lateiner Apuleius in seinen 'Metamorphosen' (um 170 n. Chr.). Beide gehen auf eine ältere Fassung des Eselromans zurück. Der 'Lukios' ist witzig genug. Ein junger Mann reist nach Thessalien und kehrt dort bei einem Gastfreund ein. Zufällig erfährt er, daß dessen Frau eine der berühmten thessalischen Hexen ist, deren Künste er schon lange gern einmal mit ansehen wollte. In der Tat gelingt es ihm mit Hilfe der Zofe, deren Liebe er gewinnt, zu beobachten, wie die Frau sich in einen Uhu ver-

[1] Vgl. das große Werk E. Rohdes Der griech. Roman u. seine Vorläufer[3] (1914); R. Helm, Der antike Roman[2] (1956).

wandelt und davonfliegt. Das möchte er auch; die Zofe bringt ihm die Zaubersalbenbüchse, aber, wie das so oft vorkommt, eine falsche, und Lukios wird statt eines Uhus ein Esel, nur daß er den menschlichen Verstand behält. Das traurige Mädchen kann ihm aber versichern: sobald er Rosen fresse, werde er wieder ganz Mensch. Natürlich fehlt es an denen lange Zeit, und in dieser hat der arme Eselmensch nun die tollsten Abenteuer. Er geht von Hand zu Hand: Räuber entführen ihn; eine Müllerin kauft ihn, und ein Junge quält ihn; er wird Tragtier bei einer Art Derwische; dann gehört er einmal einem Koch, bei dem er Proben großer Gelehrigkeit abgibt; eine vornehme Dame gewinnt ihn sogar sehr lieb; endlich, als er seine Künste einmal im Theater zeigen soll, gelingt es ihm, der nötigen Rosen teilhaftig zu werden, und so steht er denn plötzlich wieder als Mensch da.

Romanhaft erscheint uns auch das 'Leben des Apollonios von Tyana' (in Kappadokien), das nach anderen der Älteste der *Philostrate* um 220 im Auftrage der Kaiserin Julia Domna beschrieben hat; aber das Buch war ernsthaft gemeint. Es wollte wiedergeben, was der neupythagoreische Magier und Prophet aus den Tagen Neros und der Flavier »gesagt oder getan hat«. Diesen eigenartigen, vielleicht bedeutenden Mann, den Feinde des Christentums mit Christus zu vergleichen wagten, hat früh die Legende umsponnen; davon zeugt die Erzählung Philostrats. Sein Apollonios durchzieht die ganze Welt, vom Ganges bis nach Gades, und versucht, die Menschen zu reinerer Religion zu führen, hält wie vielerorts auch in Athen Disputationen ab, dort, wo, wie er weiß, sogar Altäre »unbekannter Götter« stehen. Er treibt die Dämonen aus den Menschen, in Ephesos läßt er den Pestteufel steinigen, der die Gestalt eines alten Bettlers angenommen hat, er versteht die Sprache der Vögel und ist überhaupt so recht der Held einer religiös erregten, nach Wundern verlangenden Zeit.

Zum echten Roman gehört nach unserer Auffassung eine Liebesgeschichte, wenn er nicht gar nur aus einer solchen besteht. Dieser Liebesroman ist eine antike Literaturform[1], und die Zusammenhänge des unseren mit dem des Altertums sind erwiesen. Die Vorlage der 'Braut von Korinth' und das Märchen von Eros und Psyche, dieses uns nur noch aus den 'Metamorphosen' des Apuleius bekannt, waren hellenistische Geschichten. Aber das meiste solcher romanartigen Gebilde gehörte zur Unterhaltungsliteratur, war eine Art Volksbuch, an dem der Gebildete meist vorüberging. Dank neuer Funde auf Papyrus können wir auch den eigentlichen Liebesroman bis in die alexandrinische Zeit zurückverfolgen, während die literarisch überlieferten, vollständig erhaltenen erst der nachchristlichen Zeit angehören. Da lesen wir Teile aus der Liebesgeschichte von Ninos, dem Könige von Ninive, und seiner noch allzu jugendlichen Geliebten, die vielleicht wie bei Ktesias den Namen Semiramis führte. Ein anderes Liebespaar hieß Metiochos und Parthenope, die sich quälen und einander widerstreben, ehe sie sich finden. Herpyllis, die Heldin eines dritten Romans, wird von ihrem Geliebten getrennt – ein besonders häufiges Motiv; sie bleibt am Ufer zurück, während

[1] Vgl. F. Zimmermann, Die Antike XI (1935) 292.

sein Schiff bei schwerem Wind davonfährt, ein furchtbares Gewitter, sogar ein St. Elmsfeuer, erlebt... alle sinken im Gebet auf die Knie – da bricht der Papyrus ab. Der Roman des *Chariton*, aus dem 1. Jahrhundert n. Chr., ist ganz erhalten; er erzählt die Geschichte des Syrakusaners Chaireas und seiner Gattin Kallirrhoe, der Tochter des syrakusanischen Feldherrn Hermokrates, der bei Thukydides auftritt. Da gibt es Intrigen, einen Scheintod der Frau, ihren Verkauf als Sklavin nach Kleinasien, eine zweite Ehe mit einem Milesier, dann allerlei neue Verwicklungen, endlich Wiedersehen und Wiedervereinigung mit Chaireas. *Heliodors* 'Aithiopika'[1] (wohl erste Hälfte des 3. Jahrhunderts n. Chr.), überreich an Personen und Schicksalen, erzählen gut, flechten auch allerlei Geographisches, Kulturhistorisches, Religiöses ein. Hier spielt die Handlung in Ägypten, und das edle Liebespaar muß, zusammen oder getrennt, viele schlimme Abenteuer mit Räubern, einer alten ägyptischen Totenbeschwörerin, dem Äthiopenkönig Hydaspes durchmachen, kommt sogar in Gefahr, geopfert zu werden, bis das Mädchen als die Tochter des Königs erkannt wird und nach und nach alles in Glück und Seligkeit enden kann. Der Hirtenroman des *Longos*[2] (2./3. Jahrhundert n. Chr.), den Goethe so sehr geliebt hat, wenn er ihn auch nur in französischer Übersetzung las, verschmilzt das Liebesmotiv mit einem anderen: die Geschichte der bei-

[1] Unter dem Titel Die äthiopischen Abenteuer von Theagenes und Charikleia in der Übersetzung H. Gasses herausgegeben, Sammlung Dieterich Band 196; daselbst S. 373 ff. Skizze der Nachwirkung und Würdigung des Werks. — [2] Neu übersetzt von A. Mauersberger, Sammlung Dieterich Band 44.

den ausgesetzten Kinder Daphnis und Chloe, die erst ganz allmählich den Eros kennenlernen, ist erfüllt von sentimentaler Sehnsucht nach verlorener Unschuld, von Verlangen nach der Natur, die doch entschwunden ist. Es ist Schäferpoesie wie die des 18. Jahrhunderts, mit ihren Reizen und ihren Mängeln.

Nicht nur von Wundermännern gab diese Zeit Lebensbeschreibungen, auch von dem buckligen phrygischen Sklaven *Aisopos*, dem Till Eulenspiegel des Altertums. Das lustige Volksbuch, das wir besitzen, gehört zwar erst nachchristlicher Zeit an, aber die Geschichte lebte schon viele Jahrhunderte, die Geschichte, wie der mit dem rechten Mutterwitz Begabte klüger ist als sein Herr, der Gelehrte Xanthos in Samos, der ihm schließlich auch die Freiheit schenken muß, und wie der ehemalige Sklave dann am Hofe des Königs Kroisos ebensogut verkehrt wie Solon. Wir entsinnen uns, daß auch Plutarch den Schalk mit den Sieben Weisen zusammengebracht hat; das ist also alte Überlieferung. Im Volksbuch erlangt Aisop vom lydischen König sogar den Frieden für Samos. Auf dessen Worte: »Was du willst, fordere es, und du wirst es bekommen!« erwidert Aisop: »Ich bitte dich, König, versöhne dich mit den Samiern!« Drauf der König nur das eine Wort: »Ich bin schon versöhnt.« So einfach wird hier große Politik gemacht.

Aisop werden ja auch die *Fabeln* zugeschrieben.[1] Sie gehören freilich zum ältesten Kulturgut der Menschen. Wir kennen sie aus dem Orient und Ägypten,

[1] Zur Fabel ist jetzt zu vergleichen K. Meuli, Herkunft und Wesen der Fabel (1954).

von dort übernahmen sie die Griechen – sie sagen es selbst –, doch sie gaben ihnen eine besonders prägnante Form und dichteten viele neue dazu. Schon bei Hesiod und Archilochos begegneten wir einer Tierfabel. Zur Fabel vom Streit des Lorbeers mit dem Ölbaum bei Kallimachos (S. 420) hat sich wie zu anderen das babylonische Vorbild in Keilschrift gefunden. Wenn die Fabel in der hohen Literatur nur gelegentlich auftaucht, so hat sie im Volk und im Unterricht stets lebendig gewirkt. Sie in Verse umzusetzen, hat Sokrates im Gefängnis versucht (Phaid. p. 60). Poetische Fabelsammlungen besitzen wir u. a. von Phaedrus, dem Freigelassenen des Augustus, auf lateinisch, von Babrios (um 200 n. Chr.) auf griechisch. Die auf uns gekommene Fabelsammlung in griechischer Prosa stammt aus sehr später Zeit, aber die Schlichtheit und Knappheit der Sprache, auf die hier ja so viel ankommt, ist bewunderungswürdig. Lessing spricht dieselbe Sprache.
Dem Sammeleifer dieser Zeiten verdanken wir Zusammenstellungen der verschiedensten Art, von denen nur wenige erwähnt seien. Ein Auszug aus einer Art mythographischem Handbuch ist die sogenannte '*Bibliothek Apollodors*' (etwa 2. Jahrhundert n. Chr.). Wer im Traumbuch *Artemidors* (etwa gleicher Zeit, aber auf viel ältere zurückgehend) liest, kann lernen, was ungefähr jeder Traum zu bedeuten hat, und – wie unausrottbar Aberglaube ist. *Claudius Aelianus* aus Praeneste bei Rom (um 200) sammelte Erzählungen über Tiere, alle möglichen Wundergeschichten über Menschen und gab gleich anderen (fingierte) Liebesbriefe heraus. Seiner sehr unwissenschaftlichen Naturbetrachtung verwandt, nur noch

viel phantastischer ist eine Art Fabel- und Volksbuch, das, wie man gesagt hat, im Mittelalter neben der Bibel das verbreitetste Lesebuch war: der '*Physiologos*'[1]. Da kann man die schönen Geschichten lesen vom Einhorn, von dem aus der Asche neu entstehenden Phönix, vom Pelikan, der seine toten Jungen durch das eigene Blut wieder lebendig macht, vom Wiedehopf, der den alten Eltern die Federn ausrupft und sie pflegt, bis ihnen wieder neue wachsen, alles durchsetzt mit christlicher Symbolik; und gerade dadurch hat das Buch auch auf die bildende Kunst so großen Einfluß gehabt. Vergnüglicher ist der '*Philogelos*', d. i. Lachfreund[2], eine Sammlung von Schildbürgerstreichen und Schnurren, die einzelnen Personen wie dem Scholastikos, d. i. Stubengelehrten, oder auch den Bewohnern einer bestimmten Stadt wie den Abderiten in den Mund gelegt werden. Auch diese Sammlung ist uns nur in später Fassung erhalten, aber sie geht letztlich auf die Zeit um Christi Geburt zurück. Um von dem Tone eine Vorstellung zu geben: »Ein Scholastikos wollte sehen, ob es ihm gut stände, wenn er schliefe. Da stellte er sich vor den Spiegel und schloß die Augen. – Von einem Zwillingspaar starb der eine Bruder. Da kam der Scholastikos zu dem Überlebenden und sagte: 'Bist du tot oder dein Bruder?'«

Die für uns so wichtige Sammlung von Literaturzitaten des *Athenaios* wurde schon einige Male erwähnt. Aus mehr als 500 Schriftstellern, Dichtern, Philosophen, Historikern, Rednern und Ärzten, hat

[1] Vgl. Lauchert, Gesch. d. Physiologus (1889); deutsche Übersetzung von E. Peters (1898). – [2] Vgl. H. Reich, D. Mimus I, 2, 459 ff.

Johannes aus Stoboi in Makedonien nach 400 n. Chr. eine große Anthologie hergestellt, mit Benutzung älterer Zusammenstellungen, der wir viel verdanken; z. B. der Zeushymnos des Kleanthes (S. 412) ist nur bei ihm überliefert.

Die grammatische und lexikographische Arbeit der Alexandriner wurde lange fortgesetzt, freilich nicht mehr in ihrem hohen Sinne. Die attizistischen Bestrebungen schufen Lexika, welche die »echt attischen« Wörter verzeichneten: da konnte man sich Rats holen, wie man zu schreiben habe und wie nicht. Unsere heutigen griechischen Lexika haben ihre Vorläufer und ihre Grundlage in Werken wie dem des *Hesychios* von Alexandreia (5. Jahrhundert n. Chr.) und der *Suda* genannten Sammlung (9. Jahrhundert), die schon S. 172 einmal angeführt werden mußte. Auch von einem einst sehr umfassenden geographischen Lexikon, dem des *Stephanos* von Byzanz (7. Jahrhundert), besitzen wir wenigstens einen Auszug.

4. PHILOSOPHIE[1]

Die Stoa[2] hat in der nachchristlichen Zeit eigenartige und bedeutende Vertreter gehabt. Zu ihnen kann man nicht rechnen den jüdischen Philosophen *Philon* von Alexandreia (gest. nach 41 n. Chr.), der in seinen Schriften jüdische Lehre und Platonisch-Stoische Gedanken zu vereinen suchte. Von dem Stoiker Seneca, Neros Lehrer, haben wir hier nicht

[1] Eingehender Verf., Griechische Philosophie[3] S. 310 ff. — [2] Vgl. P. Barth, Die Stoa[5] (1941). Lehrreich über ihre Nachwirkung A. Rüstow, Ortsbestimmung der Gegenwart II (1952) 378 ff.

zu sprechen. Aber um die Wende des 1. Jahrhunderts n. Chr. lehrte in Nikopolis bei Actium der aus dem Rom Domitians verwiesene *Epiktet*, seiner Herkunft nach ein phrygischer Sklave, dann ein Freigelassener, und seine Predigten haben auf seine vielen, auch aus der Ferne kommenden Hörer einen tiefen Eindruck gemacht. Daß sie uns erhalten sind, verdanken wir dem Historiker Arrian, denn er hat in seiner Jugend als ein treuer Schüler Epiktets des Meisters Reden mitgeschrieben und dann veröffentlicht, ganz in der einfachen Sprache, die der bescheidene Mann gesprochen hatte. Da kehren uns schon bekannte Stoische Gedanken wieder, doch eben die Schlichtheit des Ausdrucks gibt ihnen eine individuelle Prägung. Die göttliche Macht ist eine einzige; sie lenkt alles in weiser Voraussicht. Ihr soll sich der Mensch ganz hingeben. Zu den Sprüchen, die man nach Epiktet »zu jeder Stunde zur Hand haben soll«, gehören auch die Verse des Kleanthes:

Oh, führ mich, Zeus, und führ mich, Schicksalsgöttin, du,
Dorthin, wo ich nach eurem Willen bin am Ort.
Ich folge ohne Säumnis; will ich aber nicht,
So werd' ich schlecht und – folge doch nicht minder euch.

Danach hat Nietzsche seinen 'Epiktetischen Spruch' gebildet:

Schicksal, ich *folge* dir! Und wollt' ich nicht,
Ich müßt' es doch und unter Seufzen tun!

Die geringfügige Abweichung im Schlußgedanken stammt aus einem parallelen Vers Senecas (Epist. 107). – Dem Getriebe dieser Welt mit ihrem Unrecht und ihren Verlockungen setzte der Stoiker

Epiktet seinen Imperativ entgegen: »Halte aus und halte dich fern!«: »Ein herrlicher Text zu künftigen Unterredungen«, schrieb Goethe an Frau von Stein am 22. IX. 1786, als er an der Villa Rotonda bei Vicenza diesen Spruch in einer lateinischen Fassung gelesen hatte. Epiktet erwartet, daß die Menschen so zu ihm sprechen (I 9): »Epiktet, wir halten's nicht mehr aus, daß wir diesem kümmerlichen Leibe verhaftet sind, ihn nähren, tränken, zur Ruhe bringen, reinigen und dann seinetwegen uns allem Möglichen fügen müssen. Ist das nicht gleichgültig und ohne Beziehung zu uns, ist nicht der Tod ohne Übel, und sind wir nicht Verwandte Gottes und von dorther gekommen? Laß uns dorthin fortgehen, woher wir gekommen sind, laß uns endlich einmal frei werden von diesen Fesseln, die an uns hängen und uns beschweren! Hier gibt es Räuber, Diebe, Gerichte und die sogenannten Tyrannen, die über uns eine Macht zu haben glauben nur wegen dieses Leibes und seines Hab und Guts. Laß uns ihnen zeigen, daß sie über nichts Gewalt haben!«; dann würde er antworten: »Ihr Menschen, wartet auf Gott! Wann er euch winkt und euch von diesem Dienst ablöst, dann brecht zu ihm auf; aber zur Stunde haltet aus als Bewohner dieses Landes, in dem jener euch einen Platz gegeben hat. Wahrlich, kurz ist diese Zeit des Wohnens, leicht ist sie für die so Gestimmten. Welcher Tyrann oder welcher Dieb oder welches Gericht wäre denn noch furchtbar für die, die den Leib und sein Hab und Gut so für nichts achten? Bleibt, geht nicht unüberlegt fort!« Aber es ist nicht nur das Ertragen des Daseins, vielmehr ein Gott wohlgefälliges Leben, zu dem Epiktet aufruft. »Was kann ich lahmer alter Mann anderes tun als Gott preisen? Wäre ich eine Nachtigall, so würde ich's machen wie eine Nachtigall; wäre ich ein Schwan, wie ein Schwan. Nun bin ich mit Vernunft begabt, da muß ich Gott mit Worten preisen. Das ist mein Beruf, ich tue es und werde diese Aufgabe nicht preisgeben, solange es mir verstattet ist. Auch euch rufe ich zu diesem Gesang auf.« – Die Verwandtschaft der Gedanken Epiktets mit denen des Christentums[1] ist oft überraschend, aber sie beruht auf dem Geiste der Zeit, nicht auf persönlicher Beziehung.

Es gibt junge Leute, zu denen keine Schrift der Antike so unmittelbar spricht wie das Tagebuch des Stoikers auf dem Thron *Mark Aurel*[2] (gest. 180). Aber wir nehmen das Buch auch mit einer ganz besonderen Ehrfurcht in die Hand; denn hier spricht ein Kaiser »zu sich selbst« und sucht sich durch Besinnung auf das Ewige die schwere Bürde seines Lebens leichter zu machen. Das Tagebuch war auch auf den schwierigen Kriegszügen sein Begleiter, die er gegen Markomannen und Quaden führen mußte. Es hat selbst Friedrich den Großen gestärkt.

Der Kaiser hat Epiktets Lehre gekannt, doch sein Buch liest sich viel schwerer, ist gedrängt voll von Gedanken, die einander oft rasch ablösen, ist auch mit der eigentlichen Lehre der Stoischen Schule enger verbunden. Von vielen Menschen spricht es, von Verwandten und Lehrern Mark Aurels, denen

[1] Vgl. A. Bonhöffer, Epiktet u. d. Neue Testament (1911). — [2] Marc Aurel, Selbstbetrachtungen, herausgegeben und übertragen von Arno Mauersberger, Sammlung Dieterich Band 50; Kaiser Marc Aurel, Wege zu sich selbst, herausgegeben und übertragen von W. Theiler, Bibl. d. Alten Welt (1951).

er tief dankbar ist; mancherlei Lektüre, auch nichtstoische, führt es an. Es ist in zwölf kurze »Bücher« eingeteilt.

Mark Aurel macht sich über die Menschen keinerlei Illusionen, aber er zürnt auch dem Bösen nicht, sondern sieht in ihm nur den Unwissenden, mit dem zusammen zu arbeiten er doch verpflichtet ist. Denn der Kosmos ist *einer*, wie wir aus dem Hymnos des Kleanthes (S. 413) wissen, die Natur als Ganzes immer etwas Vollkommenes, das nur in den Erscheinungsformen wechselt, nach unverbrüchlichem, ewigem Gesetz. Und nicht »Teile«, sondern »Glieder« der Natur sind alle vernunftbegabten Wesen. Aber der Kaiser muß immer wieder mit sich ringen, daß er die Stoische Lehre auch im täglichen Leben bewähre. Schon als Jüngling klagte er seinem Lehrer Fronto über eine gewisse Müdigkeit, und wir spüren in seinen Selbstgesprächen, wieviel er überwinden muß, ehe er aus vollem Herzen ja sagt zu allem, was ist, zu allem, was von ihm verlangt wird, ehe er das Gebet des Stoikers spricht: »Gib, was du willst, nimm, was du willst!« Gerade dieses Menschliche, Persönliche ergreift uns hier am meisten. Die drei letzten Eintragungen handeln, wie auch schon frühere, vom Tode: man hat den Eindruck, daß Marcus selbst vor dem Tode stand, als er dies schrieb, erst 58 Jahre alt, erschöpft von seiner Arbeit, aber heiterer Seele. Die letzten Worte lauten: »Mensch, du hast in dieser großen Gemeinschaft als Bürger gelebt. Wie macht es einen Unterschied für dich, ob fünf oder drei Jahre lang? Denn, was das Gesetz bestimmt, das ist ja für jeden einzelnen gleich. Was ist's also Schlimmes, wenn dich aus dieser Gemeinschaft nun entläßt – nicht etwa ein Tyrann oder ein ungerechter Richter, sondern die Natur, die dich hier hereingeführt hat? Das ist, wie wenn der spielleitende Prätor einen Schauspieler von der Bühne entläßt. 'Aber', sagst du, 'ich habe nicht die fünf Akte[1] gespielt, sondern erst drei.' Richtig; doch im Leben sind die drei schon das ganze Drama. Denn den Schluß bestimmt jener, der einst die Zusammenfügung der Elemente verursacht hat, jetzt ihre Trennung; du hast beides nicht verursacht. Scheide also heiter! Denn auch der, welcher dich entläßt, ist heiter.«

Auch unter Mark Aurels Gedanken fehlen solche nicht, die christlichen ähneln. Aber sein Reiterstandbild, das uns noch heute auf dem Kapitol grüßt, wäre doch den Händen der Bilderstürmer nicht entgangen, wenn man nicht in ihm das des Christenfreundes Konstantin gesehen hätte.

Ein Vertreter der skeptischen Richtung, sein Zeitgenosse *Sextos Empirikos*[2], strebte nach der gleichen »Unerschütterlichkeit« wie er. Ein Skeptiker ist aber in seinem Sinne nicht ein Bestreiter der Wahrheit, sondern ein Sucher nach der Wahrheit, und daher eigentlich der echte Wissenschaftler, so sagt er selbst in der Einleitung seines Buches 'Grundriß der Pyrrhonischen Lehre' – Pyrrhon, um 300 v. Chr., war

1 Sie verlangte die hellenistische, dann die römische Tragödie. Der Vergleich des Lebens mit einem Schauspiel hat eine lange, bis in die Gegenwart reichende Geschichte. Vgl. oben S. 347. 390; Verf., Welt und Menschenleben im Gleichnis (in der Festschrift für A. Rüstow 'Wirtschaft und Kultursystem', 1955 S. 172 ff.). — 2 Vgl. A. Goedeckemeyer, Gesch. d. griech. Skeptizismus (1905).

der Begründer der Skepsis –, und seine Gegner sind die positiv oder negativ gerichteten Dogmatiker. Ursprünglich Arzt, schreibt er einen klaren Stil mit gut aufgebauten Schlußreihen. Sein zweites, größeres Werk, 'Skeptische Betrachtungen', richtet sich ebenso gegen die philosophischen Dogmatiker jeder Art wie gegen die Vertreter einzelner Disziplinen, die er im allgemeinen Sinne »Mathematiker«, das ist Vertreter der Erkenntnis, nennt. Wir verdanken Sextos besonders die Erhaltung älterer Lehre, z. B. der des Karneades (s. S. 459), auch alter Dichterfragmente.

Sextos ist der letzte Skeptiker, den die Philosophengeschichte des *Diogenes Laertios* aufzählt. »Ich wenigstens lese Laertius Diogenes lieber als Zeller« (den großen Philosophiehistoriker des 19. Jahrhunderts), behauptet Nietzsche. Wer war dieser Mann? Das wissen wir nicht; nicht einmal sein Name ist eindeutig, scheint aber nach homerischem Vorbild geschaffen zu sein. Gelebt hat er im 3. Jahrhundert n. Chr. Seine zehn Bücher geben die Lebensbeschreibungen aller griechischen Philosophen von den Sieben Weisen bis auf die Philosophenschulen, die sich letztlich von Sokrates ableiteten; Platon und Epikur ist dabei je ein Buch für sich gewidmet. Das Ganze, einer philosophisch interessierten Dame gewidmet, ist ein tolles Sammelsurium von allen möglichen Notizen, Aussprüchen, Anekdoten, Klatschgeschichten, gefälschten Briefen, Gedichten – auch vom Verfasser des Werkes selbst stammend –, aber uns doch eben wegen seiner Nachrichten unschätzbar. Es wurde die wichtigste Quelle für Hölderlins Gedicht und seine Dramen über Empedokles. Nietzsche las den Laertios so gern, weil, wie er sagt, in ihm »wenigstens der Geist der alten Philosophen lebt«. Gerade diese Epoche, die erste Hälfte des 3. Jahrhunderts n. Chr., hat auch das einzige selbständige philosophische System der Spätzeit hervorgebracht, das Werk des Neuplatonikers *Plotin* (etwa 204–270) aus Lykopolis in Ägypten; er wirkte vor allem in Rom. Sein Schüler Porphyrios hat uns sein Leben geschildert und seine Schriften herausgegeben, sechs 'Enneaden', d. h. Gruppen von Schriften in der heiligen Neunzahl. In sie wird nur eindringen, wer das Organ für Ekstase, für Mystik hat[1]; doch ist der mystische Sinn Plotins, wie nicht selten, mit großer Geistesschärfe verbunden. Hier gilt alles Körperliche nichts mehr, es ist so gut wie verflüchtigt – Plotin soll sich sogar beinahe geschämt haben, noch einen Leib zu besitzen. Die »Theoria«, die Wesensschau, ist das einzige, worauf der Geist dieser reinen Seele gerichtet ist. Eine neue Fassung der Platonischen Lehre wird uns geboten, eine neue Metaphysik, die durch absolute Abstraktion gewonnen ist. Der enthusiastische Preis des Geistig-Schönen ist Plotin die höchste Aufgabe. Bei ihm liegt uns die einzige antike Lehre der Ästhetik (in unserem Sinne) vor. Sein Werk ist ein so geschlossenes Ganzes, daß man einzelnes nicht herauslösen kann. Aber wir empfinden es doch auch schon als sehr unhellenisch. Daß dem Körper sein Recht genommen, daß er nicht mehr als Träger der Idee empfunden wird,

1 R. Hardes seit 1930 in der »Philosophischen Bibliothek« erschienene bewundernswerte Übertragung kann dabei beste Hilfe sein; nach seinem Tode wird sie fortgesetzt durch W. Theiler.

daß sogar aus Plotins Sprache »alles Künstlerische, ja alles Sinnliche, man möchte sagen, alles Körperliche verschwunden ist« (Wilamowitz), das ist der Tod des eigentlich Hellenischen. Wir besitzen aus der Spätzeit der Antike griechische Porträts[1], die ein ganz neues geistiges Gesicht zeigen: der Blick geht gleichsam über die Erde hinweg, er schaut in die Unendlichkeit, eine milde Schwermut beschattet die Züge. Diese Menschen sind Fremdlinge auf Erden. Ein solcher war auch Plotin.

Sein Schüler *Porphyrios*, semitischer Abstammung (232/3–304), war dem Meister ganz ergeben, aber die Philosophie wird nun bei ihm Religion. In den Orakeln hörte er philosophische Stimmen; ein großes Werk hat er über die Enthaltung vom Fleischgenuß geschrieben. Gegen die Lehren des Christentums ist er mit Schärfe aufgetreten; trotzdem verdankt Augustin gerade ihm Wesentliches seiner Philosophie. Seine für die Nachwelt wichtigste Arbeit hat er auf philosophisch-historischem Gebiete geleistet, in der Erklärung des Homer, in einer Geschichte der Philosophie und einer Einleitung zu den 'Kategorien' des Aristoteles. Sowohl von ihm wie von seinem Schüler *Iamblichos*, aus der Zeit Konstantins, besitzen wir eine Biographie des Pythagoras. Auch Iamblich ist in Syrien geboren – man bemerkt, wie viele Schriftsteller dieser Spätzeit dem Osten entstammen. Doch bei ihm, dessen Schriften Julian hochschätzte, überwuchert nun der Wunder- und Dämonenglaube die Klarheit des Geistes. Unter dem Wuste des Legendenhaften wird uns

1 G. Rodenwaldt, Griech. Porträts aus d. Ausgang d. Antike (Berl. Winckelmannsprogramm 1919).

aber immer noch Wertvolles überliefert, so die Geschichte der Pythagoreer Damon und Phintias, der Männer der 'Bürgschaft'.

Die Erwähnung großer Kommentare zu den Klassikern der Philosophie stehe am Schluß. Der Neuplatoniker *Proklos*, »der Lykier«, als Lehrer der Philosophie in Platons Akademie wirkend, bis er 485 in hohem Alter starb, hat vor allem in gewaltigen Kommentaren, welche die kommentierten Werke um ein Vielfaches an Umfang übertreffen, Platons Schriften neu gedeutet: solche Erläuterungsschriften besitzen wir z. B. zum 'Großen Alkibiades', 'Parmenides', 'Staat', 'Timaios'. Systematische philosophische und mathematische Werke, Hymnen, ein Kommentar Hesiods u. a. kommen hinzu. Uns dünkt seine Interpretation Platons keine Auslegung, sondern Unterlegung. Das ist ganz anders in den ausgezeichneten Kommentaren, die wir aus dieser Zeit zu Aristoteles besitzen, vor allem von *Simplikios*. Seine Erläuterungen zu 'Physik', 'Kategorienlehre', 'Vom Himmel', 'Von der Seele' zeugen ebenso von hervorragendem Fleiß – der aber auch Proklos eigen war – wie von größter Sachkunde und klarem Denken. Ihm verdanken wir auch die Kenntnis mancher Bruchstücke vorsokratischer Philosophen, wie des Parmenides, Empedokles, Anaxagoras, die damals immer noch ganz zu lesen waren.

529 schloß Justinian die Platonische Akademie in Athen; 900 Jahre lang hatte sie ununterbrochen bestanden. Da war das Verhalten des Simplikios von beinah symbolischer Bedeutung. Er ging mit anderen Platonikern zuerst nach Persien, dann aber kehrte er nach Griechenland zurück und nahm seine

Tätigkeit als Gelehrter im stillen wieder auf: der Geist wie die Quelle lassen sich zwar ableiten, aber niemals ersticken.

5. VERSDICHTUNG

Dichtung stand am Eingang unserer Literaturgeschichte; sie muß auch an letzter Stelle stehen. Denn nicht in den ersten Jahrhunderten nach Christi Geburt, sondern erst gegen Ausgang der Antike sind wieder bedeutende poetische Werke entstanden.

Daß die Epigrammdichtung nie versiegte, wurde schon S. 424 erwähnt. Ebenso, daß die alten Prosafabeln von *Babrios* in Verse umgesetzt wurden (s. S. 526): er wählte die uns bekannten Hinkiamben und schuf ein großes Fabelwerk, von dem wir aber nur einen alphabetisch nach den Anfangsbuchstaben geordneten Auszug besitzen. Sein Buch fand im Schulunterricht weite Verbreitung, sogar aus dem fernen Palmyra besitzen wir Nachschriften auf Wachstafeln. Ein Zeitgenosse und Landsmann des Babrios war *Oppian* aus Apameia in Syrien, der sein Gedicht über die Jagd um 212 dem Kaiser Caracalla widmete, wie ein Namensvetter von ihm aus Kilikien unter Mark Aurel ein Lehrgedicht vom Fischfang geschrieben hat; für uns heute sind beide ungenießbar.

So wie man Tragödien und Komödien weitergedichtet hat, vor allem als Lesedramen, so hat es natürlich auch immer neue Lieder mit Musikbegleitung gegeben. Von dem kretischen Kitharoden *Mesomedes* unter Hadrian besitzen wir sogar Hymnen mit Noten; ein handschriftlicher Fund neuerer Zeit hat uns dazu Gedichte von ihm kennen gelehrt, so ein besonders lebendiges auf das Adriatische Meer, über das der Dichter dahinfährt, zwei auf Sonnenuhren verschiedener Art, ein Begleitgedicht zu einem Schwamm, den er einer schönen Frau schenkt, alles in Singversen. Doch die poetische Gattung, die in der Kaiserzeit gleichsam alle in sich vereinte, Tragödie, Komödie, Dithyrambos, Lyrik, war der *Mimos*, das eigentliche Drama der Spätzeit. Nicht unpassend hat man ihn mit großen Filmdramen der Gegenwart verglichen; auch gewisse sogenannte Revuen geben Vergleichspunkte. Nicht nur Männer, auch Frauen traten hier auf, und der Tanz spielte eine gefährliche Rolle dabei. Doch nur aus Papyrusresten, kleinen literarisch bezeugten Einzelversen und dem Echo, das diese, aus den früher geschilderten Anfängen nun ins Große gewachsene Mimosform gefunden hat, ist für uns ihre Bedeutung zu erschließen; leidenschaftlich haben die christlichen Schriftsteller sie bekämpft, während andere sie priesen.

Eigenartige Gedichtsammlungen dieser Zeiten müssen hier genannt werden. Zuerst die sogenannte *Orphische Poesie*, d. h. solche, die unter den Namen des mythischen thrakischen Sängers Orpheus gestellt ist: ein Argonautenepos, das Orpheus, der Teilnehmer am Zuge, selbst vorträgt; ʿLithikaʾ, die Lehre von der Wunderkraft gewisser Steine, die einem Priamossohn Theiodamas in den Mund gelegt wird; 87 Hymnen für den Kultgebrauch der ʿMystenʾ, wie die Glieder dieser Gemeinde heißen, auf die Olympischen Götter, aber auch auf die Nacht, den Himmel, die Elemente und viele andere göttliche Wesen. Dieses ganze Gebiet ist noch wenig durchforscht; auch die genauere Zeit der Entstehung der Gedichte ist noch unbestimmt: Jüngeres scheint mit Älterem gemischt. Was für schöne Stücke in der großen Gesamtmasse verborgen sind, das möge das Gebet an den Schlaf (n. 85, nach Tobler) zeigen:

Schlaf, du König der seligen Götter und sterblichen
Menschen
Und der Lebenden aller, die nährt die gebreitete Erde:
Du hast Macht über alle allein und nahest dich allen,
Bindest die Leiber fest mit sanft umschlingenden Banden.
Sorgentilger, du gibst nach der Arbeit seliges Labsal
Und gewährest heiligen Trost in jeder Betrübnis.
Übung bringst du des Todes, allein du rettest das Leben,
Der Vergessenheit Bruder bist du und Bruder des Todes.
Nahe dich, Seliger, mir, mit deiner süßen Erquickung,
Gnädig erhalte zu göttlichen Werken die Göttergeweihten!

Ein geheimnisvolles Buch sind die '*Sibyllinischen Weissagungen*'. In der Stadt Erythrai in Ionien (s. S. 110) hat schon Heraklit die Prophetin mit dem unhellenischen Namen Sibylla gekannt; andere sind dann hinzugekommen, bis sich die Zehnzahl ergab: man kann sie heute noch nicht nur in der Sixtinischen Kapelle, sondern z. B. auch auf dem Marmorfußboden des Domes zu Siena sehen. Eine ganze Anzahl von Sammlungen solcher dunklen Sibyllensprüche über drohendes Unheil und seine Abwehr, in griechischen Hexametern abgefaßt, entstand, vor allem in Rom hochgeachtet. Jüdisch-christliche Sibyllendichtung kam hinzu. Es sind uns an verschiedenen Stellen Sibyllinische Orakel überliefert; eine riesige Sammlung stammt erst aus christlicher Zeit.—

...Und wenn du's vollbracht hast,
Wirst du erkennen der Götter und Menschen unänderlich Wesen,
Drin sich alles bewegt und davon alles umgrenzt ist,
Stille schaun die Natur, sich gleich in allem und allem,
Nichts Unmögliches hoffen und doch dem Leben genug sein,

diese Verse teilte Goethe am 8. IX. 1780 Frau v. Stein mit, nachdem er vorausgeschickt hatte »... Dann las ich zur Abwaschung und Reinigung einiges Griechische. Davon geb' ich Ihnen in einer unmelodischern und unausdrückendern Sprache wenigstens durch meinen Mund und Feder auch Ihr Teil.« Die Verse sind eine freie Wiedergabe aus den '*Goldenen Sprüchen des Pythagoras*', einer Sammlung, welche die Neupythagoreer ihrem Meister in den Mund legten.

Doch am Ausgang des Altertums stehen nun griechische Epen, die schon durch ihren Umfang unser Staunen erwecken. Freilich, das Werk des *Quintus* aus Smyrna (4. Jahrhundert?) 'Die nachhomerischen Geschichten', welche die Ereignisse von Hektors Fall bis zur Zerstörung Ilions in 14 Büchern erzählen, also denselben Stoff wie einst die Gedichte des altepischen Kyklos, sind im wesentlichen nur die Umsetzung schulmäßiger Sagenbücher in Hexameter. Aber der zweiten Hälfte des 5. Jahrhunderts gehört ein Epiker von höchster Eigenart an: *Nonnos* aus Panopolis in Ägypten.

Nonnos ist erst in höherem Alter zum Christentum übergetreten. Seine Werke spiegeln die beiden Phasen seines Lebens klar wider. Der heidnischen Zeit entstammen die 'Dionysiaka', sein Hauptwerk[1], mit

1 Ganz übersetzt durch Th. v. Scheffer, Sammlung Dieterich 98, nach ihm die zitierten Verse.

ihren ungefähr 25000 Versen in 48 Gesängen das umfangreichste Gedicht der Antike überhaupt: Ilias und Odyssee zusammen umfassen nur etwa 28000! 'Dionysosgeschichte' ist sein Epos, in deren Mitte der Siegeszug des Gottes nach Indien steht, er will seinen Kult verbreiten wie Alexander die hellenische Kultur: hier ist der Mensch dem Gotte das Vorbild gewesen.

> Bringt mir den Narthexstengel und schwingt mir
> die Zymbeln, ihr Musen!

Ein wechselreiches Gedicht soll entstehen, so vielgestaltig wie Proteus (I, 11). In der Tat, der Dichter holt nicht nur sehr weit aus, sondern läßt auch sehr viel Rankenwerk seine der Iliashandlung nachgeformte Erzählung umspielen. Mit Kadmos beginnt er, der auszieht, seine von Zeus geraubte Schwester Europa zu suchen. Seine Abenteuer werden erzählt, bis zur Gründung von Theben, bis er Vater Semeles wird, der Zeusbraut und Mutter des Dionysos, die im Blitze des Olympiers zugleich stirbt und gebiert (Buch VIII). Frühgeschichte des Dionysos füllt die nächsten Bücher; erst im XIII. wird der Zug nach Indien gerüstet, und es gibt einen 'Katalog' der Dionysostruppen wie in der Ilias einen Schiffskatalog. Und auch die wunderreiche dionysische Kriegsgeschichte enthält wie die altachaiische 'Heldenlieder', 'Mahnreden', eine 'Waffenschmiede', einen 'Betrug des Zeus', 'Götterkampf', 'Leichenspiele' und andere homerische Motive, aber in einem von Grund aus anderen Stile. In Buch XXXIX wird der Sieg des Dionysos über die Inder erzählt, im nächsten der Tod ihres Fürsten Deriades. Das Triumphlied des

Dionysos entspricht dem Achills über Hektor (XXXX, 217):

> **Unser ist herrlicher Ruhm: wir fällten den Fürsten der Inder!**

In den letzten acht Gesängen sehen wir Dionysos in Tyros, auf dem Libanon, in Boiotien, wo der uns aus den Euripideischen 'Bakchen' bekannte Kampf mit Pentheus spielt, in Attika, auf Naxos, wo Dionysos Ariadne findet, und vielerorts sonst: überall offenbart er seine Macht.

Soll etwas vom Wesen dieses, in gewisser Weise erstaunlichsten unter den griechischen Werken deutlich werden, so vergleichen wir es am besten auch über das Motivische hinaus mit Homer, indem wir also Ende und Anfang der epischen Dichtung zusammenbinden. Formal Homer verwandt, ist Nonnos, wie die neuere Forschung gezeigt hat[1], dem Wesen nach sein Antipode. In Ilias und Odyssee fanden wir das Ineinandergreifen von göttlicher und menschlicher Kraft, hier steht alles, was ist und sein wird, schon längst in den Sternen geschrieben. Dort ist alles Geschehen in feste räumliche und zeitliche Grenzen gebunden, hier verliert es sich in der weitesten Weite: die »Weltzeit« und die Erde von Hellas bis Indien sind das Reich der dichterischen Phantasie. Im althellenischen wie im mittelhochdeutschen Epos herrscht *mâze* im Geschehen und Gefühl, hier wirkt sich viel Unmäßiges aus: das Meer schäumt bis zum Himmel, Ungeheuer und symbolhafte kosmische Mächte, auch Sterne, Quellen, Bäume, spielen

1 Vgl. Das Problem des Klassischen und die Antike (1931) S. 43 ff. (P. Friedländer).

mit, Ekstase tobt sich aus, rauschend-berauschende Klänge ertönen, die taumelnde Bewegung ergreift auch den Hörer und Leser. Hier und da geheimnisvolle Symbolik; aber auch unreine Sinnlichkeit statt homerischer Natürlichkeit. Der Dichter schwelgt im Zusammenfügen neuer Worte, in Klang-, Wort-, Verswiederholungen. Homer ist urhellenisch; Nonnos ist Sohn einer Zeit, in welcher der Orient eine den Geist mitbestimmende Macht geworden ist. Wer von seiner üppigen Kunst etwas in sich aufgenommen hat, dem ist es, als habe er in einer Kirche des Hochbarocks geweilt, deren Rhythmen, Farben, Lichter ihn mehr bezaubern als erheben. Diese nachklassische Kunst ist eben durchaus barock. Von ihrer reizvollen Üppigkeit mögen wenigstens einige Verse zeugen, die wir der Schilderung des dionysischen Wirkens in Attika entnehmen und die uns noch einmal in das Mutterland der dionysischen Tragödie zurückführen sollen (XXXXVII, 16):

Pflanzen schossen empor; es wuchsen vom Boden der Erde
In die Höhe von selbst die süßen reifenden Trauben,
Und das Olivengefilde von Marathon färbte sich rötlich.
Säuselnd rauschten die Eichen, es brachten die Horen der Auen
Weit sich öffnende Blüten von doppelfarbigen Rosen.
Lilien sproßten wild empor aus dem Schoße der Hügel,
Und die Flöte Athens erklang mit den phrygischen Flöten. –

Von den übrigen Werken des Nonnos ist uns nur noch aus seiner christlichen Zeit eine hexametrische Nacherzählung des Johannesevangeliums erhalten. Nonnos hat sich selbst sehr strenge, fast raffinierte Versgesetze vorgeschrieben, weit strengere als Homer, ja selbst als Kallimachos. Hier sind sie nicht darzulegen; aber darauf muß hingewiesen werden, daß er damit der Gründer einer ganzen Dichterschule wurde. Unter seinen Schülern und Nachahmern nennen wir *Musaios* mit seinem wenig bedeutenden Epos 'Hero und Leander', dessen ergreifender Stoff aber in jeder Fassung wirkt und das auch die Quelle für Grillparzers 'Des Meeres und der Liebe Wellen' wurde, ferner zwei Dichter großer kunstbeschreibender Werke aus der Zeit Justinians. Von *Johannes* aus Gaza in Palästina besitzen wir die Beschreibung eines Gemäldes im Winterbade zu Gaza, das die Mächte des Kosmos in allegorischen Gestalten darstellte – wie wir übrigens gerade aus Gaza auch die Beschreibung eines ganzen spätantiken Gemäldezyklus in Kunstprosa erhalten haben.[1] Ein großartiges episches Gedicht aber ist das, welches *Paulus Silentiarius*[2] wahrscheinlich am 6. Januar 563 vor Kaiser Justinian, dem Patriarchen von Konstantinopel und dem ganzen Hofe zur Feier der eben wieder hergestellten Kirche der Hagia Sophia vorgetragen hat. Eben die »große Kirche« baut sich da in Versen vor uns auf, nachdem vorher kurz die Geschichte eines Einsturzes mitgeteilt ist – sie war, 537 eingeweiht, durch ein Erdbeben schwer beschädigt worden – sowie der kaiserliche Entschluß zum Wiederaufbau. Da sehen wir die Halbkuppeln und die große Kuppel mit ihren 40 Fenstern, die Säulen und Bogen, Pfeiler und Hallen, die Emporen und

1 Beide Kunstbeschreibungen herausgegeben von P. Friedländer 1912 und (in den Studi e Testi 89) 1939. – 2 Ediert von demselben in dem Buche von 1912, dessen Titel ist Johannes von Gaza und Paulus Silentiarius.

die Vorhalle, erfahren von der Pracht der Ausstattung, vor allem in farbigem Marmorgestein und Mosaik, und den Wundern der Beleuchtung. Ein zweiter Teil beschreibt noch den neuen Ambon, den höchst kunstvollen Aufbau in der Mitte des Raumes, von dem her »das Volk die Geheimnisse des göttlichen Worts hört.« – Ekphrasis nannten wir mit dem antiken Kunstausdruck solche Kunstbeschreibung. Bis in Homers Zeiten geht sie zurück. Zwar seine Beschreibung des Schildes des Achilleus malt ein Gebilde dichterischer Phantasie, aber schon das unter Hesiods Werken erhaltene Stück 'Der Schild' des Herakles (s. S. 54) führt vielleicht ein Kunstwerk der Wirklichkeit vor. So können wir dieses Motiv über mehr als zwölf Jahrhunderte verfolgen.

Hellas, sagten wir, ist das Reich der Form, und das haben wir ja gerade als echt hellenisch erkannt: die einmal gefundene Form nicht leicht wieder preiszugeben; auch darauf beruht die Stärke und die Schwäche der hellenischen Literatur, auch die gar nicht in Worte zu fassende Bedeutung dieser Literatur für die Weltgeschichte des Geistes. Denn es ist ja wahr, was der Verfasser der Schrift 'Vom Erhabenen'[1] sagt: ihr Wert bleibt bestehen – solange

Als das Wasser noch rinnt und die Bäume blühen, die hohen,
Als sich die strahlende Sonne erhebt und der Schimmer des Mondes
Und die Flüsse noch strömen und Meeres Wellen noch rauschen.

–

[1] c. 36; die beiden letzten Verse fügt Diog. Laert. I 89 (s. S. 534) aus unbekannter Quelle hinzu.

Die Beziehungen der nichtchristlichen griechischen Literatur zur christlichen sind zwar hier oft berührt worden, aber eine Darstellung der eigentlich christlichen Literaturformen[1] zu geben, dazu ist hier nicht der Ort. Es ist aber notwendig, daß man sich stets wenigstens den allgemeinen Entwicklungsgang vor Augen hält, denn das heidnische und das christliche Schrifttum sind nicht voneinander zu trennen. Wir müssen also das folgende gegenwärtig haben.

Dem 1. Jahrhundert n. Chr. entstammen die Sendschreiben des Paulus, etwa 53–64 geschrieben, echte Briefe an die Gemeinden; ähnlichen Wesens sind die der Bischöfe Clemens von Rom und Ignatios von Antiocheia aus den Zeiten um die erste Jahrhundertwende. Literarische Episteln, wie z. B. der Jakobusbrief, treten bald dazu. Die Apokalypse des Johannes ist unter Domitian geschrieben, mit Benutzung älterer Vorlagen; gesättigt mit altjüdischen und heidnischen Vorstellungen, lebt die Apokalyptik dann bis ins Mittelalter, bis auf Dante, weiter. Um die Wende des 1. Jahrhunderts zum 2. empfangen die Evangelien ihre uns überkommene Form; das vermutlich jüngste, das Johannesevangelium, sagt selbst

[1] Sie findet man für die ältere bei P. Wendland, Die hellenist.-röm. Kultur..., Die urchristl. Literaturformen[3] (1912), für die gesamte bis Eusebios in A. Harnacks Geschichte d. altchr. Lit. (1893 ff.); unübertroffen aber ist gerade in der Zusammenschau von Hellenentum und Christentum die Literaturgeschichte von Wilamowitz. Lehrreich und schön H. Usener, Vorträge u. Aufs. (1907) S. 189 ff. Dazu unter anderem Gesichtspunkt C. Schneider, Geistesgeschichte des antiken Christentums II (1954).

am Eingang, wieviel es hellenischer Philosophie verdankt: es stellt seinen Logos dem Heraklitisch-Stoischen gegenüber. Die Apostelgeschichte, eigentlich 'Taten der Apostel', folgt der Weise griechischer Historie hellenistischer Zeit. Andere Apostelgeschichten, Martyrien, Heiligenlegenden, christliche Romane treten in der Folgezeit immer neu hervor. Apologeten, d.h. Verteidiger des Christentums gegen Heiden und Juden, veröffentlichen Schriften seit der Mitte des 2. Jahrhunderts. In dieser Zeit wird Alexandreia, die Erhalterin der Wissenschaft, auch Mutter einer kirchlichen wissenschaftlichen Lehre, die sich zunächst im Austausch mit der neuplatonischen Philosophie entwickelt. Von etwa 190–202 ist dort T. Flavius Clemens, ein Grieche, an der Schulleitung beteiligt, er, der Christentum und Hellenentum in seiner Person und seiner Lehre zu vereinigen sucht. Sein Schüler, der große Gelehrte und Lehrer, Theologe und Philologe Origenes (185–254), ist auf diesem Wege weitergegangen; auf ihn wie auf Clemens haben Platonische und Stoische Gedanken tief eingewirkt. Aber die Kirche hat ihm bald die Anerkennung versagt, ja ihn verketzert. Als Wissenschaftler ist der wahre Nachfolger des Origines Eusebios (etwa 260–340), Bischof von Caesarea, der Kirchenlehrer und Kirchenhistoriker, der Verfasser der Chronik vom Anfang der Welt bis auf 325 n. Chr.; seine 25 Bücher gegen Porphyrios (s. S. 536) sind verlorengegangen. Basileios der Große, seit 370 Metropolit von Caesarea, ist ein Schüler des Libanios (s. S. 517) gewesen und hat dann in Athen studiert. Der gewaltig-kühne Prediger Johannes Chrysostomos (etwa 344–407) ist durchaus Zögling der antiken Rhetorik, aber leidenschaftlich bekämpft er wie Juden und Ketzer, so auch die Lehren des Libanios und dessen Schülers Julian.

Philosophische, besonders aber kosmologische Einzelfragen und Probleme, welche die antike Philosophie aufgeworfen hat, bestimmen weithin auch das Denken der christlichen Theologen, die noch einen Ausgleich zwischen biblischer und philosophischer Lehre suchen.

In den poetischen Gattungen ist der Zusammenhang von Christentum und Hellenentum besonders greifbar. Ein Gregor von Nazianz (330–390), Schüler des Sophisten Himerios, den Julian nach Konstantinopel rief, hat zwar den Apostaten noch nach seinem Tode mit Ingrimm verfolgt, aber in seinen überaus zahlreichen, zuweilen ganz persönlichen Dichtungen bedient er sich meist antiker Formen. Friedlich ordnet sich in der schon öfter genannten Epigrammsammlung der Anthologia Palatina sein Epigrammbuch den anderen, heidnischen ein. Da möge denn auch hier zum Schluß der erste Teil eines seiner Hymnen (I 34 in Mignes Sammlung) stehen: wenn man ihn mit den früher angeführten Zeushymnen des Kleanthes, Kallimachos und Arat vergleicht, so wird der Zusammenhang mit dem Vergangenen ebenso deutlich werden wie der neue christliche Ton:

Dir sei Preis, du König von allem, von allem der Schöpfer,
Dir sei Preis! Die Gedanken und alles Sichtbare weckst du
Durch deinen Wink; was früher nicht war, du bringst es zum Lichte.
Deinen Thron umgeben geschäftig heilige Sänger,
Myriaden zur Rechten und Tausende wieder zur Linken,

Englischen Heeres feuriger Chor, von ewig unsterblich,
Erstgeborene Schar, und der Reigen leuchtender Sterne.
Geister göttlich erhabener Menschen und Seelen Gerechter,
Alle sind sie vereint und umgeben dienend den Thron dir.
Frohen Gemüts, doch zitternden Herzens singen sie ewig,
Stimmen den heiligen Lobgesang an, der nimmer versieget:
Dir sei Preis, du König von allem, von allem der Schöpfer!

ANHANG

ZUR ÜBERLIEFERUNG DER GRIECHISCHEN LITERATUR

Geschichte der Literatur ist eigentlich Geschichte des »Niedergeschriebenen«, wobei freilich zu bemerken ist, daß das Wort *litteratura* in unserem Sinne unklassisch ist. Da erheben sich am Schluß unserer Literaturgeschichte einige allgemeinere Fragen, solche nach dem Umfang des erhaltenen griechischen Schrifttums und der Form seiner Überlieferung.

Fragt man nach dem Verhältnis des uns Überkommenen zum Verlorengegangenen, so muß man sagen, daß uns nur ein ganz geringer Bruchteil überliefert ist, sicherlich viel weniger als ein Zehntel. Einer der wichtigsten Faktoren für die Bewahrung eines Autors war, worauf wir schon wiederholt hingewiesen haben, der Unterricht an Schule und Hochschule; andererseits ist die Feindschaft der Kirche manchem verderblich gewesen. In den byzantinischen Zeiten hat dann Mangel an Liebe und an Verständnis vieles zugrunde gehen lassen. So ist uns zwar sehr vieles Vorzügliche, gewiß das Hervorragendste, erhalten geblieben, aber dazu auch Minderwertiges, und manches andere Vorzügliche, wie Sappho und Menander,

Demokrit und die Jugendschriften des Aristoteles, ist uns fast entschwunden. Der Umfang des erhaltenen griechischen Schrifttums ist aber sehr viel größer als der des lateinischen. Dafür ist nicht der Grund, daß die Römer soviel später zu geistiger Reife gelangt sind als die Hellenen, sondern, daß eben diese vor allen Völkern zu literarischer Schöpfung begnadet waren.

Zuweilen hört man die Frage, ob wir wohl Originalmanuskripte antiker Schriftsteller besitzen, wie wir sie z. B. noch von dem mittelalterlichen Philosophen Nicolaus Cusanus (d. h. aus Kues a. d. Mosel; geb. 1401) haben und wie sie seit dem 19. Jahrhundert von großen Dichtern und Philosophen systematisch in Archiven gesammelt werden. Das wäre freilich für das Altertum ein sonderbarer Glücksfall, und für die bekannten Schriftsteller der alten Zeit muß die Frage verneint werden. Immerhin besitzen wir aber z. B. von einem unbekannten griechischen Historiker des 2. Jahrhunderts n. Chr. wahrscheinlich eine eigenhändig geschriebene, von ihm selbst durchkorrigierte Manuskriptseite[1]: er berichtet darauf in ionischer Mundart über die Belagerung von Rhodos im Jahre 304 v. Chr. Und in der Bibliotheca Marciana zu Venedig liegen die – allzu breit abgefaßten – Homerkommentare des Erzbischofs Eustathios von Thessalonike (gest. etwa 1190), geschrieben von seiner eigenen Hand, teilweise auch noch das Konzept dazu.

[1] Vgl. Sitzungsber. d. Berliner Akademie 1918, S. 752 und dazu W. Schubart, Das Buch bei den Griechen und Römern[2] (1921) S. 91. Wertvoll auch E. Bethe, Buch und Bild im Altertum, herausgegeben von E. Kirsten (1945).

Aber nun wollen wir uns die Schicksale eines antiken Buches von seinem Entstehen bis auf unsere Zeit kurz vergegenwärtigen.
Homers Epen sind nach unserer Ansicht bereits im 8. Jahrhundert v. Chr. aufgeschrieben gewesen. Als Schreibstoff für sie ist vor allem Tierhaut (Leder), ein weitverbreitetes Schreibmaterial, denkbar, dann aber auch Papyrus, der in Ägypten aus dem Stengel der damals dort allein wachsenden Papyrusstaude gewonnene, später nach Griechenland eingeführte Schreibstoff. Man zerschnitt den Stengel in möglichst breite Streifen, legte diese in zwei Schichten quer übereinander, klebte, preßte und glättete sie und erhielt so eine Unterlage, die mit der Rohrfeder vorzüglich, aber sogar auch mit unserer Stahlfeder beschreibbar ist. Aus Ägypten kennen wir solche Papyri schon aus dem 3. Jahrtausend v. Chr., literarisch bezeugt ist aber die Einfuhr in Griechenland erst für das 5. Jahrhundert v. Chr., was aber keineswegs gegen viel früheren Import spricht. Der älteste erhaltene griechische Papyrus stammt etwa aus der Zeit Alexanders des Großen (s. S. 241). In Pergamon hat man, als Ägypten einmal die Papyrusausfuhr sperrte (Plinius XIII 70), die Verwendung der Tierhaut als Schreibstoff vervollkommnet, daher hat man diese später *charta Pergamena* = Pergament genannt. Es wurde in der Folgezeit neben dem Papyrus sehr viel verwendet, war auch noch weit haltbarer als er. Papyrusstauden wachsen heute frei außer in Abessinien und an einigen anderen Orten Afrikas sowie in Palästina nur noch am Kyane-Flüßchen (Fiume Ciani) etwas südlich von Syrakus, wo sie, bis 6 m hoch, grün aus blauem Wasser emporstei-

gen; die Araber sollen sie dorthin gebracht haben. Von hier hat man die Pflanzen in neuerer Zeit hie und da in öffentlichen Gärten des Südens angesiedelt, z. B. auch an der Arethusaquelle in Syrakus. Man kann dort auch jetzt noch als Probe hergerichtete Papyrusblätter kaufen. – Im allgemeinen schrieb man mit einer aus Ruß gewonnenen, tiefschwarzen Tinte, die sich ebenso vorzüglich hielt wie der Schreibstoff; erst seit byzantinischer Zeit benutzte man eine braunrote, metallische Tinte. Auch rote Tinte kommt schon damals vor. – Für Entwürfe, Notizen, Briefe, Schulübungen verwandte man seit alters auch Tafeln aus Holz, die geweißt oder gewachst waren; in die mit Wachs überzogenen schrieb man mit einem Griffel.

Das Buch hatte zuerst die Form einer Rolle. Das Papyrusblatt wurde bis zu 10 m lang und darüber hergestellt, an Breite im Kleinformat unter 20 cm, im Großformat bis an 40 cm; sehr üblich war eine Buchrollenhöhe von 20 bis 30 cm. Man schrieb in Kolumnen, die senkrecht nebeneinander, quer zur Blattlänge standen. Aufbewahrt wurden die fertigen Rollen – griechisch genannt Kylindros, lateinisch Volumen – zu mehreren in runden Schachteln. Nach neuerer Erkenntnis hat es aber mindestens schon seit dem 2. Jahrhundert n. Chr. auch Papyruscodices – und dann wohl auch solche aus Pergament – gegeben, d. h. Bücher von der bei uns üblichen Form mit Einband. Doch lebt die Rolle noch heute in der byzantinischen wie in der jüdischen Liturgie fort.

Das vom Autor selbst geschriebene oder diktierte Werk wurde immer wieder abgeschrieben, von einzelnen oder bei geschäftsmäßiger Vervielfältigung von einer größeren Zahl nach Diktat; ein Autorenrecht gab es nicht. Über Bücherpreise in klassischer griechischer Zeit wissen wir nur, was bereits S. 115 erwähnt wurde: daß um 400 v. Chr. eine – wohl nur kurze – Schrift des Naturphilosophen Anaxagoras in Athen (höchstens) eine Drachme kostete (Platon Apol. p. 26). Diesen Geldwert in dem unsrigen auszudrücken, ist schwierig; als Anhalt aber möge gelten, daß damals eine halbe Drachme der Mindestsatz für die Beköstigung an einem Tage war, denn soviel erhielt seit Kleon (gest. 422) der Geschworene als Tagesgeld. – Wieviele Fehler sich bei dem freien Vervielfältigungsrecht trotz nachfolgender Korrektur einschleichen, wie viele willkürliche Änderungen dabei gemacht werden konnten, ist klar. Auf die Bedeutung der alexandrinischen Philologie für die Reinigung, Neufestsetzung und Erklärung der altklassischen Texte wurde schon S. 475 hingewiesen. Wir heute müssen mehr bewundern, daß uns die Worte der Alten so viele Jahrhunderte hindurch treu bewahrt worden sind, als beklagen, daß die Texte hie und da entstellt vorliegen.

Welchen Zuwachs unsere Kenntnis der hellenischen Literatur durch Papyrusfunde erhalten hat, davon spricht unsere Literaturgeschichte wiederholt. Die Blätter stammen alle aus Ägypten, wo sie durch die Trockenheit der Luft und des Sandes erhalten geblieben sind. Seit dem 19. Jahrhundert werden die Papyrusfunde wissenschaftlich bearbeitet, mit immer vollkommenerer Technik; es hat sich sogar neben der Philologie eine besondere Wissenschaft der Papyruskunde gebildet. Besondere Verdienste um die Herausgabe von Papyri, ihre Entzifferung und Deutung, haben englische Forscher, in steigendem Maße aber auch deutsche und italienische. Jenes schon genannte älteste Buch, zuletzt Eigentum des Berliner Alten Museums, ist durch Ulrich von Wilamowitz-Moellendorff (1848–1931) veröffentlicht worden, dessen Name auf diesen Blättern schon oft erschienen ist; er hat uns auch zuerst die Überlieferungsgeschichte der antiken Handschriften als ein Stück Kulturgeschichte verstehen gelehrt. Heute besitzen viele Museen und Universitätsbibliotheken Papyri; es gibt solche in ägyptischer, koptischer (spätägyptischer), griechisch-lateinischer und arabischer Sprache. Die Berliner Papyrussammlung allein zählte über 15000 Nummern. Außer den literarischen griechischen Papyri gibt es überaus viele Akten, Urkunden, Briefe, Rechnungen u. ä.

Einen literarischen Papyrus aus der Zeit um 200 v. Chr. zeigt nebenstehende Abbildung[1]. Es ist der Schluß einer zu gutem Teile erhaltenen, einst etwa 7½ m langen Rolle, die Platons Symposion enthält, und der abgebildete Text gibt die Szene wieder, die S. 223 u. 328 geschildert ist. Man sieht, die Worte sind in unverbundenen, gut zu lesenden Buchstaben geschrieben, ohne Wortabteilung, die nicht üblich war, ohne Akzente und Angabe des Spiritus (Hauchlautes), aber mit Interpunktion. Hier und da bemerkt man, daß der Schreiber oder ein Korrektor Worte durch Überschreiben verbessert oder nachgetragen hat. Rechts am Rande steht der Titel: Platonos Symposion. Er befindet sich auf dem Original

[1] Veröffentlicht in *The Oxyrhynchos Papyri* von Grenfell-Hunt V (1908) Tafel VI; Oxyrhynchos, ein griechisches Dorf im Fajúm, ist eine Hauptfundstätte für Papyri gewesen.

ungefähr in Seitenmitte, denn die Kolumne hat dort nach oben noch 19 Zeilen mehr.

Vor der Kenntnis der neuen Funde waren die in Bibliotheken[1] gesammelten mittelalterlichen Handschriften unsere einzige Quelle; bei weitem unsere wichtigste sind und bleiben sie. Das sind die Nachfahren verlorengegangener antiker Handschriften, die immer wieder abgeschrieben wurden. Kirchenfürsten wie der Patriarch von Konstantinopel Photios (820–897), sein Schüler Arethas, Erzbischof von Caesarea, und viel später noch der schon erwähnte Eustathios traten mit Eifer für die Erhaltung der noch vorhandenen Bücherschätze ein; von Photios besitzen wir sogar die Beschreibung des Teiles einer großen Bibliothek, die man »das wichtigste literarhistorische Werk des Mittelalters« genannt hat (Krumbacher).

Gerade das Jahrhundert des Photios, das 9. n. Chr., hat auch wichtige Veränderungen in der Bücherherstellung gebracht. Seit dieser Zeit bedient man sich des aus Lumpen hergestellten Papiers, das billiger als Papyrus und Pergament, freilich auch lange nicht so haltbar war. Die Araber hatten seine Herstellung wahrscheinlich von den Chinesen gelernt. Es verdrängte nun den Papyrus, dann auch allmählich das Pergament. Aber dieser kostbare Schreibstoff war sogar mehrmals zu benutzen: man konnte die erste Schrift abwaschen oder abschaben und das Pergament dann wieder beschreiben; »Palimpsest«, d.h. das wieder Abgeschabte, nannte man es daher. Um

1 Für die Geschichte der antiken und der mittelalterlichen Bibliotheken vgl. die Darstellungen von C. Wendel und K. Christ im Handbuch d. Bibliothekswissenschaft 3 (1940).

ein Beispiel zu nennen: in der Bibliothek der Universität Leiden liegt als Nummer 60 A eine Handschrift mit dem Text einiger unbedeutender Kirchenschriftsteller, aber darunter erkennt man an vielen Stellen Reste einer Schrift des 10./11. Jahrhunderts, und dies gibt (uns schon bekannte) Teile der Tragödien des Sophokles wieder. Mit Hilfe ultravioletter Strahlen (unter der Quarzlampe) kann man solche Schrift neuerdings leichter entziffern.

Weitere Änderungen, die das 9. Jahrhundert brachte, waren folgende. Von jetzt an zeigt die Buchschrift einen anderen Charakter. Man nennt sie heute Minuskel, denn sie weist statt der älteren Unziale (*uncia* lat. der Zoll) oder Maiuskel, wie sie der abgebildete Papyrus hat, sogenannte kleine Buchstaben auf und ist zudem eine echte Kursive, d. h. eine fortlaufende, die Buchstaben verbindende Schrift. In den folgenden Jahrhunderten hat sie noch mancherlei Wandlungen durchgemacht, und nach ihrem Schriftcharakter kann man die Handschriften ungefähr datieren. Die frühen Drucke griechischer Texte von den 90er Jahren des 15. Jahrhunderts an, da Aldus in Venedig und Froben in Basel die ersten griechischen Drucke herausbrachten, bis ans Ende des 17. Jahrhunderts lehnten sich in den Buchstabenformen ganz eng an die der ihnen zeitlich nächststehenden Handschriften an, ebenso wie es die ersten deutschen Drucke taten, welche die sogenannten gotischen Buchstaben der Handschriften weiter verwandten. – Außerdem wurde seit dem 9. Jahrhundert die Verwendung der Lesezeichen – Akzent, Spiritus, Apostroph u. a. – obligatorisch, und sie haben sich auch in unseren gedruckten Texten bis heute erhalten.

Im früheren oströmischen Reich gibt es heute nur noch wenig Bibliotheken mit antiken griechischen Bücherschätzen, so z. B. in den Klöstern auf dem Berge Athos und der Insel Patmos, auch in Konstantinopel. Bei weitem das meiste und das Wertvollste ruht in den Bibliotheken Italiens, vor allem in der des Vatikans, in der Laurentiana zu Florenz, der Marciana in Venedig und der Ambrosiana in Mailand. In Deutschland und Österreich verfügen die Staatsbibliotheken von München und Wien über die umfangreichsten Sammlungen. Im ganzen soll es mehr als 20 000 mittelalterliche griechische Handschriften geben; sehr zahlreich sind z. B. die Homer- und die Sophokleshandschriften. Bei den meisten großen Bibliotheken kann sich der wissenschaftliche Arbeiter Codexphotographien Weiß auf Schwarz bestellen, die nicht teuer sind: er besitzt dann sozusagen seinen eigenen Codex. Die Herausgabe eines antiken Autors erfordert die Kenntnis der Überlieferung in ihrer Verästelung und Verzweigung, damit man auf diese Weise rückschließend dem Originaltext möglichst nahekommen kann. Um das wieder am Beispiel der Sophoklesüberlieferung klarzumachen: es lassen sich in ihr zwei Typen unterscheiden, von denen der eine durch eine Handschrift der Laurentiana etwa aus dem frühen 11., der andere durch eine in Paris befindliche aus dem 13. Jahrhundert dargestellt wird; dazu aber gibt es eine sehr große Anzahl noch nicht genügend durchforschter anderer, meist aus dem 14./15. Jahrhundert stammender Codices, in deren Text oder auch Scholien (vgl. S. 477) noch gute Lesarten verborgen sein können. Mit einer solchen Prüfung der Handschriften ist immer zugleich der Versuch verbunden, Fehler der Überlieferung zu verbessern, vor allem aber ganz allgemein das Bemühen, den wahren Sinn der Worte des Schriftstellers zu treffen. Diese wissenschaftliche Aufgabe ist eine unendliche, sie wird jeder Philologengeneration neu gestellt.

Haben wir aber so von der literarischen Überlieferung gesprochen, so dürfen wir auch nicht die unliterarische vergessen, die zuweilen nicht weniger stetig ist als jene. Durch sie werden vor allem Sage und Märchen, Fabel und Rätsel weitergegeben, von Mund zu Mund, von Volk zu Volk.[1] Noch heute erzählt man sogar bei den Tschuanaleuten in Südafrika von einem Knaben, der einem Erwachsenen das Rätsel aufgibt: »Vater ist auf die Jagd gegangen, er wird mit dem Wild heimkehren, das er nicht sehen wird; das Wild, das er töten wird, wird er im Felde zurücklassen.« Das ist beinah wörtlich das gleiche, wie es ionische Fischerjungen vor Jahrtausenden dem Vater Homer aufgegeben haben (die Jagdbeute sind die Läuse am eigenen Körper!); so berichtet schon das S. 21 erwähnte Volksbuch vom Leben Homers. Noch heute raunt man in Indien von dem »letzten der Erhabenen«, der dort Straßen gepflastert und Zisternen angelegt habe, »Sikander Julkarn«: das ist kein anderer als Alexander der Große.

1 Zum Folgenden s. Verf., Hermes LXXIV (1939) 224; R. Kipling, Kim, deutsche Ausgabe, S. 49.

NACHTRAG

zu Seite 379 Anmerkungen

Inzwischen ist Menanders Dyskolos erschienen (Erstausgabe von V. Martin, Genf 1958; deutsche Übersetzung von Ernst R. Lehmann-Leander, Sammlung Dieterich Band 235). Erhalten ist diese Komödie auf Papyrosblättern eines Buches, das im früheren 3. Jahrh. n. Chr. geschrieben worden ist. Schon der noch jugendliche Menander hat sich hier die Aufgabe gestellt, den *anthropos apanthropos* (V. 6) darzustellen, d. h. den »Menschen, der den Menschen abgekehrt ist«, und dieser alte Grobian wird im Gange einer schlichten, am Parnesgebirge Attikas spielenden Handlung der Menschheit gefügig gemacht, Menandrischer Ethik entsprechend (vgl. oben S. 387f.). Auch hier fehlt es nicht an feinen Gedanken allgemeinerer Art wie über den Egoismus der Menschen, über arm und reich, doch auch über den Wert einer harten Jugend. – Übrigens ist auch noch die Veröffentlichung größerer Teile einer anderen Menandrischen Komödie zu erwarten.

ZEITTAFEL

777/6	*Beginn der Olympiadenaufzeichnung*
8. Jahrh., 2. Hälfte	Ilias fertiggestellt; *Beginn der Kolonisation im westlichen Mittelmeer*
um 700	Hesiod
7. Jahrh., 1. Hälfte	*Beginn der Kolonisation am Schwarzen Meer;* Argonautenepos, Odyssee
676/3	Sieg Terpanders an den Karneen Spartas
648 (6. IV.)	*Sonnenfinsternis*, von Archilochos erwähnt
7. Jahrh., 2. Hälfte	*sog. 2. Messenischer Krieg;* Tyrtaios
um 600	Alkaios und Sappho
594/3	*Solons Archontat*
585 (28. V.)	*Sonnenfinsternis*, von Thales vorausgesagt
561—28	*Peisistratos der Tyrann;* Anakreon
546	*Kleinasien durch Kyros persisch*
534	1. Tragödienaufführung des Thespis in Athen; in Megara Theognis
510	*Vertreibung des Hippias; danach Begründung der attischen Demokratie*
um 500	Hekataios und Heraklit von Milet
498—46	Pindar wirkend; etwa gleichzeitig Bakchylides
494	*Milets Zerstörung durch die Perser*
490	*Schlacht bei Marathon*

480	*Schlacht bei Salamis*
476	Aufführung der 'Phönizierinnen' des Phrynichos
472	Aufführung der 'Perser' des Aischylos
468	1. tragischer Sieg des Sophokles
467	Aufführung der 'Sieben' des Aischylos
462	*Kampf um die Bedeutung des Areopags*
458	Aufführung der 'Orestie' des Aischylos
455	1. tragischer Sieg des Euripides
444	*Perikles gründet Thurioi;* Herodot daran beteiligt
443—29	*Perikles alljährlich zum Strategen gewählt*
443/2	Sophokles Schatzmeister des Attischen Seebundes
um 440	Aufführung der 'Antigone' des Sophokles
438	Aufführung der 'Alkestis' des Euripides
431	Aufführung der 'Medea' des Euripides
431—4	*Peloponnesischer Krieg*
um 430	Aufführung des 'Oidipus' des Sophokles
429	*Perikles gest.*
428	Aufführung des 'Hippolytos' des Euripides
427	Platon geb.
425	Aufführung der 'Acharner' des Aristophanes; im nächsten Jahr die der 'Ritter'
423	Aufführung der 'Wolken' des Aristophanes
422	Aufführung der 'Wespen' des Aristophanes
421	*Friede des Nikias;* Aufführung der 'Hiketiden' des Euripides und des 'Friedens' des Aristophanes
415—13	*Sizilische Expedition*
415	Aufführung der 'Troerinnen' des Euripides und der 'Vögel' des Aristophanes
413—4	*Dekeleischer Krieg*
412	Aufführung der 'Helena' des Euripides
409	Aufführung des 'Philoktet' des Sophokles
408	Aufführung des 'Orest' des Euripides

406	Euripides und Sophokles gest.
405	Aufführung der 'Frösche' des Aristophanes, der 'Aulischen Iphigenie' und der 'Bakchen' des Euripides
404	*Schleifung der Langen Mauern*
nach 403	Thukydides gest.
401	Aufführung des 'Oidipus auf Kolonos' des Sophokles
399	Sokrates gest.
388	Aufführung des 'Plutos' des Aristophanes
um 387	Gründung der Platonischen Akademie
384	Aristoteles geb., Demosthenes geb.
359–36	*Philipp König von Makedonien*
nach 355	Xenophon gest.
347	Platon gest.
338	*Schlacht bei Chaironeia;* Isokrates gest.
336–23	*Alexander der Große König*
332	*Gründung Alexandreias*
nach 330	Aichines gest., Ephoros gest.
322	Aristoteles gest.
322	Demosthenes gest.
nach 320	Theopomp gest.
nach 310	Gründung der Stoischen Schule
306	Gründung der Epikureischen Schule
um 293	Menander gest.
323–285	*Ptolemaios I. Soter*
285–47	*Ptolemaios II. Philadelphos;* unter ihm Kallimachos (bis nach 245), Theokrit, Arat, Apollonios Rhodios tätig
um 250	Timaios gest.
247–21	*Ptolemaios III. Euergetes*
221–5	*Ptolemaios IV. Philopator*
212	*Eroberung von Syrakus*, Archimedes gest.
um 200	Eratosthenes gest.
168	*Schlacht bei Pydna;* Polybios römischer Geisel
146	*Zerstörung von Karthago und Korinth*

90–c. 50	Poseidonios in Rhodos wirkend
86	*Verwüstung Athens durch Sulla*
27	*Octavian: Augustus*
bis 8	Dionys von Halikarnaß tätig

ZEITWENDE

14	*Augustus gest.*
14–68	*Tiberius – Nero*
20	Strabon gest.
um 45	Plutarch geb.
64	Paulus gest.
69–96	*die Flavier*
96–192	*Nerva und die Adoptivkaiser*
um 100	lehrt Epiktet
105	Dions Rede in Olympia
nach 120	Plutarch gest.
bis nach 150	Ptolemaios der Astronom tätig
2. Jahrh., 2. Hälfte	Arrian, Appian, Pausanias, Lukian, Aristeides, Galen tätig
180	*Mark Aurel gest.*
193–284	*die Soldatenkaiser*
um 215	Clemens Alexandrinus gest.
um 220	Philostrats 'Apollonios von Tyana'
gegen 235	Cassius Dio gest.
254	Origines gest.
270	Plotin gest.
nach 300	Porphyrios gest.
312	*Konstantins Sieg über Maxentius am Ponte Molle*
337	*Konstantins Taufe und Tod*
340	Eusebios gest.
361–3	*Julian Kaiser*
374	Basileios der Große gest.
390	Gregor von Nazianz gest.

393	letztes Fest in Olympia; Libanios gest.
nach 400	Musaios
um 460	Nonnos
527–65	*Justinian Kaiser*
529	Schließung der Philosophenschule in Athen; Simplikios tätig
nach 550	Prokop gest.
563	*Einweihung der erneuerten Hagia Sophia;* das Gedicht des Paulus Silentiarius

VERZEICHNIS UND ERLÄUTERUNG DER ABBILDUNGEN

HOMER Titelbild

Eine Übersicht über die sehr zahlreich erhaltenen Homerbildnisse, nach Typen geordnet, gibt das große Werk von R. und E. Boehringer, Homer. Bildnisse und Nachweise (1939). Unsere Abbildung einer Büste in der Schloßbibliothek zu Schwerin zeigt einen berühmten Typus aus der hellenistischen Epoche. Goethe (Physiogn. Fragm. Jub. Ausg. 33, 29) spricht über ein anderes Exemplar der gleichen Gattung so: »Es ist Homer! ... Diese eingesunkene Blindheit, die einwärts gekehrte Sehkraft, strengt das innere Leben immer stärker und stärker an und vollendet den Vater der Dichter. Vom ewigen Sprechen durchgearbeitet sind diese Wangen, diese Redemuskeln, die betretenen Wege, auf denen Götter und Heroen zu den Sterblichen herabsteigen.«

KRIEGERS ABSCHIED — Nach S. 134

Bild von einer rotfigurigen, 45 cm hohen, 32 cm breiten Vase, einem sogenannten »Stamnos«, d. h. Krug, Perikleischer Zeit, jetzt in der Münchener Vasensammlung. Das Mädchen hat dem jungen Krieger den Abschiedstrunk eingeschenkt; Vater und Mutter, diese die Hand zum Gruß erhoben, stehen dabei. Auch für dieses Stück attischer Handwerkskunst gilt Winckelmanns Charakteristik der großen klassischen Epoche: »edle Einfalt und stille Größe«.

KOPF AISCHYLEISCHER ZEIT Nach S. 150

Dieser im Kapitolinischen Museum zu Rom aufbewahrte Kopf wird nicht selten »Aischylos« genannt (auch der Dichter hatte nach der Überlieferung einen kahlen Schädel), jedenfalls stellt er — in einer späteren Kopie — einen Großen seiner Epoche dar und einen Großen des *Geistes* (vgl. S. 144). Die Herme, in die der Kopf eingelassen ist, stammt erst aus neuerer Zeit.

SOPHOKLES IM HOHEN ALTER Nach S. 182

Während die oft abgebildete Statue aus dem Lateran ein sehr idealisiertes Bild des Dichters wiedergibt — zudem hat ihr Gesicht stark ergänzt werden müssen —, kommt ein anderer Kopf, von dem hier ein im Britischen Museum zu London befindliches Exemplar abgebildet ist, vielleicht dem von Sophokles' Sohn Iophon nach dem Tode des Vaters errichteten Bild nahe, das von den wahren Zügen des greisen Dichters kündet; dazu s. S. 169. Vgl. hierzu auch K. Schefold, Die Bildnisse der antiken Dichter, Redner und Denker (1943) S. 158.

EURIPIDES Nach S. 214

Zu dem Bilde vgl. S. 194. Die zahlreichen noch erhaltenen Wiederholungen des Kopfes gehen auf ein Porträt des Dichters zurück, das bald nach seinem Tode, etwa um 400, geschaffen worden ist, ihn aber nicht im höchsten Alter, sondern noch in seiner reifen Zeit darstellt. So etwa sah der Schöpfer der 'Medea' und des 'Hippolytos' aus. Die hier wiedergegebene Herme, die wertvollste unter jenen Kopien, schon im Renaissancezeitalter Eigentum des Hauses Farnese, heute im Neapler Nationalmuseum, trägt als einzige die antike Inschrift »Euripides«. Vgl. Schefold a. O. S. 94.

DEMOSTHENES Nach S. 294

Die Abbildung zeigt den Kopf der im Vatikan befindlichen, etwa 2 m hohen Marmorstatue des Demosthenes in Seitenansicht; man führt diese letztlich auf das ihm 280 in Athen errichtete Bronzestandbild (s. S. 301) zurück. Die Statue als Ganzes stellt den Redner dar, der mit verschränkten Händen dasteht, ein Bild zugleich des Kampfes und der Entsagung; der Kopf verstärkt diesen Eindruck: das sorgenvolle Gesicht mit seinen tiefen Falten auf der Stirn und um den Mund spricht von den Kämpfen, die zu führen er berufen war. Vgl. Schefold a. O. S. 106.

POSEIDONIOS Nach S. 470

Die im Neapler Nationalmuseum befindliche Büste wird durch die Inschrift auf dem Mantel als »Posidonios« bezeichnet. Kopie eines offenbar noch zu seinen Lebzeiten (s. S. 467 f.) verfertigten Originals, gibt sie – vor allem durch Stirn und Mund – einen bedeutenden Eindruck von dem Philosophen und Redner. Vgl. Schefold a. O. S. 150.

PARIS UND HELENA,
POMPEIANISCHES WANDBILD Nach S. 486

Das heute kaum noch zu erkennende Bild trägt im Neapler Museum die Nummer 9002. Die der Abbildung zugrunde liegende Kopie, aus dem Jahre 1829 stammend, ist jetzt im Besitz des Verfassers und wird hier zum erstenmal veröffentlicht; durch sie wird die von G. Rodenwaldt, Kompos. d. Pomp. Wandgem. S. 128 veröffentlichte, erst aus dem Jahre 1871 stammende Zeichnung verbessert, nur muß man sich die Figur am weitesten links vielleicht nach der Bildmitte blickend denken. Paris, bärtig, in barbarischer Tracht (mit langen, eng anliegenden Hosen) hat Helena auf einem Saiteninstrument vorgespielt; nun legt er ausruhend nach antiker Sitte die Hand über den Kopf und schaut zu ihr hinüber. Eros deutet an, was zwischen den beiden, die noch getrennt und doch schon verbunden sind, vorgeht. Er ist, bald größer, bald kleiner, auch in den anderen bildlichen Wiedergaben der Szene stets anwesend, so auf den Gemälden Hermann, Denkmäler Tafel 71. 77 und auf dem herrlichen Marmorrelief des Neapler Museums, das auf ein Original des V./IV. Jahrhunderts v. Chr. zurückgeht. Er wird in den 'Kyprien' nicht gefehlt haben. Euripides stilisiert es um, wenn er Iph. Aul. 585 den Chor Paris zurufen läßt: »Eros gabst du, und von Eros wurdest du selbst gejagt.« — Das offene Fenster zeigt teilnahmsvoll Zuschauende und Bäume eines Gartens. — Der klassisch-augusteische Charakter des Bildes wird vor allem in dem klaren Aufbau und der Verwendung der senkrechten und waagerechten Linien zur Gliederung offenbar. Vgl. S. 485.

SCHLUSS EINER PAPYROSROLLE
MIT PLATONS SYMPOSION Nach S. 556

Beschreibung s. S. 556.

REGISTER

Die Zahlen bezeichnen die Seiten